Vererbung

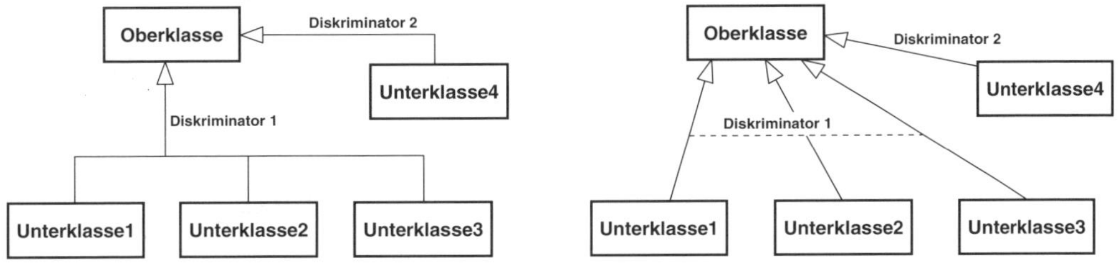

Oberklasse — Diskriminator 2 — Unterklasse4

Diskriminator 1

Unterklasse1 | Unterklasse2 | Unterklasse3

Oberklasse — Diskriminator 2 — Unterklasse4

Diskriminator 1

Unterklasse1 | Unterklasse2 | Unterklasse3

Assoziationen

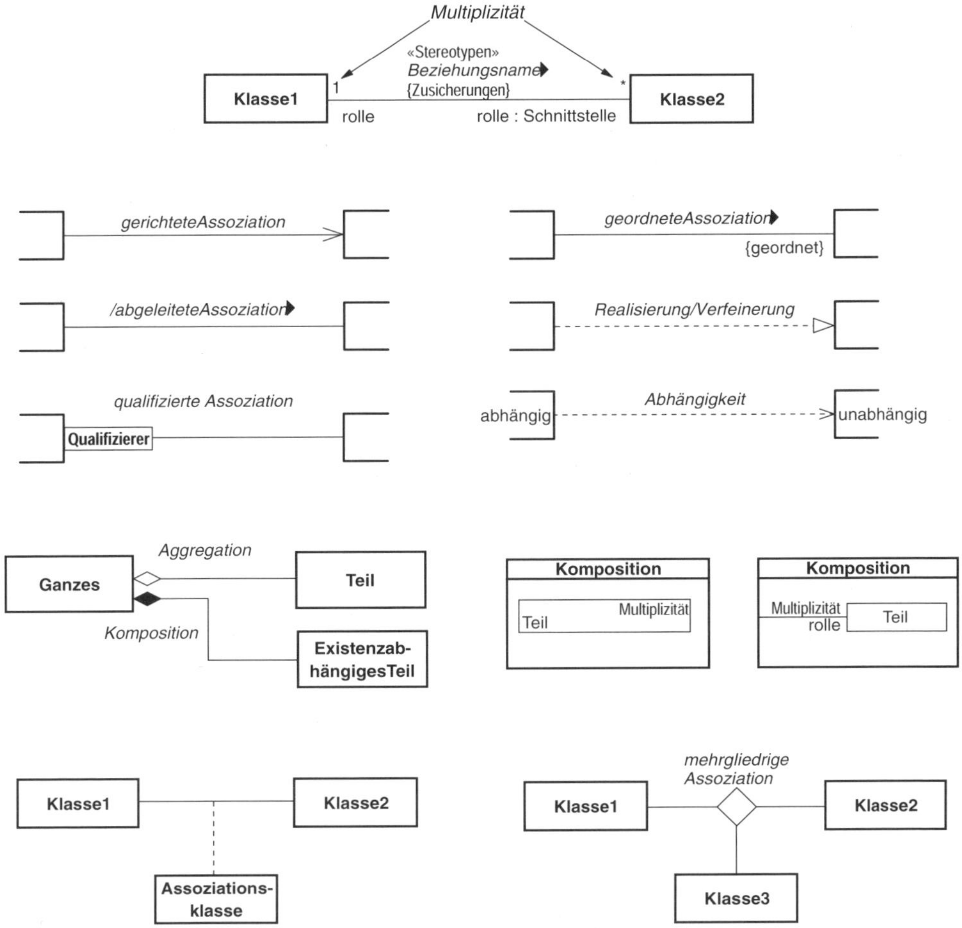

Multiplizität

«Stereotypen»
Beziehungsname
{Zusicherungen}

Klasse1 1 ————— * Klasse2

rolle   rolle : Schnittstelle

gerichteteAssoziation

geordneteAssoziation
{geordnet}

/abgeleiteteAssoziation

Realisierung/Verfeinerung

qualifizierte Assoziation

Qualifizierer

abhängig — Abhängigkeit → unabhängig

Aggregation

Ganzes — Teil

Komposition

Existenzab-
hängigesTeil

Komposition

Teil   Multiplizität

Komposition

Multiplizität   Teil
rolle

Klasse1 ————— Klasse2

Assoziations-
klasse

mehrgliedrige
Assoziation

Klasse1 ——◇—— Klasse2

Klasse3

Objektorientierte Softwareentwicklung

Analyse und Design
mit der Unified Modeling Language

von
Bernd Oestereich

4., aktualisierte Auflage

R. Oldenbourg Verlag München Wien 1998

Dipl.-Ing. Bernd Oestereich
war bis 1996 Berater und Partner bei der *Putz & Partner Unternehmensberatung*, Hamburg, anschließend leitender Berater im *debis Systemhaus Dienstleistungen*. Seit Anfang 1998 ist er Geschäftsführer der *oose.de Dienstleistungen für innovative Informatik GmbH*.

Er beschäftigt sich seit über 12 Jahren mit objektorientierter Softwareentwicklung, u.a. als Coach, Projektleiter, Analytiker, Designer, Entwickler, Trainer und Publizist und arbeitet in verschiedenen regionalen und bundesweiten Arbeitskreisen zu objektorientierten Themen mit.

Bernd Oestereich ist Partner des *System Bauhaus* (www.system-bauhaus.de), einem Netzwerk international bekannter und im deutschsprachigen Raum tätiger unabhängiger Fachleute für objektorientierte Systementwicklung.

E-Mail: boe@oose.de
Homepage: http://www.oose.de
(mit verschiedenen UML-Infos, aktuellen Nachträgen u.ä.)

Illustrationen von Stephan Westphal
Layout und Satz von Bernd Oestereich

Für ihre Unterstützung möchte ich mich ganz herzlich bedanken bei: Thomas Butschkat-Detje, Arne Wallrabe, Christine Sander, Mario Jeckle, Stuart Clayton, Frank Westphal, Nicolai Josuttis, Ulf Andresen, Peter Hruschka, Almuth & Werner Fischer, Klaus Schulz, Elke & Michael Gertz, Maren Willers, Martin Ersche, Jörg Raasch, Heike Ahrens, Peter Namneck, Rainer Dierks, Hartmut Kubesch, Imke Knötzele, Guildo Horn, Steffi Rott, Putz & Partner Unternehmensberatung, Iduna/Nova-Gruppe, debis Systemhaus Dienstleistungen, System Bauhaus.

Die Deutsche Bibliothek - CIP-Einheitsaufnahme

Oestereich, Bernd:
Objektorientierte Softwareentwicklung : Analyse und Design mit der Unified modeling language / von Bernd Oestereich. – 4., aktualisierte Aufl. – München ; Wien : Oldenbourg, 1998
    ISBN 3-486-24787-5

1., korrigierter Nachdruck 1999
© 1998 R. Oldenbourg Verlag
Rosenheimer Straße 145, D-81671 München
Telefon: (089) 45051-0, Internet: http://www.oldenbourg.de

Lektorat: Margarete Metzger
Herstellung: Rainer Hartl
Umschlagkonzeption: Kraxenberger Kommunikationshaus, München
Gedruckt auf säure- und chlorfreiem Papier
Gesamtherstellung: R. Oldenbourg Graphische Betriebe GmbH, München

Gliederung

Anhand eines durchgängigen Beispiels werden aufeinander aufbauend die einzelnen Schritte der objektorientierten Analyse
und des Designs erläutert. Die praktische Anwendung der einzelnen UML-Konzepte wird gezeigt. Zahlreiche Querverweise zum
Vorgehensmodell und in das Grundlagenkapitel erleichtern das
Verständnis.

Die einzelnen methodischen Konzepte wie Klasse, Vererbung,
Assoziation etc. werden nach Diagrammtypen gegliedert detailliert
erläutert. Querverweise ins Analyse & Design-Kapitel zeigen die
jeweilige praktische Anwendung dieser Konzepte.

Zu welcher Leser-Klasse gehören Sie?

Unwichtige Details überlassen Sie anderen, denn Sie haben genug zu tun. Sie beabsichtigen nicht, selbst objektorientierte Systemanalyse oder Realisierung zu betreiben, interessieren sich aber für moderne Technologien und sind unter Umständen an Entscheidungen für ihren Praxiseinsatz beteiligt.

Wie man Software entwickelt, wissen Sie aus langjähriger eigener Praxis. Die Objektorientierung hat aus Ihrer Sicht mittlerweile eine gewisse Reife erreicht, so daß Sie sich diesem Thema intensiver widmen wollen. Sie wünschen sich eine praxisbezogene Einführung.

Objektorientierung hat bei Ihnen einen festen Platz. Sie interessieren sich seit einiger Zeit für dieses Thema und kennen ggf. die Realisierung objektorientierter Programme aus eigener Erfahrung. Ihr Interesse richtet sich verstärkt auch auf die Analyse und das Design und die neuesten Entwicklungen im Bereich der OO-Methodik und -Notation.

Sie interessieren sich für Softwareentwicklung und verfügen ansatzweise auch über eigene Erfahrungen. Die Begriffe der objektorientierten Methodik sind Ihnen teilweise bekannt, was Ihnen aber fehlt, ist eine umfassende und systematische Einführung ins Thema.

Liebe Leserinnen und Leser,

Ausgangspunkt

haben Sie noch die Zeit, sich auf viele hundert Seiten fachlicher Abhandlungen einzulassen? Lesen Sie ein Buch noch von Deckel zu Deckel? Selbst vom Leid schwerer Bücher geplagt, möchte ich mich hier um ein nicht allzu umfangreiches, praxisbezogenes und auf jeden Fall gut lesbares Buch bemühen.

Aufbau
Lesemöglichkeiten

Das Buch ist modular aufgebaut, d.h. die einzelnen Abschnitte sind didaktisch möglichst autark und über Querverweise (direkte Seitenangabe) miteinander verbunden. Dadurch haben Sie die Möglichkeit, von vorne nach hinten, kreuz & quer oder überspringend zu lesen. Sehr zügig erarbeiten Sie sich den Stoff, wenn Sie die Kapitel Analyse und Design durchlesen und bedarfsweise den Querverweisen nachgehen, um einzelne Themen in den Grundlagen nachzuschlagen und zu vertiefen.

advanced

UML

Sie erfahren in diesem Buch komprimiert alles wichtige über die *Unified Modeling Language* (UML 1.3), deren Notation und Semantik der aktuelle Standard in der objektorientierten Modellierung ist. Dennoch ist dieses Buch vor allem eine Einführung in die objektorientierte Analyse und in das objektorientierte Design. Die Darstellung der UML-Grundlagen findet im Kontext allgemeiner Fragestellungen und Diskussionen zur objektorientierten Softwareentwicklung statt. Um den Einstieg ins Thema zu erleichtern, wird außerdem das UML-Metamodell nicht thematisiert. Spezielle sowie in der Praxis weniger bedeutende Elemente der UML werden als „UML advanced" gekennzeichnet und ggf. auch kritisch dargestellt.

Die diesem Buch zugrundeliegende anwendungsfallgetriebene, architekturzentrierte und evolutionäre Entwicklungsmethode ist spezialisiert auf die Entwicklung sozial eingebetteter betrieblicher Informationssysteme, sie ist jedoch auch für technische und andere Anwendungsbereiche weitgehend geeignet.

Kritik

Kritik und Anregungen zu diesem Buch nehme ich sehr gerne entgegen. Schreiben Sie mir wahlweise per E-Mail (boe@oose.de), per Fax (040/422 09 30) oder besuchen Sie meine Homepage (www.oose.de).

Dankeschön!

Für ihre Mithilfe an diesem Buch möchte ich mich bei allen Freunden und Kollegen bedanken, ganz besonders bei den im Impressum angeführten Personen. Außerdem möchte ich den LeserInnen der vorigen Auflagen und den TeilnehmerInnen meiner Seminare für ihre Anregungen und kritischen Anmerkungen danken.

Bernd Oestereich

Vorab eine kleine Denksportaufgabe

Sie befinden sich im Keller Ihres Hauses. Dort sind drei Lichtschalter angebracht, die einzeln drei Glühbirnen auf dem Dachboden ein bzw. ausschalten. Sie dürfen nur einmal vom Keller auf den Dachboden laufen. Wie können Sie herausfinden, welche Glühbirne mit welchem Schalter verbunden ist?

Alle Schalter befinden sich anfangs in "Aus"-Stellung. Weitere Hilfsmittel oder Personen sind nicht verfügbar. Alle Glühbirnen sind funktionstüchtig, vom Keller kann man nicht auf den Dachboden sehen, metaphysische und esoterische Phänomene sind nicht zugelassen.

Wenn Sie nicht auf die Lösung kommen, schauen Sie auf meine privaten Seiten im Internet (*www.oose.de/boe*) oder schreiben Sie eine E-Mail an *boe@oose.de*.

Die Sprache ist der Tagtraum,
den wir uns von der Welt machen.
[Schuldt]

Einführung

**In diesem Abschnitt werden die besonderen Merk-
male der objektorientierten Softwareentwicklung,
ihre Historie sowie die Unterschiede zu den alten
Methoden erörtert.**

Dies ist die Gliederung des Buches...

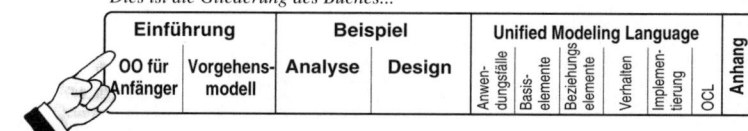

und **hier befinden Sie sich.**

Objektorientierte Softwareentwicklung

Einen Spaten zum Blumenumtopfen einzusetzen ist so fehl am Platz wie ein Teelöffel zum Ausheben einer Baugrube. Auf das richtige Werkzeug und die richtige Methode kommt es an.

Softwareentwicklung wird zwar immer komplexer - aber auch immer faszinierender. Zum einen gehören Softwaresysteme zu den komplexesten von Menschen geschaffenen Systemen, zum anderen wird (anspruchsvolle) Softwareentwicklung nie langweilig - sie erfordert viel: Kreativität, Präzision, Lernfähigkeit und die Bereitschaft, immer wieder neue Sachverhalte zu durchdringen und intelligent zu strukturieren, effektiv zu kommunizieren (im Entwicklungsteam untereinander, mit dem Auftraggeber, den Anwendern u.a.), Kenntnisse und Erfahrungen mit Vorgehensweisen, Methoden, Techniken und Werkzeugen, den souveränen Umgang mit offenen Fragen, halb ausgegorenen Vorstellungen und so weiter.

Die Ansprüche steigen

Gerade die Entwicklung hochwertiger Software wird immer aufwendiger. Der Umstieg von alphanumerischen Benutzeroberflächen zu den ereignisorientierten grafischen (GUIs), die Einführung mehrschichtiger Client/Server-Architekturen, verteilte Datenhaltung, Internet usw. - die Berücksichtigung dieser Themen löste einen beachtlichen Komplexitätssprung aus.

Die Realisierung solcher Software mit C++ oder ähnlichen Programmiersprachen ist ein sehr mühevoller Weg. Dagegen führen visuelle und 4GL-Entwicklungswerkzeuge schnell zu Erfolgserlebnissen - verleiten aber genau deswegen dazu, die Planung und Konzeption zu vernachlässigen und die VHIT-Methode[1] anzuwenden. Jeder Anwendungsrealisierung sollte jedoch unabhängig von der Art der Realisierung eine Planungsphase vorausgehen - genau diese steht im Mittelpunkt dieses Buches: Analyse und Design moderner Software.

Technische Komplexität. Software wird nie ganz fertig. Es bleibt immer noch etwas zu ändern, zu verbessern. Und wenn Änderungen nicht zwingend notwendig sind, bleiben sie oft trotzdem wünschenswert - so lange, bis das Programm wieder aus dem Verkehr gezogen wird. Eine Vielzahl von Änderungen und Erweiterungen bewirkt natürlich, daß sich das Programm immer mehr vom ursprünglichen Konzept entfernt. Gerade wenn das Programm erfolgreich ist und deswegen ständig weiterentwickelt wird, besteht diese Gefahr.

Konzeptionelle Stabilität vs. Weiterentwicklung

---

[1] Vom Hirn ins Terminal.

Aus diesen Gründen ist es sinnvoll, sich nach geeigneten Methoden umzusehen, die die Komplexität beherrschbar machen, den Zerfallsprozeß zumindest verzögern und trotz strukturzersetzender Änderungen und Weiterentwicklungen dabei helfen, die Qualität und Zuverlässigkeit der Software aufrechtzuerhalten.

Die Geschichte der Softwareentwicklung ist eine kontinuierliche Steigerung der Abstraktionen - vom Bitmuster über Makrobefehle, Prozeduren, abstrakte Datentypen zu Objekten, Rahmenwerken, Entwurfsmustern und Businessobjekten. Die wesentlich stärkere Abstraktion der Objektorientierung gründet sich dabei nicht nur einfach auf eine Verbesserung und Weiterentwicklung der klassischen Methoden, sie begründet auch eine neue Denkweise.

Eine neue Denkweise

Ähnlichkeiten und Verwandtschaften zu diesen sind natürlich zu finden, vereinfachende Gleichsetzungen wie „Nachrichten sind doch nichts anderes als Prozeduraufrufe" oder „Objektorientierung - das sind bloß alte Konzepte mit neuen Etiketten" verkennen jedoch das Wesen der Objektorientierung.

Kommunikation steht im Mittelpunkt

Soziale Komplexität. Die weitverbreitete Ansicht, Softwareentwicklung sei in erster Linie eine technische Aufgabe, entpuppt sich bei näherer Betrachtung des Entwicklungsprozesses als nur die halbe Wahrheit. Softwareentwicklung ist heutzutage auch ein komplexer sozialer Prozeß. Die entscheidenden Gründe hierfür liegen darin, daß die Entwicklung von Software ein sehr personenbezogener Vorgang ist, bei dem immer mehr auch psychologisches und erkenntnistheoretisches Wissen sowie kommunikative Leistungen wichtig sind. Viele Softwaresysteme sind in ein soziales Umfeld eingebettet, d.h. in eine Organisation mit Menschen - solchen Systemen (im Gegensatz zu technischen u.ä. Systemen) gilt die Aufmerksamkeit dieses Buches.

Sowohl für die ExpertInnen im Anwendungsbereich, als auch für die im Entwicklungsteam gilt: je spezialisierter, desto schwerer ist er oder sie zu verstehen. Das richtige gegenseitige Verstehen ist aber die Grundlage erfolgreicher Entwicklungsarbeit. Im Laufe eines Projektes entstehen Modelle der Anwendungswelt und der zu entwickelnden Software - die meisten davon finden sich in den Köpfen der beteiligten Personen. Die in einem Projekt entstehenden Dokumentationen entsprechen maximal der Spitze eines Eisberges. Weil viel mehr in den Köpfen der EntwicklerInnen steckt, als in der Dokumentation erscheint, ist der Konsens über die gesamten Zusammenhänge unentbehrlich.

Die Kommunikation, d.h. der Austausch dieser in den Köpfen vorhandenen Modelle, des Wissens und der Erfahrungen steht damit im Mittelpunkt. Da Software mehr als andere technische Systeme mit menschlichen Abstraktionen durchsetzt ist, gleicht sie in ihrer Komplexität, ihren Tücken und Eigenheiten auch eher menschlichen Organisationsstrukturen als typisch technischen.

Die Historie der Objektorientierung

Die Idee der Objektorientierung ist fast 30 Jahre alt und fast ebenso lange liegt die Entwicklung objektorientierter Programmiersprachen zurück. Während es etwa solange bereits Publikationen zur objektorientierten Programmierung gibt, erschienen die ersten Bücher über objektorientierte Analyse- und Designmethoden erst Anfang der 90er Jahre.

Am Anfang war Smalltalk

Zu ihnen gehören die von Booch, Coad und Yourdon, Rumbaugh u.a., Wirfs-Brock und Johnson, Shlaer und Mellor, Martin und Odell, Henderson-Sellers, Firesmith.[1] Wichtige Impulse gaben vor allem Goldberg und Rubin sowie Jacobson. Viele Methoden sind auf bestimmte Anwendungsbereiche spezialisiert und begrenzt.

Die Methoden von Grady Booch und James Rumbaugh haben sich Anfang der 90er Jahre zu den deutlich beliebtesten Methoden entwickelt. Die Methode von Rumbaugh war dabei eher an die strukturierten Methoden angelehnt. Die von Booch deckte die Bereiche kommerzieller, technischer und vergleichsweise gut auch zeitkritischer Anwendungen ab. 1995 begannen Booch und Rumbaugh dann, ihre Methoden zunächst in Form einer gemeinsamen Notation zur *Unified Method* (UM) zusammenzuführen. Kurze Zeit später

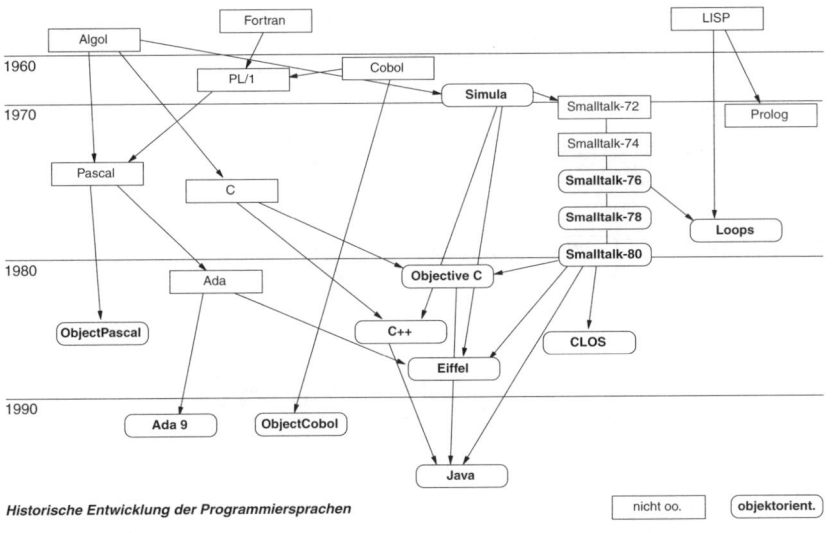

Historische Entwicklung der Programmiersprachen

[1] [Booch91], [CoadYourdon91a], [Rumbaugh91], [Wirfs-Brock90], [ShlaerMellor91], [Jacobsen92] sowie [Martin92]. Vgl. auch [Stein93].

19

stieß auch Ivar Jacobson dazu, so daß die von ihm geprägten Use Cases (dt. Anwendungsfälle) integriert wurden. Die drei nannten sich fortan „Amigos". Weil die Methoden von Booch, Rumbaugh und Jacobson bereits sehr populär waren und einen hohen Marktanteil hatten, bildete die Zusammenführung zur *Unified Modeling Language (UML)* einen Quasi-Standard. Schließlich wurde 1997 die UML in der Version 1.1 bei der Object Management Group (OMG) zur Standardisierung eingereicht und akzeptiert. Die Versionen 1.2 und 1.3 enthalten nur wenige Korrekturen. Die Weiterentwicklung der UML wird derzeit durch die OMG betrieben.

Vgl. UML-Einleitung
⇨203

Notation und
Methodik

Die UML ist in erster Linie die Beschreibung einer einheitlichen Notation und Semantik sowie die Definition eines Metamodells. Die Beschreibung Entwicklungsmethode gehört nicht dazu. In diesem Buch ist in den Kapiteln Analyse und Design ein Vorgehen beschrieben, das auf der UML basiert und das sich in der Praxis bewährt hat. Im Fokus dieser Methodik steht dabei die Entwicklung kommerzieller, sozial eingebetteter Informationssysteme, wie sie beispielsweise bei Dienstleistungs- und Handelsunternehmen anzutreffen sind. Für mehr technisch orientierte Systeme, beispielsweise Produktions-steuerungen, sind sicherlich deutliche Anpassungen notwendig.

Die UML ist sehr vielfältig und integriert auch interessante Ideen und Konzepte anderer Autoren. Neben den Gedanken von Booch, Rumbaugh und Jacobson finden sich zum Beispiel auch die von Harel[1] (Zustandsdiagramme) wieder.

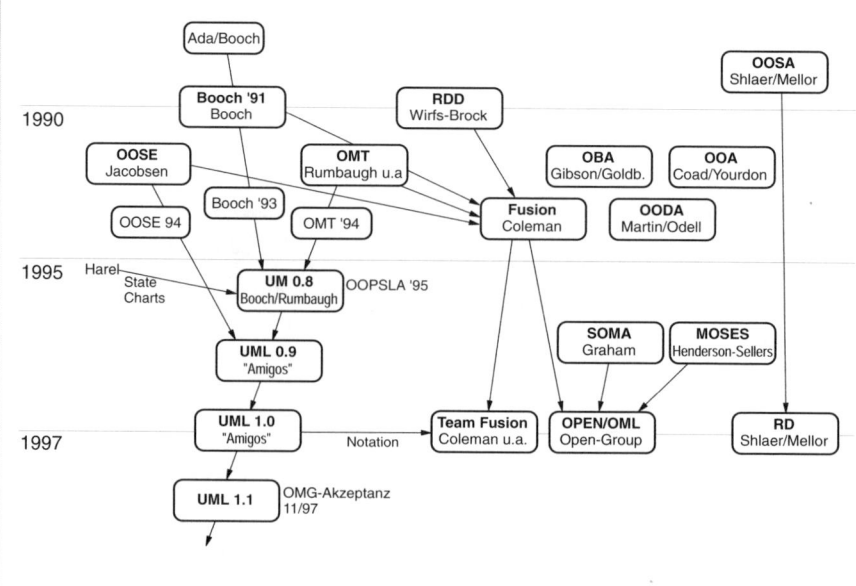

---

[1] [Harel87].

Die Notationen sind dank der Amigos weitgehend konvergiert. Andererseits existieren unabhängig von der Notation verschiedene methodische Ansätze, die sich teilweise sehr deutlich voneinander absetzen, so beispielsweise die Methode von Shlaer und Mellor sowie der Open-Process (mit der OML - Open Modeling Language als Modellierungssprache). Dem OPEN-Konsortiums gehören über 30 aktive Unterstützer an, u.a. Brian Henderson-Sellers, Ian Graham und Donald Firesmith.[1]

Die *Unified Modeling Language* ist eine Modellierungs-*Sprache*, dementsprechend prädestiniert ist sie zur Übersetzung in Programmiersprachen, d.h. zur Code-Generierung. Ihre hohe Expressivität stellt einerseits hohe Anforderungen an CASE-Werkzeuge und erschwert das Reverse Engineering, bietet andererseits aber weitreichende Modellierungsmöglichkeiten. Die derzeitig verfügbaren Werkzeuge sind noch davon entfernt, das Potential der UML wirklich zu nutzen.

Erdrückende Vielfalt? Die Grundkonzepte objektorientierter Softwareentwicklungsmethodik sind ausgereift und bewähren sich in der Praxis. Andererseits bietet gerade die UML einen beachtlichen Detailreichtum und ist daher durchaus mit Bedacht anzuwenden.

Die Vielfalt der Beschreibungsmöglichkeiten kann sehr erdrückend wirken, ein tieferes Verständnis für die UML-Konstrukte in allen Facetten erfordert einigen Aufwand. In einer ersten Annäherung kann man sich deshalb auf die grundlegenden Elemente beschränken. Es bleiben damit gegebenenfalls zwar semantische Lücken in der Modellierung, dennoch kann die Arbeit auf diesem Niveau in der Praxis ausreichen. Ganz abgesehen davon wird vielerorts überhaupt keine Systematik angewendet.

Einige methodische Konzepte sind zudem nur für spezielle oder sehr detaillierte Sachverhalte relevant. Hier richtet sich die Wahl der entsprechenden Elemente nach der Art der Anwendung (Informationssystem, technisches System, Echtzeitanwendung u.ä.) und nach der angestrebten Detaillierungstiefe. Details wie Sichtbarkeitskennzeichen, ausgefeilte Stereotypen usw. führen zu mehr Sicherheit und erhöhen die Qualität der Ergebnisse, ggf. aber auch Entwicklungsaufwand und -kosten. Der Vorteil gegenüber anderen Methoden liegt darin, nicht so schnell an notionelle oder semantische Grenzen zu kommen, sondern über eine breite Palette von Möglichkeiten zu verfügen, von denen nur die jeweils relevanten und notwendigen angewendet werden.

Stereotypen ⇨ 252

---

[1] [Open97]

Konfektionieren
Sie Ihre eigene Methode

Wenn Sie in Ihrem Unternehmen eine objektorientierte Methodik etablieren möchten, ist es sinnvoll, zunächst zu untersuchen, welche typischen Problemstellungen und Randbedingungen vorherrschen und welche Konzepte für deren Handhabung angemessen sind. Es führt nur zu Verwirrung, wenn Ihre Entwicklungsleute methodisch geschult werden, die praktische Umsetzung jedoch erschwert wird, weil Teile der Methodik nicht anwendbar sind, elementare Problemstellungen methodisch nicht ausreichend abgedeckt sind oder von den eingesetzten Werkzeugen nicht unterstützt werden. Versuchen Sie durch Weglassen entbehrlicher Konzepte eine möglichst einfache Methodik herauszuarbeiten, die Sie dann systematisch einführen. Die Methodenkonfektionierung kann von einem erfahrenen OO-Analytiker vorgenommen werden.

Die einzelnen Konzepte und die mit ihnen verbundenen Vorgehensweisen können als erprobt und bewährt angesehen werden. Ihre Anwendung ist aber sicher nicht einfacher, als dies bei den alten Methoden der Fall war.

Die Abhängigkeiten und Beziehungen zwischen Klassen-, Aktivitäts-, Kollaborations-, Sequenz- und Zustandsdiagrammen können unüberschaubar werden. Daher sind Vollständigkeit und Konsistenz des Modells sinnvollerweise nur noch von entsprechender Software zu gewährleisten. Eine manuelle Modellierung verbietet sich hier. Trotzdem werden Werkzeuge nicht die fachlichen und methodischen Fehler ihrer Anwender ausgleichen können. Ein Grund mehr, die vorhandenen Möglichkeiten der Methode und der Werkzeuge nicht einfach blindlings einzusetzen, sondern auf die jeweils sinnvollen und notwendigen zu beschränken.

Erfahrung contra Methodengehorsam. Zeitschriften kann man nicht nur zum Lesen benutzen, sondern auch lästige Insekten damit totschlagen. In ähnlicher Weise kann man auch Methoden und Werkzeuge zur Softwareentwicklung zu verschiedenen Zwecken gebrauchen.

Die DV-Branche gilt vielerorts immer noch als Verkörperung des Fortschritts schlechthin, einen seriösen Ruf hat sie bei gestandenen AnwenderInnen aber keineswegs. Dafür gibt es noch viel zu viel Ärger und Probleme. Und die AnwenderInnen werden immer anspruchsvoller. Wahrscheinlich findet man in kaum einer anderen Ingenieursdisziplin so viel dilettantisches Vorgehen wie bei der Softwareentwicklung. Vielleicht liegt es aber auch daran, daß mit der Softwareentwicklung so viele Nicht-Informatiker betraut sind.

Um zu guten Programmen zu kommen, macht es bei der Darstellung einer Methode auch Sinn, das Gegenteil zu betrachten: Fehler und Mängel, die sich aus einer unsystematischen Entwicklung ergeben können.

Wer einmal die Entwicklung eines größeren Softwareprojektes vor allem intuitiv, also ohne bewußte Anwendung einer Entwicklungsstrategie vorangetrieben hat (oder dies zumindest beobachten durfte), wird erfahren haben, wie die Probleme im Laufe der Programmentwicklung immer komplexer werden; wie immer mehr Unter- und Nebenprobleme entstehen, die sich zunehmend miteinander verflechten. Die Resultate entbehren nicht einer gewissen Ähnlichkeit mit den gewagten und immer mal wieder bereits beim Bau eingestürzten gotischen Kathedralen. Mit dem Unterschied, daß zu deren Bauzeit die entscheidenden mechanischen und physikalischen Gesetze noch nicht bekannt waren. Typische Probleme und Fehler während der Softwareentwicklung sind unter anderem:

Einstürzende Neubauten

- Es wird viel zu früh mit dem Codieren begonnen.
- Es wird zu spät mit dem Codieren begonnen.
- Das Vorgehen ist schlecht geplant, ein Vorgehensmodell fehlt.

Heimwerker-Mentalität

- Zwischen- und Endergebnisse werden nicht oder unzureichend verifiziert und validiert.
- Die Anwendungsarchitektur wurde nicht klar genug geplant oder entwickelt sich unkontrolliert.

- Die Entwicklung wird von einem naiven Verständnis der Objektorientierung getrieben.
- Die Entwicklung wird von einem für die Praxis zu akademischen Verständnis der Objektorientierung getrieben.
- Der Geist prozeduraler Softwareentwicklung tarnt sich nur mit „Objektorientierung" (gerade beim Einsatz hybrider Sprachen wie C++ häufig anzutreffen).
- Analyse-, Design- und Realisierungsrichtlinien fehlen, werden nicht angewendet oder sind realitätsfern.
- Die Dokumentation von Ergebnissen und Entwurfsentscheidungen führt ein scheintotes Randdasein.

Die Kompliziertheit von Software wird gerne geleugnet. Oftmals sind es nur kleine Fehler oder sogar nur Ungenauigkeiten, die für sich betrachtet relativ unbedeutend sind, in ihrer Summe aber zu unnötiger und belastender Kompliziertheit führen.

Im Grunde wird damit das wahre Ausmaß der Anforderungen unterschätzt. Anvisierte Endtermine können dann nicht eingehalten werden und in der Realisierung (der Test fällt dann sowieso weitgehend aus) wird dem Termindruck nachgegeben, wichtige Aktivitäten und Ergebnisse werden vernachlässigt oder verschlampt. Wenn dann noch einige elementare Systemteile mangelhaft konzipiert oder zu wenig durchdacht sind, entstehen mit wachsender Komplexität nachhaltige oder gar irreparable Probleme.

Die Anwendung einer erprobten Vorgehensweise hilft, diese Probleme zu vermeiden.

Methoden sind kein Selbstzweck

Bei der Anwendung einer Methode darf natürlich nicht der Erfahrungsschatz der beteiligten EntwicklerInnen vergessen werden, mit denen diese Menschen gegebenenfalls auch ohne expliziten Methodeneinsatz zu guten Programmen kommen. Der Methodeneinsatz ist kein Selbstzweck, das Ziel ist immer, erfolgreich zu sein. Im Prinzip ist die Praxiserfahrung nichts anderes als die unbewußte Anwendung bewährter Techniken. Entscheidend ist, daß die Qualität der Arbeitsergebnisse nicht zufällig, sondern systematisch entsteht.

Wichtig ist die Umsetzung des hinter den Methoden stehenden Sinns. Regeln „sind ja nichts anderes als generalisierte Handlungsvorschriften, die uns sagen, was wir tun sollen, um zu können, was wir wollen"[1]. Durch die Unterwerfung unter bestimmte Konventionen, die uns zu erfolgreicherem Handeln anleiten, eröffnen sich (wegen der gewonnenen Sicherheit) auch neue Freiräume und mehr Souveränität.

Gute Leute kommen auch mit schlechten Werkzeugen und unter schwierigen Bedingungen zu guten Ergebnissen. Andererseits führt allein das sture An-

---

[1] [Lübber87], S. 118.

wenden einer Methode nicht zum Erfolg. Trotz neuer und weiterentwickelter Methoden zur besseren Beherrschung der Komplexität und der dem Entwicklungsprozeß innewohnenden Probleme nehmen die Anforderungen an die Qualifikation der EntwicklerInnen nicht ab, sondern steigen stetig an. Dies gilt in besonderem Maße für die objektorientierte Methodik, da sie für komplexe Vorhaben prädestiniert ist.

Ganzheitliche Herangehensweise

Dem Menschen fällt es schwer, in Systemen und Netzwerken zu denken. Das Denken in einzelnen Kausalketten liegt ihm näher.[1]

Die alten strukturierten Softwareentwicklungsmethoden helfen uns bei der Bewältigung der Komplexität. Aber sie finden zu schnell ihre Grenzen: Mit der gepflegten Trennung zwischen Daten- und Funktionssicht bleibt die Beschreibung und Realisierung komplexer Software nicht mehr oder nur zu hohen Kosten beherrschbar.

Die mit Strukturierter Analyse (SA) und Entity-Relationship-Modeling (ERM) beschreibbaren Sachverhalte stellen unterschiedliche Sichten dar, sie ergänzen sich aber leider nur in weitgehend entkoppelten Darstellungen.

SA
SD
ERM

Zwischen Strukturierter Analyse und dem Strukturierten Design (SD) ist der Bruch, die mangelnde Durchgängigkeit, der Mangel an übergeordneter Integration, noch markanter. Durch verschiedene methodische Verbesserungen und Integrationsbemühungen haben die strukturierten Methoden eine beachtliche Leistungsfähigkeit erreicht.[2] Dennoch bleiben die prinzipiellen Defizite deutlich. Objektorientiertes Software-Engineering reflektiert die bestehenden und bewährten Konzepte, geht über deren Leistungsfähigkeit jedoch hinaus.

In der Systemtheorie wird die Wirklichkeit als ein Netzwerk verstanden: Die einzelnen Sachverhalte und Phänomene werden nicht mehr auf ihre Einzelteile reduziert, sondern sie werden als integriertes Ganzes betrachtet, bei dem die einzelnen Komponenten miteinander verbunden sind und Abhängigkeiten zwischen ihnen bestehen (ganzheitliches Denken).

Bei der objektorientierten Softwareentwicklung werden nicht nur Daten und Funktionen beschrieben, sondern auch ihr Zusammenhang sowie die Beziehungen zu ihrer Umwelt, d.h. zu anderen Daten- und Funktionseinheiten lassen sich differenziert definieren. Und diese Definitionen von Wechselbeziehungen und Abhängigkeiten sind im objektorientierten Modell immer dort

---

[1] Siehe [Dörner89].
[2] Siehe [Raasch93].

Einführung

vorhanden und gegenwärtig, wo es sie zu berücksichtigen gilt (von der Analyse bis zur Codierung) und man ihnen die entsprechende Verantwortung zuschreibt. Dies macht die Arbeit einfacher und ermöglicht es, einen höheren Komplexitätsgrad zu bewältigen.

Die wesentlichen Unterschiede zwischen den strukturierten und den objektorientierten Methoden:

Unterschiede zum alten Vorgehen

- Ganzheitliche Arbeitsgegenstände
  Statt der Trennung von Daten und Operationen wird nun durch das Klassenkonzept mit Einheiten aus Daten und Operationen gearbeitet.

- Bessere Abstraktionsmöglichkeiten
  Die objektorientierten Methoden verschieben die Modellierung stärker als die strukturierten vom Lösungs- in den Problembereich.

- Methodische Durchgängigkeit
  Die Ergebnisse einer Aktivität i im objektorientierten Entwicklungsprozeß lassen sich ohne weiteres in die Aktivität $i+1$ übernehmen und umgekehrt: in allen Phasen der Softwareentwicklung wird mit denselben Konzepten gearbeitet (Klassen, Objekte, Beziehungen etc.). Es findet kein Wechsel der Modellrepräsentation statt.

- Evolutionäre Entwicklung
  Ein komplexes System entsteht nicht in einem Rutsch. Alle komplexen Systeme in der Natur haben sich schrittweise entwickelt, jeder Zwischenschritt mußte sich erst einmal stabilisieren und seine Funktions- und Lebensfähigkeit beweisen. Im Laufe der Zeit ist auf diese Weise das komplexe System *Mensch* entstanden. Mit den objektorientierten Softwareentwicklungsmethoden kann das Prinzip der Evolution auf die Softwareentwicklung übertragen werden.

Evolution

Speziell der zuletzt genannte Punkt des evolutionären Vorgehens, scheint in der Anwendungsentwicklung vieler Unternehmen kaum üblich zu sein. Im Gegenteil, mit dem Argument, dann alles neu machen zu müssen, werden Barrieren für den Umstieg auf OO-Techniken errichtet.

Käfer mit Heckklappe

In anderen Bereichen, man denke an Autos, Flugzeuge u.ä., wird jedoch traditionell ein gemischtes Vorgehen praktiziert: nach einer gewissen Phase der Weiterentwicklung und Verbesserung der vorhandenen Modelle werden regelmäßig von Grund auf neue Modelle entwickelt. Der VW-Käfer wurde trotz des Erfolgs aufgegeben, weil die Kosten für die Karosserie eines Tages nicht mehr wettbewerbsfähig waren. Sie benötigte doppelt so viele Schweißpunkte wie die von großen amerikanischen Pkw, nämlich 6.000 Stück.[1] Außerdem ließ sich wegen der Motorposition keine Heckklappe integrieren.

---

[1] Vgl. [Railton].

26

➔Menschorientiert

In gewisser Weise ist Objektorientierung auch eine (im Wortsinn) Weltanschauung. Im Gegensatz zu den konventionellen Softwareentwicklungsmethoden beruhen die objektorientierten auf einem Weltbild[1], das den Menschen mehr in den Mittelpunkt rückt. Das heißt, die bislang technozentrische Sicht wird ersetzt durch eine anthropozentrische, mehr am Menschen orientierte.[2] Die herkömmlichen Softwareentwicklungsmethoden haben sich von den empirischen Wissenschaften ein deduktives Vorgehen abgeguckt. Das führt dazu, daß sich ihr Handeln auf von der objektiven Welt abgetrennte Ziele richtet.[3] Objektivität entsteht aber erst dadurch, daß „sie für eine Gemeinschaft sprach- und handlungsfähiger Subjekte als ein und dieselbe Welt gilt. Notwendige Bedingung dafür ist, daß sich kommunikativ handelnde Subjekte miteinander über das verständigen, was in der Welt vorkommt oder in ihr bewirkt werden soll."[4]

An die Stelle deduktiver Abtrennung tritt die konsensuelle Kommunikation. Die herkömmlichen Entwicklungsmethoden versagen bei anspruchsvolleren Aufgaben, weil sie durch ihren Deduktivismus die Beschränktheit der menschlichen Kommunikationsmöglichkeiten nicht berücksichtigt haben, was nicht heißen soll, daß die OO-Methodik nicht versagen kann. Das objektorientierte Vorgehen öffnet sich aber dem Bewußtsein einer kommunikativen Rationalität und leitet somit zu einer anderen Anschauung der Welt über.

Der Übergang von den alten, eher technozentrischen Methoden zur eher ganzheitlichen, objektorientierten Vorgehensweise kann als Paradigmenwechsel[1] angesehen werden. Übergänge dieser Art vollziehen sich nach [Molzberger84] über drei Reaktionsmuster:

* Emotionale Ablehnung
  Trotz Widersprüchen wird an den alten Überzeugungen noch festgehalten.

* Unreflektierte Euphorie
  Die Defizite des alten Denkens wurden erkannt, die neuen Ideen aber noch nicht hinterfragt.

* Déjà-vu-Erlebnis
  Das neue Paradigma erscheint so selbstverständlich, daß man sich wundert, warum es erst jetzt da ist, oder es wird gar der Neuigkeitswert bezweifelt.

---

[1] Auch *Paradigma* genannt, aus dem griechischen *paradeigma* = Modell, Muster.
[2] Vgl. [Quibeldey-Cirkel94].
[3] Vgl. [Habermas87] „*kognitiv-instrumentelle Rationalität*".
[4] [Valk87] und [Habermas87], Bd. 1, S. 32.

In der Untersuchung von [Bittner95] wird festgestellt, daß die tatsächlich praktizierte Softwareentwicklung weitaus 'evolutionärer' ist, als in den Vorgehensmodellen bzw. offiziell vorgesehen.

In der Softwareentwicklung ist man vielfach der Meinung, eine permanente Weiterentwicklung und Fortschreibung bestehender Programme sei ökonomisch und deshalb der einzig relevante Weg. „Dies ist jedoch ein Trugschluß, wenn der ganze Lebenszyklus des Produkts in Betracht gezogen wird. Eine kleine Änderung kann Auswirkungen auf das ganze System haben und muß unter einem strengen Maßstab daher mit einer Gesamtanalyse verbunden werden."[2] Der Mittelweg ist gefragt.

Durchgängige Modellrepräsentation. Die methodische Durchgängigkeit wird unter anderem deutlich, wenn wir Anfang und Ende des Entwicklungsprozesses gegenüberstellen. Am Anfang steht zum Beispiel folgender Dialog mit den AnwenderInnen:

EntwicklerIn:	*„Was ist Euch wichtig?"*
AnwenderIn:	*„Der Kunde."*
EntwicklerIn:	*„Was ist denn ein Kunde, welche Merkmale sind für Euch relevant?"*
AnwenderIn:	*„Der Kunde hat einen Namen, eine Anschrift und eine Bonität, die wir überprüfen."*

```
                    Kunde
                    name
                    anschrift
                    bonitaet

                    bonitaetPruefen()
```

Am Ende des Prozesses steht eine Klasse, die in Java codiert (vereinfacht) wie folgt aussieht:

```java
class Kunde
{
    String      name;
    Anschrift   anschrift;
    Bonitaet    bonitaet;

    public int bonitaetPruefen()
    {
        ...
    }
}
```

---

[1] Bei einem Paradigmenwechsel tritt ein *Modell* im gleichen Kontext an die Stelle eines anderen, wobei sich altes und neues gegenseitig ausschließen.
[2] [Valk87].

→ Abstraktionsmittel (von Nicolai Josuttis)

Programmierung ist die Tätigkeit, Sachverhalte in einem Computer abzubilden. Bei der Beschreibung der Sachverhalte muß dabei abstrahiert werden. Die für das Problem nicht relevanten Dinge werden weggelassen. Ansonsten würde man jedesmal bei Bits und Quarks landen.

Die Fähigkeit, Dinge durch Abstraktion sinnvoll zu beschreiben, verwenden wir auch im täglichen Leben. Dabei gibt es allerdings zwei verschiedene Arten der Abstrahierung:

Teile/Ganzes-Beziehung (*Hat-eine*-Beziehung)

Die Teile/Ganzes-Beziehung faßt mehrere Einzelteile zu einem Objekt zusammen. Ein Objekt *besteht aus* Teilen. Beispiel:

Ein Auto *besteht aus* Motor, Karosserie, Sitzen, Lenkrad, Rädern etc.

Man sagt: *„Da hinten fährt ein Auto"* anstatt: *„Da hinten fahren ein Motor mit einer Karossarie mit einem Lenkrad und vier Rädern".*

In Programmiersprachen gibt es dafür Strukturen (Records).

Oberbegriff-Beziehung (*Ist-ein*-Beziehung)

Die Oberbegriff-Beziehung faßt mehrere Arten oder Varianten von Objekten unter einem Begriff zusammen. Ein Objekt *ist eine* besondere Variante. Beispiel:

Ein Cabriolet *ist ein* Auto. Ein Auto *ist ein* Fahrzeug.

Man sagt: *„Da hinten fahren drei Autos"* anstatt: *„Da hinten fahren ein Cabriolet, ein Kombi und eine Limousine".*

Dieses Abstraktionsmittel wird in den nicht-objektorientierten Programmiersprachen nicht unterstützt.

Der ganzheitliche und am Menschen orientierte Ansatz, wie er von den maßgeblichen Begründern der Objektorientierung (im Xerox PARC) von Anfang an verfolgt wurde, wird an vielen Stellen deutlich:

- Das Klassenkonzept begünstigt die Entwicklung von Softwareeinheiten, die nicht einer speziellen Anwendung, sondern einem speziellen Konzept bzw. einer bestimmten Idee von Realität dienen und die als solche in verschiedenen Kontexten und somit auch verschiedenen Anwendungen operieren können.

- Die Welt der objektorientierten Softwareentwicklung ist eine bilderreiche Welt: Begriffe wie Vererbung, Botschaftsaustausch, das Werkzeug-

Material-Leitbild usw. belegen die Metaphorik[1] und deuten die ontologi-schen[2] Grundprinzipien an.

- Die Symbole der grafischen Benutzeroberflächen wie Mülleimer, Drucker, Lupe, Ordner, Pinsel, Schere und so weiter tun ein übriges und ermöglichen den BenutzerInnen ein anschauliches und intuitives Handeln.

- Objektorientierte grafische Benutzeroberflächen verhelfen zu einer einheit-lichen Bildschirmorganisation und zu Bedienungsstandards, sie leiten die ApplikationsentwicklerInnen an, diese Standards zu übernehmen und ihr Look-&-Feel nachzuahmen.

Die strukturierten Methoden (SA, SD, ERM etc.) beruhen auf ähnlichen Prin-zipien zur Komplexitätsbewältigung wie die objektorientierten, sie sind je-doch methodisch nicht durchgängig, nicht so integrationsfähig, und im sy-stemischen, vernetzten Denken gehen die objektorientierten Methoden weiter. Die Objektorientierung ist die derzeitige Antwort auf die gestiegene Kom-plexität der Softwareentwicklung.

Zusammengefaßt die wichtigsten Vorteile objektorientierten Vorgehens:

OO-Vorteile

- Durch den evolutionären Prozeß können neue Anforderungen auch wäh-rend des Entwicklungsprozesses nachgereicht und vergleichsweise einfach integriert werden.

- Anspruchsvollere und komplexere Anwendungsgebiete können erschlossen werden.

- Die Kommunikation zwischen SoftwareentwicklerInnen und ExpertInnen im Anwendungsbereich verbessert sich durch die anthropomorphe[3] Sicht-weise.

- Die durchgängige Modellierung begünstigt die Qualität der Arbeitsergeb-nisse. Die einzelnen Entwicklungsschritte bleiben eher konsistent zueinan-der.

- Die durchgängigen Konzepte in allen Entwicklungsschritten vereinfachen die Entwicklung und verbessern die Dokumentation.

- Die ganzheitliche Sichtweise in der Modellierung wird den Strukturen, Zu-sammenhängen und Abhängigkeiten der realen Welt besser gerecht.

- Objektorientierte Modelle sind über ihre gesamte Lebenszeit betrachtet stabiler und damit änderungsfreundlicher. Auch wesentliche, globale Sy-stemänderungen sind meistens ursächlich lokal begrenzt.

---

[1] Bzw. Bildhaftigkeit, Anschaulichkeit.
[2] Ontologie ist die Lehre vom Seienden und seinen Prinzipien, Strukturen und Gesetzmäßigkeiten.
[3] vermenschlicht, am Menschen orientiert.

- Die objektorientierten Abstraktionsmöglichkeiten ermöglichen eine bessere Wiederverwendung der Arbeitsergebnisse.

- Objektorientierte Softwareentwicklung macht mehr Spaß.

Dennoch ist Objektorientierung kein Allheilmittel und es soll hier keine Euphorie verbreitet werden: auch mit diesem Ansatz ist es weiterhin möglich, ganz lausige Ergebnisse zu erzielen.

Weiterführende Literatur

1. K. Quibeldey-Cirkel: *Paradigmenwechsel im Software-Engineering: Auf dem Weg zu objektorientierten Weltmodellen*, in: Softwaretechnik-Trends 2/1994, S. 47ff.

2. W. Stein: *Objektorientierte Analysemethoden - ein Vergleich*, in: Informatik Spektrum, Band 16, 1993, Seite 317 ff.

3. J. Raasch: Systementwicklung mit Strukturierten Methoden, Hanser, 1993.

4. J. Habermas: *Theorie des kommunikativen Handelns*, Suhrkamp, 1987.

5. W. Heisenberg: *Ordnung der Wirklichkeit (1942)*, Piper, 1989.

6. G. Miller: *The Magical Number Seven, Plus Minus Two: Some Limits on Our Capacity for Processing Information*, The Psychological Review vol. 63. Sowie: G. Miller: *The Magical Number Seven after Fifteen Years*, Wiley, New York, 1975.

7. I. Graham, B. Henderson-Sellers, H. Younessi: *The OPEN Process Specification*, Addison Wesley (ACM Press), Harlow, 1997.

8. G. Booch: *Object-oriented analysis and design with applications, 2nd ed.*, Benjamin/Cummings, 1994. Deutsche Ausgabe: *Objektorientierte Analyse und Design; Mit praktischen Anwendungsbeispielen*. Addison-Wesley, 1994.

9. Rumbaugh, J., Blaha, M., Premerlani, W., Eddy, F., Lorenson, W.: *Object-Oriented Modelling and Design*, Prentice-Hall, 1991. Deutsche Ausgabe: *Objektorientiertes Modellieren und Entwerfen*, Hanser, 1993.

10. I. Jacobson, M. Christerson, P. Jonsson, G. Övergaard: *Object-Oriented Software Engineering, A Use Case Driver Approach*, Addison-Wesley, 1992

11. R. Wirfs-Brock, B. Wilkerson, L. Wiener: *Designing Object-Oriented Software*, Prentice Hall, 1990. Deutsche Ausgabe: *Objektorientiertes Software-Design*, Hanser, 1993

12. J. Martin, J. Odell: *Object-Oriented Analysis & Design*, Prentice-Hall, 1992

13. B. Meyer: *Object-Oriented Software Construction*, Prentice Hall, 1988. Deutsche Ausgabe: *Objektorientierte Softwareentwicklung*, Hanser, 1988

14. G. Booch: *Software Engineering with Ada*, Benjamin/Cummings, 1986.

15. K. Kilberth, G. Gryczan, H. Züllighoven: *Objektorientierte Anwendungs-entwicklung*, Vieweg, 1993.

16. D. Coleman, P. Arnold, S. Bodorff, C. Dollin, H. Gilchrist: *Object Oriented Development: The Fusion Method*, Prentice Hall, Englewood Cliffs, 1993.

Die einzige Konstante in dieser Welt
ist die Veränderung.

Harry Palmer.

Objektorientierung
für Anfänger

**Hier findet sich eine einfache Einführung
in die Grundbegriffe der Objektorientierung.**

Dies ist die Gliederung des Buches...

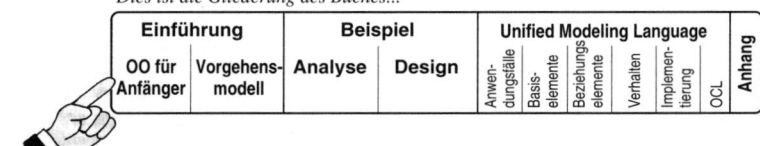

Einführung		Beispiel		Unified Modeling Language						
OO für Anfänger	Vorgehens- modell	Analyse	Design	Anwen- dungsfälle	Basis- elemente	Beziehungs- elemente	Verhalten	Implemen- tierung	OCL	Anhang

und *hier befinden Sie sich.*

33

Objekt [lat., *obicere*, „entgegenhalten"]
Gegenstand der Erkenntnis und Wahrnehmung, des Denkens und
Handelns.

Klasse [lat., *classis*, „Aufgebot"]
Bezeichnung für eine Teilmenge von Objekten einer Theorie, die
durch gewisse Eigenschaften ausgezeichnet sind.

Operation [lat. *operatio*, „Handlung"]
Durchführung einer bestehenden Vorschrift.

Attribut [lat., *attributum*, „das Beigefügte"]
Eigenschaft, Kennzeichen.

Nach [Brockhaus82].

Objektorientierung
für Anfänger

Die Grundzüge der Objektorientierung sind mit wenigen Beispielen erläutert. Auch KHVs[1] finden einen schnellen Einstieg ins Thema. Neulinge finden meistens sogar einen einfacheren Zugang als erfahrene Informatiker. Während die Profis sich von ihren bewährten und liebgewonnenen Daten-, Funktions-, Prozeßmodellen und ähnlichem nicht so richtig trennen können und stets versuchen, die neuen Ideen auf die eingefahrenen Denkgleise zu setzen, können Einsteiger ganz unbeschwert die Objektorientierung als eine leicht zugängliche Herangehensweise kennenlernen.

DV-Anfänger
haben es leichter

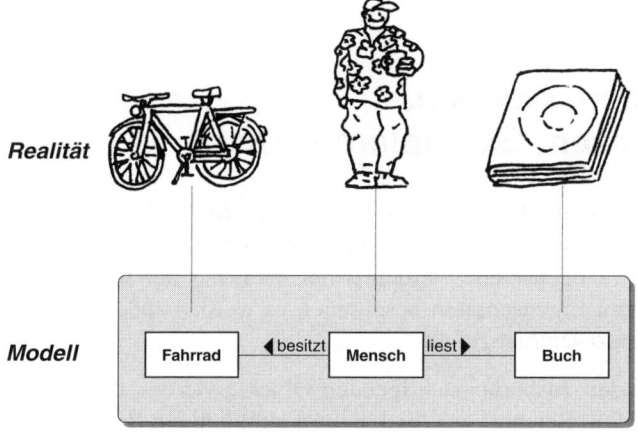

Komplexität durch
abstrakte Modelle
vereinfachen

Die Objektorientierung heißt Objektorientierung, weil diese Methode die in der realen Welt vorkommenden Gegenstände als Objekte ansieht. Ein Telefon ist ebenso ein Objekt wie ein Fahrrad, ein Mensch oder eine Versicherungspolice. Und diese Objekte setzen sich wiederum aus anderen Objekten zusammen, nämlich aus Schrauben, Rädern, Ohren, Beitragstarifen und so weiter. Die in der realen Welt vorkommenden Objekte können natürlich ziemlich kompliziert aufgebaut sein und uns kognitive[2] Probleme bereiten. Ein komplexes Objekt, wie zum Beispiel ein Mensch, kann von uns nur noch vereinfacht wahrgenommen werden. Die groben Äußerlichkeiten eines Menschen wie Arme, Hals und Ohren, erfassen wir auf Anhieb, sofern wir detailliertere Bestandteile wie Blutkörperchen oder Nervenaustrittspunkte vernachlässigen.

---

[1] Kinder, Hausfrauen/-männer, Vorstände.
[2] Die Erkenntnis betreffend.

für Anfänger

Eisenbahn spielen

Im Alltag vereinfachen wir in unserem Denken die Objekte - wir arbeiten mit Modellen, bereits als Kinder. Als Junge habe ich mit meinem Vater mit der Eisenbahn gespielt. Mit keiner echten Eisenbahn; die Lok, die Waggons und die Bahnübergänge waren maßstabsgetreue Abbildungen der Wirklichkeit: es war eine Modelleisenbahn. In der Softwareentwicklung wird im Grunde nichts anderes gemacht: die real vorkommenden Gegenstände werden auf wenige, in der jeweiligen Situation bedeutsamen Eigenschaften reduziert. Statt mit echten Objekten wird mit Symbolen gearbeitet. Die Eigenschaften und Zusammensetzungen der Objekte entsprechen nur sehr grob den realen Gegebenheiten, es werden lediglich die Aspekte im Modell berücksichtigt, die zur Erfüllung einer bestimmten Aufgabe zweckdienlich sind.

So wird zum Beispiel in einem Lohnabrechnungssystem ein Mitarbeiter auf seine Steuerklasse, Krankenversicherungsnummer usw. reduziert, im firmen-internen Telefonverzeichnis hingegen auf Position, Organisationseinheit und Apparatnummer.

Klassen, Objekte, Instanzen, Exemplare & Co.

Klasse = Bauplan
gleichartiger
Objekte

Eine Kuh macht Muh - viele Kühe machen Mühe. Diese alte Bauernweis-heit wurde in der Objektorientierung beherzigt. Die in der realen Welt vor-kommenden Gegenstände werden daher nicht nur auf ihre wichtigsten, mo-dellrelevanten Eigenschaften beschränkt, es werden außerdem auch gleichar-tige Objekte zusammengefaßt.

Die im Modell zu berücksichtigenden Objekte werden nicht alle individuell konzipiert. Für gleichartige Objekte wird lediglich ein Bauplan erstellt, der in

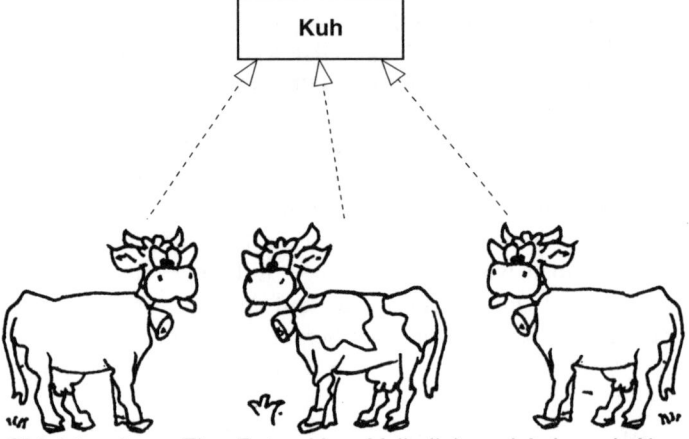

Objekte v.l.n.r.: Elsa Euter, Vera Vollmilch und Anja v. d. Alm

der Objektorientierung *Klasse* genannt wird. Mit Hilfe dieser Klasse werden dann die konkreten Objekte erzeugt.

Die drei Kühe Elsa, Vera und Anja sind alle nach dem Vorbild der Klasse *Kuh* entstanden. Die Klasse *Kuh* selbst existiert nicht als eigenständiges Objekt.[1]

In diesem Buch werden Klassen und Objekte nach der Notation der Unified Modeling Language (UML) dargestellt, d.h. als Rechtecke. Zur Unterscheidung von Klassen und Objekten wird bei Objekten der Name unterstrichen.

Klassen ⇨ 223
Objekte ⇨ 231

| Klasse | | Objekt |

In der deutschsprachigen Literatur zum Thema Objektorientierung wird häufig von *Instanzen* und von *Instantiierung* gesprochen. Bei Instanz denkt man natürlich sofort an eine juristische Instanz. In der Objektorientierung ist mit Instanz nichts anderes gemeint als ein Objekt. Ein weiteres Synonym für Objekt ist *Exemplar*. Der Begriff *Instanz* entsteht eigentlich nur aufgrund einer sträflichen[2] oder zumindest ungenauen Übersetzung. Das englische Wort *instance* meint nämlich eigentlich soviel wie das deutsche *Exemplar*.

Instanz
Objekt
Exemplar

Wenn man die Objekt-Klassen-Beziehung (*Exemplarbeziehung, Instanzbeziehung*) darstellen möchte, wird zwischen einem Objekt und seiner Klasse ein gestrichelter Pfeil in Richtung Klasse gezeichnet.

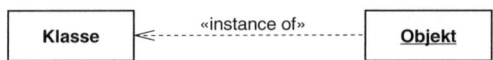

Im Falle von Elsa Euter würde dies gelesen als „Elsa Euter ist ein Exemplar der Klasse Kuh".

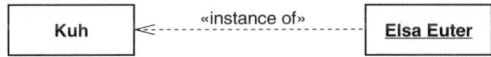

> **Klasse** [Eine Klasse beschreibt die Struktur und das Verhalten einer Menge gleichartiger Objekte⇨231.]

> **Objekt** [Ein Objekt ist eine zur Ausführungszeit vorhandene und für ihre Instanzvariablen Speicher allokierende Instanz, die sich entsprechend dem Protokoll ihrer Klasse⇨223 verhält.]

---

[1] wobei es Ausnahmen gibt, z.B. in Smalltalk, vgl. [Wallrabe97].
[2] aber leider nicht strafbaren […].

Attribute, Operationen, Zusicherungen

Eigenschaften
von Klassen
und Objekten

Zusammen mit Klassen und Objekten wurde unter anderem auch von deren *Eigenschaften* gesprochen. Was genau ist darunter eigentlich zu verstehen? Was sind die bedeutsamen Eigenschaften einer Klasse? Folgende Aspekte müssen berücksichtigt werden:

⇨233

- *Attribute*
  D.h. die Struktur der Objekte: ihre Bestandteile und die in ihnen enthaltenen Informationen bzw. Daten.

⇨236
vgl. Glossar ⇨351, 349

- *Operationen*
  D.h. das Verhalten der Objekte. Der Begriff *Operation* ist zwar verbreitet, manchmal wird statt dessen aber auch synonym von *Services* oder *Methoden* oder fälschlicherweise von *Prozeduren* oder *Funktionen* gesprochen.

⇨245

- *Zusicherungen*
  Die Bedingungen, Voraussetzungen und Regeln, die die Objekte erfüllen müssen, werden *Zusicherungen* genannt.

Beispiel

Zu den Eigenschaften eines Kreises, den wir auf einem Bildschirm darstellen wollen, gehören beispielsweise:

- Attribute:
  sein Radius und seine Position auf dem Bildschirm (x, y).

- Operationen:
  die Möglichkeit, ihn anzuzeigen, zu entfernen, zu verschieben und den Radius zu verändern.

- Zusicherungen:
  der Radius darf nicht negativ und nicht null sein (radius > 0).

Operationen können wahlweise über *Parameter* verfügen. Beispielsweise wird beim Setzen eines neuen Radius der Parameter *neuerRadius* mitgegeben. Die Parameter werden in runden Klammern dem Operationsnamen angefügt. Auch Operationen ohne Parameter werden mit Klammern versehen. Dadurch sind sie von den Attributen zu unterscheiden. Zusicherungen werden in geschweifte Klammern gesetzt.

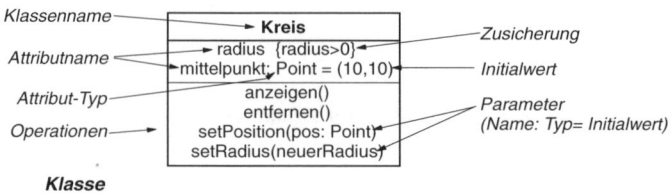

Zusicherungen können nicht nur innerhalb von Klassen definiert werden, sie können auch für Beziehungen gelten, beispielsweise um eine Sortierreihenfolge zu definieren. Dazu später mehr.

{geordnet} ⇨ 280

Während der Analyse und des Designs werden einerseits Klassen modelliert, d.h. ihre Eigenschaften und Beziehungen werden betrachtet, andererseits werden aber auch Anwendungsfall-, Sequenzdiagramme u.a. verwendet, um die Interaktionen der Klassen darzustellen und ausgewählte Abläufe durchzuspielen. Anstelle von Klassen werden in diesen Diagrammen Objekte gebraucht. Objekte werden ähnlich wie Klassen dargestellt (der Objektname wird im Gegensatz zum Klassennamen unterstrichen), wobei für die Attribute beispielhaft Werte eingesetzt werden können.

Objekte:
Beispielhafte
Attributwerte

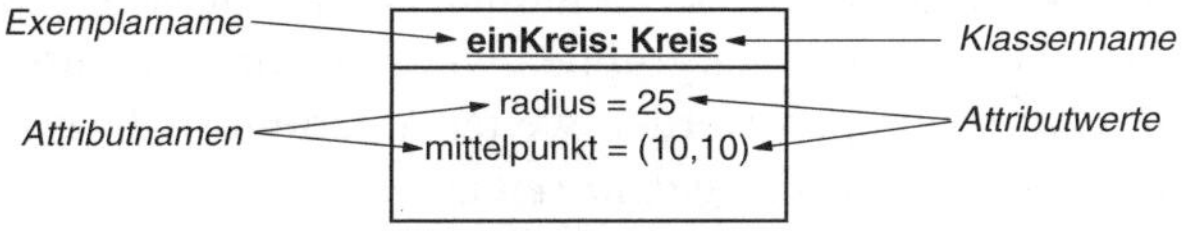

Objekt

Klassen bzw. Objekte sind also Einheiten aus Attributen, Operationen und Zusicherungen. Der entsprechende Programmcode sieht in Java zum Beispiel so aus (vereinfacht):

```
class Kreis
{
   int     radius;
   Point   mittelpunkt;

   public void setRadius(int neuerRadius)
   {
     if (neuerRadius > 0)    // Zusicherung
     {
        radius = neuerRadius;
        ...
     }
   }
   public void setPosition(Point pos)
   { ... }
   public void anzeigen();
   { ... }
   public void entfernen();
   { ... }
}
```

Dieses Beispiel zeigt nur das Prinzip, die konkrete Implementation der einzelnen Operationen wurde der Einfachheit halber weggelassen.

Taxonomie
und Vererbung

Die Wissenschaft der Entomologen, die man auch Insektologen nennen könnte, weil sie sich mit Insekten beschäftigen, hat eine viel längere Tradition als die der Informatiker. Sie praktiziert schon länger eine Methode, die in der Informatik als neu angesehen wird.[1] Entomologen klassifizieren die in der Welt vorkommenden Insekten nach einer *Taxonomie* genannten Systematik. Sie ordnen Insekten nach Insektenfamilien und -klassen. Unterhalb der Obergruppe *Insekt* bestehen Untergruppen wie *Flug-Insekten* und *Ur-Insekten (ohne Flügel)*. Diese Gruppen werden weiter unterteilt in *Insekten mit einem Flügelpaar*, *Insekten mit zwei Fügelpaaren* usw.

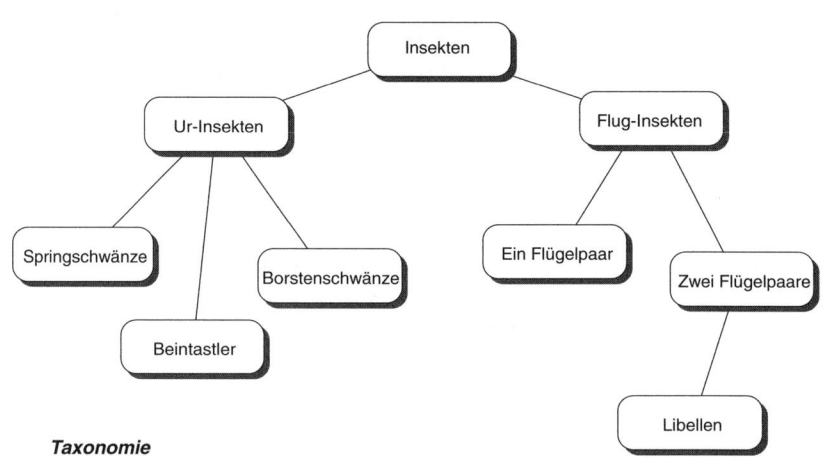

Taxonomie

Kennzeichnend an dieser Hierarchie ist, daß alle Insekten einer Klasse über identische Eigenschaften verfügen und daß nachgegliederte Klassen eine Spezialisierung darstellen. Die von einer Klasse abgeleiteten Unterklassen verfügen automatisch über alle Eigenschaften der Oberklasse. Eigenschaften werden weitervererbt. Dieses Prinzip begründet die Wiederverwendungsmöglichkeiten in der Objektorientierung.

Vererbung =
Eigenschaften
wiederverwenden

In dieser Weise lassen sich nicht nur Insekten klassifizieren - auch die Gegenstände und Konzepte, mit denen die Softwareentwicklung in Berührung kommt, lassen sich damit hierarchisch strukturieren.

---

[1] Unberechtigterweise, man denke an die mathematischen Wurzeln oder an Chomskys Theorie formaler Sprachen.

40

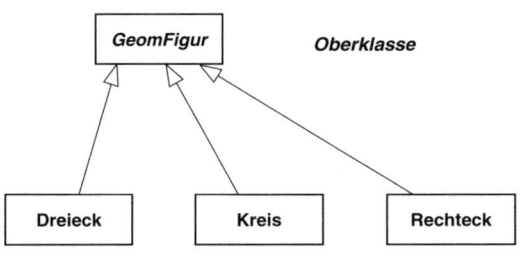

Weil diese Darstellung an einen Stammbaum erinnert und in der Tat die Eigenschaften von einer Klasse zur nächsten weitergegeben, sozusagen vererbt werden, spricht man hierbei auch von *Vererbung* und der *Vererbungshierarchie*. Die Klasse, die Eigenschaften weitergibt, wird *Oberklasse* (bzw. Basisklasse oder Superklasse) genannt und die, die etwas erbt, heißt *Unterklasse* (bzw. Subklasse). Die Vererbungsbeziehung wird durch einen Pfeil dargestellt, wobei die Unterklasse stets auf die Oberklasse zeigt. Pfeile können auch gebündelt werden, wie in der Abbildung auf der folgenden Seite geschehen.

Das hierbei angewendete Prinzip wird gewöhnlich *Generalisierung* bzw. *Spezialisierung* genannt. Die Klasse *GeomFigur* ist eine Generalisierung von *Kreis* und *Kreis* ist eine Spezialisierung von *GeomFigur* - je nach Blickwinkel. Es handelt sich hier um eine *Ist-ein*-Semantik: ein Kreis *ist eine* geometrische Figur. Objekte abgeleiteter Klassen sollen jederzeit anstelle von Objekten ihrer Basisklasse(n) eingesetzt werden können (Substitutionsprinzip).[1]

Die Unterscheidung zwischen Ober- und Unterklasse erfolgt häufig aufgrund eines Unterscheidungsmerkmals, des sogenannten *Diskriminators*. Im folgenden Beispiel wird unterschieden nach der *Figurenform*.

Die obenstehende Abbildung mit den geometrischen Objekten ist ein Beispiel für eine sogenannte Einfachvererbung. Außer dieser Form der Vererbung existiert noch die Mehrfachvererbung, bei der eine Klasse auch mehr als eine Oberklasse besitzen kann.

Zur Vererbung existieren jedoch auch verschiedene Alternativen (Delegation, Aggregation, generische Programmierung[2], generisches Design[3]), die manchmal vorteilhafter oder auch notwendig sein können, so daß Vererbung nicht naiv verwendet werden kann. Die Möglichkeiten und die Sinnhaftigkeit von Vererbung werden häufig überschätzt.

Generalisierung
Spezialisierung
Vererbung ⇨261

Subsititutionsprinzip

Diskriminator

Mehrfachvererbung
⇨266

---

[1] Anstelle von *Generalisierung* bzw. *Spezialisierung* sollte man daher eigentlich von *Konkretisierung* sprechen, aber leider ist dieser Terminus wenig verbreitet.
[2] Z.B. parametrisierbare Klassen, Templates in C++ o.ä.
[3] Z.B. CASE-Tool-Makros und -Skripte.

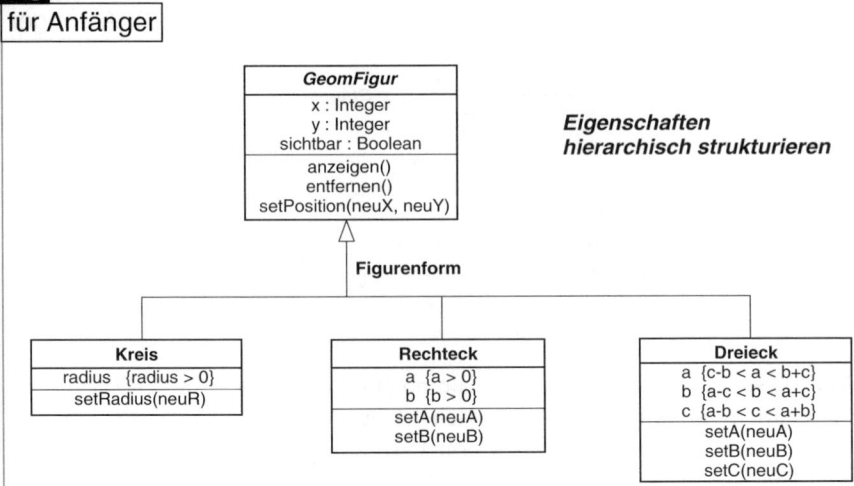

Eigenschaften hierarchisch strukturieren

Strukturierung von Eigenschaften

Differentielles Programmieren ist eine politisch korrekte Bezeichnung für objektorientierte Erbschleicherei. Bei der Generalisierung bzw. Spezialisierung von Klassen erbt eine Unterklasse die Eigenschaften ihrer Oberklasse, muß jedoch auch deren Verantwortlichkeiten und Aufgaben übernehmen, zumindest im Grundsatz. Einzelheiten dürfen spezialisiert, d.h. weiterentwickelt werden und neue Eigenschaften dürfen hinzugefügt werden. Bestehende Eigenschaften sollen jedoch nicht unterdrückt oder beschränkt werden.

Wie werden die Eigenschaften jedoch innerhalb der Vererbungshierarchie angeordnet? Grundsätzlich gilt: Eigenschaften sind genau in den Klassen angesiedelt, in denen sie entsprechend der ihr zugeschriebenen Semantik auch wirklich eine Eigenschaft der Klasse sind.

Das heißt, die Eigenschaften werden nicht allein nach Gesichtspunkten der Optimierung und Redundanzfreiheit verteilt und nicht etwa nur deswegen in einer Oberklasse angesiedelt, weil die Unterklassen diese dann praktischerweise mitnutzen können. Die Klassenhierarchie wird nicht nach solchen Gesichtspunkten entworfen, sondern folgt stets der eigenen Anschauung von der zu modellierenden Welt (über die man sich ggf. einigen muß und die sich außerdem wahrscheinlich auch von der realen Welt unterscheidet).

Das oben abgebildete Klassendiagramm zeigt ein Beispiel für die Generalisierung und Spezialisierung der Eigenschaften geometrischer Figuren. Dabei wurde angenommen, daß alle Figuren auf einem Bildschirm angezeigt, entfernt und verschoben werden können. Da diese Eigenschaften für alle Figuren gelten sollen, sind die entsprechenden Operationen bereits in der Klasse *GeomFigur* anzusiedeln. Ebenso die Attribute für die Bildschirmposition und

den Sichtbarkeitsstatus. Das Attribut *sichtbar* gibt an, ob die Figur gerade angezeigt ist. Die Koordinaten *x* und *y* benennen den Mittelpunkt der Figur.

Weitere Eigenschaften lassen sich nicht generalisieren, so daß das Modell jetzt wie oben abgebildet aussieht. In der Klasse *GeomFigur* sind die Attribute *x, y* und *sichtbar* sowie die Operationen *anzeigen(), entfernen()* und *setPosition()* enthalten.

In den abgeleiteten Klassen *Kreis, Rechteck* und *Dreieck* sind die Kanten (*a, b, c*) bzw. der Radius definiert, Zusicherungen zu diesen Attributen sowie Operationen zum Ändern dieser Attribute.

Der entsprechende Java-Programmcode zu dem Klassenmodell sieht wie folgt aus (vereinfacht und nur für die Klassen *GeomFigur* und *Rechteck*):

```
class GeomFigur
{
   int x, y;
   boolean sichtbar;

   public abstract void anzeigen();

   public abstract void entfernen();
```

```
      public void setPosition(int neuX, neuY)
      {
        if (sichtbar) {
          entfernen();
          x = neuX;
          y = neuY;
          anzeigen();
        } else {
          x = neuX;
          y = neuY;
        };
      }
    }

    ...

    class Rechteck extends GeomFigur
    {
      int a, b;  // Kanten
      public void setA(int neuA)
      {
        if (neuA > 0) { a = neuA; };
      }
      public void setB(int neuB)
      {
        if (neuB > 0) { b = neuB; };
      }
    }
```

Allen geometrischen Figuren gemeinsam ist: sie besitzen eine Position (x, y des Figurenmittelpunktes), sie sind anzuzeigen, zu entfernen und zu verschieben. Anzeigen und Entfernen sind hierbei zwar gemeinsame Eigenschaften aller geometrischen Figuren, sie müssen aber individuell realisiert werden. Ein Kreis wird anders gezeichnet als ein Dreieck. In der Oberklasse *GeomFigur* müssen die Operationen *anzeigen()* und *entfernen()* deshalb abstrakte Operationen sein. Erst innerhalb der Klassen *Kreis*, *Dreieck* usw. werden daraus konkrete Operationen (siehe folgenden Beispielcode).

Abstrakte Operationen ⇨ 236

Bei der Operation *setPosition()* handelt es sich ebenfalls um eine gemeinsame Eigenschaft, sie ist daher in der Klasse *GeomFigur* angesiedelt. Sie muß jedoch keine abstrakte Operation sein, denn sie läßt sich mit den in der Klasse *GeomFigur* vorhandenen Eigenschaften (*x, y, anzeigen(), entfernen()*) bereits konkret realisieren, wie der nächste Beispielcode dies zeigt.

Spezielle Eigenschaften

Zusicherungen ⇨ 245

Individuelle Eigenschaften im dargestellten Beispiel sind unter anderem beim Kreis der *Radius*, beim Rechteck die Kanten *a* und *b* und beim Dreieck die Kanten *a, b* und *c*. Außerdem können für die Kanten und den Radius spezielle Zusicherungen angegeben werden. Der Wert des Attributs *Radius* in der Klasse *Kreis* darf beispielsweise nicht negativ und muß größer Null sein.

Weil sie individuelle Eigenschaften der Figuren berücksichtigen, sind die Operationen *setRadius(neuR), setA(neuA)* und *setB(neuB)* keine generellen Eigenschaften der Klasse *GeomFigur*, sondern spezielle der Unterklassen. Anders wäre es gewesen, hätte man eine Operation *groesseAendern(umFaktor)* erstellt - sie wäre eine abstrakte gemeinsame Eigenschaft aller geometrischen Figuren gewesen.

```
class GeomFigur extends Object
{
   int x, y;
   boolean sichtbar;

   public abstract void anzeigen();

   public abstract void entfernen();

   public void setPosition(int neuX, neuY)
   {
      if (sichtbar) {
        entfernen();
        x = neuX;
        y = neuY;
        anzeigen();
      } else {
        x = neuX;
        y = neuY;
      }
   }
}

class Rechteck extends GeomFigur
{
   int a, b;

   public void anzeigen()
   { ... }

   public void entfernen()
   { ... }

   public void setA(int neuA)
   {
      if (neuA > 0) { a = neuA; };
   }

   public void setB(int neuB)
   {
      if (neuB > 0) { b = neuB; };
   }
}
```

Die Klasse *Quadrat* ist in dem unten stehenden Diagramm als Unterklasse von *Rechteck* modelliert, da es sich um eine spezielle Form des Rechteckes handelt. Die Klasse *Quadrat* ist eine Spezialisierung der Klasse *Rechteck*; die Kanten *a* und *b* müssen gleich sein, was als Zusicherung notiert ist. Objekte der Klasse *Quadrat* enthalten dadurch ein redundantes Attribut (die Kante *b*), denn die Angabe einer Kante würde ausreichen. Diese Redundanz wird aber in Kauf genommen, da es unserer normalen Vorstellung entspricht, daß das Quadrat eine Spezialform des Rechteckes ist.

Pathologischer Diskriminator

Die redundanzfreie Alternative würde darin bestehen, das Rechteck als Spezialisierung von Quadrat zu realisieren, d.h. erst eine Klasse mit einer Kante a, von der dann eine Unterklasse mit noch einer Kante b abgeleitet würde. Dies wäre zwar bezüglich des Speicherplatzbedarfs optimal, ein sinnvoller Diskriminator ließe sich aber nicht mehr angeben.

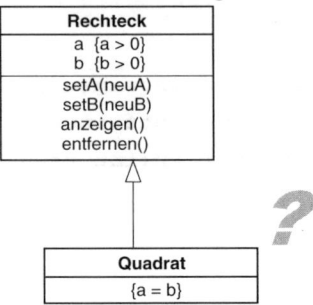

Ein weiteres Argument, das gegen ein Rechteck als Spezialisierung von Quadrat spricht: Sie haben zwei Variablen q und r, die vom Typ *Quadrat* bzw. *Rechteck* sind. Sie könnten nun der Variablen q ein Rechteck zuweisen, da ein Rechteck laut Klassenhierarchie kompatibel zum Quadrat wäre - diese Möglichkeit ist sicherlich nicht beabsichtigt.

```
class Rechteck extends Quadrat { ... }
Rechteck r;
Quadrat q;
...
q = r;  // Zuweisung zulässig, da typkompatibel,
        // jedoch nicht sinnvoll
```

Substitutionsprinzip

Problematisch an der im Klassendiagramm gezeigten Variante (*Quadrat* ist Unterklasse von *Rechteck*) ist jedoch, daß in *Quadrat* eine Zusicherung auf Attribute der Oberklasse existiert. In dem hier vorliegenden, sehr reduzierten Beispiel sind die Konsequenzen überschaubar und wenig kritisch. Generell ist hiervon jedoch abzuraten, da Unterklassen, die Zusicherungen auf Attribute von Oberklassen definieren, nicht erzwingen können, daß sich auch alle Operationen der Oberklassen daran halten. Diese haben keine Möglichkeit von der Zusicherung zu erfahren, da nur in Richtung Unterklassen vererbt wird. Außerdem würden die in der einen Klasse (in *Quadrat*) zugesicherten Eigenschaften in einer anderen (in *Rechteck*, zumindest teilweise) implementiert.

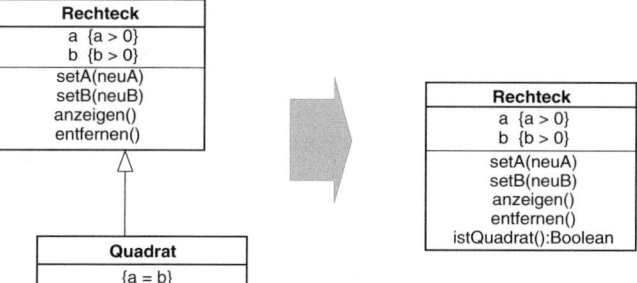

Quadratische Rechtecke

Im übrigen können Objekte der Klasse *Rechteck* durchaus Quadrate sein oder werden, wenn ihre Kanten zufällig gleich sind. Dies ist vielleicht auch eine angemessene Lösung und damit der Abschluß der Diskussion dieses Designproblems: die Klasse *Quadrat* wird überhaupt nicht modelliert, stattdessen wird in der Klasse *Rechteck* einfach folgende Operation vorgesehen:

```
public boolean istQuadrat() {
   return (a == b)
}
```

Diese Diskussion zeigt, daß die Generalisierung und Spezialisierung nicht allein zur Optimierung oder Redundanzvermeidung, sondern durch die angenommene Semantik motiviert wird, und daß auch dies nicht immer einfach sein muß.

Ein ähnliches Designproblem findet sich auch beim Vergleich der Kanten in den Klassen *Rechteck* und *Dreieck*. In beiden Klassen befinden sich die Kanten *a* und *b* - diese Redundanz kann jedoch bestehen bleiben, weil sie hierbei keine semantische Bedeutung hat. Die Diskriminierung der Klassen erfolgt im vorliegenden Beispiel nach der Figurenform und nicht nach der Anzahl oder Art der Kanten.

Abstrakte Klassen

Klassen, von denen keine konkreten Exemplare erzeugt werden können, d.h. von denen es grundsätzlich keine Objekte geben wird, bezeichnet man als *abstrakte Klassen.* In unserem Beispiel wird es Objekte der Klassen *Kreis, Rechteck* und *Dreieck* geben. Ein Objekt der Klasse *GeomFigur* jedoch nicht, denn *GeomFigur* ist lediglich eine Abstraktion. Die Klasse *GeomFigur* ist nur deswegen im Modell enthalten, um die (gemeinsamen) Eigenschaften der anderen Klassen sinnvoll zu abstrahieren. Abstrakte Klassen werden durch den Eigenschaftswert *{abstrakt}* unterhalb des Klassennamens oder durch den kursiv gesetzten Klassennamen gekennzeichnet.

Grundlagen ⇨ 228

Eigenschaftswerte
⇨ 250

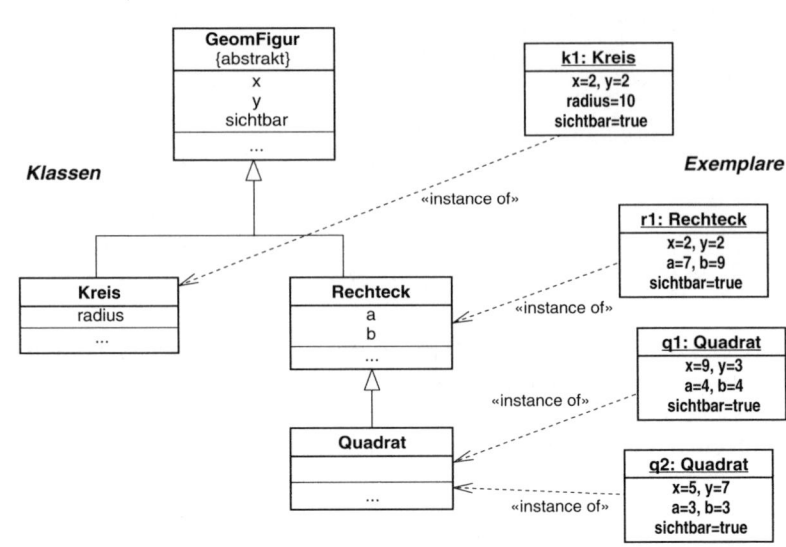

Das heißt nicht, daß nur jeweils von der spezialisiertesten Klasse in der Klassenhierarchie Objekte existieren können. Um dies zu illustrieren ist in der hier gezeigten Abbildung die Klassenhierarchie um die Klasse *Quadrat* erweitert (was, wie im vorigen Abschnitt dargelegt wurde, problematisch sein kann). Die Abbildung zeigt auch, daß ein Objekt jeweils die Attribute seiner Klasse und aller Oberklassen enthält.

CRC-Karten

Klassen, Verantwort-
lichkeiten, Beteiligte
⇨152

CRC-Karten sind Karteikarten, auf denen die Klasse, ihre Verantwortlichkeiten und andere Beteiligte notiert werden. CRC ist die Abkürzung für Class-Responsibilities-Collaborators (Klasse-Verantwortlichkeiten-Beteiligte). Anstelle von CRC-Karten wird manchmal auch von Klassenkarten gesprochen. Sie sind ein einfaches aber praktisches Hilfsmittel vor allem zur Analyse.

Was sind Verantwortlichkeiten?

Attribute
Operationen

Eine Klasse ist verantwortlich für das Wissen, über das ihre Objekte verfügen sollen (Attribute) und für die Operationen, die ihre Objekte ausführen müssen, um ihre Aufgaben und Ziele zu erreichen.

Was sind Beteiligte?

Dies sind andere Klassen, zu denen Beziehungen existieren müssen, damit die Klasse ihre Aufgaben erfüllen kann. Nicht alle Verantwortlichkeiten kann eine Klasse aus eigener Kraft erfüllen, in vielen Fällen muß sie mit anderen Klassen kooperieren. Beteiligte sind also Kooperationspartner.

Beteiligte sind Kooperationspartner

CRC-Karten sind tauglich zur Teamarbeit, sie können ähnlich der Metaplantechnik gemeinsam erarbeitet und an Pinwänden geordnet werden. Die Anordnung der Karten folgt gewöhnlich der statischen Semantik (d.h. den Generalisierungen, Spezialisierungen, Assoziationen und Aggregationen) oder der dynamischen Semantik (d.h. dem Nachrichtenfluß).

KreisEck	
Kantenlänge	Kreis
im Fenster anzeigen	Quadrat
im Fenster entfernen	GeomFigur
um einen Faktor vergrößern	

CRC-Karte

KreisEck
vgl. ⇨52

Objekte
kommunizieren untereinander

Wie auf den letzten Seiten zu sehen war, verfügen Klassen über Attribute, Operationen und Zusicherungen, und lassen sich nach dem Generalisierungsprinzip hierarchisch gliedern. Die Objekte müssen jedoch auch agieren können. Sie müssen fähig sein, gegenseitig ihre Operationen anzusprechen, d.h. sich gegenseitig zu Handlungen aufzurufen, um ihren Aufgaben nachzukommen. Mit welchen anderen Klassen eine Klasse kommunizieren kann, muß ausdrücklich festgelegt werden. In den CRC-Karten wird deshalb notiert, mit welchen anderen Klassen hierzu kooperiert werden muß.

Voraussetzung für eine Kooperation ist, daß sich die Exemplare der Klassen untereinander kennen. Bei den bereits vorgestellten Vererbungsbeziehungen ist dies der Fall. Liegt keine Vererbungsbeziehung vor, kann die Kooperation auf der Basis von *Assoziationen* und *Aggregationen* stattfinden, die nun näher betrachtet werden.

Assoziationen

Grundlagen ⇨ 268

Unterschied Relation -
Assoziation ⇨ 282f.

Eine Assoziation ist eine Beziehung zwischen verschiedenen Objekten einer oder mehrerer Klassen. Ein einfaches Beispiel hierfür ist eine Beziehung zwischen einem Fenster und einer Menge von geometrischen Figuren.

Multiplizität,
Kardinalität ⇨ 268

Im einfachsten Fall notiert man eine Assoziation nur in Form einer Linie zwischen zwei Klassen. Gewöhnlich werden Assoziationen aber soweit wie möglich detailliert. Die Assoziation erhält dann einen Namen und Anzahlangaben (Multiplizitätsangaben), d.h. wie viele Objekte auf der einen Seite der Assoziation mit wie vielen auf der anderen verbunden sind. Außerdem werden Rollennamen zugefügt, die die Bedeutung der beteiligten Klassen bzw. ihrer Objekte näher beschreiben (z.B. *Arbeitnehmer, Arbeitgeber*). Assoziationen werden - auch wenn es bei diesen beiden Beispielen vielleicht abwegig erscheint - auch *Benutzt-Beziehungen* genannt.

Firma	0..1	*beschäftigt▶*	0..*	Person
	Arbeitgeber		Arbeitnehmer	

Allgemein kann man zwischen (einseitig) gerichteten, bidirektionalen und ungerichteten (Richtung noch nicht spezifiziert) Assoziationen unterscheiden. In der UML wird (leider) zwischen bidirektionalen und ungerichteten Assoziationen nicht unterschieden.

Aggregationen

Grundlagen ⇨ 284

Eine besondere Variante der Assoziation ist die Aggregation. Hierbei handelt es sich ebenfalls um eine Beziehung zwischen zwei Klassen, jedoch mit der Besonderheit, daß die Klassen zueinander in Beziehung stehen, wie ein Ganzes zu seinen Teilen.

Hat-Beziehung
Ganzes-Teile-Hierarchie

Eine Aggregation ist die Zusammensetzung eines Objektes aus einer Menge von Einzelteilen. Ein Auto ist beispielsweise eine Aggregation aus Rädern, Motor, Lenkrad, Bremsen usw. Auch diese Teile sind gegebenenfalls wieder Aggregationen: eine Bremse besteht aus Bremsscheibe, Hydraulik usw. Aggregationen sind *Hat-Beziehungen*: ein Auto *hat* Räder. Statt von Aggregation ist manchmal von *Teile-Ganzes-Hierarchie* die Rede. Ein anderes Beispiel für eine Aggregation zeigt die folgende Abbildung.

Eine besondere Form der Aggregation liegt vor, wenn die Einzelteile vom Aggregat (dem Ganzen) existenzabhängig sind; dieser Fall wird *Komposition* genannt. Ein Beispiel hierfür ist die Beziehung zwischen *Rechnungsposition* und *Rechnung*. Eine Rechnungsposition gehört immer zu einer Rechnung. Wenn das Ganze also gelöscht werden soll (z.B. eine Rechnung), so werden auch alle existenzabhängigen Einzelteile mitgelöscht (z.B. ihre Rechnungspositionen). Bei einer normalen Aggregation würde nur das eine Objekt und die Beziehung zum anderen Objekt gelöscht.

Komposition ⇨ 286 (Aggregation mit existenzabhängigen Teilen)

Ein Beispiel für eine gewöhnliche Aggregation ist die Beziehung „Auto hat Räder": die Räder gehören zwar notwendigerweise zu einem Auto, insofern liegt eine Aggregation vor, sie können aber eigenständig betrachtet werden, d.h. als unabhängig vom Auto existenzfähig. Ganz im Gegensatz zu manchen Menschen, die sich ohne Auto unvollständig fühlen (sog. *pathologisch inverse Komposition*).

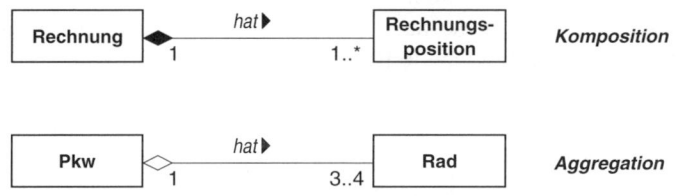

Ein Aggregat kann zeitweise (meistens zu Anfang) auch ohne Teile sein, d.h. die Kardinalität 0 ist zulässig. Der Sinn eines Aggregats ist es i.d.R. jedoch, Teile zu sammeln.

Wesentliche Eigenschaft für Aggregationen ist, daß das Ganze stellvertretend für seine Einzelteile handelt, d.h. Operationen übernimmt, die dann an die Einzelteile weitergeleitet (propagiert) werden. Bei der Aggregation „Rechnung hat Rechnungspositionen" beispielsweise wären dies Operationen wie *berechneRechnungssumme()* und *anzahlRechnungspositionen()*.

Bei einer Aggregation wird auf der Seite des Ganzen eine Raute gezeichnet, um die Beziehung als Aggregation zu kennzeichnen. Kompositionen sind durch gefüllte Rauten gekennzeichnet und haben auf der Seite des Aggregats, also dort wo die Raute steht, stets die Multiplizität *1* (oder *0..1*). Die Einzelteile einer existenzabhängigen Aggregation können immer nur zu einem Ganzen gehören und von diesem abhängig sein. Sollte ein Einzelteil (beispielsweise eine Rechnungsposition) von verschiedenen Aggregaten existenzabhängig sein, wäre dies ein Widerspruch. Ein Einzelteil kann jedoch

Operationen propagieren

51

neben der einen existenzabhängigen Beziehung beliebig viele normale Assoziationen und (nicht-existenzabhängige) Aggregationen zu anderen Klassen haben.

Teile von normalen Aggregationen können gleichzeitig Teil verschiedener Aggreate sein, wobei diese Aggregate Exemplare unterschiedlicher Klassen oder derselben Klasse sein können. Das folgende Beispiel zeigt, daß ein Mitarbeiter gleichzeitig für mehrere Abteilungen arbeiten kann. Dennoch wird die Abteilung als Aggregat angesehen, da sie eine mehrere Mitarbeiter zusammenfassende Einheit darstellt.

Das unten stehende Klassendiagramm enthält ein weiteres Kompositionsbeispiel, nämlich eine neue Klasse *KreisEck*, deren Objekte ein Aggregat (hier: eine grafische Überlagerung) aus einem Quadrat und einem Kreis bilden. *KreisEck* aggregiert als Attribute daher nur einen Kreis und ein Rechteck mit gleichen Kanten (Quadrat). Um eine Komposition handelt es sich, weil die beiden Teilobjekte *Kreis* und *Rechteck* aus denen sich ein *KreisEck* zusammensetzt mit diesem existentiell verknüpft sind. Da ein *KreisEck* seine Teilobjekte kennen muß, diese aber nicht wissen müssen, wer sie aggregiert (benutzt), wurden hier gerichtete Beziehungen notiert.

KreisEck,
vgl. Klassenkarte ⇨49
Gerichtete
Beziehungen⇨282

```
                        ┌──────────────────┐
                        │    GeomFigur     │
                        │    {abstrakt}    │
                        ├──────────────────┤
                        │   x : Integer    │
                        │   y : Integer    │
                        │ sichtbar: Boolean│
                        ├──────────────────┤
                        │ anzeigen() {abstrakt}    │
                        │ entfernen() {abstrakt}   │
                        │ istSichtbar()            │
                        │ setPosition(neuX, neuY)  │
                        └──────────────────┘
                                 △
                            Figurenform
```

KreisEck	Kreis	Rechteck	Dreieck
{2*k.radius = r.a = r.b}	radius {radius > 0}	a {a > 0}	a {c-b < a < b+c}
setA(neuA)	anzeigen()	b {b > 0}	b {a-c < b < a+c}
anzeigen()	entfernen()	anzeigen()	c {a-b < c < a+b}
entfernen()	getRadius()	entfernen()	anzeigen()
vergroessern(faktor)	setRadius(neuerRadius)	getA()	entfernen()
		setA(neuA)	...
		getB()	
		setB(neuB)	

1 /\ k

1 /\ r

hat▶

hat▶

Der Code für die Klasse *KreisEck* sieht in Java vereinfacht so aus:

```
class KreisEck extends GeomFigur
{
  Kreis    k;
  Rechteck r;

  public void anzeigen()
  {
    k.anzeigen();
    r.anzeigen();
  }
  public void entfernen()
  {
    k.entfernen();
    r.entfernen();
  }
  public void setA(int neuA)
  {
    k.setRadius (neuA / 2);
    r.setA(neuA);   // so wird das Rechteck
    r.setB(neuA);   // zum Quadrat (a=b)
  }
  public void vergroessern(float faktor)
  {
    setA(r.getA() * faktor);
  }
}
```

Nachrichtenaustausch

Die Kommunikation der Objekte untereinander geschieht durch den Austausch von Nachrichten. Die Objekte senden sich untereinander Nachrichten zu. Die Nachrichten führen zu den Operationen, d.h. ein Objekt versteht genau die Nachrichten, zu denen es Operationen besitzt.

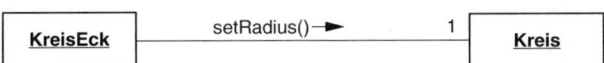

Eine Nachricht wird durch den Namen einer Operation (gegebenenfalls mit Argumenten in Klammern) und einen Pfeil dargestellt. Der Pfeil gibt die Richtung der Nachricht an.

Wir greifen das bereits verwendete Beispiel mit den geometrischen Figuren wieder auf und betrachten die Klasse *KreisEck* und ihre Beziehungen zu *Rechteck* und *Kreis*. Es wird angenommen, daß einem Objekt von *KreisEck* die Nachricht *vergroessern()* gesendet wird. Wie das nachfolgende Code-Beispiel zeigt, das oben bereits zu sehen war, erzeugt das Objekt innerhalb der Operation v*ergroessern()* eine Nachricht an sich selbst (*setA()*), die wiederum weitere Nachrichten an *Kreis* und *Rechteck* erzeugt. *KreisEck* delegiert die eigentliche Aufgabe des Vergrößerns an seine Einzelteile.

```
class KreisEck extends GeomFigur
{
   ...

   public void setA(int neuA)
   {
      k.setRadius (neuA / 2);
      r.setA(neuA);
      r.setB(neuA);
   }
   public void vergroessern(float faktor)
   {
      int a;
      a= r.getA();¹
      setA(a * faktor);
   }
}
```

Unterschied Operation/Nachricht

Nun könnte man meinen, der Nachrichtenaustausch zwischen Objekten ist nichts anderes als ein Funktions- bzw. Prozeduraufruf in herkömmlichen, prozeduralen Programmiersprachen. Ganz so ist es jedoch nicht. Folgende drei Sachverhalte sprechen dagegen.

- Im Gegensatz zu konventionellen Programmen hängen Operationen und Daten in einer Einheit zusammen. Ein Objekt enthält alle Operationen zur Bearbeitung seiner Dateninhalte und seine übrigen Verhaltensweisen. Sachverhalte, die inhaltlich zusammenhängen, sind im Objekt konzentriert. In herkömmlichen Programmen sind sie verstreut oder stehen zumindest unverbunden hintereinander. Anders als bei einer prozeduralen Lösung lassen sich in einer objektorientierten die Operationen bzw. Nachrichten nur über das Objekt ansprechen:

```
Objekt nachricht: argument.        "Smalltalk"
Objekt.nachricht(argument);        // C++, Java
```

z.B.:

```
einKreis radius: 17.               "Smalltalk"
einKreis.setRadius(17);            // C++, Java
```

- Außerdem sind die Objektattribute gewöhnlich gekapselt und nach außen nur über entsprechende Operationen zugänglich (so wie der Radius nur über die Operationen *getRadius()* und *setRadius(neuerRadius)* zugänglich ist). In prozeduralen Sprachen können diese Mechanismen nur mit viel gutem Willen und Selbstdisziplin nachempfunden werden (in diesem Fall ist *einKreis* z.B. ein Zeiger auf eine Datenstruktur):

---

¹ Die etwas umständliche Lösung mittels der lokalen Variable *a* dient hier zum besseren Verständnis der folgenden Erläuterungen.

```
setRadius(einKreis, 17);
```

Grundlagen
Sequenzdiagramm
⇨306

- Das wichtigste aber: Eine Nachricht kann von einem Objekt nur interpretiert werden, wenn es dazu eine *passende* Operation besitzt.[1] Jedoch kann in den Klassen, die ein Objekt definieren, diese Operation mehrfach definiert sein (beispielsweise die Operationen *anzeigen()* und *entfernen()*). Welche Operation verwendet wird, wird dynamisch entschieden. Im Abschnitt über Polymorphie finden sich nähere Erläuterungen hierzu.

Während das Klassendiagramm die Beziehungen der Klassen untereinander in der Art eines Bauplanes darstellt, werden Kollaborationsdiagramme und Sequenzdiagramme dazu verwendet, einen bestimmten Ablauf bzw. eine bestimmte Situation darzustellen. Ein Kollaborations- bzw. Sequenzdiagramm gibt ein Szenario wider und zeigt die einzelnen Botschaften der Objekte untereinander, die nötig sind, um den gewählten Ablauf zu bewältigen. Während Sequenzdiagramme den zeitlichen Ablauf in den Vordergrund stellen, gehen Kollaborationsdiagramme von der Beziehungsstruktur der beteiligten Objekte aus. Die dargestellten Sachverhalte sind ansonsten identisch.

Kollaborationsdiagramme
⇨301

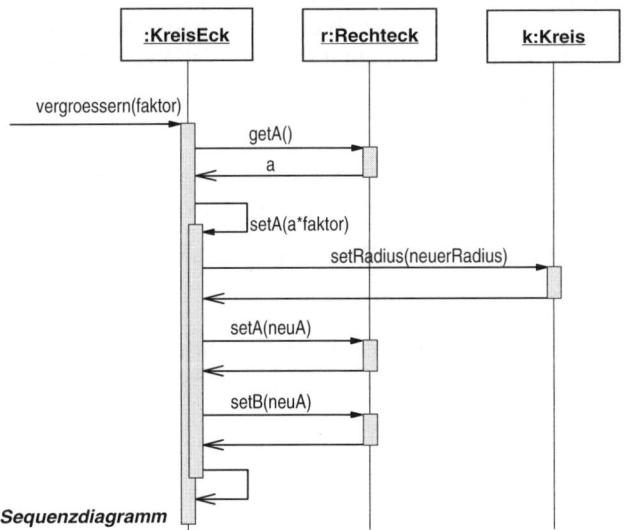

Sequenzdiagramm

Die abgebildeten Diagramme zeigen ein solches Szenario. Ein Objekt der Klasse *KreisEck* empfängt die Nachricht *vergroessern(faktor)*, d.h. die beiden aggregierten Einzelfiguren sollen um den angegebenen Faktor (z.B. 1.5) vergrößert werden.

---

[1] In Smalltalk können Nachrichten sogar ohne jegliche Operation an andere Objekte propagiert werden.

Klassendiagramm ⇨52
Code-Beispiel ⇨53f.

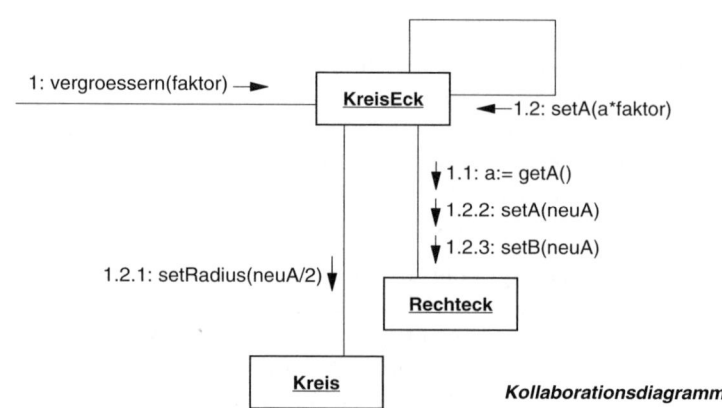

Das Szenario *vergroessern(faktor)* führt zu folgendem Nachrichtenaustausch. Es basiert auf dem Klassendiagramm und den Code-Beispielen der beiden vorigen Seiten.

1.1   Das Objekt *KreisEck* sendet an das Rechteck die Nachricht *getA()*. Das Rechteck antwortet mit dem Wert der aktuellen Kantenlänge. Die Antwort wird von *KreisEck* temporär in der Variablen *a* festgehalten.

1.2   Anschließend sendet das *KreisEck* die Nachricht *setA(a*faktor)* an sich selbst.

1.2.1 Innerhalb der Operation *setA(neuA)* sendet das Objekt *KreisEck* als erstes an den Kreis die Nachricht *setRadius(neuA / 2)*.

1.2.2 Anschließend wird an das Rechteck die Nachricht *setA(neuA)* gesendet.

1.2.3 Ebenso die Nachricht *setB(neuA)*.

Wäre also beispielsweise die Kantenlänge zunächst *12.0* und als Faktor würde *1.5* angegeben, wäre anschließend der Radius *9* und die neue Kantenlänge *18*.

Sammlungen (Collections)

Sammlungen sind zumeist in Standardklassenbibliotheken definierte Klassen, denen gemeinsam ist, daß sie eine Menge von Objekten ansammeln und verwalten können. Sammlungen (engl. *collections*) werden auch Behälter- oder Containerklassen genannt. Sie verfügen daher alle über Operationen zum Anfügen und Entfernen von Objekten, zum Prüfen, ob ein gegebenes Objekt in der Menge enthalten ist und zum Ermitteln, wieviele Objekte momentan in der Menge enthalten sind.

Containerklassen

Grundsätzlich lassen sich sequentielle Sammlungen und assoziative Sammlungen unterscheiden. Bei den sequentiellen Sammlungen werden die Objekte in einer linearen Struktur gesammelt, das bekannteste Beispiel ist *Array*. Assoziative Sammlungen speichern nicht nur Objekte, sondern für jedes Objekt zusätzlich einen Schlüssel, über den die Objekte identifiziert werden können. Ein Beispiel hierfür ist *Dictionary*.

Sequentielle und assoziative Sammlungen

Die einzelnen Sammlungsklassen unterscheiden sich im Hinblick auf ihre Sortiermöglichkeiten, ob Objekte mehrfach vorkommen dürfen, ob Objekte unterschiedlicher Klassen gleichzeitig zugelassen sind, ob Objekte nur vorne oder hinten angefügt werden dürfen, ob die Anzahl ihrer Elemente variabel ist, ob Duplikate vorkommen dürfen und so weiter.

Ordered Collection

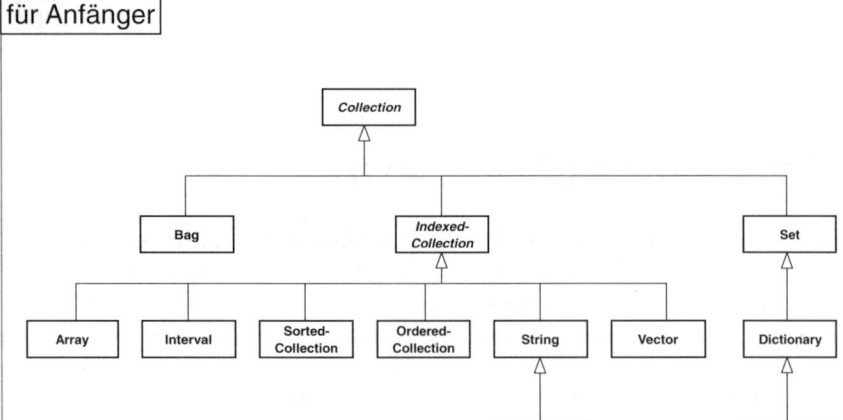

Je nach Programmiersprache und Klassenbibliothek sieht die Klassenhierarchie der Sammlungsklassen unterschiedlich aus. Der oben gezeigte Klassenhierarchieausschnitt stammt aus einer Smalltalk-Bibliothek. Die folgende Übersicht (aus [Wallrabe97]) zeigt, welche dieser Klassen für welche Zwecke sinnvoll sind.

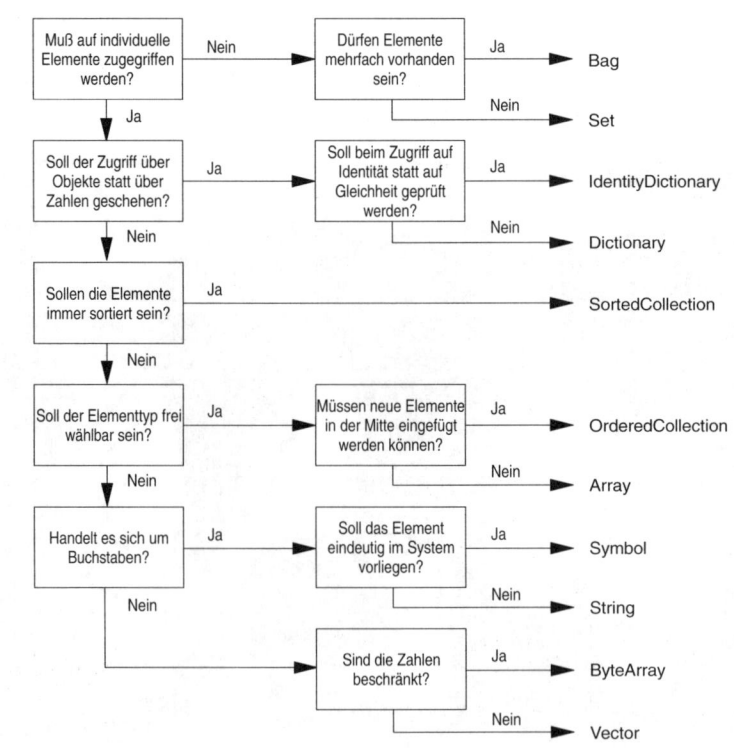

Polymorphie

Was vom Namen her wie eine Krankheit klingt, ist tatsächlich einer der Eckpfeiler, die die Objektorientierung so mächtig machen. Das Vererbungsprinzip sowie die dynamische Typisierung einiger Programmiersprachen oder das Interface-Konzept in Java bilden die Basis zur *Polymorphie*.[1] Polymorphie heißt, daß eine Operation sich (in unterschiedlichen Klassen) unterschiedlich verhalten kann. Es gibt zwei Arten der Polymorphie: statische Polymorphie (Überladung) und dynamische Polymorphie.

Statische Polymorphie

Polymorphismus ist bereits aus der prozeduralen Welt bekannt, nämlich in Gestalt von Operatoren wie + oder –. Diese (generischen) Operatoren sind sowohl auf ganze Zahlen (integer) als auch auf gebrochene Zahlen (real) anwendbar. Objektorientierte Programmiersprachen (oder hybride wie C++) bieten die Möglichkeit, diese Operatoren auch für selbstdefinierte Datentypen bzw. Klassen zu verwenden. Genaugenommen sind Operatoren natürlich nichts anderes als Operationen mit besonderen Namen. Daher kann der gleiche Effekt auch bei ganz gewöhnlichen Operationen herbeigeführt werden.

Generische Operatoren

Ein weiterer Aspekt der Polymorphie besteht in der Variation der Schnittstelle gleichnamiger Operationen (hier als C++-Beispiel):

```
class Uhrzeit {
  public:
    void setzeZeit(char[8] zeit);
    void setzeZeit(int h, int m, int s);
};

...
Uhrzeit einWecker;

einWecker.setzeZeit(17, 1, 0);
einWecker.setzeZeit('11:55:00');
```

In diesem Beispiel existieren zwei gleichnamige Operationen, die sich nur in ihrer Signatur unterscheiden, d.h. mit anderen Parametern zu versorgen sind. Je nachdem, welche Parameter angegeben werden (Stunde, Minute und Sekunde als Einzelwerte oder als eine Zeichenkette), wird entweder die eine oder andere Operation aktiviert. Für die BenutzerInnen dieser Klasse verhalten sie sich gleichartig. Dies sollte auch stets unterstellt werden können. Wür-

---

[1] Griech., „viele Formen".

den gleichnamige Operationen einer Klasse nicht das Gleiche bewirken, würden sie früher oder später sicherlich falsch verwendet werden.

Dynamische Polymorphie

Späte Bindung

Voraussetzung für die dynamische Polymorphie ist die sogenannte *späte Bindung*. Physisch gesehen ist Bindung der Punkt im Leben eines Programms, an dem der Aufrufer einer Operation die (Speicher-)Adresse dieser Operation erhält. Normalerweise geschieht dies, wenn das Programm compiliert und gebunden wird. Die meisten herkömmlichen Programmiersprachen kennen ausschließlich diese Form der Bindung, die *frühe Bindung* genannt wird. Smalltalk kennt ausschließlich die späte Bindung.

Bei der späten Bindung wird der genaue Speicherort einer Operation erst dann ermittelt, wenn der Aufruf stattfindet, d.h. eine entsprechende Nachricht an das Objekt gesendet wird. Die Zuordnung der Nachricht zur empfangenden Operation geschieht also nicht während der Programmübersetzung, sondern dynamisch zur Laufzeit des Programms. Wozu dieser Umstand?

Vererbung ⇨261

Vererbung heißt, daß eine Klasse alle Eigenschaften ihrer Oberklasse erbt. Ohne daß eine Klasse also eigene Operationen und Attribute definieren müßte, kann sie bereits über geerbte verfügen. Es steht ihr allerdings frei, eine geerbte Operation trotzdem neu zu definieren und die geerbte damit zu überschreiben. Welche dieser Operationen bei einer entsprechenden Nachricht zur Laufzeit schließlich verwendet wird, d.h. aus welcher Klasse die aufgerufene Operation stammt, dies wird erst zur Laufzeit entschieden.

Beispiel (siehe vorangegangene Abbildung): Die Klassen *Kreis* und *Rechteck* sind beide von der Oberklasse *GeomFigur* abgeleitet. Allen geometrischen Figuren gemeinsam ist, daß man sie anzeigen, entfernen und verschieben kann. Die Oberklasse enthält deswegen bereits diese Eigenschaften - auch die Operationen *anzeigen()* und *entfernen()*, obwohl diese abstrakt sind und erst von den abgeleiteten Klassen *Kreis* und *Rechteck* wirklich inhaltlich gefüllt werden können, da ein Rechteck anders angezeigt, d.h. gezeichnet wird, als ein Kreis.

Beispiel

Der in der Abbildung gezeigte Figurensammlung enthält eine Menge von geometrischen Figuren, d.h. er enthält Kreise und Rechtecke. Die Operation *anzeigen()* der Klasse *FigurenSammlung* ruft in einer Schleife (*do:*) alle Figuren der Reihe nach auf und sendet ihnen die Nachricht *anzeigen()*. An dieser Stelle ist nicht bekannt, ob es sich bei dem adressierten Objekt um einen Kreis oder um ein Rechteck handelt.

Sammlungen
(Collections) ⇨ 57

Die Nachricht *anzeigen()* wird von dem Objekt in jedem Fall verstanden, da *anzeigen()* eine Eigenschaft der Klasse *GeomFigur* ist, von der *Kreis* und *Rechteck* abgeleitet sind. Zwar kann die Klasse *GeomFigur* nicht wissen, wie ein Kreis oder Rechteck angezeigt wird, sie kann diese Funktion aber dennoch enthalten, wenngleich auch noch ohne konkreten Inhalt.

In dem Moment, wo die Nachricht *anzeigen()* auf ein Objekt trifft, entscheidet sich, welche konkrete Operation verwendet wird: Handelt es sich bei dem Objekt um ein Rechteck, würde in diesem Fall die Operation *Rechteck.anzeigen()* angesprochen. Es wird jeweils die Operation der am weitesten spezialisierten Klasse verwendet. Obwohl also eine Operation der Klasse *GeomFigur* Operationen aufruft, die sie auch selbst enthält, wird die gleichnamige Operation einer anderen Klasse (nämlich *Rechteck*) aktiviert. Das ist Polymorphie.

Kreise und Rechtecke

Objektidentität

Gleichheit
vs. Identität

Identität ist eine Eigenschaft, die ein Objekt von allen anderen unterscheidet. Dieser Begriff wird häufig verwechselt mit der Adressierbarkeit, Gleichheit der Attribute oder einem eindeutigen Namen. Besonders in relationalen Datenbanken werden häufig Namen u.ä. als Schlüssel verwendet. Diese Schlüssel dienen dann in der Regel auch zur Herstellung von Relationen zwischen den Objekten beziehungsweise Entitäten.

Solche Namen sind jedoch nur bedingt geeignet, um ein Objekt zu identifizieren, denn die Identität eines Objektes (z.B. eines Pkws) hängt meistens nicht von seinen Attributen (z.B. Kfz-Kennzeichen) ab. Namen können wechseln; verschiedene Objekte können gleichnamig sein. Manchmal sind eindeutige Namen verfügbar (z.B. Sozialversicherungsnummer), dürfen oder sollen aber nicht verwendet werden (z.B. aus Datenschutzgründen). Um diesen Problemen grundsätzlich aus dem Weg zu gehen, werden künstlich erzeugte Schlüssel verwendet, die keinen inhaltlichen Bezug zu den Eigenschaften der Objekte haben und ihren Wert niemals mehr ändern. Eindeutige Zeitstempel oder Zähler (Identitätsnummern) werden hierfür verwendet.

Persistenz ⇨63

Vererbung ⇨261

Objektorientierte Datenbanksysteme und CORBA[1]-Implementierungen beinhalten entsprechende eigene Mechanismen und gewährleisten so die Identität der Objekte. In einem Programm aktive Objekte werden gewöhnlich durch ihre Speicheradresse, d.h. durch einen Zeiger eindeutig identifiziert. Objektorientierte Datenbanken basieren vielfach auf systemgenerierten Identitätsnummern und mit ihnen korrespondierenden Zeigern. Nachfolgende Abbildung zeigt drei Objekte, von denen zwei zwar identische Attributwerte haben, die als Objekte jedoch nicht identisch sind.

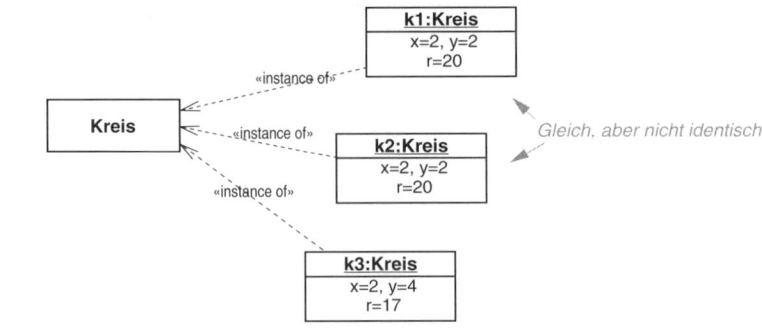

---

[1] Die *Common Object Request Broker Architecture* ist eine Architektur zur Interoperabilität in heterogenen Systemen, d.h. unabhängig von Programmiersprachen, Betriebssystemen und Rechnern.

Persistenz

Objekte werden zur Laufzeit des Anwendungsprogrammes erzeugt und, wenn nichts weiter getan wird, bei Programmende wieder zerstört. Möchte man Objekte über die Laufzeit der Anwendung hinaus existieren lassen, müssen sie in einem nichtflüchtigen Speichermedium, also einer Datenbank, abgelegt werden. Persistente Objekte[1] sind also nichts anderes als langfristig speicherbare Objekte. Alle anderen sind transiente Objekte[2]. Ein Objekt, das zwar gespeichert, im laufenden Programm aber nicht vorhanden ist, wird *passives Objekt* genannt. Die während der Ausführungszeit existierenden Exemplare werden entsprechend *aktive Objekte* genannt.

Datenbank-Anbindung
⇨198

Persistente Objekte können Daten enthalten, die ausschließlich im aktiven Objekt vorhanden sind. Diese Daten werden beim Erzeugen bzw. Laden des Objektes berechnet oder kommen während der Ausführungszeit hinzu, werden aber beim späteren Speichern nicht berücksichtigt. Zum Laden und Speichern der Objekte werden spezielle Operationen verwendet.

Entwurfsmuster

Entwurfsmuster sind bewährte Lösungsideen zu immer wiederkehrenden Entwurfsproblemen. Sie sind jedoch keine fertig codierten Lösungen, sie beschreiben lediglich den Lösungsweg. Entwurfsmuster (engl. *design patterns*) gibt es für Entwurfsprobleme aller Größenordnungen:

- Architekturmuster beschreiben Lösungen für Probleme beim Grobentwurf, also beispielsweise den Aufbau einer Mehrschichtenarchitektur.

Architekturmuster

- (Normale) Entwurfsmuster beschreiben Lösungen für Probleme beim Feinentwurf, hierzu folgen gleich Beispiele. Sie sind unabhängig von einer speziellen Programmiersprache oder -umgebung.

- Idiome[3] sind programmiersprachenspezifische Lösungsbeschreibungen.

Idiome

Vgl. Rahmenwerk ⇨165

Viele der heute bekannten Entwurfsmuster wurden ursprünglich erstmals in Smalltalk implementiert, waren also ursprünglich Idiome. Sie wurden soweit abstrahiert, daß sie nun sprachneutrale Entwurfsmuster darstellen.

---

[1] Persistent: lat. „anhaltend".
[2] Transient: lat. „vorübergehend".
[3] Idiom: griech. „Eigentümlichkeit, Besonderheit".

Im folgenden werden einige Entwurfsmuster kurz aufgelistet. Hinter dem Begriff „Entwurfsmuster" verbirgt sich keine fertige Theorie o.ä.; es gibt lediglich verschiedene Autoren, die solche Lösungsideen systematisch gesammelt und publiziert haben. Für eine detailliertere Auseinandersetzung mit Entwurfsmustern sei hier die Publikation von Gamma, Helm, Johnson und Vlissides [Gamma95] empfohlen.

Beispiele

Adapter

Ein Adapter versieht eine bestehende Klasse mit einer neuen Schnittstelle. Dies kann beispielsweise sinnvoll sein, falls man eine existierende Klasse verwenden möchte, ihre Schnittstelle aber in der bestehenden Form unpassend ist.

Brücke (Bridge)

Eine Brücke trennt die Schnittstelle einer Klasse von ihrer Implementierung, so daß man eine größere Unabhängigkeit von einer konkreten (beispielsweise plattform-spezifischen) Implementierung erzielt.

Dekorierer (Decorator)

Das Dekorierer-Muster ermöglicht es, die Eigenschaften eines konkreten Objektes unabhängig von seiner Klasse dynamisch zu verändern und zu erweitern.

Fassade (Facade)

Mit einer Fassade wird einer Menge von Klassen, einem Subsystem oder einer Klassenkategorie eine einzelne einfache Schnittstelle gegeben, die von der Komplexität der Subsystem-Klassen abschirmt.

Memento (Memento)

Das Memento-Muster zeigt eine einfache Möglichkeit, ehemalige Zustände von Objekten zu restaurieren, beispielsweise zur Realisierung von Rückgängigfunktionen.

Beobachter (Observer)

Dieses Muster beschreibt einen Mechanismus, der es erlaubt, alle von einem Objekt abhängigen anderen Objekte zu informieren, falls sich sein Zustand (z.B. ein Attribut) geändert hat.

64

Besucher (Visitor)

Das Besucher-*Muster* stellt dar, wie für eine Menge von Objekten eine Operation iterativ ausgeführt werden kann, ohne daß die beteiligten Objekte wissen müssen, wer und wie über sie mit dieser Operation iteriert.

Kompositum (Composite)

Mit dem Kompositum-Muster werden baumartige Aggregationen hergestellt (zusammengesetzt), die sowohl als einzelne Objekte als auch als Zusammensetzung von Objekten in gleicher Weise benutzt werden können. Es soll hier stellvertretend etwas ausführlicher erläutert werden.

Vgl. Entwurfsmuster Notation ⇨256

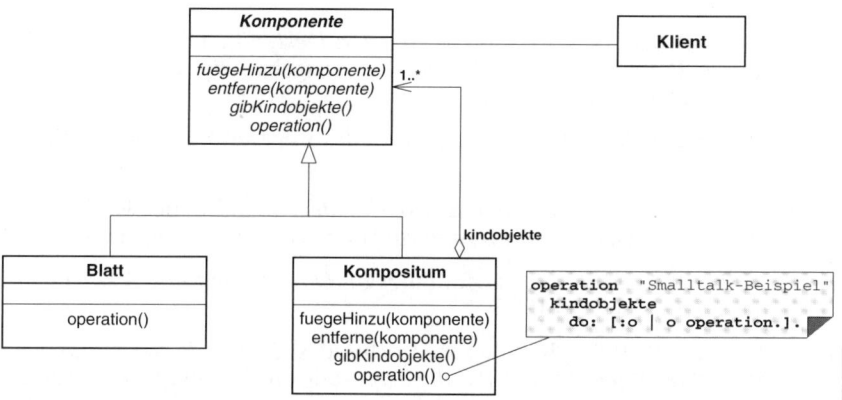

Wenn *Blatt* beispielsweise die aus vorigen Beispielen bekannte Klasse *GeomFigur* wäre (mit ihren Unterklassen *Kreis, Dreieck und Rechteck*), ließen sich mit diesem Strukturmuster Gruppen von geometrischen Figuren bilden.

GeomFigur ⇨42f.

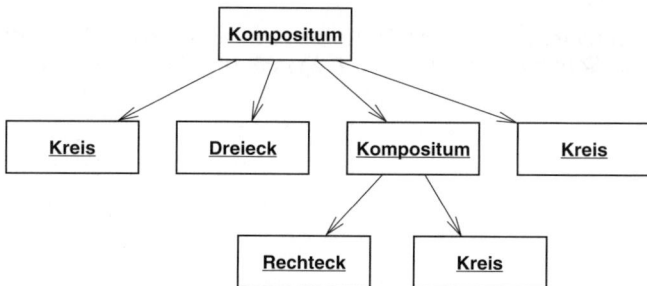

65

Weiterführende Literatur

1. G. Booch: *Object-oriented analysis and design with applications, 2nd ed.*, Benjamin/Cummings, 1994. Deutsche Ausgabe: *Objektorientierte Analyse und Design; Mit praktischen Anwendungsbeispielen.* Addison-Wesley, 1994.

2. Rumbaugh, J., Blaha, M., Premerlani, W., Eddy, F., Lorenson, W.: *Object-Oriented Modelling and Design*, Prentice-Hall, 1991. Deutsche Ausgabe: *Objektorientiertes Modellieren und Entwerfen*, Hanser, 1993.

3. I. Jacobson, M. Christerson, P. Jonsson, G. Övergaard: *Object-Oriented Software Engineering, A Use Case Driver Approach*, Addison-Wesley, 1992

4. R. Wirfs-Brock, B. Wilkerson, L. Wiener: *Designing Object-Oriented Software*, Prentice Hall, 1990. Deutsche Ausgabe: *Objektorientiertes Software-Design*, Hanser, 1993

5. J. Martin, J. Odell: *Object-Oriented Analysis & Design*, Prentice-Hall, 1992

6. B. Meyer: *Object-Oriented Software Construction*, Prentice Hall, 1988. Deutsche Ausgabe: *Objektorientierte Softwareentwicklung*, Hanser, 1988

7. K. Kilberth, G. Gryczan, H. Züllighoven: *Objektorientierte Anwendungsentwicklung*, Vieweg, 1993.

8. E. Gamma, R. Helm, R. Johnson, J. Vlissides: *Design Patterns: Elements of Reusable Object-Oriented Software*, Addison-Wesley, 1995. Deutsche Ausgabe: *Entwurfsmuster: Elemente wiederverwendbarer objektorientierter Software*, Addison-Wesley, 1996.

9. C. Alexander et al.: *A Pattern Language*, Oxford University Press, 1977.

10. C. Alexander et al.: *The Timeless Way of Building*, Oxford University Press, 1979

11. F. Buschmann, R. Meunier, H. Rohnert, P. Sommerlad, M. Stal: *Pattern-Oriented Software Architecture: A System of Patterns*, Wiley, 1996.

„Ja, mach nur einen Plan. Sei nur ein großes Licht! Und mach dann noch einen zweiten Plan. Gehn tun sie beide nicht."

Jonathan Jeremias Peachum
im „Lied von der Unzulänglichkeit menschlichen Strebens" (Dreigroschenoper).

Vorgehensmodell

In diesem Kapitel wird exemplarisch ein anwendungsfallgetriebenes, iterativ-inkrementelles und architekturorientiertes Vorgehensmodell beschrieben.

Dies ist die Gliederung des Buches...

Einführung		Beispiel		Unified Modeling Language							
OO für Anfänger	Vorgehens-modell	Analyse	Design	Anwendungsfälle	Basis-elemente	Beziehungs-elemente	Verhalten	Implemen-tierung	OCL	Anhang

und ☞ hier befinden Sie sich.

Business-Oriented Software Engineering
Process (BOE-Process)

Dem in diesem Kapitel dargelegten Vorgehen zur objektorientierten Softwareentwicklung liegt ein umfangreicheres Vorgehensmodell zugrunde, das im Rahmen dieses Buches nicht vollständig und systematisch dargestellt werden kann. Es würde bereits ein eigenes Buch umfassen.

Aus diesem Grund wird hier lediglich ein Beispiel vorgestellt, daß ausgewählte wichtige Facetten beschreibt, Möglichkeiten vorführt und hoffentlich eine Reihe von Anregungen gibt. Die Ausführungen in diesem Kapitel fokussieren auf eine exemplarische Art mittlere bis große Projekte mit speziellen Randbedingungen und reflektieren Erfahrungen aus mehreren tatsächlichen Projekten. Das vorgestellte Vorgehen ist somit praxisnah und realistisch, dennoch ist es exemplarisch.

Der BOE-Process ist kein geschlossenes fertiges Vorgehensmodell, sondern liefert ein Rahmenwerk, das auf der Basis von Prozeßmustern in konkrete Anwendungsgebiete einzupassen ist. Je nach Anwendungsarchitektur, technischem und fachlichem Umfeld und anderen Randbedingungen sind spezifische Ausprägungen zu notwendig.

Zielsetzung

Die objektorientierte Anwendungsentwicklung, wie sie hier im Buch vorgestellt wird und wie sie auch mit der UML durchgeführt werden kann, folgt einem

- anwendungsfallgetriebenen,
- architektur- und komponentenzentrierten,
- iterativen und
- inkrementellen

Vorgehensmodell für kommerzielle Softwaresysteme. Kennzeichnend für dieses Vorgehensmodell ist die Gliederung der Entwicklungsaktivitäten in kleine Einheiten sowie die koordinierte Verzahnung von Aktivitäten unterschiedlicher Detaillierungsebenen. Die Entwicklung vom Groben zum Detail erfolgt nicht synchron für alle Bereiche des Systems, sondern differiert je nach Priorität und Problemstellung.

Vorgehensmodelle, die Randbedingungen wie etwa eine bestimmte Architektur berücksichtigen sollen, müssen unternehmens- und projektspezifisch anpaßbar sein. Dies ist kein Buch über Vorgehensmodelle und Projektplanung; hier werden auch keine ausgefeilten generischen Prozeßmuster u.ä. beschrieben. Stattdessen soll hier lediglich ein typisches Beispiel gegeben werden.

Anwendungsfallgetrieben

Die Anwendungsfälle werden am Anfang systematisch erarbeitet und bilden anschließend die Grundlage für das weitere Vorgehen. Anwendungsfälle werden beispielsweise priorisiert und geben so vor, welche Anwendungsteile zuerst umgesetzt werden sollen.

Anwendungsfallgetrieben heißt, daß es vorgesehen ist, zur Erhebung der Anforderungen Anwendungsfälle einzusetzen. Die Anwendungsfälle beschreiben die grundsätzlichen Abläufe in dem Anwendungsbereich aus Sicht der Anwender.

Architekturzentriert

Das Vorgehen in der Anwendungsentwicklung muß die Eigenschaften und Besonderheiten einer vorhandenen Anwendungsarchitektur berücksichtigen können. Durch die Anwendungsarchitektur wird vorgegeben, welche Artefakte zu entwickeln sind. Anwendungsarchitekturen sind häufig Schichten-modelle und beinhalten beispielsweise folgende Ebenen:

- Vorgangssteuerung
- Dialoge, Dialogsteuerung
- Fachklassen
- Persistierung

Außerdem werden Systeme häufig in Komponenten und Subsysteme geglie-dert.

Die Architektur beschreibt, wie sich das Gesamtsystem in seine Teile gliedert und wie diese zusammenwirken. Daraus läßt sich ableiten, welche Teile über-haupt zu entwickeln sind. Wenn die Architektur beispielsweise eine Vor-gangsebene vorsieht, sind hierfür wahrscheinlich Vorgangssteuerungsklassen zu entwickeln.

Architekturzentriert heißt also vor allem, daß das Vorgehen die Erarbeitung der durch die Architektur vorgegebenen Artefakte optimal unterstützt.

Iterativ und inkrementell

Wasserfallmodell

Das zu entwickelnde System wird in mehreren nach- und ggf. nebeneinander laufenden Phasen entwickelt. Früher folgte die Anwendungsentwicklung dem sogenannten Wasserfallmodell, d.h. zunächst wurden die kompletten Anfor-derungen an das System erhoben, dann wurde für das komplette System das Design durchgeführt und schließlich wurden alle Teile realisiert.

Beispiel
Komponentenbildung
⇨ 159

Der anwendungsfallgetriebene Ansatz stellt sich hier differenzierter dar. Zu-nächst werden, wie oben erwähnt, alle Anwendungsfälle erarbeitet. Diese bilden die grobe Anforderungsbeschreibung. Große Systeme werden dann üblicherweise in Subsysteme gegliedert (Modularisierung), was auf Basis der Anwendungsfälle möglich ist, wie noch zu sehen sein wird. Anschließend können die Subsysteme von separaten Teams entwickelt werden.

Synchronisation von
Teilergebnissen

Um dabei iterativ und inkrementell vorgehen zu können, müssen die Teiler-gebnisse der Komponententeams regelmäßig synchronisiert werden. Die Komponenten sollen zwar weitgehend unabhängig voneinander entwickelt

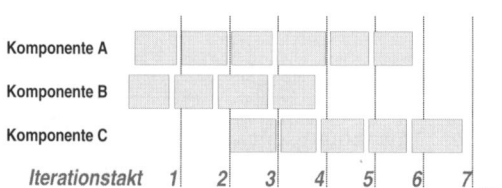

werden, jedoch sind sie zentral zu koordinieren, so daß zu definierten Zeitpunkten sinnvolle und vor allem geplante Ergebnisse erzielt werden. Diese Zwischenergebnisse werden dann in internen und externen Reviews validiert und verifiziert. Projektintern durch die Test- und Abnahmevorbereitung sowie die Qualitätssicherung (QS), extern durch Fachabteilungen, zukünftige AnwenderInnen o.ä.

Jedes Team versucht also, zu komponentenübergreifend festgelegten Zeitpunkten bestimmte vereinbarte Ergebnisse zu erzielen, wodurch sich auch der Entwicklungsprozeß jedes einzelnen Teams in Iterationen gliedert. Jede Iteration besteht dabei wiederum aus einer Feinplanung (Iterationsziele festlegen) und einer Analyse-Design-Realisierungs-Abfolge.

Komponenten-Teams

Iterativ bedeutet hier also die Zerlegung der Entwicklung in mehrere gleichartige Schritte. Jede Iteration erzeugt ein Teilergebnis.

Inkrementell bedeutet, daß die Gesamtfunktionalität des zu entwickelnden Systems mit jedem Schritt wächst.

Entwicklungsphasen im Überblick

Ganz grob läßt sich der Entwicklungsprozeß untergliedern in die Phasen Anforderungsanalyse, Problembereichsanalyse, iterativ-inkrementelle Entwicklung und Einführung, wie dies mit der folgenden Abbildung illustriert wird.

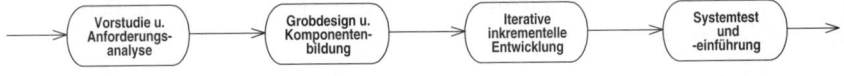

Jede Phase gliedert sich wiederum in eine Reihe von Einzelaktivitäten. Die Phasen Vorstudie, Problembereichsanalyse und Einführung verlaufen weitgehend sequentiell, die Phase iterativ-inkrementelle Entwicklung bezeichnet den eigentlichen Anwendungsentwicklungprozeß. Die ersten Phasen laufen sequentiell, um zunächst ausreichend Substanz für die grundlegende Projektplanung aufzubauen, d.h. Aufwände, Kosten, Termine, Organisation und Staffing seriös ableiten zu können.

Entwicklungsphasen

Im folgenden werden die einzelnen Phasen mit ihren Entwicklungsaktivitäten näher beschrieben. Die Beschreibung geschieht unter anderem mit Hilfe von Aktivitätsdiagrammen, siehe beispielsweise die Abbildung *Anforderungserhebung* auf Seite 75. Es handelt sich hierbei um geringfügig erweiterte Aktivitätsdiagramme, die im folgenden Kasten auf Seite 80 noch kurz erläutert werden.

Vgl. Diagramm Anforderungsanalyse ⇨75

Erweiterungen zum Aktivitätsdiagramm ⇨80

Anforderungsanalyse

Wozu überhaupt eine Anforderungsanalyse - warum nicht gleich das zu erstellende System modellieren?

Die Anforderungsanalyse erhält ihre Berechtigung dadurch, daß normalerweise die SoftwareentwicklerInnen keine ExpertInnen in dem Anwendungsfachgebiet sind. Um eine akzeptable und erfolgreiche Software entwickeln zu können, müssen Informationen über das zu lösende Problem gesammelt werden. Erst wenn die zu lösende Aufgabe umfassend beschrieben und evtl. Widersprüche ausgeräumt wurden, kann mit ihrer Lösung begonnen werden. Aufgrund der ständig steigenden Ansprüche an Software wird auch die Anforderungsanalyse immer wichtiger.

Für die SystemanalytikerInnen ist es unumgänglich, sich mit den Inhalten des Anwendungsbereiches vertraut zu machen. Hierzu kann man sich gegebenenfalls der Fachliteratur bedienen. Dazu gehören unter Umständen auch Arbeitsrichtlinien, gesetzliche oder vertragliche Bestimmungen und ähnliches.

Der wichtigste Teil der Einarbeitung besteht darin, mit den (zukünftigen) AnwenderInnen zu kommunizieren und den Anwendungsbereich aus der Praxis kennenzulernen. Die SystemanalytikerInnen nehmen auf, wie die späteren AnwenderInnen derzeit ihren Aufgaben nachgehen. Gegebenenfalls macht es auch Sinn, selbst einmal mitzuarbeiten oder sich zumindest ähnlich wie ein neuer Kollege einarbeiten zu lassen.

EntwicklerInnen und AnwenderInnen (oder andere Fachleute) müssen sich gegenseitig kompetent machen. Die Fachleute auf der Auftraggeberseite werden zumindest etwas mit den Problemen und Sachverhalten aus der Informatik konfrontiert und die SoftwerkerInnen andererseits mit dem spezifischen Fachgebiet, für das die Software benötigt wird.

Je umfangreicher ein Projekt ist, desto wichtiger wird es, daß die Auftraggeber beziehungsweise die AnwenderInnen ein Gefühl für die Komplexität und Empfindlichkeit von Software, aber auch für ihre Flexibilität und ihre Möglichkeiten bekommen. Zur Annäherung beider Anwendungssichtweisen dienen unter anderem auch Prototypen. Die Einbeziehung der späteren AnwenderInnen von Anfang an ist wichtig für den Erfolg eines Projektes.

Beim Analysieren geht es darum, Fragen zu stellen, zuzuhören, zu diskutieren, sich einzuarbeiten und die aufgenommenen Informationen festzuhalten und zu dokumentieren. Folgende Darstellungsformen, auf die noch näher eingegangen wird, bieten sich hierfür an:

- Geschäftsprozeßmodelle
- Anwendungsfallmodelle
- Aktivitätsmodelle
- Fachlexikon
- CRC-Karten
- Mind-Maps
- Materialsammlung
- Dialogentwürfe
- Geschäftsklassenmodell

Die derart festgehaltenen Anforderungen enthalten Eigenschaften und Be- Was?
schränkungen, denen die zu erstellende Software genügen muß. Dabei handelt Wie?
es sich aber nicht um eine Beschreibung des zu entwickelnden Softwaresy-
stems, sondern um die Beschreibung dessen, **was** das System leisten soll und
evtl. warum, aber nicht, **wie** dies erreicht werden soll. Erst mit den Dialogentwürfen beginnt der Schritt vom *was* zum *wie*.

Neben den obengenannten Darstellungen sollte es auch eine Einführung ins
Thema und eine allgemeine Beschreibung des Umfeldes geben, die in etwa
folgenden Inhalt hat:

- Einführung in das Thema und die Aufgabenstellung.
- Grundzüge des Systemkonzeptes sowie der Entwicklungs- und der späteren
  Zielumgebung.
- Grenzen, Beschränkungen, Prioritäten, gegebenenfalls Stufenplan.
- Aufgaben-, Rollen- und Verantwortungsteilung zwischen allen Beteiligten
  (AuftraggeberIn, AnwenderInnen, EntwicklerInnen u.a.).
- Zuverlässigkeits- und Qualitätsanforderungen, d.h. Beschreibung des Auf-
  wandes, der zur Erreichung bestimmter Ziele notwendig ist (ein Flugleitsy-
  stem muß höheren Anforderungen genügen als ein Flugreservierungssy-
  stem).
- Geschwindigkeitsanforderungen, gefordertes Antwortzeitverhalten.
- Mengengerüst.
- Prinzipielle Reaktion auf unerwünschte Ereignisse und fehlerhafte Bedie-
  nung.

Der Inhalt muß mit dem Auftraggeber abgestimmt werden. Anhand der Anforderungsbeschreibung kann später auch festgestellt werden, ob und wie das
fertige Produkt den Anforderungen genügt. Dies allerdings nur ganz grob,
denn die Detailanforderungen ergeben sich erst im Laufe des Entwicklungsprozesses. Bestandteil der Anforderungen sollten in jedem Fall die Kriterien
sein, nach denen die Abnahme des Systems durch den Auftraggeber erfolgen
soll.

Zusammenarbeit mit Domänenexperten. Analyse ist undenkbar ohne die intensive Zusammenarbeit mit den ExpertInnen (DomänenexpertInnen) und MitarbeiterInnen des Anwendungsbereiches. Mit ihnen werden Interviews geführt, ihnen werden Entwürfe entlockt und diskutiert.

DomänenexpertInnen

DomänenexpertInnen müssen nicht unbedingt die späteren AnwenderInnen sein und mit ihnen nicht identisch sein - es sind lediglich Menschen, die über den Anwendungsbereich sehr viel wissen. ExpertInnen können schräge und sonderbare Menschen sein. Je spezialisierter jemand ist, desto schwieriger ist er in der Regel zu verstehen. Die AnalytikerInnen sind der Qualität (der Expertise) der ExpertInnen ausgesetzt - wie gut sie sind, kann von ihnen nur begrenzt beurteilt werden, beispielsweise anhand der Widerspruchsfreiheit und Plausibilität ihrer Aussagen. ExpertInnen haben unter Umständen eine sehr individuelle Sicht auf den Anwendungsbereich. Unterschiedliche ExpertInnen haben unterschiedliche Sichten beziehungsweise sehen nur einen begrenzten Ausschnitt.

An der Analyse beteiligte AnwenderInnen und ExpertInnen sollten folgende Kenntnisse mitbringen:

- Wie laufen Software-Projekte grundsätzlich ab?
- Was sind „Anwendungsfälle"? Wie werden mit Anwendungsfällen die Anforderungen ermittelt und definiert?
- Welche Interaktions- und Präsentationsmöglichkeiten bieten grafische Oberflächen? Was sind Schaltflächen, Bildlaufleisten, Optionsfelder, Symbolleisten etc.?

Spezielle Kenntnisse über Objektorientierung sind kunden- bzw. fachabteilungsseitig grundsätzlich nicht notwendig.

Aktivitäten der Anforderungsanalyse

Das im folgenden abgebildete Aktivitätsdiagramm zeigt die Einzelaktivitäten, die in der Anforderungsanalyse typischerweise vorkommen. Die aufgeführten Aktivitäten sind dabei nicht zwingend in jedem Projekt durchzuführen, sondern in Abhängigkeit von den Randbedingungen und Eigenschaften eines konkreten Projektauftrages zu sehen.

Jedes Projekt ist anders

Für kleinere Projekte, für Eigenentwicklungen und für Projekte bei Kunden, zu denen langjährige geschäftliche Kontakte bestehen, werden einige dieser Aktivitäten wahrscheinlich nur ansatzweise berücksichtigt. Anders hingegen in einem Großprojekt bei einem neuen Kunden, mit dem technologisches

Neuland betreten wird und das vielleicht sogar zum Festpreis durchgeführt werden soll.

Vorstudie. Vor einem konkreten Softwareentwicklungsprojekt wird häufig eine Vorstudie durchgeführt, in der beschrieben wird, worin die Aufgabe bzw. das Problem überhaupt besteht und welche grundsätzlichen Lösungsalternativen denkbar sind.

Lösungsalternativen

RAD-Workshop. Vor dem ersten Entwicklungszyklus kann ein 2-4 wöchiger RAD-Workshop (Rapid-Analyse-Design) durchgeführt werden. Es werden die wichtigsten Geschäftsprozesse, Anwendungsfälle, Businessobjekte und Komponenten betrachtet sowie erste Anwendungsprototypen bzw. prototypische Anwendungsfragmente entworfen und realisiert.

Geschäftsprozeßanalyse. In der Regel ist der Anwendungsbereich, in dem das zu entwickelnde System eingesetzt werden soll, in bestehende Geschäftsprozesse eingebunden oder soll in solche eingebunden werden. Um zu klären, wie das zu entwickelnde System dort optimal integriert werden kann, sind die Geschäftsprozesse im Umfeld des neuen Systems zu untersuchen.

Integration
ins Umfeld

Anwendungsfallanalyse. Mit Hilfe von Anwendungsfällen werden die Anforderungen an das zu entwickelnde System ermittelt, d.h. *was* es in welchen Arbeitszusammenhängen leisten soll (aber nicht *wie* es das tun soll).

Architektur- und SEU[1]-Evaluierung. Zur Reduzierung technologischer Risiken[2] und um der eigentlichen Anwendungsentwicklung den Weg zu ebnen, d.h. eine effizientere Softwareentwicklung zu forcieren, können vorab die entsprechenden Problembereiche beispielsweise prototypisierend untersucht werden.

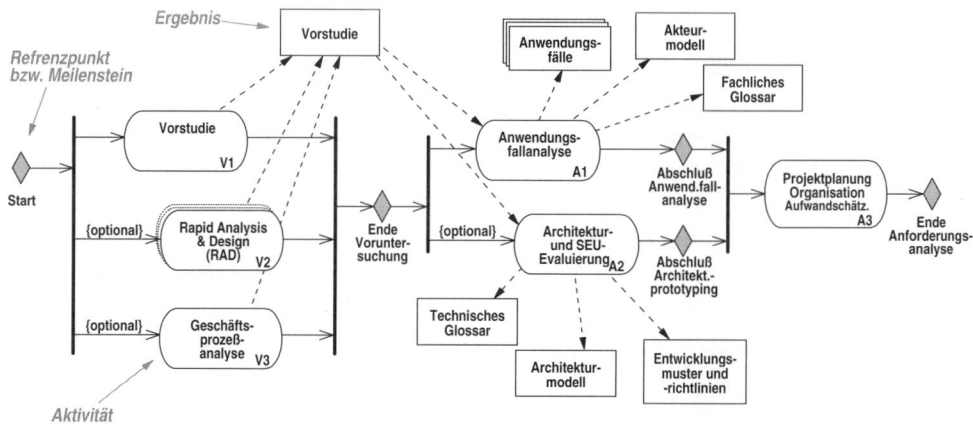

---

[1] Softwareentwicklungsumgebung
[2] Ich hatte auch einmal Gelegenheit zu einem fachlichen Prototyping. In der Praxis ist die Untersuchung vorwiegend fachlicher Fragestellungen aber selten.

Gap-Analyse

Je nach Projektsituation kommen auch andere Arten von Voruntersuchungen in Frage. Beispielsweise habe ich kürzlich an einer Untersuchung teilgenommen, bei dem eine Anwendung zwar neu entwickelt werden sollte (neue oo. Client-Server-Technologie), jedoch auf Basis einer Referenzanwendung des Auftragnehmers (in alter, prozeduraler Technologie). Beim Kunden wurde eine sogenannte Gap-Analyse durchgeführt, bei der untersucht wurde, welche Anforderungen bereits durch die vorhandene alte Lösung abgedeckt wären, welche Anforderungen bei diesem Kunden zusätzlich gestellt werden und an welchen Stellen das Referenzsystem anzupassen wäre. Die Anforderungen für die Neuentwicklung ergaben sich somit aus denen der Referenzlösung plus identifiziertem „Gap".

Vorstudie

V1

Es spricht einiges dafür, vor der Lösung einer Aufgabe erst einmal zu definieren, worin die Aufgabe bzw. das Problem überhaupt besteht, daran anschließend die grundsätzlichen Lösungsvarianten aufzuzeigen und sich dann für eine konkrete Lösungsvariante zu entscheiden. Folgendes Vorgehen hat sich hierbei als praktisch erwiesen:

Zielsetzung

- **Generelle Zielsetzung festlegen.** Zusammen mit dem Auftraggeber werden die generelle Zielsetzung und die zu beachtenden Randbedingungen festgelegt. Ergebnisdokumente: Gesprächsprotokolle u.ä.

- **Informationsquellen.** Es werden Unterlagen eingesehen und vorhandene Ideen zu dem Problem aufgenommen. Wie wird derzeit mit dem Problem umgegangen? Ergebnisdokumente: Verzeichnis der vorhandenen Informationsquellen und Ansprechpartner.

- **Ist-Zustand.** Durch Fragenkataloge und Interviews wird der Ist-Zustand in groben Zügen erhoben.

- **Anforderungen klären.** In Gesprächen mit den Fachabteilungen werden die generellen funktionalen und nichtfunktionalen Anforderungen und Zielvorstellungen der Betroffenen und Beteiligten ermittelt. Ergebnisdokumente: Gesprächsprotokolle.

- **Problemfeld abgrenzen.** Was gehört nicht mehr zu der Aufgabe? Wo existieren Schnittstellen zur Außenwelt? Ergebnisdokument: Aufgabenbeschreibung, Kontextdiagramm.

- **Akteure identifizieren.** Wer macht was, d.h. welche Anwender haben welche Aufgaben und Kompetenzen im Kontext des Problembereiches. Ergebnisdokumente: Akteurdiagramm, Kompetenzschema, Berechtigungskonzept

- **Umfeld beschreiben.** Wie sieht die Umgebung aus, in der das zu entwickelnde System einmal laufen soll? Ergebnisdokument: Ein Infrastrukturmodell, das die Hardware-, Software-, Netzwerk- und Middlewaretechnologie und -architektur beschreibt.

- **Anwendungsfälle identifizieren.** Wie heißen die Anwendungsfälle die das System unterstützen soll? Eine namentliche Auflistung der Fälle liefert bereits eine erste Orientierung über die Anforderungen. Ggf. wird jeder Anwendungsfall bereits mit einem Satz oder einigen Stichworten kurz erläutert. Ergebnis: Anwendungsfallübersicht.

- **Prioritäten.** Es werden Schwerpunkte definiert und Prioritäten vergeben. Welche Probleme sind am dringendsten zu lösen, welche haben etwas mehr Zeit? Ergebnisdokument: Rahmenkonzept. *Schwerpunkte, Prioritäten*

- **Lösungsalternativen.** Mögliche Lösungsansätze werden erarbeitet und gegenübergestellt: Welche Alternativen sind denkbar? Bei ganz dringenden Problemen stellt sich die Frage nach möglichen Sofortmaßnahmen. Ergebnisdokument: Darstellung der Lösungsalternativen. *Lösungsalternativen*

- **Empfehlung.** Die Lösungsalternativen werden (nach zuvor definierten Kriterien) bewertet, gegebenenfalls Wirtschaftlichkeitsbetrachtungen durchgeführt. Ergebnisdokument: Empfehlung. *Empfehlung*

- **Weiteres Vorgehen.** Abschließend wird das weitere Vorgehen für die empfohlene bzw. vom Auftraggeber gewünschte Alternative geplant. Ergebnisdokument: Empfehlungen zum weiteren Vorgehen.

Ergebnisse der Voruntersuchung:
- Ansprechpartnerverzeichnis
- Informationsquellenverzeichnis
- Gesprächsprotokolle
- Beschreibung Ist-Zustand
- Darstellung von Lösungsalternativen
  - Sofortmaßnahmen
  - Wirtschaftlichkeitsbetrachtung
  - Bewertung, Priorisierung
  - Empfehlung
- Aufgabenbeschreibung
- Rahmenkonzept
- Kontextdiagramm/Akteurmodell
- Geschäftsprozeßmodell
- Infrastrukturmodell
- Schnittstellenverzeichnis
- Batchprogramm-Beschreibungen
- Mengengerüst-Studie
- Aufbau- und Ablauforganisation
- Ggf. RAD-Workshop
  - Exemplarische Anwendungsfälle
  - Demo- oder Prototyp

77

Überblick

Vorstudie

Alle Punkte zusammen bilden eine sogenannte *Vorstudie*, die vor dem eigentlichen Projekt erarbeitet wird. Ob und wie detailliert eine Vorstudie durchgeführt wird, hängt vom Umfang und von der Tragweite des Projektes ab und den Risiken, die für den Auftraggeber und dem Auftragnehmer damit verbunden sind. Unter Umständen kann sich die Aufgabe als sehr viel umfangreicher als ursprünglich gedacht erweisen. Dann ist zu überlegen, ob das Projekt nicht in einzelne Teilprojekte zu gliedern ist. Unter Umständen stellt sich auch die Frage, ob anstelle einer individuellen Softwareentwicklung vielleicht vorhandene Standardprodukte das Problem lösen. Lautet die Entscheidung, daß eine individuelle Software zu realisieren ist, dann beginnt das eigentliche Softwareentwicklungsprojekt.

Make or buy?

V2

Rapid Analyse & Design

Vor dem ersten eigentlichen Entwicklungszyklus kann zunächst ein 2-4 wöchiger RAD-Workshop (Rapid-Analyse-Design) durchgeführt werden. Dabei werden die grundlegenden und rahmengebenden Anforderungen erforscht. Während dieser Zeit arbeiten die EntwicklerInnen, AnwenderInnen und AuftraggeberInnen intensiv zusammen und führen eine Schnellanalyse und ein erstes Prototyping durch. Die InformatikerInnen rekonstruieren für sich Begriffe und Kontexte der Anwendungswelt, die AnwenderInnen erhalten einen ersten Eindruck von den bevorstehenden Entwicklungen. Außerdem werden die Kommunikationswege und -strukturen für die nachfolgende Projektarbeit damit erkundet und soweit möglich konstituiert.

Die wichtigsten Geschäftsprozesse und Anwendungsfälle werden grob analysiert und sofort exemplarisch umgesetzt, d.h. es werden erste Anwendungsfragmente realisiert. Der Workshop endet mit einer gemeinsamen Bewertung und Kritik der erarbeiteten Ergebnisse. Sofern sich das Projektthema über mehrere eigenständige Anwendungsgebiete (z.B. Fachabteilungen) erstreckt, wird unter Umständen für jedes dieser Gebiete ein solcher RAD-Workshop absolviert.

V3

Geschäftsprozeßmodellierung

Grüne Wiese

Nur in Ausnahmefällen entsteht das neu zu entwickelnde System auf der grünen Wiese. In der Regel wird es in einen bestehenden Anwendungsbereich integriert oder der Bereich soll durch das neue System erweitert werden. Um zu klären, wie das zu entwickelnde System dort optimal integriert werden kann, sind die Geschäftsprozesse im Umfeld des neuen Systems zu analysieren und zu modellieren.

Die Geschäftsprozeßmodellierung erstreckt sich gewöhnlich nicht nur über DV-relevante Prozeßelemente, sondern beinhaltet vor allem auch organisatorische Aspekte. In vielen Unternehmen sind deshalb auch unterschiedliche Abteilungen dafür zuständig. Die Organisationsabteilung analysiert und gestaltet die Abläufe im Unternehmen insgesamt und gewährleistet auch deren Vollständigkeit, die DV-Abteilung kümmert sich um die Bereitstellung von DV-Werkzeugen für die Teilmenge der DV-relevanten Abläufe.

Workflow

Um eine möglichst effektive und sinnvolle Integration eines neuen Anwendungssystems zu erzielen, sind die Berührungspunkte mit umgebenden Prozessen zu klären. Das zu entwickelnde System muß die sich hieraus ergebenden Sachverhalte berücksichtigen. Gegebenenfalls sind auch die bestehenden umliegenden Prozesse anzupassen bzw. zu optimieren.

Systemumfeld

Die Geschäftsprozeßmodellierung ist zwar häufig Ausgangspunkt für die Entwicklung eines DV-Systems, dennoch arbeiten Geschäftsorganisatoren und Informatiker mit unterschiedlichen Modellen und an verschiedenen Aufgaben. Daß sie mit unterschiedlichen Modellen arbeiten, trotz oder gerade bei objektorientierter Entwicklung, liegt auch an der diesbezüglichen Schwäche objektorientierter Methoden. Die Modellierung der Verhaltensaspekte von Systemen und besonders der Geschäftsprozesse in Unternehmen war lange Zeit in objektorientierten Notationen äußerst schwach ausgeprägt.

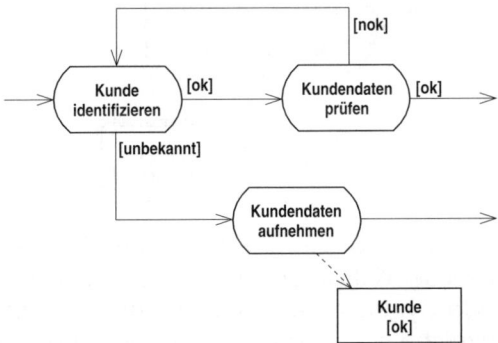

Die UML hat auf diesem Gebiet etwas wettgemacht. Mit neuen und erweiterten Konzepten geht die UML weit über die in den ursprünglichen Methoden der drei UML-Initiatoren Booch, Rumbaugh und Jacobson enthaltenen Möglichkeiten hinaus.

UML

Dennoch erreichen die verfügbaren UML-Mittel noch nicht die Ausdrucksstärke und Universalität wie etwa ereignisgesteuerte Prozeßketten und Werkzeuge wie ARIS-Toolset.[1]

---

[1] Vgl. [Oestereich98], [Scheer94], [Scheer97].

➜Erweiterte Aktivitätsdiagramme

Grundelemente dieser Diagramme sind weiterhin Aktivitäten und Transitionen. Ergebnisse werden in Form von Objektzuständen notiert, d.h. als Rechteck. Die Produktion von Ergebnissen wird durch gestrichelte Pfeile in Ergebnisrichtung gekennzeichnet. Setzt eine Aktivität bestimmte Ergebnisse voraus, wird ein gestrichelter Pfeil in Richtung auf die Aktivität verwendet. Gestrichelte Pfeile können mit Kardinalitätsangaben versehen werden, wenn die Menge der erzeugten bzw. benötigten Ergebnisse genau definiert werden soll.

Zusätzlich bzw. alternativ zu Start- und Endzuständen werden (grau) ausgefüllte, aufrecht stehende Rauten als Referenzpunkt, Meilenstein oder Transaktionspunkt (*commit*) notiert.

Synchronisationsbalken können mit {and}, {xor} und anderen Zusicherungen versehen werden, um auszudrücken, daß entweder alle bzw. nur eine der vorangehenden Aktivitäten ausgeführt werden müssen. Außerdem können Transitionen als {optional} gekennzeichnet werden. Die nachfolgende Aktivität kann, muß aber nicht ausgeführt werden. Sofern sie ausgeführt wird, wird sie bei einer ggf. nachfolgenden Synchronisation berücksichtigt.

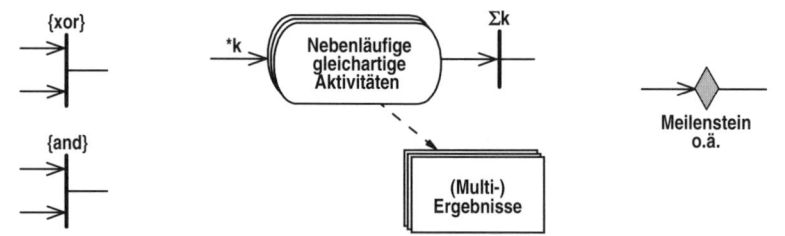

Sofern mehrere gleichartige Aktivitäten nebenläufig ausgeführt werden können, werden diese Aktivitäten ähnlich wie ein Multiobjekt durch versetzt überlagerte Symbole dargestellt. Ebenso werden Mehrfachergebnisse gekennzeichnet. Um die Anzahl der nebenläufigen Aktivitäten genau zu beschreiben, können entsprechende Kardinalitätsangaben gemacht werden. Dabei können auch symbolische Variablennamen verwendet werden (z.B. *i, j, k* usw.). Diese werden dann an Synchronisationsbalken (Synchronisation der nebenläufigen Aktivitätspfade, notiert durch ein Σ) wieder referenziert.

Mit diesen Variablen können auch Schleifen konstruiert werden. Die Manipulation (Inkrementation) der Schleifenzähler kann an Referenzpunkten oder Aktivitäten erfolgen. Bedingungen (in eckigen Klammern) und Verzweigungen (Entscheidungspunkte, nichtausgefüllte liegende Rauten) werden wie in normalen Aktivitätsdiagrammen notiert.

Eine Neuerung der UML, das heißt ein Diagrammtyp, der sich in dieser Form in den alten Methoden der „Amigos" nicht findet, sind die Aktivitätsdiagramme (Beispiel siehe Abbildung). Sie kombinieren Ansätze verschiedener anderer Techniken: die Ereignisdiagramme von Jim Odell, Zustandsdiagramme und Petri-Netze. Aktivitätsdiagramme können sowohl in eher unscharfer Form und konzeptionell verwendet werden, genauso aber auch zur detaillierten Spezifikation mit Implementierungsbezug.

Aktivitätsdiagramme beschreiben Abläufe mit Hilfe von Aktivitäten, wobei Aktiviäten nacheinander oder nebenläufig aktiv sein können sowie Verzweigungen und Synchronisationen definiert werden können. Aktivitäten können wiederum in Unteraktivitäten zerlegt werden. Mit Hilfe von sog. Verantwortlichkeitsbahnen (engl. *swim lanes*) lassen sich auch einfache Zuordnungen beispielsweise zu einer Organisationsstruktur darstellen.

Aktivitätsdiagramm ⇨295

Aktivitätsdiagramme sind zwar grundsätzlich geeignet, um Geschäftsprozesse zu beschreiben und zu modellieren. Um Transaktionen, Wiedervorlagen, Verweilzeiten u.ä. modellieren zu können, sind spezielle Konventionen notwendig. Die Abbildung von Organisationsstrukturen und die Modellierung von Rollenkonzepten und Berechtigungen ist nur in trivialen Situationen handhabbar. Bei realistischer Komplexität werden die Elemente der Aktiviätsdiagramme unhandlich.

Anwendungsfallanalyse
(Use-Case-Analyse)

A1

Die einzelnen softwarerelevanten Arbeitsabläufe werden untersucht und in sogenannten Anwendungsfällen beschrieben. Die Anwendungsfälle dienen nicht allein zur Beschreibung der gewünschten Anforderungen (oder des gegenwärtigen Zustandes), sondern auch maßgeblich zur Einarbeitung der SoftwareentwicklerInnen in das Anwendungsfachgebiet. Die Terminologie und Sprache der Anwendungswelt müssen erschlossen werden.

Anwendungsfälle ⇨207

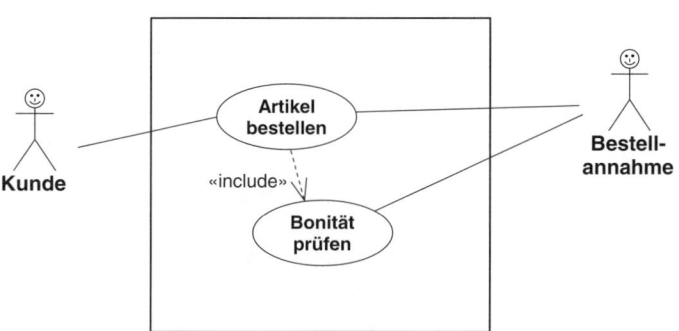

Überblick

Ein Anwendungsfalldiagramm beschreibt die Zusammenhänge zwischen einer Menge von Anwendungsfällen und den daran beteiligten Akteuren. Ein Anwendungsfall ist die Beschreibung einer typischen Interaktion zwischen dem Anwender und dem System, d.h. er stellt das externe Systemverhalten in einer begrenzten Arbeitssituation aus der Sicht des Anwenders dar.

Ist- und Soll-Beschreibungen

Sofern Anwendungsfälle zur Beschreibung des Ist-Zustandes erhoben werden, sind anschließend Visionen vom zukünftigen System zu entwickeln. Dabei wird formuliert und illustriert, wie die Arbeitsabläufe mit dem zu entwickelnden System beschaffen sein sollen. Zu jedem Ist-Anwendungsfall wird ein Soll-Anwendungsfall erarbeitet. Gewöhnlich werden jedoch sofort Anwendungsfälle zur Soll-Beschreibung erarbeitet.

Kontextdiagramm
Bsp. ⇨126

Auf oberster Ebene im Anwendungsfallmodell sind nur grundlegende Anwendungsfälle zu sehen, hier wird der Anwendungskontext fokussiert. Daher wird hier auch vom Kontextdiagramm gesprochen.

Akteurdiagramm
Bsp. ⇨126f.

Im Kontextdiagramm werden die Systemgrenzen betont und dargestellt, welche Akteure mit dem System in Interaktion stehen und welche externen Ereignisse auf das System treffen können.

> ▸ **Vor- und Nachbedingungen (Auslöser, Ergebnisse)**
> Erwarterer Zustand des Systems bevor bzw. nachdem der Anwendungsfall durchlaufen wird.
> ▸ **Nicht-funktionale Anforderungen:**
> Qualitative Aussagen, spez. Antwortzeitanforderungen, Häufigkeitsschätzungen, Entwicklungsprioritäten etc.
> ▸ **Ablauf:**
> Beschreibung des typischen Ablaufes, ggf. gegliedert in numerierte Einzelpunkte.
> ▸ **Variationen:**
> Abweichungen und Ausnahmen zum Szenario und Beschreibung des alternativen Szenarios für diese Fälle.
> ▸ **Regeln:**
> Geschäftsregeln, fachliche Abhängigkeiten, Gültigkeits- und Validierungsregeln usw., die im Rahmen des Szenarios von Bedeutung sind.
> ▸ **Services:**
> Liste von Operationen und ggf. Objekten, die im Rahmen des Szenarios benötigt werden (dient zur Überleitung ins Klassendesign).
> ▸ **Ansprechpartner, Sitzungen**
> ▸ **Offene Punkte**
> ▸ **Dialogbeispiele oder -muster**
> ▸ **Diagramme**
> ▸ **...**

Die Anwendungsfälle werden zusammen mit den AnwenderInnen und FachbereichsexpertInnen erarbeitet bzw. von diesen validiert und verifiziert.

Dialogentwürfe

Eine wichtige Möglichkeit, die Anforderungen zu validieren, ist das Herstellen von Anwendungsprototypen, d.h. von Anwendungsfragmenten, die einem bestimmten Anforderungsaspekt genügen, aber nicht vollständig funktionsfähig sind. In vielen Fällen sind dies Dialogentwürfe. Die meisten Entwicklungswerkzeuge mit Dialogeditoren oder -generatoren verfügen auch über einfache Test- und Ablauffunktionen. Diese sind zur Exploration und Validierung der Anforderungen nützlich und gewöhnlich auch ausreichend.

Außer Dialogentwürfe können auch Formular- und Reportentwürfe, Berechnungsvorschriften u.ä. zu diesem Zweck eingesetzt werden. Die Werkzeuge, mit denen diese explorativen Prototypen erstellt werden, müssen nicht die sein, mit denen im fertigen System einmal gearbeitet werden soll. Dialogbeispiele dienen auch zur Illustration der Anwendungsfälle.

Report- und Formularentwürfe

Während der Anwendungsfallanalyse werden Synonyme erkannt und aufgelöst. Zu beachten ist außerdem, daß sich alle Anwendungsfälle auf dem gleichen Abstraktions- und Detaillierungsniveau befinden. Die Herausforderung für die Informatiker besteht hier darin, sich an eine gegebene Granularität und evtl. auch Unschärfe zu halten, d.h die Anwendungswelt in der Breite zu betrachten und sich nicht in Detailstudien und anderen Abgründen zu verheddern. Ähnliche Anwendungsfälle können soweit sinnvoll zusammengefaßt werden.

Abstraktionsniveau

Die Begriffe und die Sprache der Anwendungswelt werden von den SystemanalytikerInnen weiter rekonstruiert bzw. erschlossen und in einem Glossar festgehalten. Soweit möglich wird die Fachsprache der Fachabteilungen und kein Informatikjargon verwendet.

Während der Analyse mit Hilfe der Anwendungsfälle taucht eine Vielzahl von Begriffen aus der Anwendungswelt auf, die nur in wenigen Fällen von den SystemanalytikerInnen vollständig verstanden und im Gedächtnis behalten werden. Häufig sind Begriffe auch innerhalb des Anwendungsbereiches unklar oder werden von verschiedenen Personen unterschiedlich verstanden. Eine falsch verstandene Anwendungswelt kann unter Umständen zu einem korrekt funktionierenden (verifizierten) System führen, es wird wahrscheinlich aber das falsche System sein. Die Klärung von Begriffen ist deshalb elementarer Bestandteil zur Validierung der Systemanforderungen (Entwickeln wir das richtige System?). Der Aufbau eines Fachlexikons ist hierbei hilfreich.

Einheitliche und definierte Begriffe

Verifizieren Validieren

Um einen möglichst umfassenden Überblick über die Begriffswelt des Anwendungsbereiches zu erhalten, können beispielsweise Brainstormings mit sogenannten CRC-Karten (Class-Responsibilities-Collaborators; deutsch: Klassen, Verantwortlichkeiten und Beteiligte) veranstaltet werden. CRC-Karten können auch als Strukturierungs- und Modellierungshilfsmittel eingesetzt werden. Während mit den Anwendungsfällen das Verhalten untersucht werden kann, helfen die CRC-Karten bei der Klärung der Struktur.

CRC-Karten ⇨ 152

Anwendungsfälle: Verhalten identifizieren

CRC-Karten: Struktur identifizieren

Es ist gut, die Anwendungsfälle von MitarbeiterInnen erarbeiten zu lassen, die sich im Anwendungsbereich fachlich auskennen. Ihre Abstraktions- und Modellierungsfähigkeiten sind jedoch wichtiger. Wenn möglich sind deshalb gute SystemanalytikerInnen den ProblembereichsexpertInnen vorzuziehen.

Überblick

Sofern Sie mit der Anforderungsanalyse betraut sind, arbeiten Sie sich in das Anwendungsgebiet ein. Arbeiten Sie zusammen mit den ExpertInnen in dem Anwendungsbereich. Versuchen Sie, deren Aufgaben und Tätigkeiten nachzuvollziehen und versetzen Sie sich in deren Lage - wo liegen die entscheidenden Herausforderungen und Tätigkeitsschwerpunkte? Fragen Sie immer wieder nach: warum etwas so oder so ist oder gemacht wird; warum nicht anders? Machen das die KollegInnen auch so?

Vorhandene Informationssysteme und Modelle

Eine andere Quelle zur Einarbeitung stellen bereits vorhandene Informationssysteme dar, auch wenn diese eine andere Zielsetzung beinhalten. Gibt es Beschreibungen dieser Systeme? Sofern Datenmodelle oder Klassenmodelle hierzu existieren, sind diese sehr wertvoll. Vielleicht lassen sie sich teilweise wiederverwenden. Zumindest geben sie Anregungen. Wie werden diese Informationssysteme von den AnwenderInnen beurteilt?

Eine gegebenenfalls zuvor erarbeitete Vorstudie gehört selbstverständlich zu den grundlegenden Projektunterlagen.

Unterlagen und ggf. Fachliteratur studieren

Sofern es Fachliteratur zu den Themen des Anwendungsbereiches gibt, sollten Sie die ExpertInnen vor Ort fragen, ob und welche Literatur sie empfehlen können. In bestimmten Fällen existieren auch Standardwerke, die fast auf jedem Schreibtisch zu finden sind. In einem Projekt im arbeitsmedizinischen Bereich eines großen Energieversorgungsunternehmens stellten mein Kollege und ich uns erst einmal den *Pschyrembel* (ein klinisches Wörterbuch) auf den Tisch. Dadurch mußten wir nicht jeden uns unbekannten medizinischen Fachbegriff, von denen uns im Laufe des Projektes unzählige über den Weg liefen, beim Doc nachfragen.

Interviews

Außer Zusehen und -hören, Mitarbeiten und dem Studium vorhandener Unterlagen gehört zu einer effizienten Anforderungsanalyse auch, gezielt, möglichst vorbereitet und strukturiert Fragen zu stellen. Hierzu können systematisch Interviews geführt werden, ggf. unterstützt durch vorbereitete Fragebogen.

Begriffe und Gegenstände aus dem Anwendungsbereich werden registriert, ihre Eigenschaften werden aufgenommen, ebenso der Umgang der AnwenderInnen mit den Gegenständen sowie Aktivitäten, Ereignissen und Abläufen im Anwendungsbereich.

Hilfreiche Fragen
zur Anforderungsanalyse

- Welche (materiellen und immateriellen) Gegenstände werden im Anwendungsbereich verwendet (z.B. Formulare, Verträge, Ordner, Personen, Orte, Geräte, andere Systeme etc. - auf Substantive achten)? **Gegenstände**

- Welche Eigenschaften besitzen diese Gegenstände, wie sind sie aufgebaut (*"ein .. besteht aus .."* usw.)? Wie sind ihre Strukturen, wie sind sie zusammengesetzt? **Eigenschaften**

- Wie sieht der charakteristische Umgang der BenutzerInnen mit diesen Gegenständen aus (*eintragen, entfernen* usw.)?

- Welche Erwartungen haben die zukünftigen BenutzerInnen an das zu entwickelnde System? Wird die mögliche Leistungsfähigkeit realistisch eingeschätzt? Was brennt ihnen unter den Nägeln? Haben sie die gleichen Erwartungen und Wünsche an das System wie der Auftraggeber (z.B. die Geschäftsleitung)?

- Wie kommunizieren die Mitarbeiter untereinander, d.h. wer muß mit wem worüber reden oder schreiben, um die anliegenden Aufgaben zu bearbeiten? Gibt es irgendwelche (regelmäßigen?) Treffen oder Rituale hierzu? **Kommunikation**

- Welche Gegenstände werden von wem verwendet? Haben die BenutzerInnen verschiedene Auffassungen von den Eigenschaften der Gegenstände? Welche Rollen und Funktionen können den BenutzerInnen und den Gegenständen zugeordnet werden? Suchen Sie hier nach prägnanten Begriffen. **Rollen**

- Welche Arbeitsanleitungen existieren oder können erkannt werden? Für viele Aufgaben gibt es ein Schema, nach dem standardmäßig verfahren wird. Manchmal sind sich die AnwenderInnen dessen nicht bewußt. Solche Ablaufschemata und Arbeitsanleitungen sind dann explizit zu formulieren bzw. darzustellen. Welche offiziellen und informellen Absprachen existieren zwischen den AnwenderInnen bzw. den Abteilungen? Welchen Konzepten, Prinzipien, Richtlinien und Anweisungen folgen sie? **Arbeitsabläufe**

- Wie sind die AnwenderInnen organisiert? Welche Organisationseinheiten sind von dem Projekt betroffen? Welche Befugnisse, welches Know-how, welche Verhaltensweisen haben die MitarbeiterInnen? Wer ist wofür zuständig? **Organisation, Rechte, Zuständigkeiten**

- Wann kommt es zu welchen Ereignissen? Wie werden die Aktivitäten ausgelöst (*wenn, nachdem, bevor, ...*)? Gibt es irgendwelche regelmäßigen Anfragen, Unterbrechungen, Aufträge etc.? Wer löst die Ereignisse aus, wer reagiert auf sie? In welchem Kontext finden diese Ereignisse statt? Welche Ereignisse müssen gemerkt, d.h. gespeichert werden? Wie lange? **Ereignisse**

85

Von wem? Gibt es historisierte Ereignisse, die zu berücksichtigen sind? Handelt es sich um datenbezogene, zeitpunktbezogene oder benutzerbezogene Ereignisse?

- Welche allgemeinen Bedingungen sind zu erkennen (*benötigt, hat immer, darf nicht, ...*)? Sind die Bedingungen konstant oder wie ist ihre zeitliche Bedeutung? Wer legt die Bedingungen fest?

Bedingungen

- Sind die Ereignisse und Aktivitäten Ausnahmen oder Standardfälle?

- Welche unerwünschten Ereignisse können auftreten? Wie soll auf sie reagiert werden?

- Welche Abläufe funktionieren aus Sicht der Beteiligten gut? Wo und wie sollten Abläufe verändert und verbessert werden? Wo sind zukünftig (kurz-, mittel-, langfristig) Änderungen zu erwarten? Existieren Engpässe? Welche Aktivitäten sind wichtig, welche weniger wichtig?

Architektur- und SEU-Evaluierung

A2

In vielen OO-Projekten wird derzeit technologisches Neuland betreten. Das hat nicht alleine etwas mit Objekttechnologie zu tun, sondern ganz allgemein mit der rasanten technischen Entwicklung. Vielleicht kommt eine neue Datenbank zum Einsatz, eine neue Programmiersprache, neue Entwicklungswerkzeuge, eine neue Kommunikations-Middleware, eine andere Anwendungsarchitektur, besondere qualitative und andere nicht-funktionale Anforderungen, vielleicht sind spezielle bestehende Legacy-Systeme zu integrieren - wie auch immer, mit allen Randbedingungen, die dem Projektteam nicht vertraut sind, manifestieren sich Risiken für das Projekt.

„Wir leben in einer schnellebigen Zeit" [Horn97]

Eine Strategie, diese Risiken zu minimieren, besteht darin, sie möglichst frühzeitig zu untersuchen. Das heißt beispielsweise, auf diese Risiken fokussiert mit Hilfe eines Prototyps Erfahrungen zu sammeln. Je nach Risiken wird dann ein „Datenbank-Prototyp", ein „Legacy-Integrations-Prototyp" oder ganz allgemein ein technischer Prototyp entwickelt.

Mit diesem Prototyping werden dann nicht nur die Risiken untersucht, soweit möglich werden auch identifizierte Schwachstellen behoben oder zumindest Maßnahmen beschrieben, die zu ihrer Behebung notwendig sind.

Steine aus dem Weg räumen

Aus dem Prototyping ergeben sich Musterlösungen, Entwicklungsrichtlinien, Work-Arounds sowie ein Architekturmodell. Das Architekturmodell beschreibt die grundsätzliche Struktur der zu entwickelnden Software. Beispielsweise in welche Schichten und Einheiten sich die Anwendung gliedert und wie diese zusammenhängen.

Architekturmodell Bsp. ⇨138

Das Architekturmodell hat Auswirkungen auf die Projektplanung, Projektorganisation und das Vorgehen. Durch die bessere Beurteilbarkeit und Verringerung der Entwicklungsrisiken, kann auch die Aufwandschätzung präziser und sicherer werden.

Auswirkungen auf Planung, Organisation, Vorgehen, Aufwandschätzung

Die System- und Anwendungsarchitektur muß durch die Softwareentwicklungsumgebung unterstützt werden und ist daher in die Untersuchung einzubeziehen.

Die Anwendungsarchitektur wird auch während der nachfolgenden Phasen und Aktivitäten, insbesondere während der iterativ-inkrementellen Entwicklungsphase, permanent weiterentwickelt, was jedoch im folgenden nicht mehr explizit erwähnt wird.

Projektplanung, Projektorganisation und Aufwandschätzung

A3

Iterationsplanung

Für das Projektmanagement bilden die Ergebnisse und Bewertungen der Voruntersuchungen möglicherweise bereits die Basis für die Planung des weiteren Vorgehens. Vielleicht liegen jetzt schon genügend Informationen vor, um einen ersten groben Projektplan zu erstellen und die Größenordnung des Aufwandes zu bestimmen. Dann kann diese Aktivität vorgezogen werden.

Festpreis?

A1 ⇨81
A2 ⇨87

Wenn es darum geht, das System zum Festpreis zu entwickeln, liegen zu diesem Zeitpunkt möglicherweise zu wenig Informationen vor. Eine genaue Anforderungsbeschreibung liefern vielleicht erst die während der Anwendungsfallanalyse (A1) erarbeiteten Anwendungsfälle. Um die ggf. vorhandenen technischen Risiken besser bewerten zu können, erscheint auch die vorherige Durchführung eines Architekturprototypings (A2) bei Festpreisprojekten sinnvoll.

Projektdauer
„Mitarbeitergebirge"

Aufwandschätzung
⇨104

Die erste grobe Projektplanung gibt Auskunft darüber, wie lange die Projektlaufzeit voraussichtlich sein wird, welche Abhängigkeiten auf der obersten Planungsebene existieren, wo der kritische Pfad liegt und wie viele ProjektmitarbeiterInnen benötigt werden. Mehr zum Thema Aufwandschätzung findet sich weiter hinten in diesem Kapitel.

Projektorganisation

Die Projektorganisation beschreibt Aufgaben, Rollen, Qualifikationen und Verantwortungsbereiche innerhalb des Projektes. Die Aufgaben ändern sich im Laufe eines Projektes. Einige sind nur in bestimmten Zeitabschnitten relevant, andere bekommen im Laufe der Zeit mehr oder weniger Bedeutung. Davon ist auch die Zusammenarbeit zwischen den Beteiligten betroffen. Die Projektorganisation ist also nichts statisches, sondern ständig im Fluß.

Umso wichtiger ist es, sie offensiv zu planen und sie nicht dem Zufall oder aktuellen Ereignissen zu überlassen. Die Projektorganisation steht in direkter Abhängigkeit zum Vorgehensmodell. Das Vorgehensmodell beschreibt die zeitliche und inhaltliche Abfolge von Aktivitäten und Ergebnissen. Die Projektorganisation muß dies optimal unterstützen.

Umstrukturierung beim
Übergang in die iterative
Projektphase

Am Ende der Anforderungsanalyse liegen genügend Informationen vor, um die Organistion, mit der das eigentliche Projekt gestartet werden soll, zu beschreiben sowie zu bestimmen, zu welchen Projektzeitpunkten Änderungen in der Organisation erforderlich werden. Während der Anforderungsanalyse und des anschließenden Problembereichsanalyse entwickelt sich die Organisation nur langsam, d.h. Umfang und Wichtigkeit einzelner Aufgaben und Rollen ändern sich.

Beim Übergang von der Problembereichsanalyse in die Komponentenentwicklung findet hingegen eine deutliche Umstrukturierung statt. Mit der Komponentenentwicklung beginnt das iterative und inkrementelle Vorgehen. Außerdem arbeiten dann verschiedene Teams parallel. Die Ergebnisse und Aufgaben der Teams müssen zentral koordniniert werden. Querschnittliche, d.h. komponentenübergreifende Aufgaben müssen integriert werden.

Vgl. K3 ⇨ 94

Später, beim Übergang in Test, Migration und Abnahme findet dann nochmals eine deutlichere Verlagerung von Organisationsschwerpunkten statt.

Grundsätzlich ist zu beachten, daß die Organistion nicht abstrakt nach dem Projektplan und den zeitlichen Abhängigkeiten ausgerichtet werden kann. Sehr entscheidend sind Qualifikation und Fähigkeiten der vorhandenen oder erwarteten MitarbeiterInnen. Diese werden nicht ideal sein. Notwendige Qualifikationen und Erfahrungen werden an bestimmten Stellen fehlen, zu schwach sein oder nur teilweise oder zum falschen Zeitpunkt bereitstehen.

Kompromisse

In Abhängigkeit davon ist gegebenenfalls die Organisation anzupassen, d.h. die Aufgaben und Rollen werden so geschnitten und kombiniert, daß sie durch geeignete MitarbeiterInnen besetzt werden können. Sofern MitarbeiterInnen zum falschen Zeitpunkt bereitstehen, ist zu untersuchen, ob nicht auch das Vorgehen danach ausgerichtet werden sollte. Nachgeordnet sind außerdem die persönlichen Vorlieben und Ambitionen der Beteiligten zu beachten. Es stellt sich hier die Frage, wie die Projektleitung Kenntnis von den Qualifikationen und Ambitionen der Projektbeteiligten gewinnt.

Problembereichsanalyse

Das nachfolgende Aktivitätsdiagramm gibt einen Überblick über die Abläufe in der Phase Problembereichsanalyse. Die Problembereichsanalyse beinhaltet Aktivitäten, die die ermittelten Anforderungen aus der Phase Anforderungsanalyse berücksichtigen, abstrahieren und in Lösungsansätze überführen, bei denen aber noch nicht sinnvoll iterativ und inkrementell vorgegangen werden kann.

Vielmehr dienen die Aktivitäten der Problembereichsanalyse dazu, die Anforderungen zu ordnen und zu strukturieren und für die weitere Anwendungsentwicklung sinnvolle Entwicklungseinheiten (Komponenten) zu identifizieren und zu beschreiben.

Problembereichsanalyse

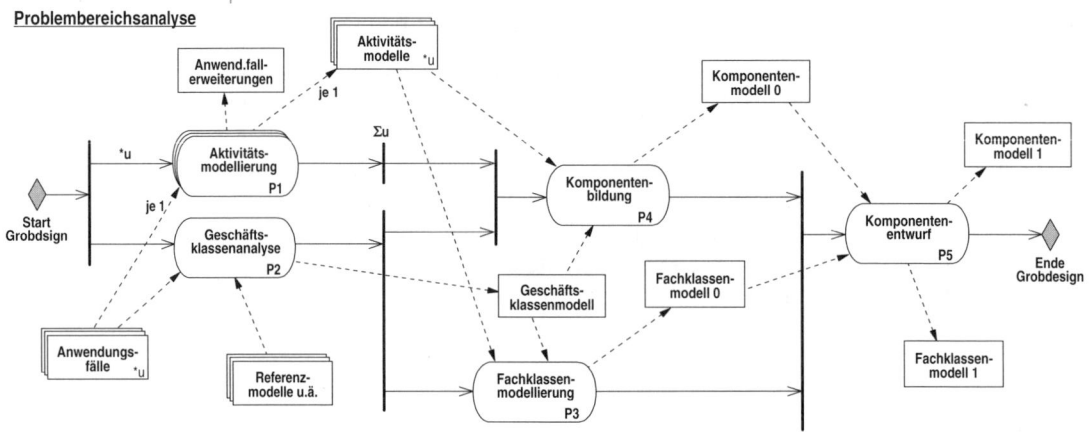

Aktivitätsmodellierung

P1

Die zuvor ermittelten Anwendungsfälle beschreiben typische Abläufe und Interaktionen der Akteure und gliedern sich jeweils in eine Reihe einzelner Aktivitäten. Zu jedem Anwendungsfall werden nun entsprechende Aktivitätsdiagramme angelegt. Dabei kann zunächst jeder Teilschritt aus einem Anwendungsfall als Aktivität begriffen werden. Im Gegensatz zu Anwendungsfällen können Aktivitätsdiagramme Abhängigkeiten, nebenläufige Prozesse, Entscheidungs- und Verzweigungspunkte usw. besser beschreiben. Insofern stellen Aktivitätsdiagramme eine Detaillierung dar.

Bsp. ⇨ 157

Gewöhnlich wird es im Rahmen dieser Aktivitätsmodellierung regelmäßig notwendig, die Aktivitäten anders zu schneiden als zunächst im Anwendungsfall konstatiert. Einige sind in weitere Aktivitäten zu unterteilen, bei anderen entdeckt man neue Zusammenhänge und Abhängigkeiten. Aktivitäten müssen eine signifikante Zustandsänderung bewirken, sonst können ihre Inhalte wahrscheinlich anderen Aktivitäten zugeschlagen werden. Die einheitliche und aussagekräftige Namensgebung und das vergleichbare Abstraktions- und Detaillierungsniveau helfen dabei, identische und ähnliche Aktivitäten aus verschiedenen Anwendungsfällen zu identifizieren, d.h. Modellredundanzen zu erkennen und zu beseitigen.

Geschäftsklassenmodellierung P2

Hierbei wird ein erstes Klassenmodell erstellt, daß ausschließlich oder vorwiegend fachlich elementare Begriffe in Form von Klassen enthält, häufig auch **Analysemodell** genannt.. Die aus Anwendersicht elementaren Hauptbegriffe werden als Geschäftsobjekte angesehen, die identifizierten Verantwortlichkeiten begründen grob die ersten Schnittstellenentwürfe dieser Geschäftsobjekte und die identifizierte Zusammenarbeit mit anderen beteiligten Geschäftsobjekten führt zu ersten groben Assoziationsbeziehungen.

Businessobjekte
identifizieren

Bsp. ⇨ 156

Die Identifizierung von Geschäftsobjekten bzw. -klassen ist die Herausarbeitung der wichtigsten Klassen des zukünftigen Klassenmodells und ihrer Beziehungen untereinander. Details und Feinheiten werden zunächst vernachlässigt. Eine Geschäftsklasse beschreibt einen Gegenstand, ein Konzept, einen Ort oder eine Person aus dem realen Geschäftsleben in einem Detaillierungsgrad, wie er vor allem auch von Fachabteilungen und Managern verstanden werden kann (Vertrag, Rechnung etc.).

Grobes Klassenmodell
und Schnittstellen

Basis der Geschäftsklassenmodellierung sind die Anwendungsfälle, ihre Anlagen (Dialogentwürfe, Formulare), das Fachlexikon, CRC-Karten und eventuell vorhandene Referenzmodelle (beispielsweise ER-Modelle des Altsystems). Mit der Klassenanalyse bzw. Geschäftsklassenmodellierung (Businessklassenmodellierung) ist noch keine vollständige Modellierung der Anwendungsdomäne gemeint, vielmehr soll sie einen ersten strukturellen Überblick über den Anwendungsbereich geben.

Fachklassenmodellierung P3

Fachklassen sind fachlich motivierte Klassen, die einen Begriff aus dem Anwendungsbereich repräsentieren. Ein Fachklassenmodell ist somit ein gewöhnliches Klassendiagramm, das die fachlichen Strukturen des Problembereiches repräsentiert, häufig auch **Designmodell** genannt. Es kann auf Basis des Geschäftsmodells erstellt werden. Die Geschäftsklassen werden in detailliertere Einheiten zerlegt.

Bsp. ⇨168ff.

Die Fachklassen werden soweit möglich mit den bislang identifizierten Attributen, Operationen, Zusicherungen und Beziehungen beschrieben. Im Vordergund der Modellierung steht aber nicht eine möglichst weitgehende Detaillierung der Klassen bezüglich ihrer Eigenschaften, sondern ein insgesamt möglichst gleichmäßiges Abstraktionsniveau.

Komponenten und Subsysteme identifizieren

P4

Komponente, Subsystem

Auf Basis der Aktivitätsdiagramme und des Businessmodells können nun die Komponenten bzw. Subsysteme geschnitten werden. Als Komponenten werden zumeist kleinere Einheiten zum beispiel im Sinne von Java-Beans verstanden. Unter Subsystem verstehe ich eine größere Einheit, die sich aus mehreren Einzelkomponenten zusammensetzt. Insofern ist ein Subsystem eine Sonderform von Komponente.

Pakete ⇨257
Komponente ⇨321

Bsp. ⇨159

Die Gliederung der Modelle ist vorrangig fachlich motiviert, d.h. fachlich zusammenhängende Modellelemente werden nun auch formal zusammengefaßt. An dieser Stelle ist es noch nicht zwingend notwendig, wirklich Komponenten zu bilden, es ist ausreichend, die Modellelemente einfach zu gruppieren. Hierzu bieten sich im ersten Schritt auch Pakete an. Neben der Berücksichtigung fachlicher Gesichtspunkte ist beim Entwurf darauf zu achten, die Abhängigkeiten und Schnittstellen zwischen den einzelnen Komponenten bzw. Paketen zu minimieren. Ergebnis ist ein erstes Komponentenmodell (oder ggf. ein Paketmodell).

Komponentenentwurf

P5

Vgl. ⇨159, ⇨163,
⇨185

Zum einen wird das bereits erarbeitete Komponentenmodell nun überarbeitet, um die Erkenntnisse aus der Fachklassenmodellierung zu berücksichtigen. Eventuell legt das mittlerweile existierende Fachklassenmodell andere Komponentengrenzen nahe. Während das zuerst erarbeitete Komponentenmodell hauptsächlich verhaltensgetrieben, d.h. auf Basis der Aktivitätsmodelle entstanden ist, werden nun auch die statischen Strukturen des Problembereiches, d.h. das Fachklassenmodell, berücksichtigt.

Zum anderen wird auch das Fachklassenmodell überarbeitet. Alle Aktivitäten der Aktivitätsmodellen sowie die identifizierten Schnittstellen im Komponentenmodell werden nun auf das Fachklassenmodell abgebildet. Aus den Aktivitäten resultieren zumeist Operationen, die zum Beispiel durch Vorgangssteuerungsklassen o.ä. zu realisieren sind, sofern das zu entwickelnde System über eine Vorgangssteuerung verfügt. Andere Operationen können genau einer Fachklasse zugeordnet werden.

Architektur

MVC (Model-View-Controller) ⇨ 140

Man erkennt an dieser Stelle, daß der Entwicklungsprozeß architekturabhängig ist und kaum allgemeingültig beschrieben werden kann.

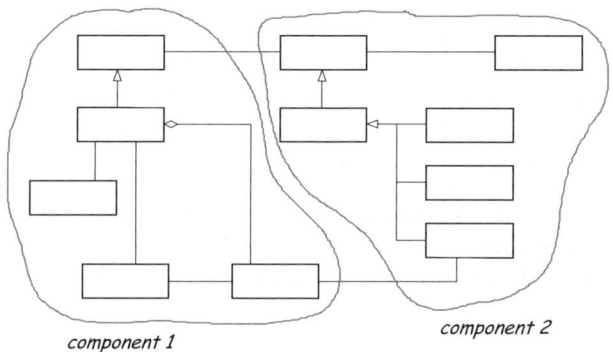

component 1   component 2

Iterativ-inkrementelle Komponentenentwicklung

Mit der Komponentenentwicklung tritt die Anwendungsentwicklung in ihre iterative und inkrementelle Phase. Es sind jetzt genügend Informationen zusammengetragen und strukturiert worden, um die Anwendung evolutionär, d.h. wachsend zu entwickeln.

Generell könnte man natürlich von Anfang an inkrementell und iterativ vorgehen. Es tritt hierbei bloß das Problem auf, daß dies weitgehend ungeplant geschehen würde, daß man nicht systematisch dafür sorgen könnte, daß alle Anforderungen in sinnvoller Abfolge umgesetzt werden und daß der Zeit- und Aufwandsrahmen kaum abschätzbar wäre.

Für eine systematische evolutionäre Entwicklung sind der ersten Iteration noch einige Aktivitäten vorweg zu schalten. Diese sind in dem folgenden Diagramm *Initialisierung Komponentenentwicklung* zusammengefaßt. Die eigentliche iterative Komponentenentwicklung wird anschließend dargestellt.

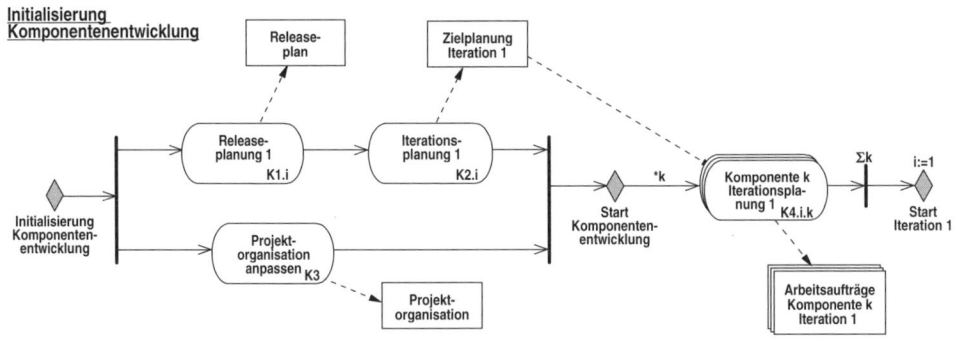

K3

Projektorganisation ⇨88

Projektorganisation anpassen

Wie bereits unter der Überschrift Projektorganisation im Abschnitt zur Anforderungsanalyse erwähnt, ist beim Übergang in die iterative Entwicklungsphase eine Neuausrichtung der Projektorganisation notwendig, um den Anforderungen dieser Phase gerecht zu werden.

Das Vorgehensmodell läßt es an dieser Stelle zu, hochgradig nebenläufig zu entwickeln, d.h. die Arbeit auf eine Menge von Teilprojekten bzw. Teams zu verteilen. Eine sinnvolle Aufteilung in nebenläufige Entwicklungsprozesse kann entlang der Komponentengrenzen erfolgen. Die einzelnen Subsysteme können in parallel arbeitenden Teams entwickelt werden. Es sind an dieser Stelle die Teams zusammenzustellen.

Damit die Subsysteme und Komponenten eine gemeinsame Anwendung ergeben, müssen sie Ergebnisse der Teams regelmäßig zusammengeführt werden. Außerdem existieren weiterhin Entwicklungsaktivitäten, die sich nicht parallelisieren lassen, weil es sich um Querschnittsaufgaben handelt oder komponentenübergreifende Ergebnisse zu produzieren sind.

Beide Ausrichtungen, die übergreifend-querschnittliche und die komponentenspezifische, sind in der Projektorganisation zu berücksichtigen und aufeinander abzustimmen.

Releaseplanung

Nach der initialen Analyse und der Problembereichsanalyse können nun die Evolutionsiterationen geplant werden. Die Gesamtheit der Anforderungen ist auf die vorgesehenen Iterationen sinnvoll zu verteilen. Dazu muß bekannt sein, wieviele Iterationen es geben soll, wie lange sie dauern sollen und welche Subsysteme und Komponenten wann bzw. in welcher Prioritäts- und Abhängigkeitsfolge zu entwickeln sind.

Bei dieser Planung können die Anwendungsfälle die Basis bilden. Die Anwendungsfälle,

• die einen großen Teil der Gesamtanforderungen abdecken,

• die vom Auftraggeber als vorrangig angesehen werden oder

• einen Bereich mit besonderem Risiko betreffen,

sollten zuerst umgesetzt werden.

Anwendungsfälle, die eine große Schnittmenge gemeinsamer Aktivitäten referenzieren, müssen gemeinsam umgesetzt werden, um die einzelnen Aktivitäten in Anbetracht möglichst vieler Anwendungskontexte umzusetzen und den Abstimmaufwand zu reduzieren. Dies fördert die Universalität und Robustheit der umgesetzten Lösungen.

Anwendungsfälle gruppieren

Der Releaseplan muß Auskunft darüber geben, wann welche Anforderungen umgesetzt sein sollen. Ggf. kann die Umsetzung auch abgestuft betrachtet werden. Mögliche Umsetzungsgrade wären beispielsweise:

• Grobumsetzung
  Mehr als 2/3 der Aktivitäten eines Ablaufes sind ansatzweise umgesetzt, d.h. lassen sich simulieren.

Überblick

- Feinumsetzung
  Alle Aktivitäten sind in der Umsetzung vorhanden, aber noch nicht vollständig realisiert.

- Vollumsetzung
  Vollständige Abdeckung und vollständige Realisierung der Aktivitäten

Die Schwierigkeit liegt darin, objektive Kriterien für die Vollständigkeitsbestimmung zu finden. Soweit dies möglich ist, sollten deshalb möglichst differenzierte Aussagen gemacht werden, etwa „nur Dialog umsetzen", „inkl. aller Plausibilitätsprüfungen", „vollständig realisierte Persistierung" usw.

Abstimmung des Releaseplans

Die Releaseplanung muß mit allen Beteiligten abgestimmt werden, d.h. nach außen gegenüber dem Kunden (Auftraggeber, Fachabteilungen, AnwenderInnen) und nach innen. Nach außen muß der Plan als fachlich sinnvoll erachtet werden, nach innen, d.h. von den Entwicklern, muß er als machbar betrachtet werden.

Für eine Iteration sollten abhängig von der Systemgröße und dem Umfeld etwa 1-3 Monate Entwicklungszeit veranschlagt werden.

Da am Ende einer Iteration jeweils ein Review zur Beurteilung der Zielerreichung stattfindet, entstehen je nach Anzahl der Iterationen zusätzliche Aufwände durch die Vor- und Nachbereitung und Durchführung der Reviews. Andererseits liefern sie wertvolle Informationen zur Steuerung des Projektes. Aufwände entstehen auch auf Kundenseite. Häufig stehen Fachabteilungen und zukünftige AnwenderInnen jedoch nur begrenzt zur Verfügung, da sie sich um ihr Tagesgeschäft kümmern müssen.

Der Entwicklungsprozeß kann an dieser Stelle dadurch entspannt werden, daß nicht nach jeder Iteration ein Review mit dem Auftraggeber stattfindet und man nach einer Iteration mit Kundenreview (externes Review) zunächst eine oder zwei Iterationen mit nur internen Reviews durchführt.

Das Entwicklungsprojekt sollte erfahrungsgemäß insgesamt etwa 4-7 Iterationen mit externen Reviews zur Entwicklung des vollständigen Systems umfassen. Diese Zahlen geben eine grobe Orientierung und sind u.a. von folgenden Parametern abhängig:

- Systemgröße
  (OO-Pilotprojekte und Großprojekte liegen unter Umständen außerhalb der genannten Bereiche)

- Entwicklungsbasis
  (Programmierumgebung, Modellierungswerkzeuge, Generatoren, Klassenbibliotheken, Anwendungsrahmenwerke etc.)

- Umfeld
  (Schnittstellen zu anderen Systemen etc.)

- Anzahl und Produktivität der EntwicklerInnen

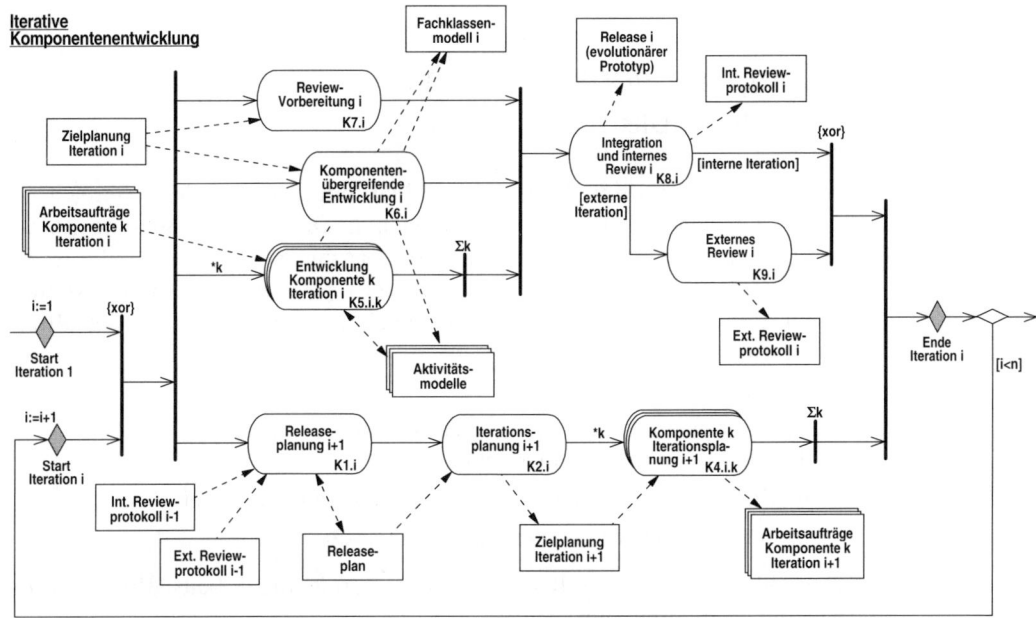

Ab der 2. Iteration sind die Protokolle der vorangegangenen internen und externen Reviews heranzuziehen, um die Gesamtplanung entsprechend zu korrigieren, d.h. neue Erkenntnisse und Anforderungen sind zu berücksichtigen, Defizite und Fehler anzugehen usw. Deshalb ist in jeder laufenden Iteration die Releaseplanung für die noch folgenden Iterationen zu aktualisieren.

Iterationsplanung

K2.i

Auf Basis der Releaseplanung wird nun die erste Iteration konkret vorbereitet. Hierzu sind ganz konkrete Iterationsziele aufzustellen, die soweit möglich am Ende der Iteration objektiv zu messen und zu beurteilen sind.

Die Zielvereinbarung gliedert sich in einen nach außen gerichteten Teil und einen nach innen gerichteten. Beide Teile sind mit den jeweils Betroffenen (Kunde, Entwickler) abgestimmt. Die mit den Entwicklern abgestimmte interne Zielvereinbarung ist umfangreicher und setzt sich soweit möglich aus Schnittstellenvereinbarungen zusammen. Schnittstellen sind Verträge zwischen Schnittstellenanbieter und -nutzer.

Schnittstellen ⇨ 240
Design by contract

Während einer laufenden Iteration wird jeweils schon die Zielplanung für die Folgeiteration durchgeführt.

K4.i.k

Arbeitsaufträge

Komponentenspezifische Iterationsplanung

Die Zielplanung für eine Iteration wird hier umgesetzt auf die konkreten Belange einer jeden Anwendungskomponente. Die Zielvereinbarung enthält Verträge in Form von Schnittstellenvereinbarungen. An dieser Stelle ist detailliert zu planen, wie die vereinbarten Verträge umgesetzt werden können. Ergebnis dieser Planung ist eine Menge von Arbeitsaufträgen. Arbeitsaufträge nennen (mindestens):

- Start- und Endtermin
- Geplanter personenbezogener Aufwand für die Umsetzung (Größenordnung: 2-10 Personentage insg.)
- Beteiligte Personen, davon einen Ergebnisverantwortlichen
- Beschreibung des zu erzielenden Ergebnisses

Während einer laufenden Iteration werden bereits die Arbeitsaufträge für die Folgeiteration vorbereitet.

K5.i.k

z.B. Design ⇨ 169ff.

Komponentenspezifische Entwicklung

Unter dieser Überschrift sind alle Aktivitäten zusammengefaßt, die komponentenspezifisch durchzuführen sind, also die schrittweise Realisierung der Subsysteme und Komponenten entsprechend der jeweiligen Iterationsziele. Was im einzelnen zu tun ist, ergibt sich aus den erstellten Arbeitsaufträgen.

Eine Iteration besteht jeweils aus Analyse, Design, Realisierung und Test einer Menge von Teilfunktionalitäten.

Je nach gegebener Anwendungsarchitektur werden hier Dialoge entwickelt, Ablaufsteuerungen, Fachklassen, fachliche und technische Controller entworfen und umgesetzt, Schnittstellen zu anderen Komponenten realisiert, vorhandene Altsysteme gekapselt und integriert usw. In komponentenübergreifenden Belangen findet eine Zusammenarbeit mit anderen Entwicklungseinheiten statt.

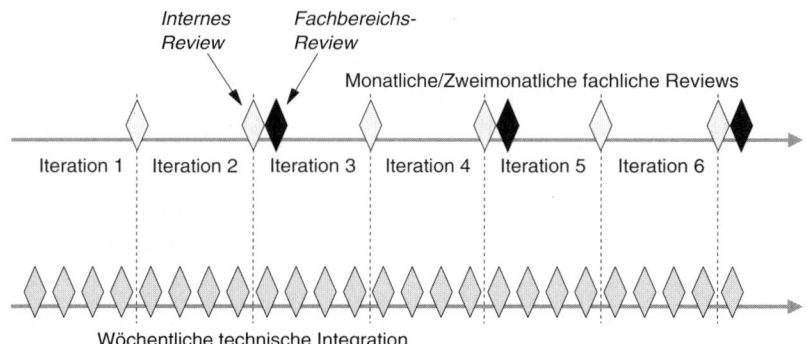

Internes Review

Fachbereichs-Review

Monatliche/Zweimonatliche fachliche Reviews

Iteration 1 | Iteration 2 | Iteration 3 | Iteration 4 | Iteration 5 | Iteration 6

Wöchentliche technische Integration

Komponentenübergreifende Entwicklung

K6.i

Nicht alle zu entwickelnden Ergebnisse sind komponentenspezifisch. Hierzu zählen beispielsweise die komponentenübergreifende Vorgangssteuerung (Makroebene), evtl. der Entwurf eines einheitlichen konsistenten Fachklassenmodells, die Entwicklung von Datenbankschemata u.a.

Hierzu gehören aber vor allem querschnittliche Aufgaben, wie die Weiterentwicklung der Anwendungsarchitektur, von Rahmenwerken, allgemeinen Diensten (Ansteuerung und Integration von Berechtigungssystemen, Standardsoftware-Schnittstellen etc.) und Basisklassen (wie *Zeitraum, Währung* etc.), soweit dies nicht ohnehin von einer separaten Architekturgruppe wahrgenommen wird.

Die querschnittlich tätigen Personen nehmen häufig auch die Rolle von Mentoren und Coaches ein, sorgen für die Einhaltung von Entwicklungsstandards und -richtlinien, die Anwendung und Identifizierung von Entwurfsmustern, die Behandlung auftretender genereller Umsetzungsprobleme, Forcierung von Wiederverwendung usw.

Reviewvorbereitung

K7.i

Jede Iteration endet mit einer Ergebnisprüfung (Review), welche auch die Konsolidierung und Weiterentwicklung in den Folgeiterationen anstößt. Ein externes Review (d.h. mit dem Kunden) sollte regelmäßig, muß aber nicht nach jeder Iteration stattfinden.

Zur Vorbereitung der internen und externen Reviews sind Testsituationen, -daten und -fälle aufzustellen, die geeignet sind, die Erreichung der Iterationsziele möglichst genau zu prüfen und zu messen. Dies sollte nicht durch die Entwickler selbst geschehen, die an dieser Stelle betriebsblind sind, sondern durch eine separate Einheit innerhalb des Projektes. Hier können ggf. auch Vertreter des Kunden mitarbeiten.

Für das externe Review sollte sich die Reviewvorbereitung in die Rolle des Kunden hineinversetzen. Was erwartet die Fachabteilung als Ergebnis dieser Iteration?

Neben der inhaltlichen Vorbereitung der Reviews kommt der Reviewvorbereitung auch die Aufgabe zu, die Reviews zu organisieren, d.h. Räume zu reservieren, die Beteiligten einzuladen, die Reviews zu moderieren, zu protokollieren usw.

Iterationsreviews

K8.i
K9.i

Fester Integrationstakt

Bevor die Zielerreichung für eine Iteration überprüft werden kann, sind zunächst die Arbeitsergebnisse der einzelnen Teams zu integrieren und ein neues Release zu erstellen. Je nach Projekt- und Entwicklungsumgebung finden Integrationen in sehr kurzen Abständen statt, z.B. täglich oder wöchentlich. In der Releaseplanung werden jedoch nur solche berücksichtigt, die einem internen oder externen Review zugeführt werden.

Die Integration unmittelbar vor dem Iterationsende, d.h. vor dem nächsten Reviewtermin hat dabei eine größere Bedeutung und ist gewöhnlich aufwendiger, denn an diesem Stand werden die Entwickler gemessen.

Die Ergebnisse der Reviews werden anschließend allen Beteiligten zugänglich gemacht. Für die einzelnen Entwickler ergeben sich daraus Korrektur- und Änderungsaufträge sowie ggf. neue Anforderungen. In der Release- und Iterationsplanung sind diese Sachverhalte zu berücksichtigen.

Systemeinführung

Sofern Komponenten oder Subsysteme vor anderen komplett fertiggestellt wurden, können hierfür auch bereits Abnahmen erfolgen. Neben der Endabnahme gibt es dann für ausgewählte Systemteile vorgezogene Teilabnahmen. Voraussetzung hierfür ist, daß diese Systemteile unabhängig von den noch fehlenden getestet und abgenommen werden können. Sofern diese Teile unabhängig von den übrigen und fachlich sinnvoll auch alleine eingeführt werden können, kann eine schrittweise Einführung des Systems praktiziert werden.

Abnahme
Teilabnahmen

Mit der Abnahme und Einführung eines Systems oder Teilen davon sind eine Vielzahl einzelner Aktivitäten notwendig, an denen Auftraggeber und Auftragnehmer beteiligt sind. So sind Abnahmen rechtzeitig vorzubereiten, Testfälle und Testdaten müssen konzipiert und angelegt werden, die Datenübernahme und Migration aus Vorgängersystemen ist vorzubereiten, das System muß von der Entwicklungsumgebung in die Test- und Abnahmeumgebung und schließlich in die Produktionsumgebung überführt werden, es ist ein Betriebskonzept notwendig, Rückfalllösungen sind ggf. zu entwickeln, Anwender müssen geschult werden etc.

Weiterführende Literatur

1. A Goldberg, K. S. Rubin: *Succeeding with Objects, Design Frameworks for Project Management*, Addison-Wesley, 1995

2. G. Booch: *Object-oriented analysis and design with applications, 2nd ed.*, Benjamin/Cummings, 1994. Deutsche Ausgabe: *Objektorientierte Analyse und Design; Mit praktischen Anwendungsbeispielen.* Addison-Wesley, 1994.

3. Rumbaugh, J., Blaha, M., Premerlani, W., Eddy, F., Lorenson, W.: *Object-Oriented Modelling and Design*, Prentice-Hall, 1991. Deutsche Ausgabe: *Objektorientiertes Modellieren und Entwerfen*, Hanser, 1993.

4. I. Jacobson, M. Christerson, P. Jonsson, G. Övergaard: *Object-Oriented Software Engineering, A Use Case Driver Approach*, Addison-Wesley, 1992

5. R. Wirfs-Brock, B. Wilkerson, L. Wiener: *Designing Object-Oriented Software*, Prentice Hall, 1990. Deutsche Ausgabe: *Objektorientiertes Software-Design*, Hanser, 1993

6. B. Meyer: *Object-Oriented Software Construction*, Prentice Hall, 1988. Deutsche Ausgabe: *Objektorientierte Softwareentwicklung*, Hanser, 1988

7. C. Szyperski: *Component Software, Beyond Object-Oriented Programming*, Addison-Wesley (ACM Press), Harlow, 1997.

8. O. Sims: *Business Objects: Delivering Cooperative Objects for Client-Server.* McGraw-Hill, new York, 1994.

9. Rational Software: *The Objectory Process*, http://www.rational.com/uml.

10. I. Graham, B. Henderson-Sellers, H. Younessi: *The OPEN Process Specification*, Addison Wesley (ACM Press), Harlow, 1997.

Projektmanagement

Die Probleme und Herausforderungen in Projekten, genauer gesagt ihre Randbedingungen und Hindernisse, sind fast immer die gleichen:

Randbedingungen

- Das verfügbare Projektbudget ist bescheiden, vor allem aber begrenzt.

- Die Erwartungen sind viel zu hoch.

- An die einzuhaltenden Termine mag man gar nicht denken.

- Die genaue Zielsetzung liegt noch im Nebel.

- Die Verfügbarkeit von MitarbeiterInnen, Hard- und Software stützt sich auf vage Zusagen.

Deswegen ist es wichtig, diesen Gegebenheiten ein Projektmanagement entgegenzusetzen, das die wirtschaftliche Kontrolle ausübt, die planerische Steuerung des Projektes übernimmt, die fachlichen Aufgaben koordiniert und die beteiligten MitarbeiterInnen führt. Sofern die Projektleitung oder der Auftraggeber diese Aufgaben nicht selbst verantwortlich wahrnehmen können, müssen externe Berater hinzugeholt werden.

Aufgaben lokalisieren und systematisch verfolgen

Folgende Aufgaben stellen sich zu Beginn eines Projektes:

- Schätzen oder Überprüfen der notwendigen Aufwände, Gliederung in überschaubare Einzelaufgaben und Erstellung von Termin- und Einsatzplänen.

- Identifizieren von kritischen Bereichen und Faktoren, um diese besonders zu berücksichtigen.

- Auswahl und Bereitstellung der notwendigen Infrastruktur.

- Festlegung der internen und nach außen gerichteten Entscheidungs-, Berichts- und Informationswege, insbesondere zum Auftraggeber.

Weil das Projektmanagement viele Schnittstellen und Berührungspunkte hat, ist der Informationsfluß zwischen allen Beteiligten von großer Bedeutung. Wenn die Kommunikation nicht gefördert und gewährleistet wird, verengt sich zwangsläufig auch der Wahrnehmungs- und Entscheidungsraum des Projektleiters.

Aufwandschätzung

Der Aufwand kann sinnvollerweise erst dann geschätzt werden, wenn der Umfang des Projektes grob bekannt ist. Das heißt, die wesentlichen Anwendungsfälle und Umgebungsbedingungen müssen zunächst ermittelt werden. Ohne diese Information kann der Umfang nur geraten werden. Das ist keine Spezialität objektorientierter Projekte, sondern gilt allgemein. Sollte Ihr Auftraggeber anderer Meinung sein und möchten Sie kein Risiko eingehen, bleibt Ihnen nichts anderes übrig, als den Aufwand möglichst hoch anzusetzen.

Das hier vorgestellte Vorgehensmodell berücksichtigt die Ermittlung der Schätzgrundlage und -faktoren. Zum einen bietet es verschiedene Punkte, die Schätzung zu wiederholen bzw. zu überprüfen. Schätzungen können auf Basis der Anwendungsfälle, der identifizierten Dialoge, der Aktivitätsmodelle, des Businessmodells und des Domänenmodells vorgenommen werden. Beim iterativen Vorgehen kann nach jeder Iteration die Zielerreichung gemessen werden. In Abhängigkeit davon läßt sich das Projekt nachsteuern und die Schätzung korrigieren.

Jede Iteration liefert ein definiertes Produkt. Nach jeder Iteration kann zum einen die Abweichung von der ursprünglichen Schätzung festgestellt und diese dann korrigiert werden, und zum anderen können die zuletzt gewonnenen Erfahrungen in eine neue, bessere Schätzung einfließen.

Sie müssen also nicht die Beendigung des ersten Projektes abwarten, um zu einer Schätzgrundlage zu gelangen, bereits im laufenden Projekt werden die Informationen hierfür zugänglich.

Eine fundierte Aufwandschätzung setzt voraus, daß man bereits Erfahrungswerte gesammelt hat und diese unter Berücksichtigung der gegebenenfalls anderen Randbedingungen auf ein neues Projekt übertragen kann. Folgende Daten sollten vorliegen:

• Anzahl und Umsetzungskosten von Anwendungsfällen.

• Anzahl und Umsetzungskosten von Aktivitäten sowie die durchschnittliche Anzahl von Aktivitäten pro Anwendungsfall.

• Anzahl der Dialogseiten (Einzelfenster, Notebook-Seiten u.ä.) unter Berücksichtigung ihrer Komplexität, die abgeleitet werden kann aus:
  – Anzahl der Anzeigefelder
  – Anzahl der einfachen Eingabefelder
  – Anzahl der verknüpfenden Elemente (Auswahllisten u.ä.)
  – Anzahl der ereignisauslösenden Elemente
    (Schaltflächen, Menüpunkte u.ä.)

- Anzahl der Businessklassen, Anzahl der Fachklassen, Anzahl der Fachklassen pro Businessklasse, Komplexität der Fachklassen (Anzahl der Attribute, Operationen und Beziehungen).

- Anzahl und Komplexität der Komponenten (Anzahl der enthaltenen Klassen, externen Schnittstellen und Abhängigkeiten).

- Anzahl und Gewicht der automatisch zu generierenden Elemente.

Darüber hinaus sind auch folgende Fragen interessant:

- Wie entwickelt sich die Anzahl der gefundenen Klassen im Verlaufe des Projektes?

- Wie entwickelt sich die Anzahl der gefundenen Operationen, Attribute, Zusicherungen (absolut und relativ zur Anzahl der Klassen)?

- Wie entwickelt sich die Anzahl der wiederverwendeten Klassen und gegebenenfalls der Aufwand für ihre Adaption?

- Wie entwickelt sich die Anzahl der Beziehungen (Assoziationen, Aggregationen, Vererbung) für die einzelnen Klassen?

Einige dieser Kennzahlen können auch personenbezogen erhoben werden. Außerdem sind wichtig:

- Anzahl der Teammitglieder;

- Verfügbarkeit der Teammitglieder;

- Produktivitätsfaktoren der Teammitglieder.

Wenn Sie über diese Kennzahlen aus vorangegangenen Projekten verfügen und sich die allgemeinen Umgebungsbedingungen nicht grundsätzlich verändert haben (z.B. durch neue Entwicklungswerkzeuge), können Sie für ein neues Projekt eine Schätzung wagen.

Die Teamgröße, Verfügbarkeiten und Produktivitätsfaktoren sind für das neue Team neu zu bestimmen. Je mehr MitarbeiterInnen bereits eine gemeinsame Projektvergangenheit haben, desto eingespielter ist ihre Zusammenarbeit. Sie verfügen über einen ähnlichen Erfahrungshorizont. In der vorgesehenen Teamzusammensetzung enthaltene neue MitarbeiterInnen erhöhen den Kommunikationsaufwand für das Projekt, d.h. sie senken die Produktivitätsfaktoren aller Mitglieder. Außerdem gilt: Je größer das Team, desto geringer die Produktivität des einzelnen. Die Produktivitätsfaktoren einzelner Mitarbeiter, so zeigen Erfahrungen, weichen innerhalb einer Organisation häufig im Verhältnis 1:10 voneinander ab,[1] Unterschiede der Größenordnung 1:25 und mehr zwischen Mitarbeitern verschiedener Organisationen kommen auch vor.

Produktivitätsfaktoren

---

[1] Wobei sich die Gehälter der Mitarbeiter weniger unterscheiden.

Überblick

Pizzakartons und Codezeilen pro Zeiteinheit messen

Da die Menge der produzierten Klassen oder Codezeilen pro Zeiteinheit kein Maßstab sein kann, bleibt die Schätzung der Mitarbeiter-Produktivität subjektiv.[1] Um genauere Zahlen zu erhalten, muß die Zeit in Relation zu den gegebenen Anforderungen gesehen werden, d.h. Komplexität und Risikopotential sind zu berücksichtigen. Je mehr ein Mitarbeiter auf vorhandene Lösungen u.ä. zurückgreift, d.h. Wiederverwendung betreibt, desto besser.

Neben den Kennzahlen des Entwicklungsteams sind die Kennzahlen des Umfanges und der Komplexität der neuen Aufgabe zu bestimmen. Aufgrund der vorangegangenen Projekte können Sie das neue Projekt auf Anhieb wahrscheinlich nur größenordnungsmäßig einordnen. Um eine genauere Schätzung abzugeben, bedarf es einer Vorstudie. Die wichtigsten Klassen und Objekte lassen sich mengen- und umfangmäßig bereits nach einer ersten Beschäftigung mit dem Anwendungsbereich einschätzen. Falls Sie das auch schon mit ähnlichem Detaillierungsgrad für ein vorangegangenes Projekt vollzogen haben, können Sie den Faktor zwischen erster Schätzung und tatsächlichem Wert berechnen und auf Ihre neue erste Schätzung übertragen.

Komplexität der Klassen beurteilen

Versuchen Sie außerdem, aus Ihren Erfahrungswerten Zusammenhänge abzuleiten: Warum sind bestimmte Klassen aufwendiger als andere? Warum stabilisieren sich bestimmte Klassen sehr schnell, während andere über lange Zeit hinweg immer wieder geändert werden müssen? Versuchen Sie ein Gefühl dafür zu entwickeln, welche Klassen aller Wahrscheinlichkeit nach komplex werden (Anzahl der abhängigen Beziehungen, Unterklassen, Operationen, Attribute etc.). Bestimmen Sie grob die Komplexität einer Klasse.

Wenn die vorhandenen Daten Rückschlüsse auf die Abhängigkeit zwischen den Komplexitätsfaktoren und dem investierten Aufwand zulassen, können Sie mit geschätzten Komplexitätsfaktoren den zu erwartenden Aufwand für das neue Projekt ermitteln.

Unteraufgaben schätzen

Mehrere Personen schätzen lassen

Grundsätzlich ist es von Vorteil, d.h. sicherer, nicht den Gesamtumfang, sondern mehrere Unteraufgaben zu schätzen und möglichst viele (dazu fähige) Menschen schätzen zu lassen. Die zu schätzenden Unteraufgaben dürfen nicht zu groß und nicht zu klein gewählt werden; Erfahrungen zeigen, daß sie idealerweise zwischen einer Personenwoche und einem Personenmonat liegen sollten. Je kleiner die Einzelpakete sind, desto größer wird die relative Gesamtsumme, weil z.B. der zugerechnete enthaltene Leerlauf (und anderer Overhead) unverhältnismäßig hoch eingeht.

Die Zahl der SchätzerInnen macht das Ergebnis im arithmetischen Mittel sicherer, jedoch sollte bei deutlichen Abweichungen der einzelnen Ergebnisse die Ursache dafür überprüft werden. Häufig werden verschiedene Randbedingungen zugrunde gelegt; es ist dann zu diskutieren, welche davon in der Schätzung berücksichtigt sein sollten. Eine andere Ursache könnte sein, daß

---

[1] Grady Booch räumt in [BoochOS94] ein, daß selbst die Anzahl der Pizzakartons am Arbeitsplatz kein zuverlässiges Maß ist.

einige SchätzerInnen bestimmte Sachverhalte übersehen haben oder - und deswegen ist die Diskussion darüber wichtig - sogar welche entdeckt haben, die in der zur Schätzung vorgegebenen Aufgabenstellung bislang übersehen wurden. Im Zweifelsfall werden stets die höheren Werte für einen vergleichbaren Sachverhalt verwendet.

Der so zusammenkommende Gesamtaufwand wird dann mit den Produktivitätskennzahlen des Teams abgeglichen und Sie haben eine erste, erfahrungsbasierte Aufwandschätzung. Der Aufwand sollte während des Projektes in regelmäßigen Abständen immer wieder neu geschätzt werden. Die Sicherheit der Schätzung wächst mit dem Projektfortschritt.

Es ist schwierig, allgemeine Erfahrungswerte und Mengengerüste zu den genannten Faktoren zu nennen. Für kommerzielle Anwendungen, wie sie in Versicherungen, Banken u.ä. üblich sind, sind folgende Zahlen möglich:

300-600	Einträge im Fachlexikon
20-100	Anwendungsfälle
5-20	Aktivitäten/Anwendungsfall
100-500	Fachklassen
ca. 1:12	Verhältnis Klassen : Operationen

Darin enthalten sind nicht die Klassen fertiger Rahmenwerke und Klassenbibliotheken. Bei den Operationen sind primitive und gegebenenfalls von einem Modellierungswerkzeug generierte 08/15-Operationen (z.B. zum Lesen eines Attributes) nicht mitgerechnet. Bei Projekten mit mehr als 500 Klassen ist eine Aufteilung in Teilprojekte meistens sinnvoll.

An dieser Stelle erwarten Sie jetzt vielleicht auch Anhaltspunkte für mögliche Aufwände. Es wäre jedoch fahrlässig, solche zu nennen oder gar mit ihnen zu rechnen, ohne die jeweiligen Umstände und Randbedingungen angemessen zu würdigen.

„Wie teuer ist eine Klasse?"

Die ersten OO-Projekte werden meistens teurer als herkömmlich entwickelte, was für einen Methoden- und Werkzeugwechsel normal ist. Nach dem dritten richtigen Projekt besteht aber die Möglichkeit, deren Größenordnungen zu unterschreiten. Eine funktionierende und etablierte OO-Entwicklungsmethodik und -umgebung kann mit 20-50% des Aufwandes einer konventionellen Entwicklung auskommen. Häufig wird der Aufwand nicht geringer, weil die geforderte und realisierte Leistung und Qualität der entwickelten Produkte höher ist.

Wiederverwendung forcieren

Grundsätzlich lassen sich zwei Arten der Wiederverwendung unterscheiden:

- die direkte Wiederverwendung durch Vererbung und Delegation
- und die projektübergreifende Wiederverwendung durch Entwurfsmuster, Rahmenwerke, Businessobjekte, Schnittstellen, Komponenten u.ä.

Dieser Abschnitt erörtert primär die wichtigsten Aspekte der projektübergreifenden Wiederverwendung.

Erst verwenden, dann wiederverwenden

Bevor Klassen wiederverwendet werden, müssen sie zunächst verwendet werden. Das heißt: AnwendungsentwicklerInnen entwickeln verwendbare Businessklassen, ArchitekturexpertInnen entwickeln darauf aufbauend wiederverwendbare Businessklassen oder Komponenten.

Die projektübergreifende Wiederverwendung ist grundsätzlich anzustreben. Eine unternehmensweite Wiederverwendung ist jedoch zumeist nicht mit vertretbarem Aufwand zu erreichen - dieses Vorhaben wäre höchstwahrscheinlich Sisyphusarbeit, da es nicht immer möglich ist (in endlicher Zeit) widerspruchsfrei alle Anforderungen hundertprozentig abzudecken. Soweit möglich, sollten Klassen, die etwas sehr ähnliches beinhalten, aber nicht zusammengeführt werden können oder sollen, unterschiedlich benannt werden, so daß man dem Namen bereits ihre spezielle Bedeutung bzw. Rolle ansehen kann.

Nutzen

Die wesentlichen Nutzenaspekte der Wiederverwendung sind:

- etwas niedrigerer Implementierungsaufwand (nach einem anfänglich höheren Initialaufwand)
- deutlich geringerer Wartungsaufwand
- deutlich höhere Zuverlässigkeit
- Vorbild- und Ausbildungseffekt
- Multiplizierung der Leistungen der besten Leute

Versionen verwalten

Es existieren jedoch auch grundsätzliche Probleme bei der Wiederverwendung, vor allem in der Versionsverwaltung: unterschiedliche Versionen der verwendeten Rahmenwerke in verschiedenen Anwendungen und Projekten sind unvermeidlich. Dieses Problem tritt natürlich generell auf, hat mit den OO-Konzepten im Speziellen nichts zu tun. Der gängige Lösungsweg lautet hier: alte Anwendungen behalten zunächst alte Rahmenwerke. Werden Anwendungen weiterentwickelt bzw. gewartet, sollten sie auf die jeweils aktuellen Versionen der Rahmenwerke umgestellt werden.

Um wirkungsvoll Wiederverwendung zu betreiben, ist eine Grundsatzentscheidung des Managements erforderlich. Wiederverwendung kommt nicht von selbst, sondern muß gezielt betrieben werden, was Zeit braucht und Kosten verursacht. Voraussetzungen für eine wirkungsvolle Wiederverwendung sind das souveräne Beherrschen der Technologie, der Aufbau einer Wiederverwendungskultur im Unternehmen (Motivation) sowie die organisatorischen Rahmenbedingungen.

Um Wiederverwendung zu forcieren, wurden verschiedene organisatorische Ansätze ausprobiert, beispielsweise die Einrichtung eines Wiederverwendungsteams, das einen Klassenkatalog erstellt. Dieser Ansatz scheitert gewöhnlich daran, daß nur Papier (Schrankware) produziert wird. Ein anderer Ansatz ist die Einrichtung eines Repositories - mit dem häufig ein System geschaffen wird, was Kosten verursacht, weil es ständig gepflegt werden muß, jedoch kaum Nutzen bringt, da der Realitätsbezug selten gegeben ist. Ganz ähnlich präsentiert sich der Ansatz, einen zentralen Klassenmanager bzw. -verwalter zu bestimmen. Dies ist gewissermaßen die Offline-Variante zum Repository. Auch hier enwickelt sich nur spärlich ein Nutzeneffekt, da der Bezug zur Projektpraxis schwach ist.

Verschiedene Ansätze

Der gegenwärtig meistversprechende Ansatz ist die Einrichtung einer Architekturgruppe, die sich als Dienstleister und Beratungsgruppe für die Projekte versteht. Die Architekturgruppe sollte die besten Leute enthalten und damit eine Elite bilden. Andererseits aber sollten ihre Mitglieder in definierten Intervallen auch normale Projektarbeit machen. Eine gesunde Mischung zwischen diesen beiden Polen kann dazu beitragen, daß die Architekturgruppe hochkarätig, aber nicht abgehoben wird.

Bodenständige Eliten bilden

Aus den Anwendungsprojekten heraus entstehen Anforderungen an allgemeine Rahmenwerke und wiederverwendbare Klassen. Diese Anforderungen entstehen im normalen Evolutionsprozeß einer Anwendung und können - sofern sie neu sind - nicht unmittelbar befriedigt werden. Auf der anderen Seite durchleben die zur Wiederverwendung entwickelten Rahmenwerke einen eigenen, unabhängigen Evolutionsprozeß. In regelmäßigen Abständen erscheinen neue Versionen mit neuen Leistungen, die (erst) dann von den Projekten genutzt werden können.

Rahmenwerke

An einem Rahmenwerk sollten erfahrungsgemäß etwa 3-5 Personen mitwirken.

Die Motivation von MitarbeiterInnen und Teams zur Wiederverwendung ist ein wichtiger Aspekt beim Aufbau einer Wiederverwendungskultur. Finanzielle Anreize sind hier problematisch; es stellen sich hier Fragen zur Meßbarkeit bzw. Nutzenermittlung, zur zweifelsfreien Zuordnung der Leistungen zu einzelnen Personen, zur Verteilung der Entlohnung auf den Urheber der wiederverwendeten Klassen einerseits und den Wiederverwender andererseits

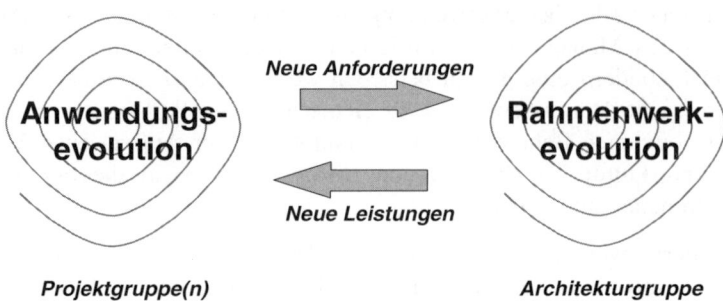

Projektgruppe(n)   Architekturgruppe

usw. Finanzielle Anreize können in der Praxis leicht auch als ungerecht empfunden werden.

Vorteilerhafter scheinen demgegenüber Anreize, die ihrerseits nicht voll quantifizierbar sind. Wichtigster Aspekt hierbei ist die Vergabe von sozialem Prestige.

Interne Entwicklerkonferenzen

Eine Möglichkeit, innerhalb des eigenen Unternehmens das Know-How im Umfeld des Themas Wiederverwendung zu verbreitern, sind interne Entwicklerkonferenzen. Auf diesen Konferenzen soll ein projektübergreifender Wissens- und Erfahrungsaustausch stattfinden. Sie sollten regelmäßig veranstaltet werden und durch Vorträge interner und externer Referenten getragen werden. Interne Referenten können über spezielle Projekt- oder allgemeine Erfahrungen, Experimente, Werkzeuge etc. berichten, zu neuen Standards, Vorgehensweisen oder allgemeinen technischen und methodischen Neuigkeiten vortragen. Externe Referenten können mit ähnlichen Themen neue Impulse von außen hineintragen.

Interne Entwicklerkonferenzen motivieren die teilnehmenden und durchführenden Mitarbeiter, verbreitern und erweitern das Know-How, schaffen Verständnis füreinander, fördern die Zusammenarbeit der KollegInnen und Teams untereinander und sind in der Summe auch günstiger als externe Schulungen.

Prototyping, Testen,
Qualität sichern

Objektorientiertes Vorgehen integriert verschiedene Ansätze zur Qualitätssicherung. Ein wichtiges Element stellt das Prototyping dar. Vorwiegend während der Analyse werden im *explorativen Prototyping*[1] die fachlichen und andere Anforderungen geklärt. Unter Umständen können dabei alternative Lösungsmöglichkeiten beurteilt werden. Im anschließenden Design kann mit *experimentellem Prototyping* bedarfsweise die Tauglichkeit der modellierten Lösungen nachgewiesen werden. Kriterien sind hierbei die Qualität, Performance und generelle Umsetzungfähigkeit.

Exploratives
Prototyping
Beispiel ⇨ 105

Experimentelles
Prototyping

Beide genannten Prototypingansätze gehen nur bedingt von wiederverwendbaren Prototypen aus. Da objektorientiertes Vorgehen eine evolutionäre Entwicklung unterstützt, kann aber auch das Endprodukt im Rahmen eines *evolutionären Prototypings* schrittweise entstehen. Bei größeren Projekten und bei einem OO-Erstprojekt sollten Sie in Ihren Planungen unterstellen, daß Sie auch die ersten 1-2 dieser Zwischenprodukte wegwerfen können.

Einweg-Prototypen

Es bieten sich also allein durch das Prototyping zahlreiche Möglichkeiten zur Qualitätssicherung. Andererseits ergibt dieses Vorgehen von sich aus noch keine Qualitätsgarantie. Es ist Aufgabe der Projektleitung, die vorhandenen Validierungs- und Verfikationsmöglichkeiten systematisch auszuschöpfen.

Stellen Sie sicher, daß vor jedem Prototyping explizit formuliert und dokumentiert wird, welche Aspekte geklärt bzw. überprüft werden sollen und ebenso, daß (und wie) die Ergebnisse des Prototypings festgehalten werden. Sorgen Sie außerdem dafür, daß die Ergebnisse in die Arbeit zurückfließen, und treffen Sie die notwendigen Maßnahmen, wie dies sichergestellt und nachvollzogen werden kann.

Prototyping planen

- Vor dem Prototyping ist also eine Beschreibung anzufertigen, die Aussagen darüber macht, was in welcher Form geklärt werden soll.

- Während des Prototyping ist eine Liste mit den entdeckten Fehlern, Mißverständnissen, Anregungen etc. anzulegen.

- Für jeden Punkt auf dieser Liste ist dann von den Beteiligten Einvernehmen darüber zu erzielen, wie dringend die Entdeckung zu berücksichtigen ist, wer für eine evtl. weitere Klärung und für die Umsetzung verantwortlich ist, bis wann die Umsetzung erledigt werden soll und wie die erfolgreiche Umsetzung später überprüft werden soll.

---

[1] Lat. *explorare*, „erforschen".

111

Überblick

- Die derart qualifizierten Ergebnisse des Prototyping werden dann als Arbeitsaufträge (je nach Umfang mündlich oder schriftlich) den Verantwortlichen übergeben.

- Der Projektleitung oder einem anderen Teammitglied wird die terminliche und formale Überwachung dieser Arbeitsaufträge verantwortlich übertragen.

Testfälle

Die im Prototyping durchgespielten Situationen werfen gegebenenfalls nebenbei Testdaten bzw. -abläufe ab. Sofern bestimmte Abläufe und Daten als ernstzunehmende Tests anzusehen sind, sollte dies explizit festgehalten und dokumentiert werden. Das End- bzw. die Zwischenprodukte können anhand dieser Testfälle später (auch von Dritten) überprüft werden. Zwischen AnwenderInnen und EntwicklerInnen entsteht zudem ein Konsens über die Abnahmekriterien.

Abnahmekriterien

Die beteiligten EntwicklerInnen und DesignerInnen testen die Prototypen und Produkte mit dem Wissen um das jeweilige Innenleben (*White-Box-Test*), die Leute von der Qualitätssicherung sind zu einem *Black-Box-Test* befähigt.

Systematisches und kontrolliertes Prototyping schützt Sie so vor größeren Überraschungen und sichert den Erfolg des Projektes. Gerade in den frühen Phasen ist eine Beteiligung der späteren AnwenderInnen wichtig, um Mißverständnisse und Fehleinschätzungen zu vermeiden. Den AnwenderInnen werden die Konsequenzen grundlegender Entwurfsentscheidungen frühzeitig deutlich. Dieses Vorgehen sichert die grundsätzliche Akzeptanz des Endproduktes.

Interessenkonflikte beachten

Als ProjektleiterIn sollten Sie allerdings auch darauf achten, daß das Prototyping nicht sinnlos ausartet oder durch Interessenskonflikte zerrieben wird. Die Vorgabe beim Prototyping *„Was soll geklärt werden?"* ist umso wichtiger, je unterschiedlich die Interessen der verschiedenen Beteiligten sind. Gerade wenn verschiedene Fachabteilungen oder Anwendungsgruppen ein gemeinsames Produkt erhalten, wird jede Partei ihre spezifischen Interessen in den Vordergrund stellen. Wenn sich abzeichnet, daß hier grundsätzliche Widersprüche vorhanden sind und ein Konsens nicht naheliegt, muß durch eine höhere Instanz (Geschäftsführung, Lenkungsausschuß o.ä.) eine Entscheidung getroffen werden. Diese Entscheidung ist dann von allen zu tragen.

Oberste Entscheidungsinstanz

Alle Anforderungen an das System, und besonders die durch Prototyping oder Umweltveränderung nachgereichten, sollten mit (einvernehmlichen) Prioritäten versehen werden. Sind die Prioritäten nicht klar, wird die spätere Akzeptanz aufs Spiel gesetzt. Prioritäten ergeben sich aus dem zu erwartenden Nutzen bzw. Wert, der befürchteten technischen Probleme und dem Aufwand. Die höchste Priorität erhalten demnach die Anforderungen mit dem größten Nutzen und dem geringsten Aufwand.

Ausbildungskonzept

Die Qualifikation der MitarbeiterInnen entscheidet über die Kosten und die Qualität der Software. Eine sorgfältige und systematische Ausbildung ist Vorbedingung beim Start mit Objekttechnologie. Objektorientierte Software-entwicklung ist nicht einfacher als konventionelle, und die Anforderungen an die EntwicklerInnen sind eindeutig höher.

Dabei handelt es sich nicht nur um intellektuelle Anforderungen, auch die sozialen, sprachlichen und erkenntnistheoretischen Dimensionen sind zu beachten. EntwicklerInnen, die jahrzehntelang in bürokratischen Strukturen und zurückgezogen aufs eigene Terminal gearbeitet haben, scheitern weniger an den intellektuellen Anforderungen, als vielmehr an der Unfähigkeit, Softwareentwicklung als sozialen und kommunikativen Prozeß zu verstehen und zu praktizieren. Team- und Kommunikationsfähigkeit sind langsam wachsende persönliche Eigenschaften, die sich nicht in einem Seminar erlernen lassen.

Zu diesen sozialen Anforderungen kommen die Anforderungen zum Verständnis der objektorientierten Denkweise. Wirklich neu an der Objektorientierung sind nicht die einzelnen methodischen Konzepte, sondern ist die völlig andere Wahrnehmung der Anwendungsentwicklung. Erst durch diese neue Sicht der Dinge entstehen andere Systemmodelle - nicht durch die Anwendung einer OO-Methode oder eines OO-etikettierten Werkzeuges.

OO-Sichtweise vermitteln

Bei der Ausbildung von neuen OO-Entwicklern ist mit gewissen Verlusten zu rechnen: je nach gegebener Qualifikation und Engagement bewältigen bis zu 30% der Mitarbeiter die Programmiersprachenausbildung nicht befriedigend. Obwohl Smalltalk im Vergleich zu C++ und selbst zu Java die deutlich einfachere Sprache ist (keine hybriden Eigenschaften), kann bei der C++- bzw. Java-Ausbildung der Eindruck einer höheren Erfolgsquote entstehen. Dies liegt zum Teil darin begründet, daß man in hybriden Sprachen auch dann Programme schreiben kann, wenn die OO-Konzepte nicht richtig verstanden worden sind. In der Smalltalkausbildung fällt dies deutlicher auf.

Programmiersprachen-Ausbildung

Eine Smalltalk-Ausbildung empfiehlt sich deshalb selbst dann, wenn hinterher mit C++ o.ä. entwickelt wird. Gestandene prozedurale Programmierer müssen zunächst *entlernt* werden, damit Freiraum für die neue Sichtweise geschaffen werden kann. Erfahrungen zeigen, daß Entwickler nach ca. 3 Monaten OO-Praxis produktiv arbeiten können und nach etwa 6 Monaten genügend Sicherheit gewonnen haben, um auch weitgehend eigenständig zu arbeiten. Das bedeutet, daß in den ersten 3 Monaten zusätzliche Kosten für das Mentoring sowie entsprechende Beeinträchtigungen des Umfeldes entstehen.

3-6 Monate Praxis

Kritische Anwendungsbereiche und die Mitarbeit in Architekturgruppen o.ä. erfordern sicherlich mindestens 12 Monate Praxiserfahrung.

Grundvoraussetzungen (d.h. dabei nicht einberechnete) sind Kenntnisse und Erfahrungen mit Hard- und Software (PC, Betriebssystem, grafische Benutzeroberflächen, Maus etc.) sowie die Kenntnis folgender elementarer Konzepte: Typkonzept, Abstrakte Datentypen, Modulkonzept, Information Hiding.

Klassenbibliothek kennenlernen

Neben der Übernahme der objektorientierten Sichtweise und der theoretischen und praktischen Schulung der Entwicklungssprache ist die Einarbeitung in die Rahmenwerke u.ä. wichtig. Auch dieser Teil ist nicht zu unterschätzen; so ist es beispielsweise relativ leicht, die Sprache Smalltalk zu lernen. Um in Smalltalk jedoch entwickeln zu können, müssen die zum System gehörenden Klassenbibliotheken und Rahmenwerke bekannt sein (gilt entsprechend für C++ und Java). Der grundsätzliche Aufbau und die Struktur der Bibliotheken muß erarbeitet und eine grundlegende Orientierungsfähigkeit in den vorhandenen Klassen erlangt werden.

Ein kleiner Teil der damit betrauten Mitarbeiter ist mit dem in den Rahmenwerken steckenden Abstraktionsgrad überfordert. Der Aufwand und die Kosten für die Ausbildung dürfen daher nicht unterschätzt werden.

Aufgaben und Rollen

Wie bei der traditionellen Softwareentwicklung findet auch bei der Objektorientierung eine starke Arbeitsteilung und Spezialisierung statt. Welche Rollen und Spezialisierungen sinnvoll sind, hängt von der Art Ihres Unternehmens und den Rahmenbedingungen Ihrer Softwareentwicklung ab. Holen Sie sich gegebenenfalls einen kompetenten Berater ins Haus. Folgende Stichworte geben einen groben Überblick:

- Projektleitung, Projektplanung, Projektkontrolle, Projektorganisation, projektstaffing, Projektbüro

- AnwenderInnen

- OrganisatorInnen, ProduktplanerInnen (mit Vetorecht)

- DomänenexpertInnen

- ArchitekturexpertInnen, ProjektberaterInnen (mit Vetorecht)

- AnalytikerInnen

- DesignerInnen, CodiererInnen

- Datenbank- und WerkzeugexpertInnen

- Systemadministration, Versionsverwaltung, technische Integration

- Schnittstellen- und Legacy-System-ExpertInnen

- Batch-EntwicklerInnen

- DialogexpertInnen

- Coaches, MentorInnen, OO-TrainerInnen (bei Einführung von OO)

- AnwendungsbetreuerInnen, Anwenderschulung

- Workshop-ModeratorInnen, TeamtrainerInnen

- Qualitätssicherung, Test-, Abnahme und MigrationsexpertInnen

- AnwendungsinstallateurInnen

Die Architekturgruppe oder ein OTC (Objekt-Technologie-Center) sollten Sie nicht sofort einrichten, sondern erst nach dem ersten Projekt. Falls doch von Anfang an eine Architekturgruppe etabliert werden soll, dann jedoch nur eine kleine Gruppe. Mitglieder aus der Architekturgruppe müssen regelmäßig in der Projektarbeit tätig sein, um sich nicht von der Projektrealität zu entfernen. Sinnvollerweise sollten die Projekteinsätze der Architekturgruppenleute nicht scheibchenweise (z.B. stundenweise, halbtags o.ä.), sondern blockweise (mehrere ununterbrochene Wochen) stattfinden.

Ein Coach bzw. Mentor ist kein produktiver Projektmitarbeiter und kein Reserve-Projektmitarbeiter.

Teamarbeit, soziale Kompetenz

Spitzenleistungen von Entwicklungsteams sind nur bedingt zu steuern und herbeizuführen. Der wichtigste Aspekt dabei ist, alle Beteiligten für ein gemeinsames Ziel zu begeistern, eine Vision zu schaffen, für die sich jeder einzelne verantwortlich fühlt.

Visionen schaffen

Jedes Teammitglied muß genau erkennen können, wo seine spezifischen Aufgaben, Herausforderungen und Beteiligungsmöglichkeiten liegen. Eine mögliche Basis bietet dabei die Zuordnung von Verantwortlichkeiten für bestimmte Themenbereiche. Die Verantwortlichkeiten ändern sich natürlich im Laufe des Projektes, sie sind zu Projektbeginn notwendigerweise gröber strukturiert als zu späteren Zeitpunkten.

Verzichten Sie möglichst darauf, ihre Macht zu benutzen, zu verordnen oder zu belohnen, um Widerstände zu brechen. Setzen Sie darauf, daß Ihre MitarbeiterInnen eigenverantwortlich die gute Lösung erreichen können und erreichen wollen. Ihre Aufgabe ist es, alle auf das richtige Ziel einzuschwören! Geben Sie die Ziele vor, nehmen Sie den Beteiligten aber nicht die Souveränität, den Weg dorthin zu suchen. Die Ziele müssen natürlich in angemessener Weise den Möglichkeiten der verantwortlichen Person entsprechen. Geben Sie Ziele personenbezogen und nicht global ans Team.

Treten offensichtliche Probleme bei der Zielerreichung auf, greifen Sie nicht ersatzweise handelnd ein, sondern versuchen Sie zusammen mit den Betroffenen die Ursachen zu ergründen und bei der Beseitigung zu helfen. Sollte es hier mehrfach Probleme geben, sind Sie als Projektleiter schuld. Entweder sind Ziele und Motivation nicht angekommen oder die Mitarbeiter wurden überfordert bzw. falsch eingesetzt. Fehlt Mitarbeitern die benötigte Qualifikation, müssen Sie sie „zurückgeben" (ein anderes Projekt?) oder „irgendwie beschäftigen".

Die Teamkultur muß stets durch ein gegenseitiges Verstehen und durch Offenheit geprägt sein. Auch gegenüber den Schwächen der einzelnen. Coachen Sie Ihre MitarbeiterInnen, aber übernehmen Sie niemals ungefragt deren inhaltliche Arbeit und Verantwortung. Aus Fehlern lernen wir viel mehr, wenn wir uns selbständig mit ihnen auseinandersetzen müssen, als wenn wir mit dem Zeigefinger auf eine vorgebliche Ursache verwiesen werden.

Die Genugtuung, etwas erreicht zu haben, aber auch mit Fehlern selbständig umgegangen zu sein, ist bei dieser zufriedenheitsbezogenen Herangehensweise viel größer. Zitieren Sie aber nicht ständig vergangene Fehler oder Glanzleistungen - Konservennahrung schmeckt fade. Alle Mitarbeiter sollten regelmäßig Gelegenheit erhalten, ihre Arbeitsergebnisse zu präsentieren. Das fördert das Verständnis untereinander und motiviert.

Neben dem Umgang mit Macht und Autorität ist es natürlich entscheidend, die Leistungen des Teams und jedes einzelnen zu messen, zu bewerten und die Ergebnisse den Betroffenen zurückzugeben. So dient die Projektkontrolle nicht nur der Überwachung und Schwachstellenanalyse, sondern auch der Motivation.

Modellmacht und Selbstorganisation

Modellmonopol

Wenn Sie ein Team beauftragen, für ein vorgegebenes Problem eine Lösung zu erarbeiten, dann kann es dazu kommen, daß sich innerhalb des Teams ein Modellmonopol bildet. Nämlich dann, wenn eine Person durch die Vorbereitung eines Lösungsansatzes den anderen voraus ist. Auch wenn dieser Ansatz zunächst nur vorgestellt wird: der Blickwinkel und die Terminologie werden damit vorgegeben. Jede Diskussion eines anderen konkurrierenden Modells wird dann in der Sprache des Modellmonopolisten stattfinden.[1]

Dies kann man sich zunutze machen, wenn man eine bestimmte Lösung durchsetzen möchte. Man gibt dann dem entsprechenden Ideenträger die

---

[1] Vgl. [Pasch89].

116

Möglichkeit, seine Idee zu etablieren. Das Ergebnis ist aber in der Regel die Leistung eines einzelnen (oder noch weniger).

Die Alternative hierzu: Alle Beteiligten steigen gleichwertig in die Diskussion ein und erarbeiten gemeinsam ein Modell. Die Dialoge sind symmetrisch. Sie sind als ProjektleiterIn dafür verantwortlich, diese Ausgangssymmetrie herzustellen bzw. zu gewährleisten. Versuchen Sie das Team auf einen kooperativen Arbeitsstil einzuschwören. Die Teammitglieder arbeiten dann gemeinsam an einem Modell, sie kämpfen nicht mehr um die Modellmacht, sondern investieren ihre Energien alle in ein gemeinsames Modell. Sie rivalisieren um die besten Ideen, ihr Denken konvergiert aber, d.h. strebt auf das selbe Ziel zu. Wahrscheinlich ist das Ergebnis dann mehr als die Summe der Einzelleistungen! Auf jeden Fall mehr, als das einer Einzelperson.

Um Ideen konvergierend rivalisieren

Das Phänomen der Modellmacht ist auch ein Beispiel dafür, wie sich eine Gruppe selbst organisiert. Die Organisationsstruktur und beispielsweise die hierarchische Anordnung der einzelnen Beteiligten kann zwar vorgegeben werden, es bildet sich aber stets eine informelle Organisationsstruktur. Die informellen Strukturen in einem Projekt sind die effektivsten, über sie werden die wichtigsten Informationen ausgetauscht. Die Projektleitung muß diese daher in jedem Fall respektieren. Ein äußerer Eingriff in diese gewachsene Struktur kann die Stabilität der Gruppe beeinträchtigen.

Selbstorganisation

Informelle Organisation

Weiterführende Literatur

1. T. DeMarco: *Controlling Software Projects, Management Measurements & Estimation*, Prentice Hall, 1992.

2. P. W. Metzger: *Managing Programming People, A Personel View*, Prentice Hall, 1988.

3. T. DeMarco, T. Lister: *Peopleware, Productive Projects and Teams*, Dorset House, 1997. Deutsche Ausgabe: *Wien wartet auf Dich! Der Faktor Mensch im DV-Management*, Hanser, 1991.

4. H. Kupper: *Zur Kunst der Projektsteuerung, Qualifikation und Aufgaben eines Projektleiters bei DV-Anwendungsentwicklungen*, Oldenbourg, 1988.

> Die Wurzel allen Durcheinanders
> ist das verwirrende Wort „Objekt".
>
> *Ludwig Wittgenstein, „Philosophical
> Grammar"*

Beispiel

**Auf den folgenden Seiten wird anhand eines
Beispiels die objektorientierte Analyse und
das Design mit der Unified Modeling Language
demonstriert**

Dies ist die Gliederung des Buches...

Einführung		Beispiel		Unified Modeling Language						Anhang
OO für Anfänger	Vorgehens-modell	Analyse	Design	Anwen-dungsfälle	Basis-elemente	Beziehungs-elemente	Verhalten	Implemen-tierung	OCL	

und ... hier befinden Sie sich.

> Nicht auf die Genauigkeit, sondern auf die
> Fruchtbarkeit der Begriffe kommt es an.
> *Werner Heisenberg*

Analyse

**Die objektorientierte Analyse wird hier anhand
eines Beispiels demonstriert und erläutert.
Die Anwendung der einzelnen methodischen
Konzepte wird gezeigt. Auf deren detaillierte
Beschreibungen im Grundlagenkapitel wird
jeweils direkt mit Seitenzahl verwiesen.**

Dies ist die Gliederung des Buches...

Einführung		Beispiel		Unified Modeling Language						
OO für Anfänger	Vorgehens-modell	**Analyse**	Design	Anwen-dungsfälle	Basis-elemente	Beziehungs elemente	Verhalten	Implemen-tierung	OCL	Anhang

und **hier befinden Sie sich.**

Zielsetzung

Die objektorientierte Analyse wird in diesem Kapitel anhand eines durchgängigen Beispiels demonstriert und erläutert. Die dabei angewendeten UML-Elemente und Konzepte werden hier jedoch nur ansatzweise erläutert. Im Vordergrund steht die Demonstration ihrer Anwendung. Detailliert beschrieben sind die einzelnen Konzepte im Grundlagenkapitel, auf das jeweils direkt mit Seitenzahl verwiesen wird.

Dem hier verwendeten Beispiel liegt folgende Idee zugrunde:[1]

Aufgabenbeschreibung

In einer Autovermietung sollen alle kundenrelevanten Geschäftsprozesse durch ein durchgängiges, einheitliches Informationssystem unterstützt werden. Bisher sind einige Geschäftsprozesse noch nicht oder sehr ungenügend DV-unterstützt. Für die übrigen existieren verschiedene spezielle Systeme. Um einen Kunden rundum zu betreuen, müssen mehrere Systeme benutzt werden.

Das zu entwickelnde neue System soll alle Funktionen bereitstellen, die in direktem Zusammenhang mit der Betreuung von Kunden und anderen Geschäftspartnern (z.B. Lieferanten) stehen. Dazu gehören die Kundenberatung, die Verwaltung der Stammdaten (Anschriften, Bankverbindungen etc.), die Reservierung, die Vermietung von Kfz und die Abrechnung mit dem Kunden.

Geschäftspartnerferne und indirekte Bereiche, wie beispielsweise die interne Buchhaltung, Tarif- und Produktplanung, Kfz-Überführung/-disposition u.ä., sind keine Systembestandteile.

---

[1] Dieses Beispiel wurde ursprünglich für Schulungszwecke entwickelt und stammt nicht aus einem realen Projekt. LeserInnen, die ein solches System wirklich entwickelt haben, mögen über die vorkommenden Vereinfachungen und Ungenauigkeiten bitte hinwegsehen.

Anwendungsfallanalyse

Grundlagen ⇨ 207

Ein Anwendungsfall (engl. *use case*) beschreibt die Interaktionen zwischen den AnwenderInnen und dem Anwendungssystem, die notwendig sind, um einen Arbeitsgang durchzuführen. Für die Größe eines Anwendungsfalles gilt: Ein Anwendungsfall sollte beschreiben, was ein Benutzer zu einem Zeitpunkt an einem Anwendungssystem (z.B. Reservierungssystem) macht, um einen Geschäftsvorfall (z.B. Reservierung eines Mercedes für Herrn Lang) in einem Geschäftsprozeß abschließend zu bearbeiten.

Ein Ablauf sollte in mehrere Anwendungsfälle zerlegt werden, wenn er zeitlich deutlich unterbrochen wird oder er deutlich unterscheidbar von unterschiedlichen MitarbeiterInnen bearbeitet wird.

Ansprechpartner für die Analyse. Um mit der Analyse des Anwendungsbereiches zu beginnen, müssen zunächst die AnsprechpartnerInnen ermittelt werden. Es müssen die ExpertInnen des Anwendungsbereiches gesucht und gefunden werden. Dies sind häufig, aber durchaus nicht immer, die späteren AnwenderInnen.

DomänenexpertInnen

Für das weitere Vorgehen ist es sinnvoll, die AnsprechpartnerInnen dahingehend zu unterscheiden, ob es sich um unerfahrene AnwenderInnen, erfahrene AnwenderInnen, AnwendungsbereichsexpertInnen (DomänenexpertInnen) oder verantwortliche Führungskräfte handelt und ob und welche Entscheidungsbefugnisse sie bei der Abstimmung der Anforderungen und Anwendungsfälle haben.

Die Qualität der Analyseergebnisse wird von den BereichsexpertInnen entscheidend geprägt, weshalb die Kommunikation mit diesen Personen zunächst im Vordergrund steht. Die AnwenderInnen müssen diese Ergebnisse mittragen, sonst hat später das fertiggestellte Anwendungssystem mit Widerständen zu kämpfen.

Die Gespräche mit AnwenderInnen und BereichsexpertInnen können unabhängig voneinander geführt werden - dies eröffnet die Gelegenheit, die dargestellten und erkannten Sachverhalte zu vergleichen. Bei Abweichungen muß nachgefaßt werden. Gegebenenfalls ist mit allen Beteiligten gemeinsam darüber zu sprechen und ein Konsens zu erzielen bzw. die Widersprüche sind zu klären. Wer für welche Sachverhalte als Ansprechpartner in Frage kommt, wird auch in den Anwendungsfällen notiert.

Für das in diesem Buch verwendete Beispiel lassen sich folgende GesprächspartnerInnen ausmachen:

- KundenberaterInnen Telefonzentrale
  - für Auskünfte
  - für Reservierungen
- KundenberaterInnen in einer Niederlassung
  - für die Kfz-Übergabe
  - für die Kfz-Rücknahme
- Service-MitarbeiterInnen in einer Niederlassung (Kfz-Check)
- NiederlassungsleiterInnen
- Leitung der Telefonzentrale
- Eventuell DisponentInnen, Kfz-ÜberführerInnen, BuchhalterInnen.

Einführung
Beispiel ⇨ 123

Materialien und Gegenstände. Zur Analyse des Anwendungsbereiches gehört auch das Studium und die Sammlung von Materialien und Gegenständen. Dazu gehören Formulare, Vordrucke, Korrespondenzen, Arbeitsplatzbeschreibungen usw. Außerdem sind die offensichtlichen Arbeitsgegenstände zu identifizieren bzw. zu benennen.

Dies sind beispielsweise:

- Kundenakten
- Verträge
- Rechnungen
- Reservierungsbestätigungen
- Rücknahmeprotokolle
- Werkstattprotokolle
- Kfz-Unterlagen
- Mobiles Zubehör
  (Kindersitz, Dachgepäckträger)
- Festes Zubehör
  (Klimaanlage, Anhängerkupplung, Schiebedach)
- Kfz-Schlüssel
- Kundenkartei
- Stellplatz
- Tarifbeschreibungen
- Vertragskonditionen
- und so weiter.

Anwendungsfälle und Akteure identifizieren

Die im Autovermietungsbeispiel betrachteten Anwendungsfälle sind im abgebildeten Diagramm dargestellt. Akteure sind hierbei der Interessent, der Kunde und Mitarbeiter für die Reservierung, Kfz-Übergabe und Kfz-Rücknahme.

Der Interessent unterscheidet sich vom Kunden dadurch, daß er anonym bleibt, d.h. seine persönlichen Daten nicht aufgenommen werden. Hierbei ist noch nicht berücksichtigt, daß der Kunde nicht immer ein und dieselbe Person sein muß. Beispielsweise ist der Kunde ein Unternehmen, dessen Sekretariat für einen Mitarbeiter (Fahrer des Kfz) einen Wagen reserviert hat.

Geschäfts-Use-Case
System-Use-Case

Grundlagen ⇨ 215

Geschäfts- und System-Anwendungsfälle sind zu unterscheiden. In Geschäfts-Anwendungsfällen sind die Akteure die an den geschäftlichen Sachverhalt beteiligten Rollen, in System-Anwendungsfällen sind es nur diejenigen, die mit dem Anwendungssystem direkt in Kontakt treten. Die Kunden treten nicht direkt mit dem Anwendungssystem in Kontakt, in Geschäfts-Anwendungsfällen werden sie jedoch trotzdem notiert. Hätten die Kunden auch die Möglichkeit an SB-Terminals direkt zu reservieren, würden sie di-

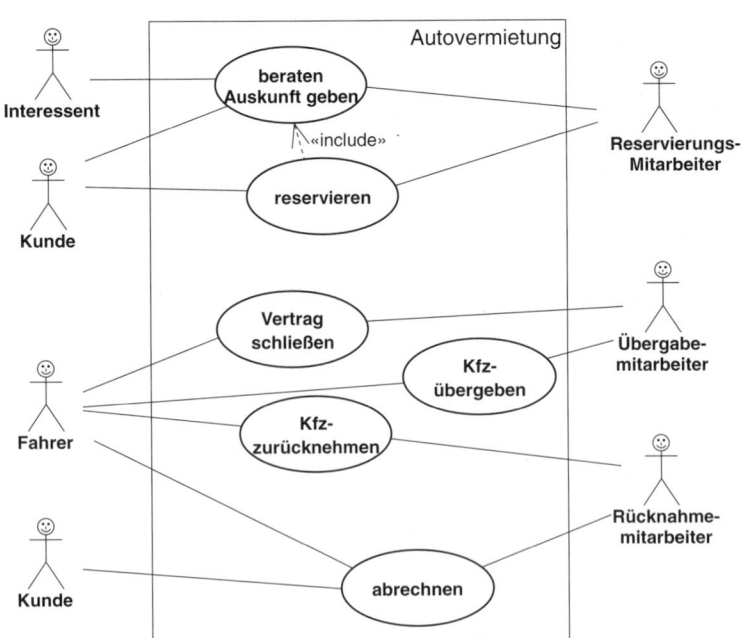

rekt mit dem Anwendungssystem in Kontakt treten und wären somit auch in System-Anwendungsfällen aufzuführen.

Im weiteren Verlauf der Analyse ist vielmehr interessant, ob weitere Akteure existieren, die vielleicht nur selten oder weniger offensichtlich mit dem System interagieren. Außerdem hilft es, zu identifizieren, welche Aufgaben und Berechtigungen die Akteure im einzelnen haben. Je nach Umfeld und Komplexität der zu entwickelnden Anwendung können ausgefeilte Berechtigungskonzepte und -schemata notwendig sein. Andere Systeme kommen vielleicht ohne eine Unterscheidung von Rollen bzw. Akteuren aus.

Im folgenden ist eine hierarchische Struktur der Akteure zu sehen (Vererbungsbeziehungen). Akteure sind stereotypisierte Klassen. In diesem Beispiel sind in die Klassen relativ formlos die Aufgaben ausgelistet, zu denen die Akteure Berechtigungen erhalten müssen.

Akteure ⇨ 212
Stereotypen ⇨ 240

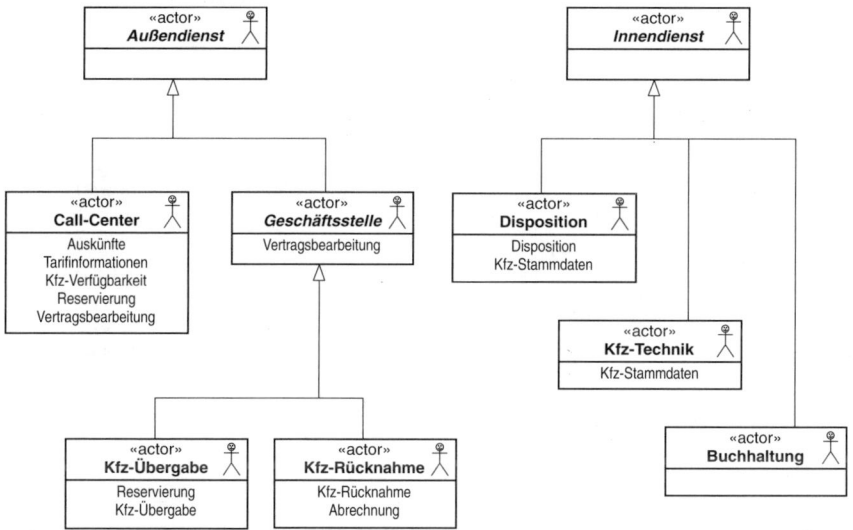

AnwenderInnen schildern ihre Tätigkeiten

Die AnwenderInnen werden bei der Schilderung ihrer Tätigkeiten und ihres Vorgehens durch die Fragen der SystemanalytikerInnen dazu gebracht, ihre Arbeit aus einer anderen, weniger alltagsgeprägten Perspektive zu sehen. Sie sollen sowohl die (interessanten und abwechslungsreichen) Besonderheiten und Ausnahmen als auch die ganz gewöhnlichen, selbstverständlichen Abläufe darstellen.

Wenn Sie eine Vielzahl von Anwendungsfällen finden und Ihr Modellierungswerkzeug auch noch die Möglichkeit bietet, verschiedene Arten von Beziehungen zwischen den Anwendungsfällen zu zeichnen, dann liegt Ihnen vielleicht die Idee nahe, die Anwendungsfälle funktional zu zerlegen. Wenn Sie dies versuchen sollten, sind sie womöglich bald dabei mit Hilfe von An-

Ablaufmodellierung
Aktivitätsdiagramme

wendungsfällen Abläufe zu modellieren. Sie werden sich hierbei wahrscheinlich die Nase klemmen, denn Anwendungsfälle sind hierfür ungeeignet. Aktivitätsdiagramme bieten bessere Möglichkeiten, doch dazu später.

«uses»
«extends»
Funktionale
Dekomposition

Komponentenbildung

In bestimmten Fällen ist die Benutzung von Beziehungen zwischen Anwendungsfällen sinnvoll, ggf. auch mit der Unterscheidung von «uses» und «extends», eine funktionale Dekomposition sollte dennoch vermieden werden. Praktisch hingegen ist es, die Anwendungsfälle fachlich zu gruppieren, beispielsweise mit Hilfe von Paketen. Dies ist der erste Schritt zur Komponentenbildung bzw. Modularisierung.

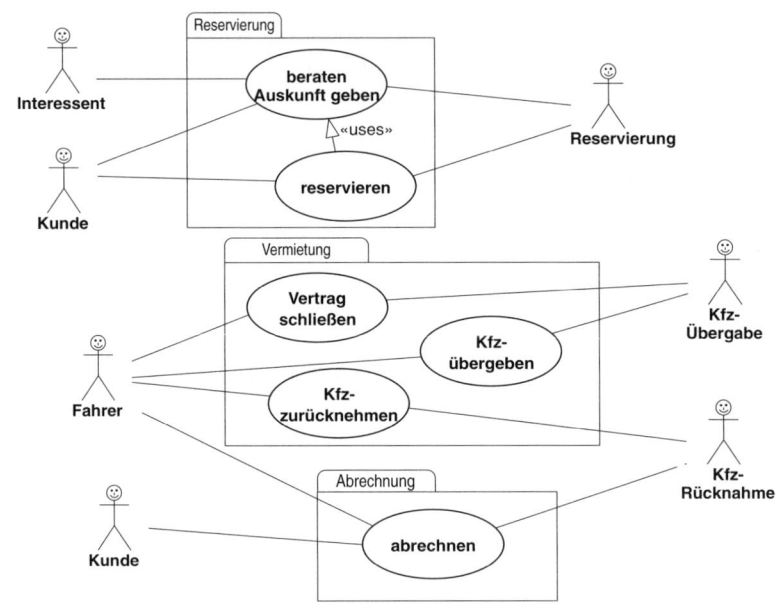

Anwendungsfälle beschreiben

Die Darstellung der Anwendungsfälle im Diagramm durch Ellipsen war der erste Schritt; die Anwendungsfälle sind damit identifiziert. Jetzt müssen sie näher beschrieben werden. Die Beschreibung der Anwendungsfälle ist die eigentliche Aufgabe bei der Anwendungsfallanalyse.

CRC ⇨ 153

Hier zwei einfache Beispiele:

Af1.2   Telefonische Kfz-Reservierung
Beteiligte Objekte: *Kunde, Bestellannahme*
Ein Kunde ruft an und möchte ein Kfz reservieren. Die Reservierungs- und Kundendaten werden vom Bestellanneh-

mer entgegengenommen und ins Reservierungssystem eingegeben. Dem Kunden wird die Reservierungsnummer mit-
geteilt.

Af2.2   Kfz-Übergabe
Beteiligte Objekte: *Kunde, Kundenbetreuer*
Ein Kunde möchte sein gemietetes Kfz (⇨*Af2.1 Vertrag
schließen*) in der Niederlassung entgegennehmen. Der
Kundenbetreuer nimmt aus der Kundenakte den entsprechenden Vertrag, überprüft, ob alle Vertragsgegenstände
vorliegen (außer dem Kfz evtl. Zubehör wie Dachgepäckträger etc.), ergänzt ggf. den Vertrag, händigt dem Kunden
die Kfz-Papiere und den Schlüssel aus, benennt den aktuellen Stellplatz und weist den Kunden ggf. in die Benutzung
der Vertragsgegenstände ein.

Folgende weitere Anwendungsfälle könnten für das Kfz-Vermietungsbeispiel
formuliert werden: Kfz-Rücknahme, Reservierung stornieren, Reservierung
modifizieren, ausgebucht (alle Kfz der Kategorie verliehen, nächstbesseres
Kfz vermieten), verspätete Übergabe, verspätete Rückgabe, Rückgabe nach
Unfall/Beschädigung/Verlust.

Anwendungsfälle sind textliche Beschreibungen von Ausschnitten aus dem
Geschäftsprozeßmodell. Sie skizzieren den grundsätzlichen Ablauf eines Geschäftsvorfalles, können aber dahingehend detailliert werden, daß der konkrete Umgang der BenutzerInnen mit der zu entwickelnden Anwendung beschrieben wird. Der Anwendungsfall kann dabei zum einen in weitere kleinere Abschnitte untergliedert werden und zum anderen können die möglichen
Ausnahmen und Abweichungen vom Standardverlauf festgehalten werden.

Anwendungsfälle können später außerdem durch Sequenz- und Aktivitätsdiagramme weiter untersucht bzw. detailliert werden. Den MitarbeiterInnen im
Anwendungsbereich fällt es manchmal schwer, ihre Tätigkeiten abstrakt oder
allgemein gehalten zu beschreiben. Zumindest kann man dies nicht immer
voraussetzen. Viel leichter fällt ihnen hingegen die Darstellung ihrer Arbeit
anhand konkreter Beispiele.

Sequenzdiagramm
⇨306

Es würde natürlich viel Arbeit bedeuten, die von den AnwenderInnen vorge-
tragenen Szenarien ausführlich oder gar in wörtlicher Rede wiederzugeben
oder zu protokollieren - etwa in folgender Weise:

> *„Wenn der Kunde kommt und den Schlüssel und die Papiere zurückgibt, lade ich mir die Kundendaten und überprüfe zunächst die Übereinstimmung mit dem Vertrag, d.h. welche Gegenstände gehören dazu und welche Bedingungen, Termine u.ä. wurden vereinbart. Wenn soweit alles in Ordnung ist, fülle ich das Rücknahmeprotokoll aus, trage Kilometerstand, Tankfüllung und ggf. Bemerkungen ein und mache dann die Rechnung fertig."*

Stattdessen ist es meistens ausreichend, solche Beschreibungen stichwortartig und komprimiert festzuhalten:

Af3.1-i   Kfz-Rücknahme

Kunde gibt Kfz, Schlüssel und Papiere zurück.

Vertrag heranziehen: sind Gegenstände komplett zurückgegeben und Termine u.a. Bedingungen eingehalten?

Rücknahmeprotokoll ausfüllen: Kilometerstand, Tankstand, Bemerkungen.

Anschließend Rechnungserstellung.

Die Anwendungsfälle sind hier in den Beispielen meistens knapp formuliert. Inwieweit sie ausführlicher beschrieben werden sollten, hängt von der konkreten Projektsituation und der Komplexität des betrachteten Domänenausschnittes ab. Ziel der Anwendungsfälle ist nicht eine lückenlose und perfekte Beschreibung - ausreichend ist eine Detaillierungstiefe, die allen Projektbeteiligten einen schnellen und verständlichen Zugang zum Anwendungsgebiet und der dortigen Integration der zukünftigen Anwendung vermittelt (auch noch zu späteren Zeitpunkten).

Empfohlene Granularität

In welcher Granularität die Anwendungsfälle erarbeitet werden sollten, d.h. wie viele Anwendungsfälle letztendlich in einem Projekt entstehen, darüber gibt es unterschiedliche Ansichten. Ivar Jacobson würde für ein Projekt in der Größenordnung 10 Personenjahre etwa 20 Anwendungsfälle erwarten (ohne Varianten und herausfaktorierte bzw. abstrakte Fälle), Martin Fowler berichtet von 100 Anwendungsfällen für ein gleich großes Projekt.[1] Meine eigenen Projekterfahrungen bestätigen eher den Mittelwert zwischen beiden.

Primär sind Anwendungsfälle ein Mittel zur Anforderungsermittlung und zur groben Abstimmung des zukünftigen äußeren Systemverhaltens. Anwendungsfälle sind weniger geeignet zur Spezifikation von detaillierten Geschäftsregeln, Programmabläufen, Abhängigkeiten oder der Abstrahierung solcher Sachverhalte.

---

[1] [Fowler97].

→ Mind-Maps

Den ganzen Tag verbringt man nun bei und mit den zukünftigen
AnwenderInnen, schaut ihnen zu, stellt Fragen, diskutiert, macht
sich viele Notizen mit vielen Fragezeichen. Irgendwann, vielleicht
auch zwischendurch, hat man wieder etwas Ruhe und sitzt alleine
am Schreibtisch und versucht die Gedanken und Notizen zu ordnen, sich zu erinnern und die Fragen für sich zu klären. Eine Technik, mit der Sie Ihren Gedanken freien Lauf lassen können, sind
sogenannte Mind-Maps.

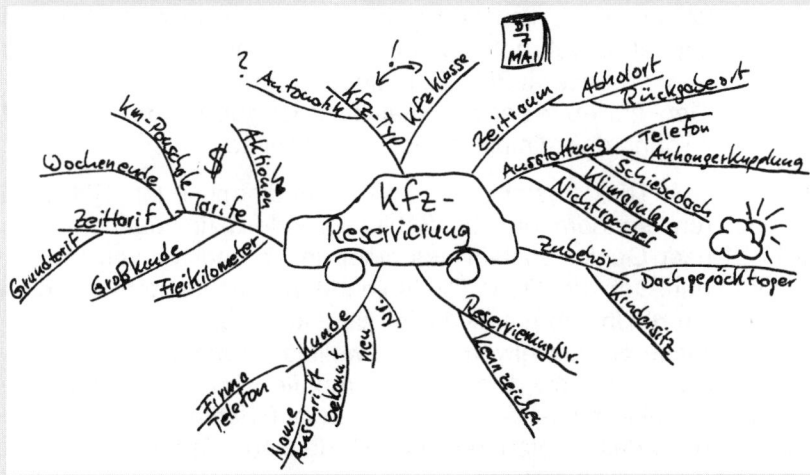

Unser Gehirn besteht bekanntlich aus zwei Hälften. Der linken He-
misphäre werden die mehr rationalen Aspekte zugeordnet. Links-
hirniges Denken läßt sich mit den Stichworten Linearität, Präzision,
Ordnung und Struktur beschreiben. Beim rechtshirnigen Denken
dreht es sich mehr um Kreativität, Assoziationen, Phantasie, Ganz-
heitlichkeit, Chaos usw.

Um unser Gehirnpotential effektiv zu nutzen, müssen beide
Hirnaspekte aktiviert und stimuliert werden. Je besser es uns ge-
lingt, beide Aspekte gleichzeitig in uns zu mobilisieren, desto stärker wird insgesamt unser Denkvermögen. Um die rechte Seite zu
mehr Aktivität anzuspornen, kann man sich einiger Stimulations-
techniken bedienen, die im übrigen ganz allgemein geeignet sind,
unstrukturiert fließende Gedanken zu fixieren und zu ordnen. Gerade zur Anforderungsanalyse können wir diese Technik gebrauchen.

→ Fortsetzung

→ Fortsetzung Mind-Maps

Was also stimuliert unsere rechte Hirnhälfte? Zunächst einmal ist es nützlich, dem automatisierten folgerichtigen Denken etwas entgegenzusetzen. Bei einem unbeschriebenen Blatt im Hochformat fixieren wir uns auf die linke obere Ecke und denken in Zeilen, die von links nach rechts verlaufen. Dem Ordnungssinn unserer linken Hirnhälfte ist dies angenehm. Die rechte Seite wird jedoch kaum stimuliert - nur Langeweile!

Legt man das Blatt quer, hat man mehr den Blattmittelpunkt im Auge. Die horizontalen Linien sind zu lang, als daß wir sie als Zeilen in einem Augenblick wahrnehmen würden. Wir denken mehr von der Mitte, von innen nach außen. Das hindert uns zwar nicht am linkshirnigen Denken, aber der Automatismus ist gebrochen. Das Blatt liegt ungewohnt, das stimuliert unsere Kreativität.

Ein weiterer Trick besteht darin, keine ausformulierten Sätze zu produzieren, sondern nur mit Schlüsselwörtern umzugehen. Also nicht: „Unser Gehirn besteht aus einer linken und rechten Hälfte", sondern nur „Gehirnhälften". Die fehlende Information geht trotzdem nicht verloren! Unsere kreative Hirnhälfte kennt die Assoziationsfelder, die diese Schlüsselwörter im jeweiligen Zusammenhang umgeben, und ergänzt sie. Die rechte Hirnhäfte wird stimuliert und zu Assoziationen ermuntert. Die Reduktion auf Schlüsselbegriffe hat auch den Vorteil, umfangreichere Gedanken, Sachverhalte u.ä. schnell zu vergegenwärtigen.

Verwenden Sie kleine Illustrationen, Bildkürzel, Symbole, Piktogramme, Farben (Buntstifte!) und Variationen und Abstufungen in der Schriftform: Hauptbegriffe in Großbuchstaben, Unterbegriffe in normaler Schreibweise. Sie müssen kein großer Künstler sein, ganz einfache Symbole kann jeder.

Mehr zu diesem Thema findet sich in der Literatur.[1] Benutzen Sie die Skizzen lediglich, um Ihre Assoziationen zu erfassen und verzichten Sie auf eine nachträgliche Perfektionierung[2]. Übungsmöglichkeiten für diese Technik finden sich alltäglich: lesen Sie eine Zeitungsmeldung o.ä. und fixieren Sie den Inhalt anschließend als Mind-Map.

---

[1] Z.B. in [Beyer93].
[2] Es gibt bereits spezielle Mind-Map-Editoren [...].

Angestrebt werden Anwendungsfälle, die den Soll-Zustand beschreiben. Da die AnwenderInnen gewöhnlich den Ist-Zustand beschreiben, eventuell angereichert um Kritik und Verbesserungsvorschläge, müssen gegebenenfalls Ist- und Soll-Anwendungsfälle festgehalten werden. Die Ist-Beschreibungen der AnwenderInnen werden beispielsweise zusammen mit den BereichsexpertInnen und den Organisationsleuten in Soll-Szenarien überführt bzw. mit diesen abgestimmt. Das weiter vorne gezeigte Beispiel *Af3.1-i* zeigt ein Ist-Szenario. Die Soll-Variante hierzu würde zum Beispiel wie folgt aussehen:

Ist- und Soll-Szenarien

Af3.1 Kfz-Rücknahme

Akteure:
Kunde, Kundenbetreuer

Auslöser:
Kunde kommt und möchte Kfz zurückgeben.

Ablauf:

1. Vertrag suchen
    Über einen Suchdialog wird der Vertrag herausgesucht. Hierzu wird das Kfz-Kennzeichen eingegeben und der aktuelle Vertrag für dieses Kfz gesucht.

2. Vertragseinhaltung prüfen
    In der Vertragsakte wird die Seite *Rückgabe-Checkliste* ausgewählt und die Rückgabe aller dort aufgelisteten Gegenstände geprüft (Kfz, Schlüssel, Papiere). Weitere geforderte Informationen werden eingegeben (wurden Termine und Bedingungen eingehalten, liegen Schäden vor?)

3. Abrechnungsdaten erheben
    In der Vertragsakte wird die Seite *Abrechnungsdaten* ausgewählt und alle dort geforderten Daten werden eingegeben (Kilometerstand, Tankstand, evtl. Bemerkungen).

4. Rechnung erstellen
    Die Aktion *Rechnung erstellen* wird ausgelöst. Die Rechnung wird angezeigt. Anschließend wird die Aktion *Rechnung drucken* und damit der Ausdruck der Rechnung über den Standarddrucker ausgelöst. Der Kunde erhält eine Ausfertigung der Rechnung.

5. Der Vertrag wird wieder geschlossen.

Kundenakte
Beispiel ⇨ 149

Varianten:

1.1   Anstelle des Kfz-Kennzeichen wird mit der Vertrags-
      nummer gesucht.

1.2   Es wird zunächst über einen anderen Suchdialog die
      Kundenakte gesucht.
1.2.1 Hierzu wird der Name, die Kundennummer oder ein
      oder mehrere andere Attribute des Kunden eingege-
      ben.
1.2.2 Anschließend wird in der Kundenakte die Vertragsseite
      aufgeschlagen und dort der aktuelle Vertrag aus einer
      Liste ausgewählt.

1.3   Es werden mehrere aktuelle Verträge gefunden.
1.3.1 Aus einer Auswahlliste ist der gewünschte Vertrag aus-
      zuwählen.

2.1   Es liegen Schäden am Kfz vor
2.1.1 Es wird zusätzlich die Seite *Schadenbericht* ausgewählt
      und dort Angaben zum Schaden gemacht.

2.2   Es wird ein Unfall gemeldet
2.2.1 ...

2.3   Toleranzgrenze Rückgabetermin wurde überschritten
2.3.1 ...

2.4   Totalschaden/Verlust des Kfz
2.4.1 ...

Dialoge:

Suchdialog für Verträge
Suchdialog für Kunden
Vertragsakte mit folgenden Seiten: Rückgabe-
Checkliste, Abrechnungsdaten, Rechnung, Schadenbe-
richt

Offene Punkte:

Wie wird verfahren, wenn der Kunde die Kfz-Papiere
verloren hat?

Anwendungsfälle werden meistens illustriert mit Dialogentwürfen, ggf. auch mit Formularentwürfen und Druckbeispielen. Sie enthalten einerseits Text, der den Ablauf konkret beschreibt und auf der anderen Seite die Dialoge, die für diesen Ablauf notwendig sind (direkt am Bildschirm oder als Ausdruck). Der zukünftige Umgang mit dem System wird schon mal vorab durchgespielt (auf dem Papier oder im Prototypen). Zu den Dialogentwürfen (explorative Prototypen) gleich mehr auf Seite 146.

Explorative
Prototypen ⇨ 146

Af1.1 Telefonische Kundenberatung

Akteure:

Interessent, Telefon-Kundenbetreuer

Auslöser:

Interessent ruft an und möchte Auskunft

Ablauf:

1. Preisauskunft
   Der Interessent nennt seine Auskunftswünsche. In den Auskunftsdialog werden die relevanten Daten eingegeben. Hierzu gehören insbesondere Zeitraum, Fahrzeugtyp und Ausstattungsmerkmale. Evtl. weitere Pflichtfelder werden erfragt. Soweit möglich sind alle wichtigen Felder durch sinnvolle Standardwerte vorbesetzt. Nach Auslösen der Aktion *Tarif berechnen* werden die Tarifdaten und Preise angezeigt.

2. Ggf. wird Schritt 1 mit anderen Daten wiederholt.

3. Durch Auslösen der Aktion *Neu* wird der Auskunftsdialog wieder in den Ausgangszustand versetzt.

Varianten:

1.1 Anstelle eines Interessenten meldet sich ein Kunde.

1.1.1 Über den Kunden-Suchdialog wird die Kundenakte gesucht. Hierzu wird der Name, die Kundennummer oder ein oder mehrere andere Attribute des Kunden eingegeben.

1.1.2 Über das Kontextmenü der Kundenakte wird der Auskunftsdialog gestartet. Diese ist identisch mit dem in 1. Genannten, berücksichtigt jedoch spezielle Kundentarife und -rabatte. Mit den gespeicherten bevorzugten Wünschen des Kunden wird der Auskunftsdialog vorbesetzt.

3.1 Anstelle von *Neu* wird die Aktion *Verfügbarkeit prüfen* ausgelöst. Weiter ⇨ Af. 1.2 Reservierung

Af1.2 Telefonische Reservierung

Akteure:

Interessent oder Kunde, Telefon-Kundenbetreuer

Auslöser:

Interessent oder Kunde ruft an und möchte reservieren

Ablauf:

1   Kundenwünsche erfassen
Der Kunde nennt seine Reservierungswünsche. In den
Reservierungsdialog werden die relevanten Daten ein-
gegeben. Hierzu gehören insbesondere Zeitraum,
Fahrzeugtyp und Ausstattungsmerkmale.

2   Kunde identifizieren
Über den Kunden-Suchdialog wird die Kundenakte gesucht. Hierzu wird der Name, die Kundennummer oder
ein oder mehrere andere Attribute des Kunden eingegeben. Die grundlegenden Kundendaten werden überprüft, d.h. ihre Richtigkeit vom Kunden bestätigt.

3 .   Kfz Reservieren
Nach Betätigen der Schaltfläche Reservieren überprüft
das System die Verfügbarkeit eines entsprechenden
Fahrzeuges und speichert anschließend die Reservierung. Die verwendete Reservierungsnummer wird angezeigt.

Varianten:

1.1   Aus dem ⇨Af 1.1 Telefonische Kundenberatung werden die dort aufgenommenen Kundenwünsche automatisch übernommen.

2.1   Neuer Kunde
Der Kunde ist neu
2.1.1 Es wird daher eine neue Kundenakte angelegt. ⇨Af. ...

3.1   Änderung der Kundendaten
Teile der Kundendaten sind nicht mehr aktuell.
3.1.1 Die Kundenakte wird entsprechend aktualisiert.

3.2   Reservierung abgelehnt
Die Reservierung wurde vom System abgelehnt, da der
Kunde Zahlungsschwierigkeiten hat.
3.2.1 Die Situation wird mit dem Kunden besprochen. Der
Gesprächsinhalt wird in einer kurzen Notiz festgehalten
und der Kundenakte zugefügt.

Der folgende Anwendungsfall ist absichtlich sehr knapp gehalten um zu zeigen, wie Anwendungsfälle stichwortartig formuliert werden können. Später
können sie dann schrittweise verfeinert werden

Af2 **Vertrag schließen und Kfz-Übergabe**

Akteure:
 Kunde, Kundenbetreuer

Auslöser:
 Kunde möchte sein reserviertes Kfz abholen

Ablauf:
 1. Reservierung identifizieren
 2. Vertrag erstellen
 3. Kfz übergeben

Systemvoraussetzungen klären. Zur Analyse gehört auch die Klärung der Hard- und Softwarevoraussetzungen für die zu entwickelnde Anwendung, insbesondere das Abschätzen der zu verarbeitenden und zu speichernden Datenmengen. Solche Informationen können häufig bereits zusammen mit den Anwendungsfällen erfaßt werden. In dem erwähnten Beispiel wären das:

Einführung
Beispiel ⇨ 123

Anwendungsfälle
⇨ 124ff.

100 Mietstationen mit insg. 170 Terminals
500 Vermietungen/Tag
600 Reservierungen/Tag
50 Stornos/Tag
70 Reservierungsänderungen/Tag
10 Fehlabholer/Tag
20 Fehlrückgaben/Tag
210 Mietabschlüsse/Tag über > 1 Tag
31% Großkunden, 23% Erstkunden
850 Kfz im Bestand in insg. 3 Kfz-Kategorien (Student, Standard, Luxus)

Anwendungsarchitektur

Was muß entworfen
werden?

Zu den Systemvoraussetzungen kann man auch die umzusetzende Architektur, Entwicklungswerkzeuge, Standards etc. zählen. Vor den ersten Designaktivitäten ist es notwendig, die Architektur der zukünftigen Anwendungen festzulegen. Sie bestimmt, welche Arten von Klassen und, daraus resultierend, welche Schnittstellen überhaupt entworfen werden müssen. Eine durchdachte, saubere Anwendungsarchitektur hilft außerdem dabei,

- eine sinnvolle Arbeitsteilung und Übersicht,

- langfristige Flexibilität in der Systementwicklung und

- einen höheren Wiederverwendungsgrad zu erzielen.

Pakete ⇨257

Mit Anwendungsarchitektur ist hier gemeint, wie die einzelnen Subsysteme und Komponenten in ihrem Inneren strukturiert sind. In der Literatur und in den anwendungsentwickelnden Unternehmen existieren viele, teilweise sehr unterschiedliche, teilweise sehr ähnliche Anwendungsarchitekturen. Die hier beispielhaft skizzierte Anwendungsarchitektur reflektiert die gängigen Anforderungen, die heute an solche Architekturen gestellt werden. Dazu gehört

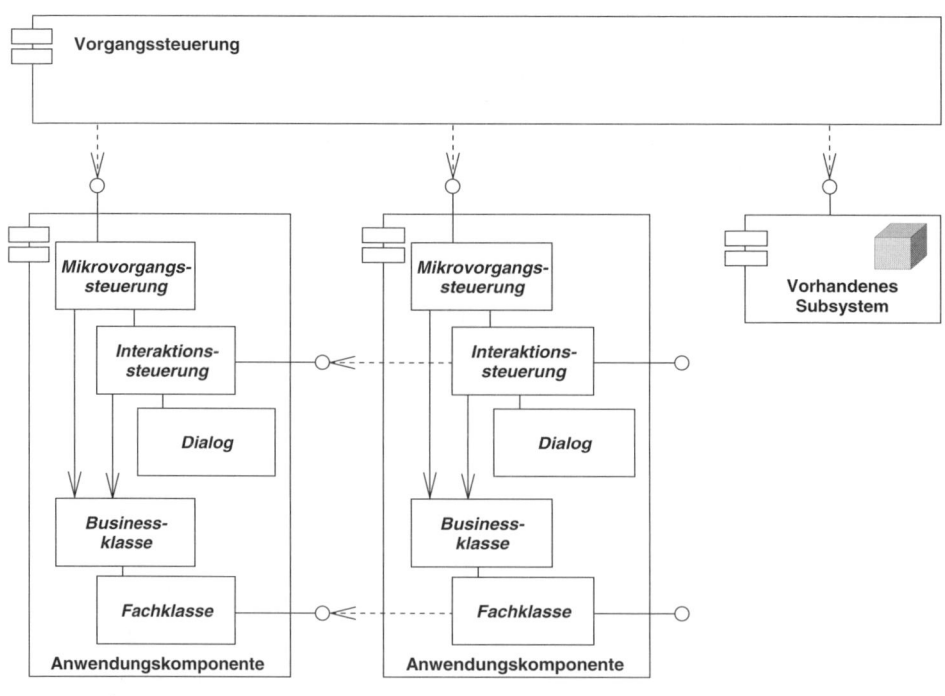

die Entkoppelung der Präsentationsschicht von der Fachklassenschicht ebenso wie die Workflowsteuerung.

Dies ist kein Buch über Anwendungsarchitekturen, darum wird hier ohne weitere Erörterungen einfach exemplarisch eine mögliche Anwendungsarchitektur konstatiert. Die Abbildung veranschaulicht den prinzipiellen Aufbau der zu entwickelnden Anwendung. Die einzelnen internen Bestandteile werden im folgenden erläutert.

*   **Dialoge** (View, Präsentation)
    Die Dialoge bilden die Schnittstelle zu den AnwenderInnen. Sie sorgen für die Präsentation von Informationen und nehmen Eingaben entgegen. Die gesamte Anwender-System-Kommunikation wird zunächst durch die Klassen der Dialogsteuerung bearbeitet. Sie sorgen für eine angemessene Darstellung und Formatierung der Informationen, bearbeiten oder verändern die Daten aber nicht inhaltlich. Eingaben der AnwenderInnen werden ebenfalls nicht inhaltlich verarbeitet, sondern nur formal.

    Ein Dialog setzt sich aus verschiedenen Einzelteilen zusammen. Dies sind zum einen die Elemente, die auch auf dem Monitor sichtbar werden, also die Eingabefelder, Schaltflächen und das oder die Fenster, in dem/denen der Dialog geführt wird. Zum anderen sind dies unsichtbare Elemente: In der Regel wird es einen Controller geben, der die Präsentation und den Dialog unmittelbar steuert. Der Controller erzeugt und initialisiert die Anzeigeelemente, zeigt sie an, versteckt sie, hebt sie hervor usw. Außerdem verarbeitet er unmittelbar die Benutzereingaben. Beispielsweise wird er nach gedrückter Tabulator- oder Enter-Taste dafür sorgen, daß der Cursor ins nächste Feld springt. Andere, nicht direkt zu verarbeitende Eingaben, beispielsweise das Drücken der Schaltfläche *Okay*, wird er an die Interaktionssteuerung weiterleiten.

    Die Dialogsteuerung wird gewöhnlich nicht direkt programmiert und auch nicht im Detail entworfen, sondern mit handelsüblichen Dialogeditoren (GUI-Buildern) generiert.

*   **Interaktionssteuerung** (Controller, techn. Ablaufsteuerung)
    Die Klassen dieser Schicht empfangen die von der Dialogsteuerung kommenden Ereignisse. Auch diese Schicht verarbeitet die dargestellten oder eingegebenen Informationen inhaltlich-fachlich nur soweit, wie es notwendig ist, um den Kontext der aktuellen Bearbeitungssituation zu bestimmen und zu beeinflussen. Die Interaktionssteuerung regelt und gewährleistet die Kommunikation zwischen den beteiligten Dialog- und Fachobjekten und entkoppelt deren Abhängigkeiten. Sie sorgt dafür, daß Dialoge angezeigt und wieder entfernt werden, daß Fehler- und Statusmeldungen von Fachobjekten und der Vorgangssteuerung an die Dialogsteuerung weitergegeben werden usw.

➜Model-View-Controller (von Arne Wallrabe)

MVC ist ein originär aus Smalltalk stammendes Entwurfsmuster, das mittlerweile vielfach variiert wurde und als Architekturprinzip als Standard anzusehen ist. Der MVC-Grundgedanke ist die Trennung der fachspezifischen Semantik von ihrer Präsentation. Durch das MVC-Prinzip werden Anwendungen in drei Teile gegliedert:

* Model
  Mit Model wird die Komponente bezeichnet, die das eigentliche Fachwissen in sich trägt. Model-Klassen werden daher auch Fachklassen und Domänenklassen genannt.

* View
  Mit View wird die Komponente bezeichnet, mit der die Darstellung der Information auf dem Bildschirm bzw. in einem Fenster definiert wird.

* Controller
  Hierunter wird die Komponente verstanden, die die Interaktion mit dem Anwender steuert, d.h. Mausereignisse und andere Eingaben werden vom Controller verarbeitet.

Die drei Komponenten Model, View und Controller sind nicht alleine funktionsfähig, sondern müssen sich gegenseitig unterstützen. Bei der Kooperation der drei Komponenten wird allerdings darauf geachtet, daß das Model weitgehend unabhängig von den anderen Komponenten bleibt. Dadurch können Model-Klassen unabhängig von ihrer Präsentation entworfen und realisiert werden und andererseits kann es für ein Model möglicherweise mehrere unterschiedliche Views geben, ohne daß dies zu Änderungen im Model führen muß.

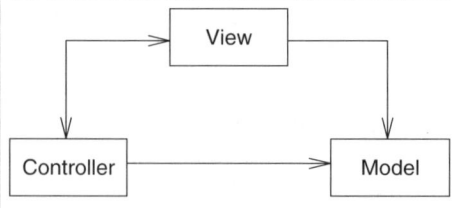

Die Abbildung zeigt die Zusammenhänge zwischen Model, View und Controller. Während View und Controller sich gegenseitig kennen und in beide Richtungen kommunizieren, ist ihre Beziehung zum Model einseitig. View und Controller kennen ihr Model, umgekehrt jedoch nicht. So einfach das MVC-Prinzip auf den ersten Blick aussieht, so verzwickt ist doch die tatsächliche Umsetzung.

Die Interaktionssteuerung ist damit für alle technischen und formalen Aspekte und Kontexte zuständig, alle fachlichen Zusammenhänge werden von der Vorgangssteuerung und den Fachklassen (bzw. Businessklassen) verantwortet und verwaltet.

- **Vorgangssteuerung** (fachl. Ablaufsteuerung)
  Vorgänge sind Untereinheiten des Workflows. Die Vorgangssteuerung initiiert, überwacht und steuert die Abarbeitung eines Geschäftsvorfalles aus fachlicher Sicht. Alle technischen und formalen Aspekte werden von der Interaktionssteuerung wahrgenommen. Lautet die Aufgabe beispielsweise *„Neuanlegen eines Vertrages"*, so initiiert die Vorgangssteuerung eine entsprechende Interaktion mit dem Anwender. Die Vorgangssteuerung erzeugt zum Beispiel einen neuen (leeren) Vertrag und weist die Interaktionssteuerung an, die entsprechenden Dialoge zur Bearbeitung dieser Fachobjekte auszuführen.

  Steuerung des fachlichen Kontextes

  Die Vorgangssteuerung innerhalb von Komponenten wird auch Mikrovorgangssteuerung genannt, weil Komponenten jeweils Services für Teilprozesse bereitstellen, während die komponentenübergreifende Steuerung die Vorgänge komplett kontrolliert.

- **Business- und Fachklassen** (Model)
  Diese Klassen repräsentieren den eigentlichen Anwendungsbereich, die fachliche Sicht der Anwendungswelt. Sie beinhalten und kapseln die Attribute, Operationen und Zusicherungen der Anwendungswelt. Alle fachlichen Zusammenhänge spiegeln sich in den Fachobjekten wieder. Die Fachobjekte sorgen für ihre eigene innere Konsistenz und für korrekte Beziehungen zu anderen Fachobjekten. Sie wissen jedoch nichts über die Präsentation ihrer Daten und Operationen in der Dialogschicht und sie wissen nicht, in welchen Verarbeitungskontexten (der Vorgangs- und Interaktionssteuerung) sie sich befinden. Eine Businessklasse ist eine Zusammenfassung einer Menge von Fachklassen mit dem Ziel, ihnen eine gemeinsame Schnittstelle zu geben.

  Verantwortung für inhaltlich-fachliche Konsistenz

Fachlexikon

Während wir uns mit dem Anwendungsgebiet vertraut machen und Szenarien entwickeln, begegnen wir permanent den Fachbegriffen des Anwendungsbereiches. Diese werden in einem Fachlexikon gesammelt und genau beschrieben. Dies ist zum einen wichtig, um Kommunikationsstörungen zwischen Entwickler- und AnwenderInnen zu minimieren. Immer wieder kommt es vor, daß beide Seiten sehr selbstverständlich Begriffe gebrauchen und dabei fahrlässig unterstellen, daß die jeweils andere das gleiche Verständnis darüber besitzt.

Hilfreiche Fragen ⇨ 85

Analyse

Lieferant
Mitarbeiter
Kunde

Zum anderen werden Begriffe auch innerhalb des Anwendungsbereiches von verschiedenen AnwenderInnen und BereichsexpertInnen unterschiedlich interpretiert und verwendet. Dies betrifft, auch wenn es naiv anmutet, gerade so scheinbar einfache Basisbegriffe wie *Kunde* und *Anschrift*. Beispielsweise stellt sich dann heraus, daß auch Lieferanten und Mitarbeiter Kunden sein können, daß es sich bei Kunden sowohl um Unternehmen als auch um Privatpersonen handeln kann und so weiter.

Verschiedene Personen im Anwendungsbereich betrachten die mit diesen Begriffen bezeichneten Objekte aus teilweise sehr unterschiedlichen Blickwinkeln und sehen ganz unterschiedliche Ausprägungen, Verantwortlichkeiten, Rollen und Attribute.

Die Definition der Begriffe in einem Fachlexikon hilft also den EntwicklerInnen bei der Einarbeitung in den Anwendungsbereich und sorgt für die Konfrontation unterschiedlicher Auslegungen. In vielen Fällen lassen sich unterschiedliche Interpretationen widerspruchsfrei klären. Bestimmte Begriffe lassen sich möglicherweise aber nicht vereinheitlichen, ihre unterschiedlichen und sich widersprechenden Auslegungen sind vielleicht berechtigt. In solchen Fällen lassen sich die Widersprüche in dem Fachlexikon zumindest dokumentieren.

Welche Sachverhalte sollten in dem Fachlexikon berücksichtigt werden? Neben der eigentlichen Definition und Beschreibung gehören hierzu:

* Struktur, Bestandteile, Untergliederung
* Bedingungen, Ereignisse, unerwartete/unerwünschte Ereignisse
* Lebenszyklus: Konstruktions- und Destruktionszeitpunkte
* Hinweise auf Sprachkonsolidierung

Sprachkonsolidierung
⇨ 144

* Datentypen, Repräsentationsformen, Zusicherungen, Rollen, Operationen
* Beziehungen zu anderen Objekten
* Mengenangaben/Mengengerüst
* Berechtigungen, Verantwortlichkeiten
* Übernahme der Daten aus bestehenden Systemen u.ä.
* Bedeutung, Wichtigkeit für bestimmte Personen, Unternehmensziele u.ä.
* Synonyme, verwandte Begriffe

Zwei Beispiele sind auf der nächsten Seite zu sehen.

Weitere denkbare Einträge im Fachlexikon wären:

Kunde, Kondition, Tarif, Rechnungsempfänger, Rechnungsposition, Einzelrechnung, Monatsrechnung, Sammelrechnung, Teilrechnung, Fahrzeugtyp, mobiles Zubehör, Mietobjekt, festes Zubehör, Ausstattungsmerkmal, Mietdauer, Überführung, Vertrag, Disposition usw.

Rechnung

Jede Rechnung ergibt sich aus einem Vertrag. Es gibt Einzel-, Monats-, Teil- und Sammelrechnungen. [...]

Rechnungen dürfen erstellt werden von [...], wenn [...]

Pro Niederlassung werden monatlich etwa [...] Rechnungen erstellt.

Eine Rechnung besteht aus einem Rechnungsempfänger, einem Datum, einer Rechnungsnummer, einer Kundennummer, den Rechnungspositionen, mit denen die einzelnen Vertragsgegenstände aufgelistet werden. Jede Position enthält eine Beschreibung, eine Anzahl, einen Einzel- und einen Gesamtbetrag (Positionssumme). Die Rechnung enthält eine Endsumme (Summe aller Positionen).

[...]

Anschrift

Eine Anschrift gehört zu einem Unternehmen oder zu einer Person, wobei diese mehrere Anschriften haben können. Anschriften können spezielle Bedeutungen haben:
•Rechnungsanschrift
•Hausanschrift
•Privatanschrift
•Urlaubsanschrift

Anschriften können unterschiedlich strukturiert und unterschiedlichen Inhalts sein. Folgende Varianten sind zu unterscheiden:
•Straßenanschrift (Straße, Plz, Ort)
•Postfachanschrift (Postfach, Plz, Ort)
•Großkundenanschrift (Plz, Ort)
•Auslandsanschrift (freier Text)

Inlandsanschriften können gegen ein Plz- und Straßenverzeichnis geprüft werden.

Vgl. Design
⇨177

→Sprachkonsolidierung

Objektorientierte Analyse ist die Erschließung und Rekonstruktion der Begriffswelt im Anwendungsbereich durch die Informatik. Dies ist ein vielschichtiger und fehlerträchtiger sozialer Prozeß, der sich vorwiegend über sprachliche Handlungen, d.h. mit Hilfe der Umgangssprache vollzieht. Anwendungsfälle, Szenarien, CRC-Karten u.ä. sind Techniken, diesen Prozeß methodisch und systematisch zu gestalten.

Trotzdem bleibt das grundsätzliche Problem, daß verschiedene Menschen lange über den gleichen Gegenstand reden können, womöglich sogar die gleichen Begriffe verwenden, und dennoch mehr oder weniger unterschiedliche Auffassungen von diesen Dingen haben.

Viele grundlegende Annahmen und Sachverhalte werden den InformatikerInnen in diesem Prozeß vorenthalten, da sie für die Menschen im Anwendungsbereich so selbstverständlich sind, daß sie darüber kaum explizit sprechen. Viel näher liegen ihnen die Ausnahme- und Sonderfälle, wobei auch diese oftmals sehr einseitig betrachtet werden.

EntwicklerInnen und BereichsexpertInnen kommunizieren vorwiegend über natürliche Sprache und damit im allgemeinen ungenau. Folgende Regeln helfen dabei, hier mehr Sicherheit zu gewinnen (vgl. [Irion95]).

Aktive statt passive Formulierungen verwenden
Passive Formulierungen lenken ab und vertuschen die Verantwortlichen. Statt *„Der Mietvertrag wird abgeschlossen."* ist deutlicher zu schreiben *„Die Niederlassung schließt mit dem Mieter einen Vertrag."* oder *„Der Kundenbetreuer der Niederlassung händigt dem Kunden ein Exemplar des Mietvertrages aus."*

Keine Synonyme, Homonyme oder Tautologien verwenden[1]
Sollten Ihnen solche Begriffe auffallen, verwenden Sie einen unverwechselbaren Begriff. Suchen Sie keine Synonyme zur sprachlichen Abwechslung, weisen Sie aber durchaus auf die möglichen Synonyme hin. Beispiel: Statt *„Steuer"* ist es vorteilhafter von *„Lenkrad"* zu sprechen, falls Sie dieses meinen, oder von *„MwSt"* oder *„Versicherungssteuer"*, falls Sie solche Arten von Steuer meinen.

→Fortsetzung

---

[1] Synonym: sinnverwandtes Wort; Homonym: gleichlautendes Wort anderer Bedeutung; Tautologie: das bereits Gesagte durch ein sinnverwandtes Wort wiederholen.

→Fortsetzung Begriffskonsolidierung

Statt *„rechtsgültiger Vertrag"* reicht die Fomulierung *„Vertrag"*, da dieser laut Duden stets eine rechtsgültige Abmachung ist. Eine Mischung beider Formulierungen trüge das Potential in sich, unterschiedlich interpretiert zu werden.

Verwenden Sie Verben anstelle von Substantiven, die keine Fachbegriffe darstellen
In der Formulierung *„Der Kunde erhält eine Mitteilung über ..."* (Mitteilung hier als Allgemeinbegriff verwendet) ist der Begriff *„Mitteilung"* kein Fachbegriff, sondern ein verschleierter Vorgang. Alternative Formulierungen wären: *„Der Kundenbetreuer teilt dem Kunden mit, daß ..."* oder *„Der Kundenbetreuer teilt dem Kunden den Sachverhalt ... mit."*

Verwenden Sie Begriffe nur in begründeten Fällen im Plural
Formulieren Sie im Singular, wenn innerhalb eines Sachverhaltes ein Ding nur einfach vorkommt. Also beispielsweise *„Der Kunde gibt das Kfz zurück."* anstelle von *„Die Kunden geben die Kfz zurück."*. Weiteres Beispiel: Mit dem Begriff *„Geschäftspartnerart"* ist die Klassifikation gemeint, mit *„Geschäftspartnerarten"* sind die möglichen Ausprägungen gemeint. *„Die Geschäftspartnerart kann folgende Ausprägungen annehmen: Lieferant, Kunde, Großkunde, Interessent, Mitarbeiter, Kooperationspartner, ..."*

Verwenden Sie möglichst qualifizierte Begriffe
Eine Qualifizierung ist ein einschränkendes Merkmal und präzisiert einen Begriff, es steht normalerweise vor dem Ausgangsbegriff: *„Qualitäts-Checkliste"* statt *„Checkliste"*.

Verwechseln Sie die Information nicht mit dem Informationsträger
Beispiel: „Kundendatei" und „Kunde"

Achten Sie bei falschen Bezeichnungen auf die mögliche Fehlkommunikation
Es macht keinen Sinn und führt nur zu Mißverständnissen, wenn Begriffe die zwar falsch aber unmißverständlich sind, ersetzt werden: das „Handschuhfach" darf weiterhin so heißen, weil eine Fehlkommunikation nicht zu befürchten ist, obwohl nur noch in seltenen Fällen Handschuhe darin abgelegt werden. „Ablagefach" o.ä. würde eher Unsicherheit schaffen. Sollte bei einem Begriff die Gefahr der Fehlkommunikation bestehen, suchen Sie nach einer Bezeichnung, die die Bedeutung besser und unmißverständlich ausdrückt.

Explorative Prototypen

Explorative Prototypen sind in den meisten Fällen Sequenzen von Dialogentwürfen[1], die die zuvor angelegten Anwendungsfälle illustrieren. In den Anwendungsfällen werden die konkreten Handlungen der AnwenderInnen einschließlich eventueller Ausnahmen und Sonderfälle beschrieben.

Dialogentwürfe,
Formelentwürfe

Exploratives, d.h. erforschendes Prototyping dient der Analyse. Es ist ein Medium, um mit den späteren AnwenderInnen über das geplante Anwendungssystem zu kommunizieren. Häufig handelt es sich bei den explorativen Prototypen um Dialogentwürfe. Es können aber auch Auswertungen, Druckmuster, Formularentwürfe, Simulationen oder Berechnungsvorschriften sein. Letztgenannte können beispielsweise als Tabellenkalkulation realisiert und gemeinsam mit den Fachleuten aus dem Anwendungsbereich überprüft werden.

Zunächst ist grundsätzlich zu überlegen, welche Dialoge gebraucht werden und aufgrund welcher Anwendungsfälle sie gefordert werden. Dabei können manchmal Zweifel entstehen, ob in bestimmten Situationen ein oder mehrere Dialoge benötigt werden oder ob in zwei unterschiedlichen Situationen vielleicht der selbe Dialog eingesetzt werden könnte. In solchen Fällen sind die Anforderungen genau zu vergleichen. Im Zweifelsfall bevorzugen Sie die einfachere Lösung, also die, die mit weniger Dialogen auskommt. Ggf. treten dann später Konflikte auf, die eine andere Aufteilung nahelegen. Dann wissen Sie aber immerhin warum.

Explorative Dialogprototypen vermitteln AnwenderInnen und Fachabteilung sehr konkret Aspekte des zukünftigen Systems. Je nach Abstraktions- und Vorstellungsvermögen der AnwenderInnen und ihren Erfahrungen mit Softwaresystemen kann es vorkommen, daß auf die vorgelegten Dialogentwürfe auch sehr konkret reagiert wird, beispielsweise in der Form „das Feld muß aber weiter nach oben und dieses hier ist viel zu klein". Sie als Systemanalytiker sind jedoch froh, gerade die Dialoge identifiziert zu haben und wollen solche Details vielleicht noch nicht hören.

In solchen Situationen kann es hilfreich sein, zunächst keine Dialogentwürfe zu zeigen, sondern kurze textuelle Beschreibungen zu besprechen, die mit wenigen Stichworten die wichtigsten Funktionen der Dialoge benennen.

---

[1] Hiermit sind lauffähige und benutzbare Dialoge gemeint, in denen Daten eingegeben werden können, die aber nicht alle Merkmale einer fertigen Anwendung enthalten, wie beispielsweise Hilfefunktion, Fehlerbehandlung, Speicherung in Datenbank, Performance, Robustheit, Rückgängigfunktion, für den betrachteten Anwendungsfall unwichtige Abläufe u.ä.

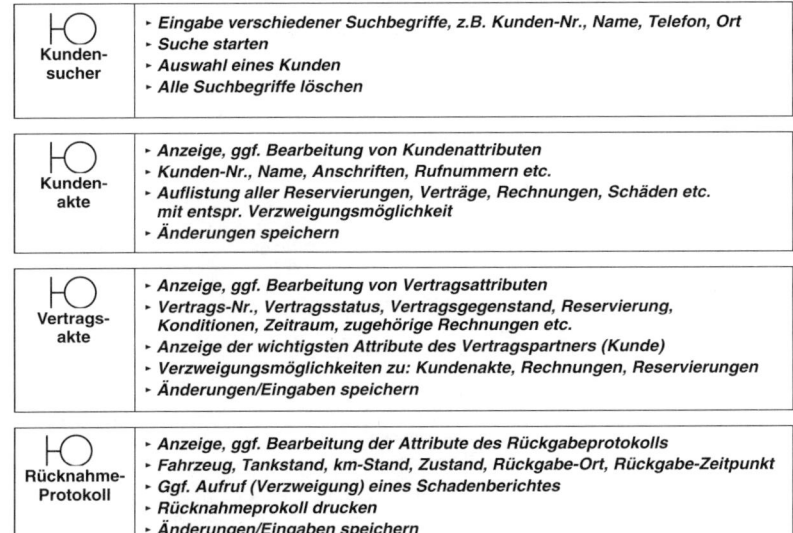

Kunden-sucher	‣ *Eingabe verschiedener Suchbegriffe, z.B. Kunden-Nr., Name, Telefon, Ort* ‣ *Suche starten* ‣ *Auswahl eines Kunden* ‣ *Alle Suchbegriffe löschen*
Kunden-akte	‣ *Anzeige, ggf. Bearbeitung von Kundenattributen* ‣ *Kunden-Nr., Name, Anschriften, Rufnummern etc.* ‣ *Auflistung aller Reservierungen, Verträge, Rechnungen, Schäden etc.* *mit entspr. Verzweigungsmöglichkeit* ‣ *Änderungen speichern*
Vertrags-akte	‣ *Anzeige, ggf. Bearbeitung von Vertragsattributen* ‣ *Vertrags-Nr., Vertragsstatus, Vertragsgegenstand, Reservierung,* *Konditionen, Zeitraum, zugehörige Rechnungen etc.* ‣ *Anzeige der wichtigsten Attribute des Vertragspartners (Kunde)* ‣ *Verzweigungsmöglichkeiten zu: Kundenakte, Rechnungen, Reservierungen* ‣ *Änderungen/Eingaben speichern*
Rücknahme-Protokoll	‣ *Anzeige, ggf. Bearbeitung der Attribute des Rückgabeprotokolls* ‣ *Fahrzeug, Tankstand, km-Stand, Zustand, Rückgabe-Ort, Rückgabe-Zeitpunkt* ‣ *Ggf. Aufruf (Verzweigung) eines Schadenberichtes* ‣ *Rücknahmeprokoll drucken* ‣ *Änderungen/Eingaben speichern* ‣ *Verzweigungsmöglichkeiten zu: Kundenakte, Vertragsakte*

In ähnlicher Weise lassen sich auch existierende Randsysteme und Schnittstellen beschreiben. Genaue Schnittstellenspezifikationen werden damit zwar nicht überflüssig, um aber die Umgebung der neu zu erstellenden Anwendung erstmalig zu skizzieren, kann diese Form der Beschreibung nützlich sein.

Dialogspezifikation
⇨165

Dispositions-system	‣ *Gibt Auskunft über:*
	  → *Standort und Status von Kfz*
	  → *Reservierungsmöglichkeit von Kfz (an Ort, Zeitraum)*
	  → *Standort von Zubehörteilen (Kindersitz, Dachgepäckträger etc.)*
	  → *Ausstattungs- und Leistungsmerkmale von Kfz*
	    (Farbe, Klimaanlage, Kraftstoffart etc.)
	‣ *Ermöglicht Statusänderungen für Kfz*
	(reserviert, vermietet etc. für Zeitraum)

In Anwendungsfalldiagrammen können den einzelnen Anwendungsfällen die benötigten Dialoge zugeordnet werden. Ebenso läßt sich übrigens mit externen Systemen verfahren, wie die noch folgende Abbildung zeigt.

Der Anwendungsfall *Vertrag schließen* betrifft den Akteur *Kfz-Übergabe-Mitarbeiter*, benötigt das Dispositionssystem und die Dialoge *Kundensucher* und *Kundenakte*.

Die Arbeit mit Anwendungsfällen und CRC-Karten (siehe nächsten Abschnitt ⇨152) erschließt dem Entwicklungsteam den Anwendungsbereich, ebenso der Aufbau des Fachlexikons, welches aber auch als Abstimmungsinstrument genutzt werden kann. In den explorativen Prototypen finden sich die mit diesen Instrumenten gewonnenen Erkenntnisse über den Anwendungsbereich wieder.

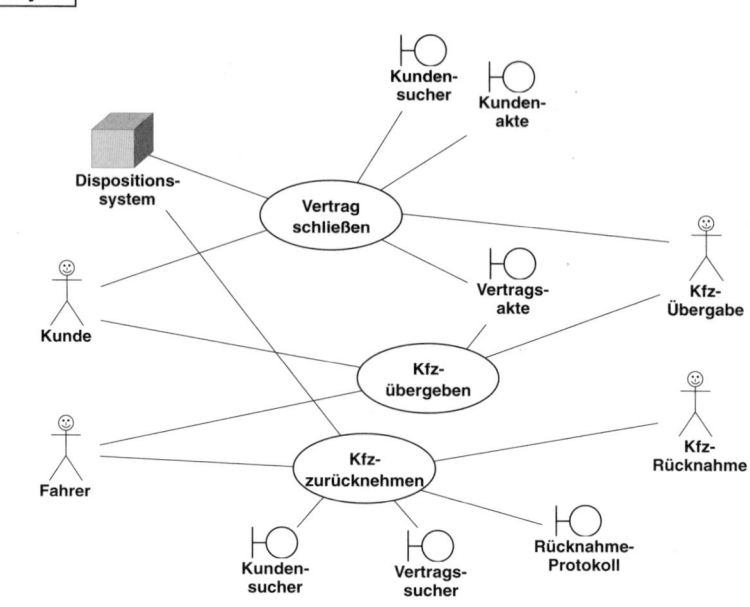

Vgl. Anwendungsfall
⇨ 133

Illustration der
Anwendungsfälle

Die gewonnenen Informationen über den Anwendungsbereich dienen dem Entwicklungsteam als Basis zum Entwurf von Dialogfolgen. Die Dialogentwürfe werden somit Teile der Anwendungsfälle, da sämtliche in den Anwendungsfällen beschriebenen Abläufe von dem zu entwickelnden Anwendungssystem unterstützt werden sollen. Alle in den Anwendungsfällen beschriebenen Situationen können mit den späteren AnwenderInnen Dialog für Dialog durchgespielt werden und liefern in der Regel zahlreiche weitere Erkenntnisse und Fragen.

Fragen, Einwände,
Vorschläge der
AnwenderInnen

Spätestens jetzt, wo die AnwenderInnen ihr zukünftiges Arbeitswerkzeug als Muster direkt vor sich haben, werden sie es konkret beurteilen und kritisieren wollen. Sie haben ihre alltägliche Arbeit vor Augen und untersuchen, wie sie diese mit dem neuen Werkzeug bewältigen können. Die Äußerungen der AnwenderInnen zielen vielfach darauf, daß bestimmte Attribute (Datenfelder) vermißt werden oder bestimmte Handlungsmöglichkeiten (*„Und wo steht jetzt der Monatsumsatz?"*, *„Der Kunde hat aber ein Postfach - schreibe ich das ins Straßenfeld?"*, *„Wie kann ich die Rechnungsanschrift ändern?"*).

Alle Fragen, Einwände, Vorschläge, Ideen usw., die von den AnwenderInnen geäußert und nicht unmittelbar geklärt werden können, müssen protokolliert und anschließend ausgewertet werden. Wird die Sitzung dann später mit neuen Entwürfen wiederholt, werden die geplanten Lösungen der Probleme der vorigen Sitzung diskutiert.

Papier oder Bildschirm?

Dialogentwürfe könnten einfach auf Papier gezeichnet werden, besser ist es aber, sie direkt auf dem Bildschirm vorzuführen. Mit modernen GUI-Buildern ist der Aufwand verhältnismäßig gering. Das Layout sollte relativ detailliert, also nahe der endgültigen Fassung sein. Die Datenfelder können leer bleiben oder mit festverdrahteten Beispielwerten besetzt sein. Schaltflächen und ähnliche Dialogelemente können ohne spezielle Funktionalität bleiben, es sollte jedoch erläutert werden, welche Reaktionen zu erwarten sind.

Prototyping-Workshops sollten gut vorbereitet stattfinden:

Dialog-Workshops vorbereiten

- Jeder Workshop hat ein klar definiertes Thema bzw. behandelt einen speziellen, allen Beteiligten zuvor bekannten Aspekt. Die AnwenderInnen sollten zu einem Workshop eventuelles Anschauungsmaterial (Verträge, Formulare etc.) hierzu mitbringen.

- Die auftretenden Fragen sollten protokolliert werden. Ebenso, wer für die Klärung verantwortlich ist bzw. wie mit dieser Frage umgegangen werden soll. Das Protokoll wird allen Beteiligten später ausgehändigt.

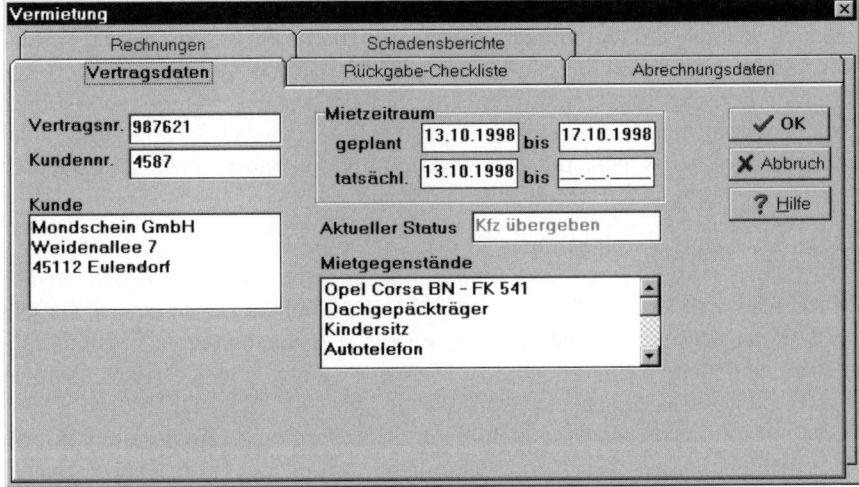

„Der Kunde hat aber ein Postfach ..."

Bevor die Dialogentwürfe mit den AnwenderInnen durchgesprochen werden, sollten sie innerhalb des Entwicklungsteams diskutiert werden, um bereits mit einer möglichst ausgereiften Fassung in den Anwender-Workshop zu gehen. Es reicht gewöhnlich nicht, die gefundenen Attribute in das Dialogfenster zu bringen und drei Schaltflächen (Speichern, Abbrechen, Hilfe) zuzufügen. Die Dialoge können nicht als Einzelteile betrachtet, sondern müssen als Teil eines Szenarios, eines Vorgangs begriffen werden. Der Vorgang insgesamt muß praktikabel und für die AnwenderInnen sinnvoll sein.

Prototyping-Workshops bringen allen Beteiligten mehr Sicherheit, daß das richtige System entwickelt wird. Fehlentwicklungen werden sehr frühzeitig erkannt und können noch zu verhältnismäßig niedrigen Kosten korrigiert werden.

Validierung

Werkzeug-Material-Leitbild. Sofern die Dialoge einzeln betrachtet werden, ist es hilfreich, sie als Werkzeuge der AnwenderInnen zur Bearbeitung von Materialien zu sehen. Dies schlägt sich dann auch im Sprachgebrauch nieder: Statt des Kundendialogs oder der Kundenmaske findet man bei dieser Sichtweise die *Kundenakte* vor. Ebenso die *Rechnungsakte* und die *Vertragsakte*. Anstelle einer Auswahlliste spricht man dann von einem *Kundensucher* oder *Vertragssucher*. Und wenn ein Kunde ausgewählt und anschließend einer seiner Verträge herausgesucht wird, um daraus weitgehend automatisch eine Rechnung zu erstellen, dann heißt das Werkzeug hierfür beispielsweise *Rechnungsersteller*.

Später, wenn eine fertige Rechnung zu bearbeiten ist (die Zuordnung von Kunde und Vertrag geschah durch den *Rechnungsersteller*), ist dies der *Rechnungsbearbeiter*. Zum Schluß wird die Rechnung in den *Ausgangskorb* geschoben.

Falls Sie meinen, dies sei billig und lediglich eine Umbenennung der Dinge, die sich ansonsten dadurch nicht ändern würden, probieren Sie es aus. Erstens wird Ihnen die Umstellung unter Umständen schwer fallen, weil die alten Begriffe gefestigt und eingefahren sind. Sobald der neue Werkzeug-Material-Sprachgebrauch jedoch sitzt, werden Sie feststellen, daß Sie die Dinge nunmehr anders betrachten, d.h. sie wirklich anders wahrnehmen und dadurch auch zu anderen Arbeitsergebnissen kommen.

In der alten Sprachwelt sah man in den Dialogmasken lediglich ein Präsentationsprinzip - alles waren letztendlich Masken, wenn auch die Daten auf den Masken sehr unterschiedlich strukturiert sein konnten. In der neuen Sprachwelt finden wir Werkzeuge, die eine eigene datenunabhängige Existenz aufweisen und denen eine spezifische Semantik zugerechnet werden kann: es sind *Sucher, Bearbeiter, Ausgangskörbe, Drucker* usw. Die Begriffe sind nicht nur bildlicher, sondern auch klarer. Man wird einen *Sucher* nicht um die Möglichkeiten eines *Bearbeiters* erweitern, weil es nicht zum Sucher-Begriff paßt.

Dazu ein Beispiel: Die als Beispiel angeführte Autovermietung versendet jedes Jahr zu Weihnachten Postkarten an ihre besten Kunden. Die NiederlassungsleiterInnen sollen die Möglichkeit erhalten, im Anwendungssystem jeden Kunden anzukreuzen, der eine Karte erhalten soll.

Ein entsprechendes Feld wurde deswegen in die Bearbeitungsmaske aufgenommen. Die NiederlassungsleiterInnen beklagen sich jedoch, weil das Kartenankreuzen sehr umständlich ist (jedesmal in die „Einzelsatzmaske" navigieren). Sie wünschen sich eine Liste zum Ankreuzen.

➔Werkzeuge - Materialien - Aspekte

Eine Abstraktionsmöglichkeit bei der Softwareentwicklung besteht darin, die Rollen der Objekte zu betrachten und Projektionen vorzunehmen. In [Budde91] und [Kilberth93] wird vorgeschlagen, die Gegenstände des Anwendungsbereiches als Werkzeuge und Materialien zu betrachten. Werkzeuge sind solche, die Materialien verändern und bearbeiten können, z.B. Kopierer, Stempel, Editoren und Buchungsprogramme. Materialien sind Arbeitsgegenstände, d.h. solche, die von Werkzeugen bearbeitet werden können: Bücher, Kopien, Schecks, Verträge, Buchungen etc.

Dabei ist es vorstellbar, daß ein Gegenstand sowohl Werkzeug als auch Material sein kann. Ein Drucker wird häufig als Werkzeug verwendet, wird aber die Konfiguration eines Druckers in einem entsprechenden Dialog verändert, so ist er in diesem Zusammenhang ein Arbeitsgegenstand, ein Material. An diesem Beispiel sieht man, daß ein Gegenstand unter verschiedenen Aspekten gesehen werden kann. Man unterscheidet daher nicht nur zwischen Werkzeugen und Materialien, sondern definiert zusätzlich auch Aspektklassen. Erst der Aspekt, unter dem die Gegenstände betrachtet werden, läßt sie zum Werkzeug oder zum Material werden. Die Anwendung dieses Leitbildes kann bei der Modellierung sehr helfen.

Mögliche Aspektklassen wären z.B. *Druckbar, Editierbar* und *Kopierbar*. Die Aspektklasse ist die neutrale Schnittstelle zwischen Werkzeug und Material, d.h.sie repräsentieren gewöhnlich eine Schnittstellenklasse. Alle Materialen und Werkzeuge, die in einen Aspekt- bzw. Arbeitszusammenhang treten wollen, müssen die von der entsprechenden Aspektklasse geforderten Eigenschaften und Schnittstellen bereitstellen. Über eine Aspektklasse *Druckbar* finden *Drucker* und *Brief* zueinander.

Häufig benötigte Aspektklassen sind zum Beispiel: Druckbar, Editierbar, Speicherbar, Auflistbar.

Werkzeuge sind in der Regel für einen isolierten Bearbeitungsvorgang vorgesehen, während Arbeitsgegenstände in vielfacher Weise, d.h. von unterschiedlichen Werkzeugen bearbeitet werden können. Daraus ergibt sich auch, in welchen Beziehungen Werkzeug-, Material- und Aspektklassen zueinander stehen.

Eine Kundenliste existiert bereits im System, sie dient u.a. zur Auswahl von Kunden. Diese Liste wird um ein entsprechendes neues Ankreuzfeld und um die Umsatzzahl (zur Bestimmung der „besten" Kunden) erweitert.

«Schnittstelle»
Druckbar

«Material»
Vertrag

«Werkzeug»
Drucker

«Material»
Brief

VERTRAG

Versteht man diesen Dialog als *Kundensucher*, weckt diese Lösung sofort Unbehagen, denn es würden jetzt nicht mehr nur Kunden gesucht und ausgewählt, sondern auch bearbeitet. Das Unbehagen rührt daher, daß damit ein Spezialfall zugefügt wurde. Die nächsten Spezialfälle sind bereits absehbar: Besonders gute Kunden erhalten Weihnachtspräsente, es soll angezeigt werden, ob die Kunden im Vorjahr auch schon eine Karte erhalten haben und außerdem sollen für das jährlich stattfindende Kunden-Golfturnier Ankreuzfelder für die Einladungen eingefügt werden (wurde eingeladen, hat zusagt, ist gekommen). Und so weiter.

Es dauert nicht lange und die Maske ist überfrachtet, schwerfällig und kaum noch erweiterbar. Die Fehlerbehebung wird auch immer teurer. Und das nur wegen Weihnachten und Golfturnier.

Betrachtet man die Dialoge als Werkzeuge, hätte man gemerkt, daß man versucht, einen Schraubenzieher zum Einschlagen von Nägeln zu mißbrauchen. Alternativ würde man daher zusätzlich zum *Kundensucher* einen *Kundenaktionsplaner* entwickeln.

CRC-Karten

CRC ist die Abkürzung von *Class-Responsibilities-Collaborators* (Klasse-Verantwortlichkeiten-Beteiligte). CRC-Karten sind Karteikarten, auf denen die Klasse, ihre Verantwortlichkeiten und andere Beteiligte notiert werden. Das primäre Einsatzgebiet der CRC-Karten ist die Strukturierung und Detaillierung von Begriffen aus dem Anwendungsbereich, häufig aus dem Umfeld eines speziellen Anwendungsfalles.

Für die in einem Anwendungsfall vorkommenden Begriffe wird je eine CRC-Karte angelegt. Der Begriff wird als Klassenname eingetragen. Auf der linken Kartenseite werden die offensichtlichen Verantwortlichkeiten notiert. Verantwortlichkeit umfaßt hier die Attribute und die Operationen, über die ein

Objekt verfügt. Auf der rechten Seite werden Begriffe notiert, mit denen die Objekte dieser Klasse kooperieren, um ihre Aufgaben zu erfüllen. Die Karten werden dann ähnlich der Metaplantechnik an eine Pinwand oder Magnetwand geheftet. Weiße magnetische und abwischbare Tafeln sind ideal, weil an ihnen nicht nur die Karten einfach arrangiert, sondern mit entsprechenden Filzstiften auch Linien zwischen den Karten gezeichnet und wieder weggewischt werden können.

Af1.2 ⇨ 128f.

Reservierung	
gewünschter Kfz-Typ	*Kunde*
Mietzeitraum von bis	*Liste Kfz-Typen*
gewünschte Ausstattung	*Liste Ausstatt.merkmale*
Abhol-Niederlassung	
Rückgabe-Niederlassung	

An CRC-Workshops nehmen 3-10 Personen teil: BereichsexpertInnen, AnwenderInnen und EntwicklerInnen. Es gibt eine Person, die den ganzen Prozeß moderiert, d.h. die Anregungen aus der Gruppe aufnimmt, hinterfragt und versucht, einen Konsens herbeizuführen. Eine weitere Person unterstützt diese und übernimmt die praktische Arbeit: sie schreibt die Karten und heftet sie an die Pinwand.

Man beginnt zunächst mit den unstrittigen und auf Anhieb sehr konkret beschreibbaren Klassen und fügt dann die weniger präzise beschreibbaren Klassen hinzu. Die vageren Klassen werden so in einen eher stabilen Kontext eingefügt. Bemerkt man dabei, daß in einer der Klassen Verantwortlichkeiten oder Beteiligte übersehen wurden, werden diese nachgetragen.

Mit unstrittigen Klassen beginnen

Während dieses Prozesses dringt man meistens sehr früh zu den Schwachpunkten der Klassen vor. Ihre tatsächliche Bedeutung und ihre Eigenschaften werden relativiert und abgeglichen. Dabei ist es oft schwierig, die Verantwortlichkeiten der einen oder anderen Karte zuzuordnen. Die Diskussion darüber führt manchmal zu weiteren Widersprüchen und Fragen, so daß man immer mehr in die Details vordringt. Häufig tritt auch die Frage auf, ob etwas nun eine Verantwortlichkeit oder ein Beteiligter ist. Im Zweifelsfall entscheiden Sie sich für den Beteiligten und eröffnen für diesen eine neue Karte. Sollte sich später herausstellen, daß diese Karte keine weiteren Einträge bekommt, entfernen Sie sie wieder und tragen den Begriff auf der Ursprungskarte als Verantwortlichkeit ein.

Auf diese Weise wird schrittweise der Problembereich erarbeitet. Wenn die Karten wegen vieler Korrekturen zu unübersichtlich geworden sind, sollten sie vom Moderatorenhelfer beizeiten durch neue ersetzt werden.

Quantitative und
qualitative Analyse
des Anwendungs-
bereiches

Mit den CRC-Karten verfolgt man zwei Ziele: Zum einen ist es eine Kollekti-vierungstechnik, die die Begriffs- und Zusammenhangswelt quantitativ er-schließt und somit ein Mittel zur Erarbeitung des Fachlexikons. Dadurch, daß viele Personen daran teilnehmen und jede ihre spezielle Sichtweise vom An-wendungsbereich mitbringt, tauchen während des Prozesses immer wieder neue Verantwortlichkeiten, Beteiligte und Klassen auf. Zum anderen werden in den Diskussionen über verschiedene Sichtweisen die von den einzelnen TeilnehmerInnen vertretenen Ideen auf ihre Tragfähigkeit hin überprüft. Die Aufgabe der moderierenden Person ist es, darauf zu achten, daß die inhaltli-che Diskussion strukturiert und konzentriert geführt wird. Die Diskussion sollte nicht ständig von einem Spezialthema zum anderen springen, sondern die einzelnen Themen kontinuierlich behandeln. Zudem sollte darauf geachtet werden, daß alle Teilbereiche etwa gleich stark detailliert werden.

Vermeiden Sie datenlastige Karten. Ein weiterer Aspekt, auf den geachtet werden sollte: die TeilnehmerInnen sollten nicht nur Attribute sammeln und Klassen ausschließlich als Datenbehälter sehen. Dann entsteht ein Datenmo-dell, die Verantwortlichkeiten werden zu Attributen und die Beteiligten zu Relationen, statt Klassen werden Entitäten beschrieben. Wenn Sie also zum Beispiel die CRC-Karte „Rechnung" bearbeiten, notieren Sie nicht nur Rech-nungspositionen, Rechnungsdatum, Rechnungsempfänger und diskutieren darüber, daß eine Rechnung immer zu einem Kunden gehört und ein Kunde viele Rechnungen haben kann usw. Überlegen sich auch, wie die Rechnung zusammengestellt wird. Woher kommen die Daten? Wie kommen sie in die Rechnung? Die Rechnungspositionen werden u.a. beispielsweise aus dem Vertrag übernommen. Die Rechnungsnummer soll automatisch ermittelt wer-den. Die Rechnungsanschrift soll verändert werden können, sie entspricht nicht immer der Anschrift des Kundenmitarbeiters, der reserviert hat oder der gefahren ist. Verantwortlichkeiten der Rechnung wären also auch:

- Rechnungsnummer erzeugen
- Vertragspositionen (als Rechnungspositionen) übernehmen
- Zahlungsempfänger ändern

Entwicklungsteam-interne CRC-Diskussionen. CRC-Karten können auch später immer wieder in Detaildiskussionen verwendet werden. Auch für die Klärung von Fragen innerhalb des Entwicklungsteams lassen sie sich gut ein-setzen. In solchen Runden dreht es sich meistens weniger um die qualitative und quantitative Erschließung der Begriffswelt des Anwendungsbereiches, als darum, komplexe Anforderungen in das Feindesign einzubringen und dort abzubilden. In den meisten Fällen werden konkrete Ablaufszenarien auf der Ebene des Nachrichtenaustausches zwischen den Objekten durchgespielt und diskutiert.

Beispiel ⇨ 193

Zusätzlich zu den CRC-Karten sollten dann Sequenzdiagramme verwendet werden. Auf der einen Seite steht also eine Pinwand mit den Klassen als

CRC-Karten und auf der anderen Seite eine Tafel oder ein Flipchart mit dem Nachrichtenaustausch zwischen konkreten Objekten. Die Arbeit mit Sequenzdiagrammen wird an späterer Stelle gezeigt.

Rollen. Spätestens bei der Diskussion von CRC-Karten stellt sich heraus, daß es Klassen gibt, deren Objekte in verschiedenen Situationen unterschiedliche Rollen einnehmen. Ein Kunde im Kfz-Vermietungsbeispiel findet sich je nach Situation in der Rolle des Rechnungsempfängers, Fahrers, Reservierenden u.a. wieder. Mit Rollen sind hier nicht die Akteure aus den Anwendungsfällen gemeint, auch wenn es hier zu Ähnlichkeiten kommt.

Akteure ⇨ 126

Wo auch immer eine solche Rolle deutlich wird, sollte sie notiert werden, da sie das Verständnis der Zusammenhänge und der jeweiligen Situation fördert. Entweder legen Sie eine neue Karte an oder Sie setzen auf einer vorhandenen Karte die Rolle direkt vor die Bezeichnung eines Beteiligten: also statt *Kunde* etwa *Rechnungsempfänger=Kunde* o.ä. Beinahe unverzichtbar ist die Rollenangabe, wenn zwei unterschiedliche Beteiligte der gleichen Klasse auf der Karte stehen, beispielsweise *Versicherungsnehmer=Kunde* und *Versicherungsbegünstigter=Kunde*. Würde man nur die Rollenbezeichnungen ohne Klasse angeben, würde man vergeblich die CRC-Karten der Klassen Versicherungsnehmer und Versicherungsbegünstigter suchen, da die entsprechende Klasse in beiden Fällen Kunde heißt.

Zusätzlich zu den Rollenangaben bei den Beteiligten sollten die möglichen Rollen einer Klasse auf der CRC-Karte der Klasse selbst vermerkt werden, beispielsweise direkt unter dem Klassennamen. Dadurch wird schnell ersichtlich, in welchen Rollen die Objekte dieser Klasse auftreten können. In dem Kfz-Vermietungsbeispiel können Kunden, Mitarbeiter, Kfz und Rechnungen beispielsweise in folgenden Rollen auftreten:

- Kunde:
  Anfragender, Reservierender, Mieter, Zurückgebender, Neukunde, Kundenmitarbeiter, Fahrer, Rechnungsempfänger.

- Mitarbeiter:
  Telefonberatender, persönlich Beratender, Reservierender, Kfz-Übergebender, Abrechnender, Kfz-Checkender, Disponierender, Überführender, Kunde

- Kfz:
  verfügbares Kfz, gewartetes Kfz, disponierbares Kfz, vermietetes Kfz, Ersatz-Kfz.

- Rechnung:
  Teilrechnung, Monatsrechnung, offene Rechnung

Manchmal geben Rollen auch hinweise auf Zustände und Statuswerte, wie zum Beispiel die obige Aufzählung zu Kfz zeigt.

Geschäftsklassen identifizieren

Für Manager und Fachabteilungen verständlich

Eine Geschäftsklasse beschreibt einen Gegenstand, ein Konzept, einen Ort oder eine Person aus dem realen Geschäftsleben in einem Detaillierungsgrad, wie er vor allem auch von Fachabteilungen und Managern verstanden werden kann (Vertrag, Rechnung etc.). Für die praktische Umsetzung sind Geschäftsklassen auf rein fachlich motivierte Eigenschaften reduzierte Aggregationen fundamentaler Fachklassen (Rechnungspositionen, Anschrift etc.), zu denen alles weitere delegiert wird. Sie definieren typischerweise vor allem Schnittstellen.

Schnittstellen

Businessklassen: Zusammenfassungen von Fundamentalklassen

Die Identifizierung von Geschäftsklassen ist die Herausarbeitung der wichtigsten Klassen des zukünftigen Klassenmodells. Details und Feinheiten werden zunächst vernachlässigt. Jede Businessklasse wird während des Designs weiter zerlegt und zu mehreren, gewöhnlich 3-20 Fachklassen führen.

Kandidaten für Geschäftsklassen sind beispielsweise: *Kunde, Reservierung, Vertrag, Kfz, Tarif* und *Rechnung*. Auf der Ebene dieser Geschäftsklassen können nun die ersten offensichtlichen Beziehungen modelliert werden, wie die folgende Abbildung zeigt.

Vgl. Vorgehen ⇨91

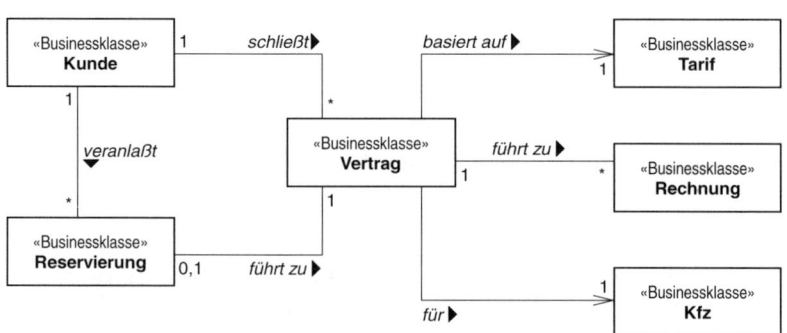

Aktivitätsmodellierung

Anwendungsfälle beschreiben Anforderungen an das System mit Blick auf sein externes Verhalten. Da liegt es nahe, für die detailliertere Beschreibung der Abläufe, die das System unterstützen soll, Aktivitätsmodelle auf Basis dieser Anwendungsfälle zu erarbeiten. Nachfolgendes Bild soll den Weg von der Identifizierung der Anwendungsfälle über deren textuelle Beschreibung zu den Aktivitätsdiagrammen veranschaulichen.

Mit diesem Schritt kann der Systemanalytiker in den Wechsel von der Analyse zum Design einsteigen. Einerseits stellen die aus den Anwendungsfällen abgeleiteten Aktivitätsdiagramme eine weitere Konkretisierung der Anforderungen dar, andererseits beginnt hier aber auch die Ausgestaltung der Möglichkeiten, **wie** das System diese Anforderungen einmal erfüllen soll.

Vgl. Vorgehen ⇨ 90

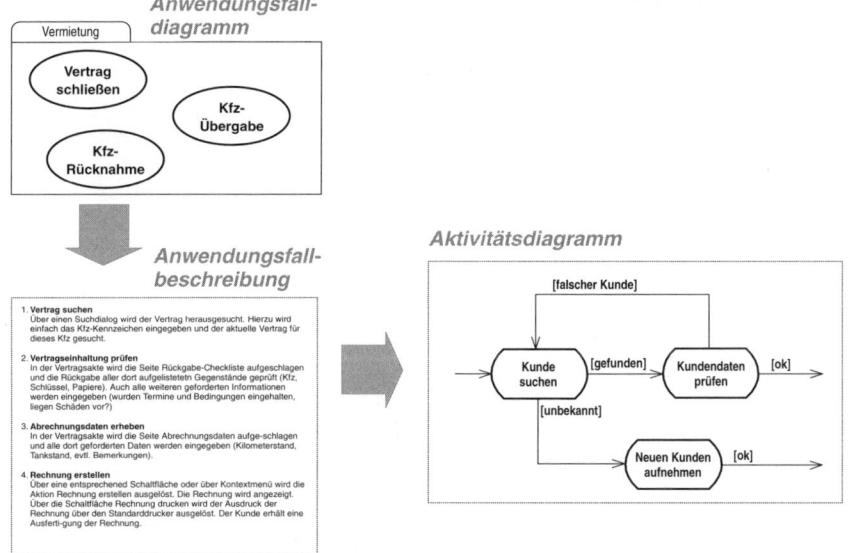

Das folgende Aktivitätsdiagramm basiert auf den Anforderungen des Anwendungsfalles *Af3.1 Kfz-Rücknahme*. Es finden sich zwei unterschiedliche Startpunkte. Entweder wird zunächst ein Kunde ausgewählt und dann aus der Menge der aktuellen Verträge des Kunden der gewünschte Vertrag ausgewählt oder es wird direkt der gewünschte Vertrag ausgewählt, beispielsweise über die Vertragsnummer.

Af3.1 Kfz-Rücknahme ⇨ 133

Analyse

Die Aktivität *Vertrag auswählen* kommt zweimal vor, in einem Fall benötigt sie ein Kundenobjekt (um daraus die Vertragsmenge des Kunden bestimmen zu können). In dem anderen Fall existieren keine weiteren Abhängigkeiten.

Die Aktivität *Kfz zurücknehmen* ist eine Aktion, die im Kfz-Dispositionssystem ausgelöst werden muß. Sie soll bewirken, daß das Kfz jetzt wieder verfügbar ist und neu vermietet werden kann.

Nachfolgend ist der beschriebene Ablauf in zwei Versionen als Aktivitätsdiagramm dargestellt. Das Diagramm auf der linken Seite enthält lediglich Aktivitäten und und Übergänge zwischen den Aktivitäten. Das Diagramm auf der rechten Seite enthält zusätzliche Angaben.

Jede Aktivität muß eine signifikante Zustandsänderung produzieren, sonst fehlt ihr unter Umständen die Existenzberechtigung. Aktivitätsdiagramme erlauben es, zusätzlich zu den Aktivitäten auch Objektzustände zu notieren. Das nachfolgende Aktivitätsdiagramm enthält die gleichen Sachverhalte wie das vorige, zusätzlich sind aber Objektzustände festgehalten. Die Übersichtlichkeit leidet etwas darunter, aber die Aussagekraft, d.h. der semantische Gehalt, ist deutlich höher.

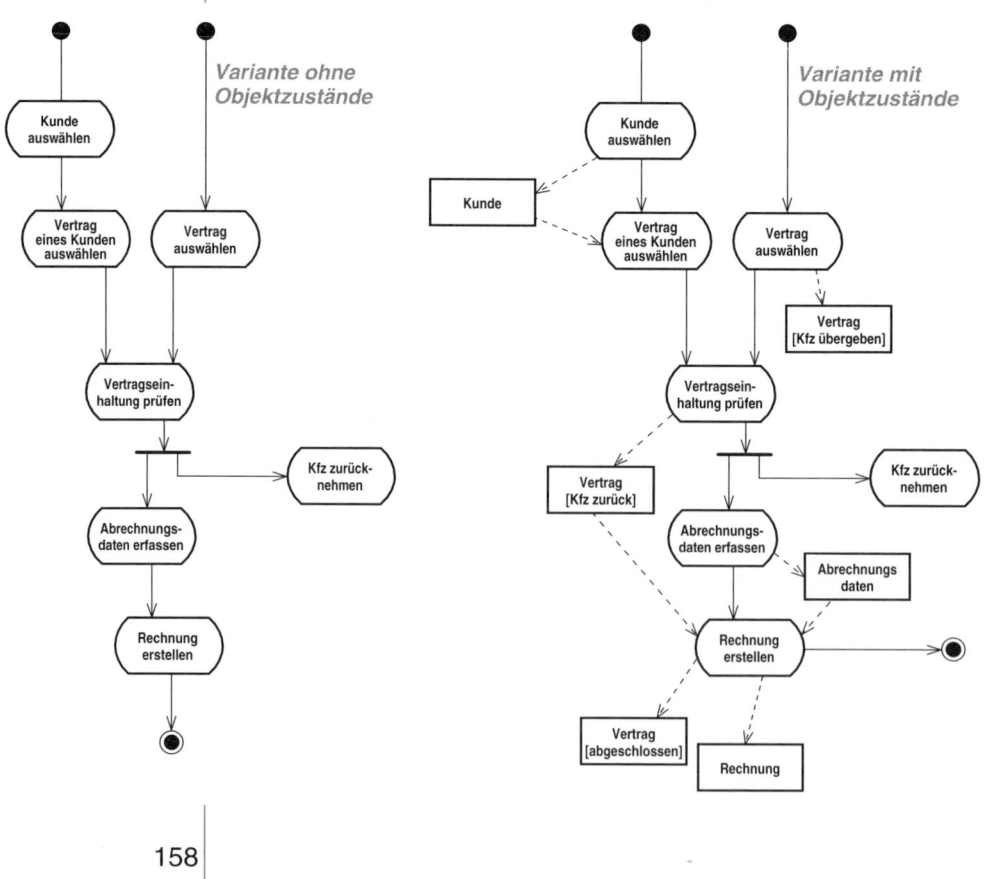

Komponentenbildung

Auf den vorigen Seiten wurden bereits gelegentlich Komponentengrenzen und -schnittstellen angedeutet. So wurden beispielsweise Anwendungsfälle mit Hilfe von Paketen gruppiert und Geschäftsklassen als grob strukturierte komponentenartige Einheiten identifiziert. Schnittstellen zu externen Systemen wurden ebenfalls bereits in Anwendungsfällen benannt.

Vgl. Vorgehen ⇨ 92ff.

Aus der Beschreibung zur Anwendungsarchitektur geht außerdem hevor, wie Subsysteme im vorliegenden Beispiel grundsätzlich aufgebaut sind. Das eben dargelegte Aktivitätsdiagramm eröffnet nun erstmals die Möglichkeit Komponentengrenzen aufgrund des bisher identifizierten Systemverhaltens festlegen zu können.

Ein wichtiges Kriterium für die Komponentenbildung ist die Minimierung der Schnittstellen und Abhängigkeiten zwischen Komponenten. Im folgenden wird das Aktivitätsdiagramm von eben noch einmal aufgegriffen. Jede Aktivität wird nun eindeutig einer Komponente zugeordnet. In vielen Fällen kann die Zuordnung fachlich sehr einfach entschieden werden. Im Zweifelsfall hat die Minimierung der Schnittstellen jedoch Vorrang.

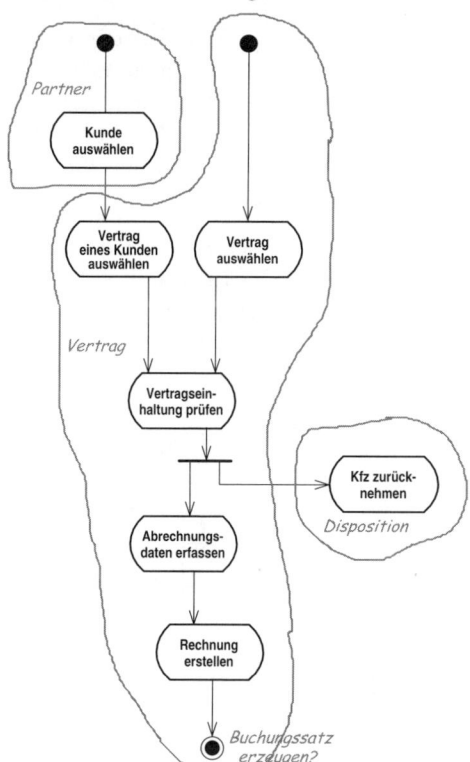

Das hier abgebildete Aktivitätsdiagramm ist nun in vier Verantwortlichkeitsbereiche (sog. *swim lanes*) unterteilt, die die mögliche Komponentenstruktur repräsentieren. Es zeigt insgesamt drei einfache Schnittstellen:

1 zwischen *Partner* und *Vertrag*,

2 zwischen *Vertrag* und dem externen Dispositionssystem und

3 zwischen *Vertrag* und dem *Rechnungswesen*.

Es ist ausreichend, zu jeder Aktivität zu notieren, zu welcher

Analyse

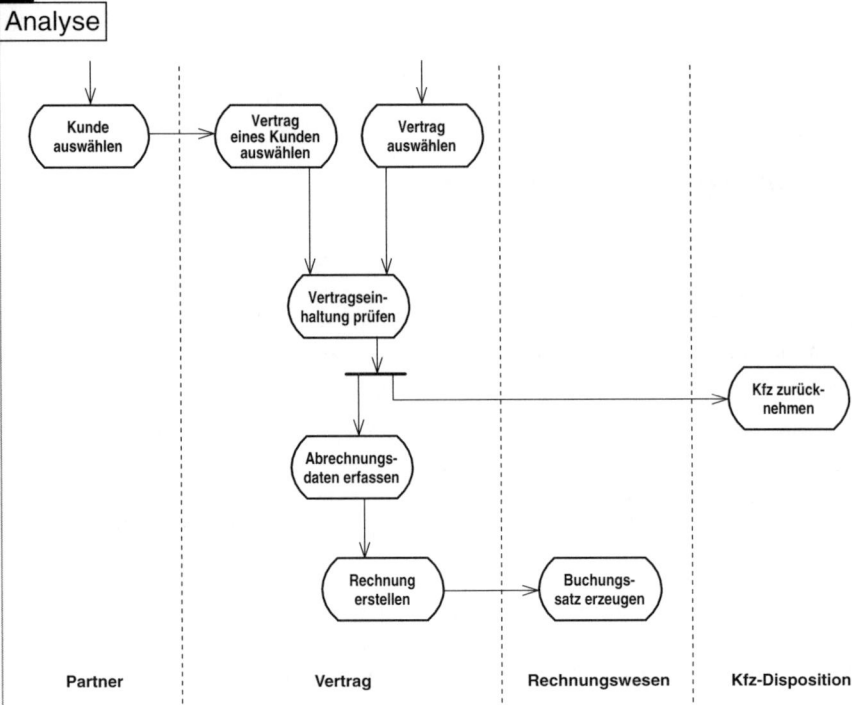

Komponente sie gehört. Eine grafische Darstellung oder Modellierung wie im Aktivitätsdiagramm gezeigt, ist hierfür nicht notwendig bzw. nicht zweckmäßig. Das gezeigte Aktivitätsdiagramm soll vielmehr den Weg andeuten, wie sich Komponneten schneiden lassen: Nehmen Sie einfach Ausdrucke von Aktivitätsdiagrammen und umkreisen sie in ihnen handschriftlich Gruppen von Aktivitäten, die zu einer gemeinsamen Komponente gehören.

Sind die Aktivitäten auf diese Weise zugeordnet, lassen sich die Abhängigkeiten zwischen den Komponenten daraus ableiten. Das Ergebnis ist dann ein Komponentendiagramm, wie etwa das nachfolgend abgebildete.

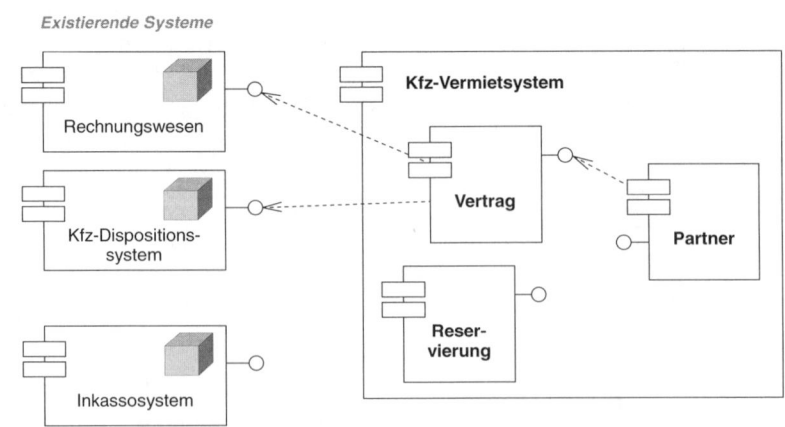

Zur Aufstellung eines Modells genügt niemals das bloße Zusammenbringen registrierter Erscheinungen - es muß stets eine freie Erfindung des menschlichen Geistes hinzukommen, die dem Wesen der Dinge näher auf den Leib rückt. Man darf sich nicht begnügen mit der bloßen Betrachtung, sondern muß vordringen zur spekulativen Methode, welche die objektive Existenzform sucht.

Ein frei übertragener Gedanke Albert Einsteins [Chotjewitz94].

Design

Aufbauend auf dem Beispiel aus der Analyse wird hier das Vorgehen beim objektorientierten Design erläutert. Die Anwendung der einzelnen methodischen Konzepte wird gezeigt.

Dies ist die Gliederung des Buches...

Einführung		Beispiel		Unified Modeling Language						
OO für Anfänger	Vorgehens-modell	Analyse	Design	Anwen-dungsfälle	Basis-elemente	Beziehungs-elemente	Verhalten	Implemen-tierung	OCL	Anhang

und **hier befinden Sie sich.**

Komponentenentwurf

Im vorigen Kapitel wurde zuletzt gezeigt, wie mit Hilfe von Aktivitätsmodellen Komponenten identifiziert bzw. definiert wurden. Auf dieser Basis können nun die ersten Komponentenschnittstellen abgeleitet werden.

Vgl. ⇨ 159

Immer dort, wo der Aktivitätsfluß eine Komponentengrenze passiert, wird es notwendig, daß die Komponente, von der der Aktivitätsfluß abgeht, einen Service der Komponente aufruft, bei der die Folgeaktivität liegt. Das nachfolgende Bild illustriert das Prinzip.

Grundlagen
Komponenten ⇨ 321
Schnittstellen ⇨ 240

Aktivitätsdiagramm　　　　*Komponentenschnittstellen*

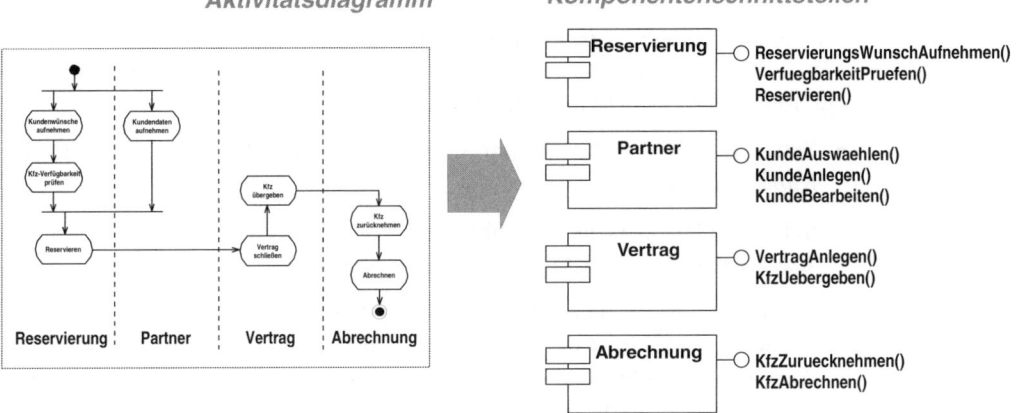

Jede Schnittstelle wird durch eine oder ggf. mehrere Schnittstellenklassen beschrieben:

«interface»
KundeVerhalten
kundeAuswaehlen():Kunde
kundeAnlegen():Kunde
kundeBearbeiten(Kunde):Kunde

«interface»
VertragVerhalten
vertragAuswaehlen():Vertrag
vertragAuswaehlen(Kunde):Vertrag
vertragAnlegen():Vertrag
kfzUebergeben(Vertrag):Vertrag

Aufgrund der Aktivitätsmodelle allein, d.h. der Verhaltens- und Ablaufsicht auf das System, können nicht alle Schnittstellen identifiziert werden. Eine weitere Basis hierfür stellt das Fachklassenmodell dar. Dort sind die fachlichen Strukturen repräsentiert, die ebenfalls Komponentengrenzen passieren.

In einem ersten Ansatz können auch hier aufgrund fachlicher Zusammenhänge Komponentengrenzen gezogen werden. Wie bei der aktivitätsgetriebenen Komponentenbildung ist auch hier auf eine Minimierung der Schnittstellen zu achten. Die nächste Abbildung skizziert die Abgrenzung von Komponenten im Fachklassenmodell.

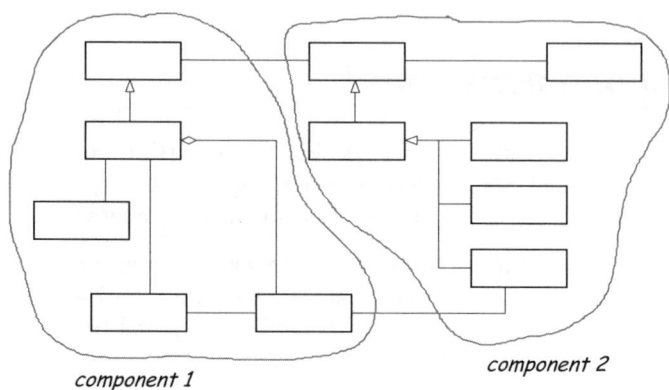

component 1   component 2

Im vorigen Kapitel wurde im Abschnitt über Anwendungsarchitektur (Seite 138) unter anderem auch dargestellt, welche grundsätzlichen Schnittstellen die Subsysteme besitzen. Es sind dies

- Schnittstellen, die die Abläufe und das Verhalten betreffen, zum Beispiel *KundeAuswählen.*

- Schnittstellen zwischen Fachklassen, beispielsweise die Assoziation zwischen Kunde und Vertrag (*Kunde hat n Verträge*).

- Schnittstellen auf Dialogebene. Wenn beispielsweise im Vertragsdialog Name und Anschrift des Kunden eingeblendet sind, dann sind Name und Anschrift Dialogbestandteile, die in der Komponente Partner realisiert werden und die von der Komponente Vertrag in die dort realisierte Vertragsakte importiert werden.

Aus der Zuordnung von Dialogkomponenten zu Anwendungsfällen bzw. Aktiviäten lassen sich Schnittstellen und Beziehungen zwischen Dialogen ausmachen.

Die Identifizierung der Schnittstellen ist nur der erste Schritt. Der wichtigere besteht darin, die Schnittstellen detailliert zu spezifizieren. Dies kann mit Hilfe von Schnittstellenklassen geschehen. Für die verschiedenen Kategorien von Komponentenschnittstellen (Abläufe, Dialoge, Strukturbeziehungen) sollten separate (und ggf. entsprechend stereotypisierte) Schnittstellenklassen angelegt werden.

Anwendungsrahmenwerke

Die im Kapitel Analyse geschilderte Architektur wird möglichst einheitlich für die gesamte Anwendungsentwicklung verwendet. Sinnvollerweise werden die grundlegenden Zusammenhänge dieses Modells, die Infrastruktur hierfür, d.h. die Kommunikation der Schichten untereinander, ihre Struktur usw. in einem Rahmenwerk vordefiniert (engl. *framework*). Rahmenwerke stellen gewöhnlich eine Vielzahl abstrakter Klassen bereit, von denen dann die konkreten Klassen für die jeweilige Anwendungsschicht abgeleitet werden. Rahmenwerke sind somit u.a. abstrakte Implementierungen der Anwendungsarchitektur.

Anwendungsarchiteltur
⇨ 138

Abstrakte Implementierung der Architekur

Eine Besonderheit solcher Rahmenwerke ist die Verlagerung der vertikalen Beziehungen zwischen den Schichten, d.h. die Bedienung der grundlegenden Schnittstellen, in das Rahmenwerk. Die Kommunikation zwischen den Schichten verläuft soweit wie möglich über die Klassen des Rahmenwerkes. Die auf das Rahmenwerk aufgesetzten Klassen kommunizieren möglichst nur innerhalb ihrer jeweiligen Schicht. Für die Benutzung des Rahmenwerkes gilt: *„Don´t call the framework, the framework calls you"*[1] (d.h. Umkehr der Kontrolle).

Don´t call the framework...

Dialoge spezifizieren

In einem systematischen Vorgehen in der Anwendungsentwicklung, vor allem in größeren Projekten, ist es nicht unbedingt sinnvoll, Dialoge jeweils komplett und sofort zu gestalten („zu zeichnen"). Dialoge sind die Elemente, mit denen die AnwenderInnen direkt konfrontiert werden, ihre Qualität ist deswegen sehr entscheidend für die Akzeptanz der Software und damit auch für den Erfolg des Projektes.

In komplexen Anwendungen treten einzelne Dialoge zumeist in einer Vielzahl verschiedener Kontexte auf. Damit die AnwenderInnen nicht für jeden Bearbeitungskontext einen anderen, separaten Dialog vorgesetzt bekommen und auch angesichts der Entwicklungs- und Pflegekosten, ist man bestrebt, Dialoge möglichst universell in verschiedenen Kontexten einsetzen zu können.

Dialogkontexte

Die einfachsten Kontexte sind beispielsweise Neuanlegen, Bearbeiten oder Ansehen von Daten. Hierfür ist in der Regel ein einziger Dialog ausreichend. Bei komplexen Abhängigkeiten in der Neuanlage haben sich sogenannte As-

---

[1] Ein oft gelesener, stets ohne Quellenangabe zitierter Satz. Der Urheber möge sich mal melden.

sistenten-Dialoge bewährt, die die AnwenderInnen führen. In anderen Fällen, werden den AnwenderInnen mehr Freiräume eingeräumt.

Neben diesen trivialen Dialogkontexten wie Neuanlegen und Bearbeiten existieren weitere, zumeist fachliche motivierte Kontexte, die häufig auch mit den möglichen Zuständen ihrer elementaren fachlichen Objekte korrespondieren, beispielsweise Reservierung, Vertrag, abgerechneter Vertrag u.ä.

Dialoge
Aktivitäten
Subsysteme
Komponenten

vgl ⇨ 148

Dialogkontexte sind die Aktiviäten der Aktivitätsdiagramme (bzw. Anwendungsfälle, aus denen die Aktivitätsdiagramme hervorgehen). Um diese Zusammenhänge systematisch zu betrachten und aus ihnen Anforderungen ableiten zu können, ist es hilfreich, die identifizierten Dialogkomponenten den betroffenen Aktivitäten zuzuordnen. Auf der Ebene von Anwendungsfällen wurde die Identifizierung von Dialogen bereits gezeigt (Seite 148). Mit der Verfeinerung der Anwendungsfälle ind Aktivitätsmodelle korrespondiert nun die Verfeinerung der Dialoge in Dialogkomponenten. Da die Aktivitäten bereits konkreten Subsystemen bzw. Komponenten zugeordnet sind, erfolgt durch die Zuordnung der Dialogkomponenten zu Aktivitäten implizit eine Zuordnung der Dialogkomponenten zu Subsystemen.

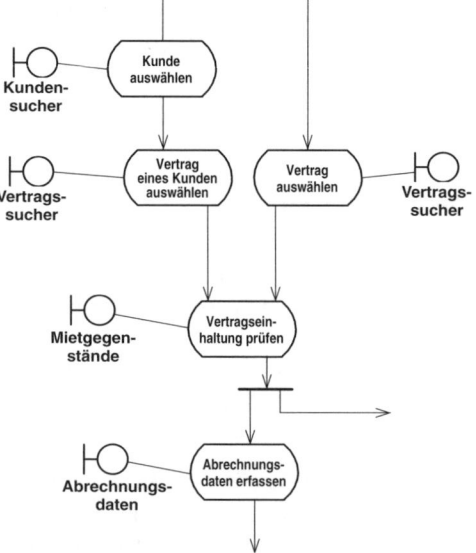

Wenn Dialoge in sehr unterschiedlichen Zusammenhängen eingesetzt werden können, kann eine sinnvolle Gestaltung erst erfolgen, wenn alle Arbeitszusammenhänge bekannt sind. Ansonsten gestaltet man einen Dialog für den aktuellen Arbeitszusammenhang, richtet ihn danach aus, und wenn der Dialog dann auch in einer anderen Situation eingesetzt werden soll, erweitert und modifiziert man ihn entsprechend. Ein Teil der zuvor geleisteten Arbeit wird dadurch ggf. hinfällig.

Dialogkomponenten. Daher bietet es sich an, zunächst einfach die Anforderungen an Dialoge zu spezifizieren. Dies kann wiederum auf zwei Ebenen geschehen. Zum einen sind die einzelnen Felder und Dialogelemente zu spezifizieren, beispielsweise Länge und Typ des Eingabefeldes *Strasse*. Zum anderen können Dialogelemente zu Gruppen zusammengefaßt werden, *Strasse, Plz, Ort* beispielsweise zur Gruppe *Anschrift*. Diese Gruppen können auch Dialogkomponenten genannt werden, es sind dies die kleinsten fachlich sinnvollen Zusammenfassungen einzelner Dialogelemente.

Dialog-Spezifikation

Hier ein einfaches Schema zur Spezifikation von Dialogen:

Syntax	Bedeutung	Beispiel
M	Pflichtfeld (mandatory)	plz: M
M {Bedingung}	bedingtes Pflichtfeld	plz: M {length(nachname) > 0}
L=min-max	Bereich einzugebender Stellen	name: L=3-40
[Vorbelegung]	Vorbelegung/Standardwert	name: [„Mustermann"]
D {Bedingung}	Bedingte Feldsperrung (disable)	datum: D {datum<today}
H {Bedingung}	Bedingtes Ausblenden (hide)	postfach: H {typ<>Postfachanschrift}
T=Typ	Typ des Dialogelementes	familienstand: T=ComboBox
C(n) {Bedingung} =Fehler	Feldprüfung (check), Fehler als Text, Fehlercode o.ä.	datumVon: C(1) {datumVon>datumBis}= "negativer Zeitraum"
B=Text	Kurzer Infotext (bubble help)	plz: B=„Postleitzahl"
I=Text	Langer Infotext	plz: I="Geben Sie eine gültige Postleitzahl ein"
S={Wertemenge}	Festdefinierte Wertemenge, Berechnungs-/Selektions- vorschrift o.ä.	geschlecht: S={„männlich", „weiblich", „??"} geschlecht: S={select eintrag from ArtEintrag where typ=„Geschlecht"}
E=Ereignis	Ausgelöstes Ereignis (event)	okayButton: E=VertragFreigeben
E {Bedingung}= Ereignis	Bedingtes Ereignis	datum: E {datum isValid}=DatumEingegeben

Hier ein Beispiel für das Feld *VertragsStatus* (vgl. Dialog auf Seite 149[1]):

```
vertragsStatus:
  M, T=ComboBox,
  S={#reserviert, kfzUebergeben,
  kfzZurueckgenommen},
  C(1) {tatsGemietetBis isEmpty and vertragsStatus=
  kfzZurueckgenommen}=„Bitte erst den Rückgabezeit-
  punkt eingeben"
```

Je nach Programmiersprache und Entwicklungsumgebung sollten diese Definitionen direkt dort vorgenommen werden, wobei es möglich sein sollte, eine entsprechende Dokumentation auszudrucken, damit die Informationen nicht irgendwo in den Tiefen des Codes oder der Werkzeuge versteckt sind, sondern explizit und extrahiert vorliegen.

---

[1] Dort diente der Dialogentwurf lediglich der Anforderungsermittlung und Kommunikation mit den AnwenderInnen und blieb deshalb stellenweise unscharf, bspw. wurde der Vertragsstatus noch nicht als *ComboBox* dargestellt.

Dialogkomponenten kapseln eine Menge einzelner Dialogelemente und stellen nach außen eine uniforme Schnittstelle bereit. Uniform, weil alle Dialogkomponenten eine gleichartige Schnittstelle bereitstellen sollten. Neben Operationen zum Lesen und Setzen von Feldinhalten, Vorbelegungen und anderen Eigenschaften sollten Dialogkomponenten auch Services anbieten, mit denen sich Nutzer der Komponente bspw. von Ereignissen abhängig machen können (Ereigniszustellung, *addActionListener()* o.ä.). Komponentenschnittstellen können durch Schnittstellenklassen beschrieben werden.

Zu beachten ist, daß zahlreiche formale Prüfungen und Konsistenzbedingungen bereits durch die Dialoge gewährleistet werden können. Dies allerdings nur, um möglichst komfortable und gut benutzbare Dialoge anzubieten. Verantwortlich für die Konsistenz der Daten und Zustände sind letztendlich immer die Fachobjekte, in ihnen müssen alle Zusicherungen implementiert sein, so daß sie niemals in einen undefinierten Zustand geraten. Innerhalb von Dialogen hingegen ist es unvermeidbar, zumindest zeitweise unvollständige und widersprüchliche Daten zuzulassen.

Dialoge können jedoch zusätzlich zu den von den Fachklassen geforderten Zusicherungen weitere Einschränkungen vornehmen, um die AnwenderInnen gezielter, d.h. restriktiver zu führen.

Es sollten solche Elemente zu einer Dialogkomponente zusammengefaßt werden, die komplexe Abhängigkeiten und Beziehungen untereinander aufweisen. Beispielsweise ist der Vertragsstatus abhängig von den Inhalten des Mietzeitraums. Nach außen hin sollten die Komponenten möglichst autark sein und einfache Schnittstellen haben.

Fachklassen und Beziehungen identifizieren

Klassen identifizieren. In der ersten Entwicklungsiteration der zu entwickelnden Anwendung soll, so nehmen wir einfach mal an, der Bereich *Geschäftspartner* entworfen werden. Im Fachlexikon und in den Anwendungsfällen wurden innerhalb dieses Anwendungsbereiches folgende Begriffe verwendet:

- Geschäftspartner
- Kunde
- Kundenakte
- Ansprechpartner
- Lieferant
- Lieferantenakte
- Unternehmen

- Privatperson
- Bankverbindung
- Telekommunikationsverbindungen (kurz: RufNr)
- Anschrift
- Mitarbeiter

Zunächst einmal werden alle aufgelisteten Begriffe als Klassen angesehen.

Wie finde ich Klassen?

Die Begriffe *Unternehmen* und *Privatperson* existieren nicht eigenständig, sondern stets nur im Zusammenhang mit den Begriffen *Geschäftspartner, Kunde, Lieferant, Ansprechpartner* und *Mitarbeiter* („*Ein Kunde ist ein Unternehmen oder eine Privatperson*").

Der Begriff *Geschäftspartner* ist ein Oberbegriff für *Kunde, Lieferant, Ansprechpartner* und *Mitarbeiter*.

Die nähere Untersuchung der Anschrift führt zu der Erkenntnis, daß es verschiedene Arten von Anschriften gibt:

Fachlexikon ⇨143

- Straßenanschrift: Anschrift mit Straße, Plz und Ort
- Postfachanschrift: Anschrift mit Postfach, Plz und Ort
- Großkundenanschrift: Großkundenanschrift bestehend aus Plz und Ort
- Auslandsanschrift: ohne einheitliche Gliederung

Beziehungen identifizieren. Nachdem die Klassen identifiziert wurden, werden nun ihre Beziehungen untereinander untersucht, d.h. ihre Assoziationen, Aggregationen und Vererbungsbeziehungen.

Die folgenden Erläuterungen enthalten einige Beispiele die wichtige Designregeln verletzen. Mit ihnen soll gezeigt werden, welche Schwierigkeiten entstehen können und wie man es besser nicht machen sollte. Die entsprechenden Abbildungen enthalten jeweils einen traurigen Smiley, um anzuzeigen, daß die Lösung problematisch ist.

☺

Geschäftspartner und seine Rollen

Wie bereits im vorigen Abschnitt erwähnt, ist der *Geschäftspartner* ein Oberbegriff für *Kunde, Lieferant, Ansprechpartner* und *Mitarbeiter*. Außerdem existieren die Begriffe *Unternehmen* und *Privatperson* nicht eigenständig, sondern nur im Zusammenhang mit einem Geschäftspartner. Ein Kunde (als eine Spezialisierung des Geschäftspartners) kann beispielsweise entweder eine Privatperson oder ein Unternehmen sein. Der Versuch, diese Sachverhalte mit Hilfe von Vererbungsbeziehungen darzustellen, würde zu folgendem Klassendiagramm führen:

Mehrfachvererbung
⇨266

Zusicherungen ⇨245

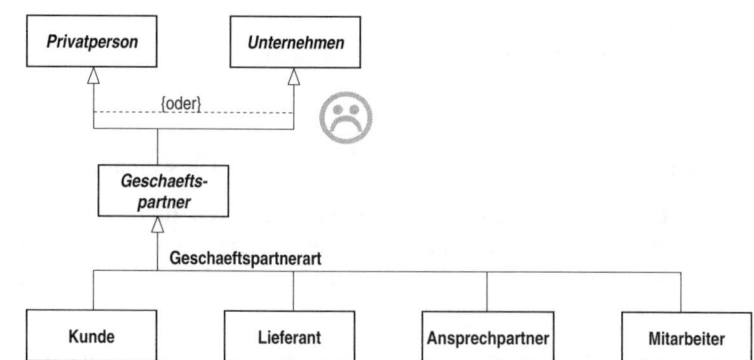

Dieses Modell ist jedoch unbefriediegend: zum einen bedarf es der Mehrfachvererbung (sogar mit exklusivem Oder), zum anderen sind Ansprechpartner und Mitarbeiter zwar auch Geschäftspartner, allerdings immer Privatpersonen, niemals Unternehmen.

Die folgende Abbildung zeigt einen Ansatz, der es zuläßt, daß Kunden und Lieferanten Privatpersonen oder Unternehmen sein können, Ansprechpartner und Mitarbeiter jedoch nur Privatpersonen.

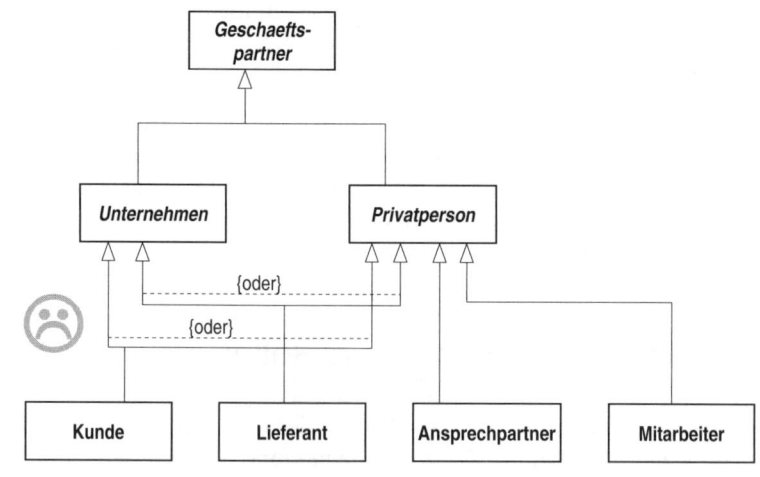

Kombinatorische
Explosion der
Vererbungsbeziehungen

Für *Kunde* und *Lieferant* besteht nun immer noch das Problem der Mehrfachvererbung. Um diese zu vermeiden, könnte man auf folgende Lösung kommen, die jedoch in weniger trivialen Fällen schnell in eine kombinatorische Explosion von Möglichkeiten führen könnte. Außerdem dürften die in *UnternKunde* und *PrivatKunde* anzusiedelnden Eigenschaften weitgehend identisch sein.

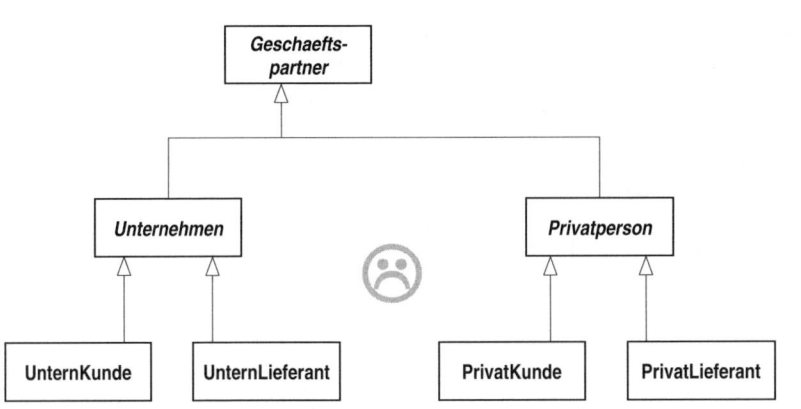

Die nächste Abbildung zeigt eine Lösung, bei der *Privatperson* und *Unternehmen* jeweils Bestandteil (Komposition) eines konkreten Geschäftspartners sind. Das Modell berücksichtigt, daß Kunde und Lieferant entweder eine Privatperson oder ein Unternehmen sind, niemals jedoch beides gleichzeitig. *Ansprechpartner* und *Mitarbeiter* hingegen besitzen immer genau ein Personenobjekt.

Diese Variante deckt die Anforderungen zwar ab, würde bei weiterer Detaillierung jedoch sehr wahrscheinlich kompliziert werden. Da *Unternehmen* und *Privatperson* nicht mit der abstrakten Klasse *Geschäftspartner* verknüpft sind, sondern mit ihren konkreten Ausprägungen, wäre auch die Kommunikation zwischen den Unternehmens- bzw. Personendaten und den konkreten Geschäftspartnern dort anzusiedeln. Das heißt, die hierfür notwendigen Operationen müßten - obwohl ähnlich oder identisch - in den vier konkreten Geschäftspartnerausprägungen redundant gepflegt werden. Dies sollte aus Qualitäts- und Aufwandsgründen vermieden werden.

Komposition ⇨ 286

Redundanz?

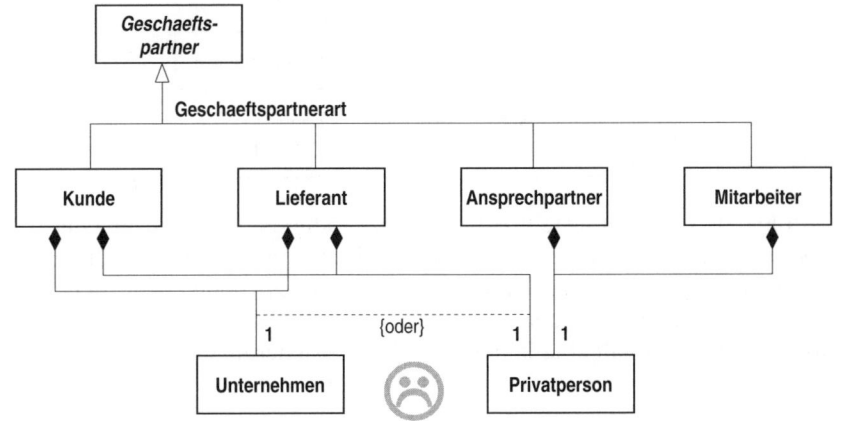

OCL ⇨327

Die Oder-Zusicherung zwischen den Kompositionsbeziehungen von Unternehmen und Privatperson lassen sich auch mit Hilfe von OCL-Ausdrücken beschreiben. Die oben notierte Oder-Zusicherung ist nur eine Kurzschreibweise; OCL-Ausdrücke sind gemeinhin präziser und daher vorzuziehen. Die folgende Abbildung zeigt den entsprechenden Ausschnitt noch einmal mit OCL-Ausdrücken.

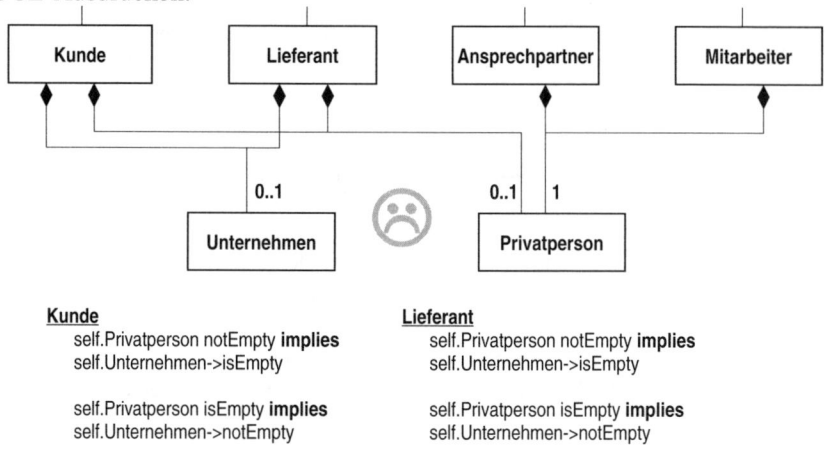

Kunde
    self.Privatperson notEmpty **implies**
    self.Unternehmen->isEmpty

    self.Privatperson isEmpty **implies**
    self.Unternehmen->notEmpty

Lieferant
    self.Privatperson notEmpty **implies**
    self.Unternehmen->isEmpty

    self.Privatperson isEmpty **implies**
    self.Unternehmen->notEmpty

Es sind jeweils zwei Zusicherungen notwendig. Die erste verbietet einem Kunden, der eine Privatperson referenziert, gleichzeitig ein Unternehmen zu referenzieren. Die zweite fordert genau dies, falls keine Privatperson referenziert wird. Ohne die zweite Zusicherung wäre es einem Kunden möglich, weder ein Unternehmen noch eine Privatperson zu haben.

In der folgenden Lösung wird wieder eine Oder-Zusicherung zwischen zwei Kompositionsbeziehungen verwendet. Darum soll zuvor noch einmal gezeigt werden, wie diese in entsprechende OCL-Ausdrücke überführt werden kann.

Zusicherungen ⇨245

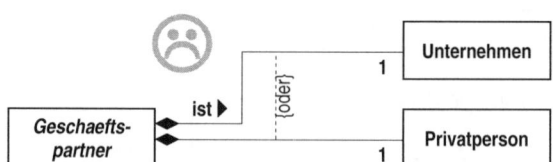

Das folgende Diagramm stellt nun die angekündigte bessere Lösung dar. *Privatperson* und *Unternehmen* stehen hier in einer Kompositionsbeziehung zum *Geschäftspartner*. Die Ausnahme, daß *Ansprechpartner* und *Mitarbeiter* keine Unternehmen sind, ist als Zusicherung notiert. Die Lösung deckt die Anforderungen ab, enthält aber leider sehr viele Zusicherungen.

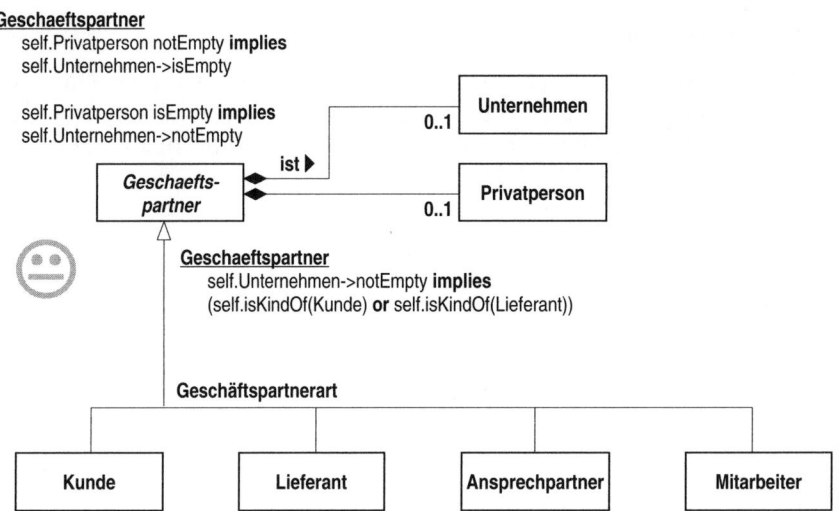

Vererbung kritisch prüfen

Auf den ersten Blick erscheint die Spezialisierung nach der Geschäftspartnerart ebenso naheliegend wie plausibel. Ein Blick auf die Anforderungen stellt dies jedoch in Frage. So wurde beispielsweise festgestellt, daß auch Lieferanten und Mitarbeiter Kunden sein können. Ein Objekt kann aber seine Klassenzugehörigkeit nicht einfach wechseln (zum Beispiel von *Lieferant* zu *Kunde*). Außerdem würde dies den Sachverhalt nicht treffen, denn ein konkreter Geschäftspartner ist nicht abwechselnd mal Lieferant und mal Kunde, sondern er kann beides gleichzeitig sein. Ein Objekt kann aber nicht gleichzeitig Exemplar von zwei Klassen sein.

Mitarbeiter und Lieferant können Kunde sein

Vgl. Analyse
⇨141

Das eigentliche Problem liegt darin, daß die bei der Modellierung verwendete Sichtweise nicht ganz stimmt. Geschäftspartner lassen sich nicht nach Kunden, Lieferanten usw. spezialisieren. Stattdessen sind Kunde, Lieferant usw. mögliche Eigenschaften eines Geschäftspartners. In bestimmten Situationen treten dabei einige dieser Eigenschaften in den Vordergrund, etwa beim Vermieten eines Kfz die Kunden-Eigenschaften.

Spezialisierung versus Rollenzuordnung

➔Delegation

Delegation ist ein Mechanismus, bei dem ein Objekt eine Nachricht nicht vollständig selbst interpretiert, sondern an ein anderes Objekt weiterleitet, und damit unter anderem eine Alternative zur Vererbung.

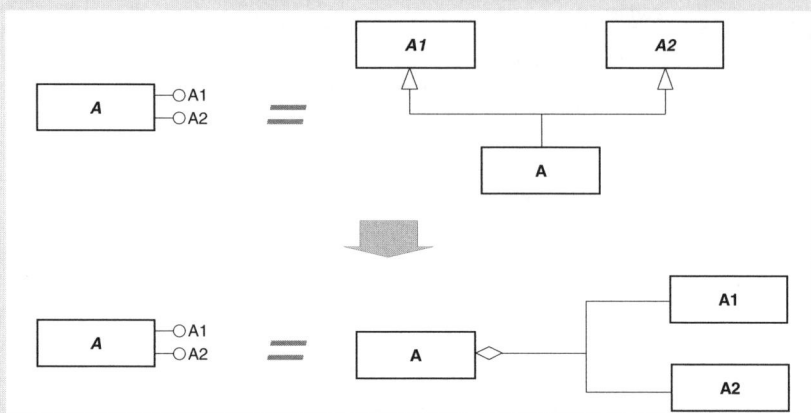

Delegation erlaubt es, vorhandene Eigenschaften anderer Klassen mitzubenutzen bzw. zusätzlich bereitzustellen. Oder anders ausgedrückt kann eine Klasse ihre Eigenschaften durch Delegation erweitern (propagieren). Die Effekte der Vererbung lassen sich beispielsweise mit den Mitteln der Aggregation nachstellen, was die Delegation auch zu einem Mechanismus zur Vermeidung von Mehrfachvererbung macht. Eigenschaften, die in einer Vererbungsbeziehung in der Oberklasse anzusiedeln wären, werden in eine separate Klasse ausgelagert, die dann per Aggregationsbeziehung wieder eingebunden werden.

In der Abbildung wird auf der linken Seite die Klasse *A* gezeigt, die die Schnittstellen *A1* und *A2* bereitstellt. Im ersten Fall direkt durch Mehrfachvererbung, im zweiten Fall indirekt durch einen zu implementierenden Delegationsmechanismus.

In Smalltalk läßt sich Delegation durch Überschreiben der Methode *doesNotUnderstand:* sehr einfach pauschal realisieren. In C++ und Java dagegen ist der Aufwand beträchtlich (vgl. [Gamma96], S. 22, S. 367 sowie [Halter96]). Gegen die Pauschal-Delegation spricht, daß sie zu schwer nachvollziehbaren Effekten führt und Laufzeiteinbußen verursacht. Vorteilhafter ist in jedem Fall, die Delegation nur zu modellieren und per Code-Generierung als direkte Delegation umzusetzen.

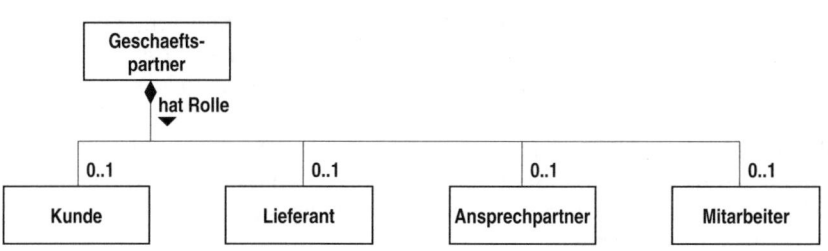

Kunde, Lieferant, Mitarbeiter und *Ansprechpartner* sind deswegen keine Geschäftspartnerklassen, sondern Geschäftspartnerrollen. Eine Rolle definiert eine spezielle Sichtweise auf ein Objekt und ist eine Eigenschaft des Betrachters, nicht des Betrachteten. Die Sichtweise, d.h. die Rolle, verändert zunächst nur etwas bei demjenigen, der das Objekt betrachtet bzw. verwendet. In unserem Beispiel ist es die Autovermietung bzw. sind es die Anwender der zu entwickelnden Software, die Geschäftspartner in bestimmten Situationen in einer bestimmten Rolle wie Lieferant oder Kunde wahrnehmen. Obenstehendes Klassendiagramm berücksichtigt diese Überlegungen.

Geschäftspartnerrollen

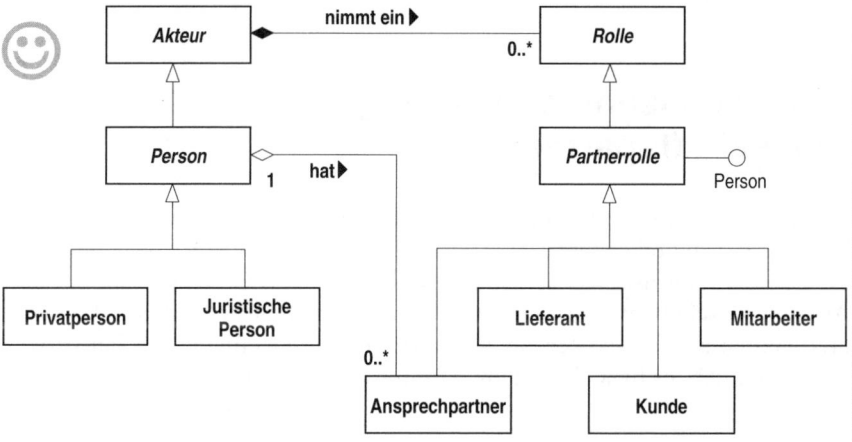

Actor-Role-Pattern

Eine weitere - und im Zusammenhang mit den Geschäftspartnerrollen die letzte - Variante beruht auf dem Akteur-Rollen-Muster (engl. *Actor-Role-Pattern*). Das hier diskutierte Designproblem ist ein klassischer Anwendungsfall für dieses Entwurfsmuster. Es läßt sich in Smalltalk relativ einfach, d.h. mit wenigen Anweisungszeilen implementieren (überschreiben der Methode *messageNotUnderstand*). In Sprachen ohne dynamische Typbindung und ohne als Objekte zur Laufzeit ansprechbare Klassen (also in C++ und Java) ist dies etwas aufwendiger.

Besonderes Merkmal dieses Entwurfsmusters ist, daß die verschiedenen Partnerrollen (*Kunde, Lieferant, Mitarbeiter, Ansprechpartner* etc.) Nachrichten

Schnittstellen-Lolli
⇨242

175

an die Person, zu der sie gehören, weiterleiten (propagieren) können. D.h. Lieferant kann beispielsweise wie ein Objekt der Klasse *Person* behandelt werden. Alle Nachrichten, die von einem Partnerrollenobjekt nicht direkt interpretiert werden können (der Name der Person, das Geburtsdatum einer Privatperson usw.), werden weitergeleitet an das Personenobjekt (z.B. eine Privatperson) und von diesem beantwortet. Die Klasse *Partnerrolle* stellt die Schnittstelle von *Person* bereit, was in dem Diagramm durch den Schnittstellen-Lolli symbolisiert wird.

Das vorige Diagramm zeigt außerdem eine Beziehung zwischen *Person* und *Ansprechpartner*. Ansprechpartner werden vor allem für juristische Personen benötigt. Häufig existieren auch mehrere Ansprechpartner (für spezielle Aufgabengebiete u.ä.) zu einer Firma. Es sind aber auch Ansprechpartner für Privatpersonen denkbar, wenn beispielsweise der Ehepartner des eigentlichen Mieters und Fahrers die Kfz-Reservierungen vornimmt.

Um zu unterbinden, daß eine Person sich selbst als Ansprechpartner referenzieren darf, wäre folgende OCL-Zusicherung zu notieren:

```
Ansprechpartner
    self.Person <> self.Akteuer
```

Fachklassenmodellierung: Geschäftspartner

Komposition ⇨ 286

Als nächstes können nun die Klassen *Bankverbindung, RufNr* und *Anschrift* in das Klassenmodell integriert werden. Dies gestaltet sich etwas einfacher: die Objekte aller drei Klassen sind jeweils Teil eines Geschäftspartners. Jede Art von Geschäftspartner verfügt über sie in beliebiger Anzahl (*0..**). Alle drei werden hier als existenzabhängig von ihrem jeweiligen Geschäftspartner angesehen, d.h. es handelt sich um Kompositionsbeziehungen.

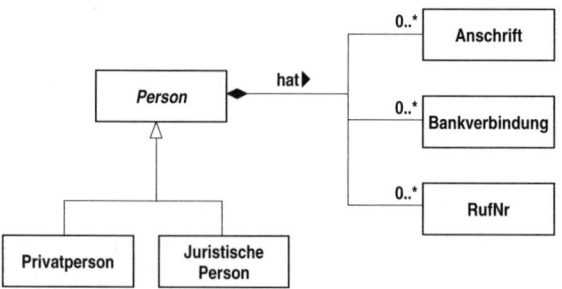

Anschrift

Wie weiter vorne angesprochen, existieren vier Arten von Anschriften: Straßenanschriften, Postfachanschriften, Großkundenanschriften und Auslandsanschriften. Im folgenden soll der Anschriftenbereich das Klassenmodells verfeinert werden. Als Diskussionsgrundlage dient das in der folgenden Abbildung skizzierte Modell. Es setzt sich zusammen aus den vier konkreten Anschriftenarten und zwei abstrakten Klassen *Anschrift* und *Inlandsanschrift*.

Klassen
identifizieren ⇨ 168

Fachlexikon ⇨ 143

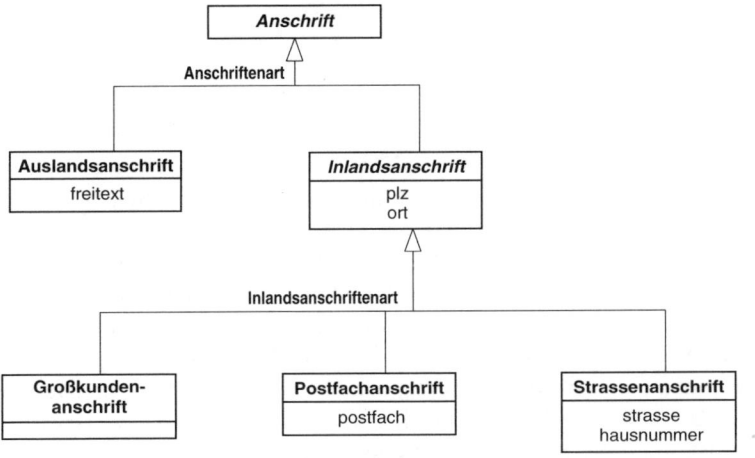

Dieses Modell zeigt eine auf den ersten Blick plausibel wirkende hierarchische Gliederung der verschiedenen Anschriftenarten. Es ist jedoch zu hinterfragen, ob diese Lösung auch angemessen zu realisieren ist. Unter *angemessen* ist hier gemeint, daß der Aufwand zur Umsetzung bezahlbar bleibt und die Lösung auch ausreichend robust und flexibel ist. Um dies zu klären, ist es hilfreich, nicht nur die Datenseite zu betrachten, sondern sich das Verhalten solcher Objekte zu vergegenwärtigen sowie ihre Präsentation zu berücksichtigen.

Die nächste Abbildung zeigt die vier Dialogvarianten. Die Auswahl der Anschriftenart erfolgt über Optionsfelder (*radio buttons*). Je nach aktivierter Option werden bestimmte Anschriftenfelder ein- bzw. ausgeblendet. Die AnwenderInnen können die Art einer Anschrift jederzeit ändern.

Solange der Anschriftendialog nicht beendet wird, kann die Art jederzeit umgeschaltet werden. Die Inhalte der Felder bleiben - auch wenn sie gerade ausgeblendet sind - erhalten. Sobald der Dialog verlassen wird, werden jedoch nur die Daten der aktuellen Anschriftenart übernommen.

| Strasse | Veranda-Spuk-Straße 5 |
| PLZ/Ort | 20253 | Hamburg |

Anschriftenart
- ⦿ Straße
- ○ Postfach
- ○ Großkunde
- ○ Ausland

| Postfach | 12 08 15 |
| PLZ/Ort | 20253 | Hamburg |

Anschriftenart
- ○ Straße
- ⦿ Postfach
- ○ Großkunde
- ○ Ausland

| PLZ/Ort | 20298 | Hamburg |

Anschriftenart
- ○ Straße
- ○ Postfach
- ⦿ Großkunde
- ○ Ausland

Ida-Virumaa
EE2033 Alajoe
Vallavalitsus Uusküla
- Estland -

Anschriftenart
- ○ Straße
- ○ Postfach
- ○ Großkunde
- ⦿ Ausland

Dynamische
Klassifikation

Zurückkommend auf das bisherige Klassenmodell bedeutet die Änderung der Anschriftenart, daß sich die Klassenzugehörigkeit des Anschriftenobjektes ändern müßte - was in Java und C++ nicht vorgesehen und in Smalltalk nicht üblich ist. Genaugenommen müßte mit jeder Änderung der Art eine neue Anschrift erzeugt werden, d.h. ein neues Objekt mit eigener Identität. Das jeweils alte Objekt könnte vernichtet werden. Anschriftenobjekte sind Teil eines Geschäftspartners, so daß mit jedem Objektwechsel auch die Aggregationsbeziehung zwischen *Geschäftspartner* und *Anschrift* aktualisiert werden müßte. Bereits diese Überlegungen zeigen, daß im Detail viel Aufwand zu leisten ist, um das Klassenmodell in die Praxis umzusetzen.

Delegation ⇨174

Im folgenden wird eine Lösung gezeigt, deren besonderes Merkmal eine Schnittstellenklasse darstellt, mit deren Hilfe die innere Struktur verborgen wird. Die Lösung beruht auf dem Entwurfsmuster *Fassade* mit Anleihen beim Muster *Zustand*.

Schnittstellen ⇨240
Entwurfsmuster ⇨63
Pakete ⇨257

Der Vorteil dieser Lösung liegt darin, daß der Besitzer einer Anschrift stets nur mit einer Klasse und einer Schnittstelle konfrontiert wird. Die Delegation der eigentlichen Attribute und Operationen wird versteckt; vier Schnittstellen werden auf eine reduziert. Die Abhängigkeiten zwischen den Klassen (Anschrift und Geschäftspartner) werden dadurch reduziert. Intern ist die Anschrift ganz pragmatisch aufgebaut, d.h. die Attribute *Plz* und *Ort* für die Inlandsanschriften u.a. wurden nicht herausfaktorisiert, da dadurch (wie einige Seite zuvor zu sehen) abstrakte Klassen mit lediglich ein bzw. zwei Attributen produziert würden. Die Operation *getBriefanschrift()* liefert einen kompletten mehrzeiligen String mit allen wichtigen Bestandteilen der Anschrift zurück, wie er zum Druck von Briefen etc. benötigt wird.

Da Anschriften im laufenden System in größerer Zahl zu erwarten sind, sollte ihre Struktur nicht zu aufwendig sein. Andererseits ist die innere Struktur durch die Schnittstellen gut abgeschirmt, so daß die Änderung und Pflege der internen Repräsentation unproblematisch ist.

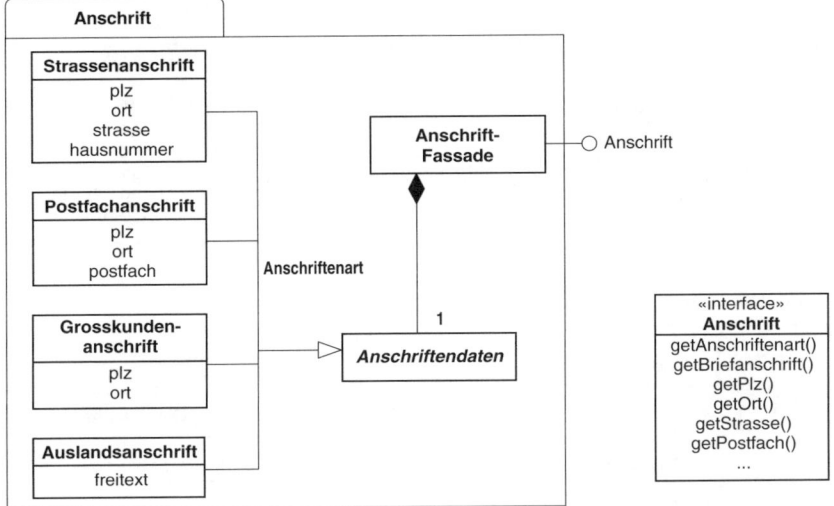

Je nach Prämissen sind aber auch andere Lösungen sinnvoll. Hier sollte lediglich eine Möglichkeit diskutiert werden.

Konfigurierbare Wertemengen

Unter einer konfigurierbaren Wertemenge werden Wertemengen verstanden, die anwendungsweit einheitlich definiert sind und den AnwenderInnen gegebüber gewöhnlich konstant erscheinen, die tatsächlich aber konfigurierbar sind. Sie kommen überall dort zum Einsatz, wo die Dateneingabe durch eine vorgegebene Menge möglicher Werte eingeschränkt wird. Typischerweise erscheinen diese Wertemengen in sog. *Drop-Down-Listboxen.*

Beispiele sind Geschlecht (männlich, weiblich), Familienstand (ledig, verheiratet, geschieden, verwitwet), Rufnummernart (Telefon, Telefax, Mobil), Anschriftenart (Privatanschrift, Geschäftsanschrift, Urlaubsanschrift etc.).

In der Klassenmodellierung werden solche Wertemengen nicht über eine Assoziation o.ä. notiert, sondern als Attribut mit einem entsprechenden Typ. Kennzeichnend ist hierbei, daß es sich um gerichtete Assoziationen mit der Kardinalität 1 handeln würde. Würde diese Wertemengen grundsätzlioch als Assoziationen notiert werden, würden die Klassenmodelle überfrachtet und unübersichtlich werden. Dies ist nicht notwendig, da die semantische Infor-

Stereotyp
«ArtEintrag»

mation relativ gering und solche Beziehungen aus Sicht der Modellierung uninteressant sind. Deswegen ist es sinnvoller, sie als Attribute zu notieren.

Diese Attribute werden häufig auch Art-Einträge, Systemwerte o.ä. genannt. Da es sich hierbei um eine besondere Art von Attributen handelt, ist es zweckmäßig, hierfür ein Stereotyp zu definieren, daß diesen besonderen Verwendungszusammenhang beschreibt, beispielsweise *«ArtEintrag»*.

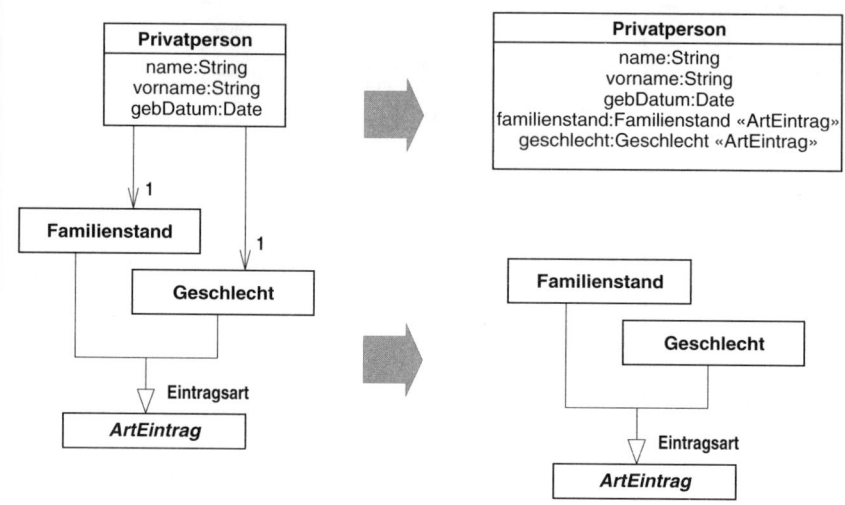

Fachklassenmodellierung:
Reservierung und Vertrag

In den vorangegangenen Schritten (Iterationen) wurden Partnerrollen und Anschriften detaillierter betrachtet. Im folgenden soll nun der eigentliche Vermietungs- und Vertragsbereich näher untersucht und entworfen werden. Dabei wird zunächst die Reservierung und dann der Vertrag und die Rechnung berücksichtigt. An die bereits modellierten Partnerrollen wird dabei angeknüpft.

Reservierung

Eine Reservierung wird durch einen Kunden vorgenommen. Ein Kunde kann beliebig viele Reservierungen haben, eine Reservierung gehört aber stets zu genau einem Kunden. Ein Kunde ist ein Geschäftspartner, mit dem schon einmal ein Vertrag geschlossen wurde.

Reservierungen können aber auch von Interessenten vorgenommen werden, also Personen, die Kunde werden wollen. Dieser Sachverhalt wird zunächst ausgeblendet, es wird einfachheitshalber jetzt nur der Kunde berücksichtigt. Zu einem späteren Zeitpunkt, beispielsweise in der nächsten Iteration, ist hier eine Präzisierung notwendig. Damit der Interessent nicht verlorengeht, wurde die Klasse *Interessent* bereits angelegt und im Diagramm neben den Kunden gestellt, sozusagen als Merker.

Nicht alles auf einmal

Die Klasse *Reservierung* enthält insbesondere auch den reservierten Zeitraum. Da dies eine wichtige Information zum Verständnis des Modells ist, wird dieses Attribut bereits festgehalten und im Diagramm gezeigt.

Wichtige Attribute zeigen

Reservierungen werden noch nicht für ein konkretes Kfz angelegt, sondern nur für einen Kfz-Typ. Die Autovermietung muß dafür sorgen, daß eine stets ausreichende Anzahl von Kfz der reservierten Kfz-Typen bereitsteht. Erst bei Vertragsabschluß wird dem Kunden ein konkretes Kfz zugeteilt.

Ebenso verhält es sich mit Kfz-Zubehör, hierzu zählen beispielsweise Kindersitze, Dachgepäckträger u.ä. sowie die Sonderausstattungswünsche, wie etwa Klimaanlage, Autotelefon usw.

Design

Die Abbildung repräsentiert die geschilderten Sachverhalte in Form eines Klassendiagramms. Zu beachten wäre noch, daß Kfz-Typ, Zubehör und Sonderausstattung nur einseitig referenziert werden. Die Instanzen zum Beispiel der Klasse *KfzTyp* haben also kein Wissen darüber, für welche Reservierungen sie verwendet werden. Dies ist nicht erforderlich. Die Anwendungsfälle stellen Reservierung und Vertrag in den Mittelpunkt, dies sind die Gegenstände, mit denen die AnwenderInnen im wesentlichen arbeiten. Kfz-Typ stellt beispielsweise lediglich eine vorbereitete Wertemenge dar, aus denen sich AnwenderInnen bei einer Reservierung zwecks Konkretisierung der Reservierung bedienen. Ein Use-Case, der einen eigenständigen Umgang mit Kfz-Typ vorsieht, existiert nicht.

Allenfalls die Frage nach Reservierungen für einen bestimmten Kfz-Typ wäre noch vorstellbar, aber auch hierbei wird wieder auf die Reservierung fokussiert. In diesem Fall würde man einfach die Menge der Reservierungen nach bestimmten referenzierten Kfz-Typen durchsuchen.

Kfz-Mietvertrag

Als nächstes wird der Kfz-Mietvertrag und die ihn umgebenden Klassen näher betrachtet. Zunächst einmal wird festgehalten, daß ein Mietvertrag aus einer Reservierung hervorgehen kann, was jedoch nicht zwingend ist.

Der Vertrag wird abgeschlossen für die Vermietung eines konkreten Kfz und für konkrete Zubehörteile. Für die Zubehörteile (Kindersitz, Dachgepäckträger etc.) bedeutet dies in der Praxis, daß sie eindeutig identifizierbar sein müssen, also beispielsweise eine Inventarnummer tragen.

Da der Vertrag keine Reservierung voraussetzt und außerdem die Vermietdaten von den ursprünglichen Reservierungsdaten abweichen können, werden einige Attribute aus Reservierung auch im Mietvertrag enthalten sein. Abweichungen kommen beispielsweise zustande, wenn sich der Kunde zwischenzeitlich überlegt hat, das Kfz bereits früher als reserviert zurückgeben zu wollen.

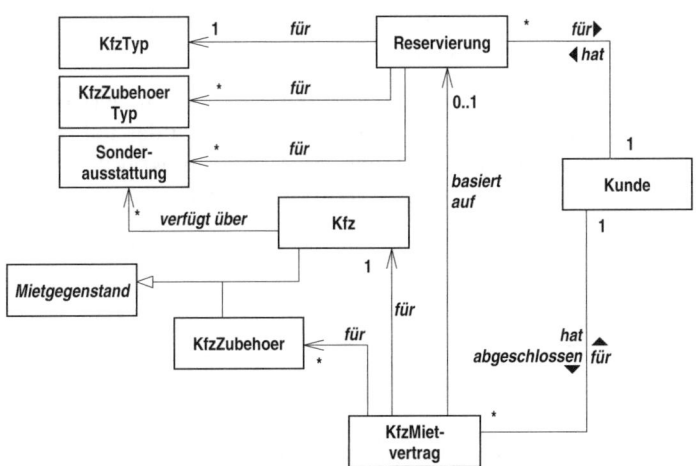

Auch kann im Vertrag ein Kfz angegeben werden, das nicht dem reservierten Typ entspricht, etwa weil die Vermietgesellschaft dem Kunden zum gleichen Preis ein besseres Fahrzeug gibt, da der gewünschte Typ gerade nicht verfügbar ist.

Eventuell besteht die Möglichkeit, Gemeinsamkeiten von *Reservierung* von *KfzMietvertrag* herauszufaktorisieren und zu generalisieren oder zu delegieren. Um solche Entwurfsentscheidungen seriös treffen zu können, sind jedoch weitere Informationen über das Umfeld beider Klassen, insbesondere zum Vertrag, notwendig. Die Fragestellung sollte daher zu einem späteren Zeitpunkt untersucht werden.

Für Kfz und Kfz-Zubehör wurde hingegen eine Generalisierung (*Mietgegenstand*) konstatiert. Inwieweit diese tragfähig ist, wird sich im Laufe der Modelldetaillierung zeigen, die Abstraktion ist jedoch naheliegend und erscheint plausibel.

Kfz-Übergabe und -Rücknahme

Im Vertrag werden die zugelassenen bzw. vorgesehenen Fahrer angegeben (es können mehrere Fahrer sein). Spätestens bei der Kfz-Übergabe werden die Führerscheine überprüft. Fahrer und Kunde müssen nicht identisch sein. Beispielsweise ist der Kunde ein Unternehmen und der Fahrer ein Mitarbeiter des Unternehmens. Oder zwei Privatpersonen fahren gemeinsam, wobei nur die eine Person als Kunde auftritt.

Bei der Übergabe des Fahrzeuges wird ein Übergabeprotokoll ausgefertigt, welches den übergebenen Zustand des Fahrzeuges beschreibt (Vorschäden, Kilometerstand usw.). Bei der Rücknahme wird dann entsprechend ein Rücknahmeprotokoll erstellt. Die Differenz, beispielsweise des Kilometerstandes, ist dann Basis für die Abrechnung.

Bei den Protokollen wurden Kompositionsbeziehungen verwendet, da die Protokolle existenzabhängig vom Vertrag sind. Sofern das Fahrzeug in einen Unfall verwickelt wurde, ist zusätzlich ein Unfallprotokoll zu erstellen. Dieses wird als Teil des Rücknahmeprotokolls betrachtet.

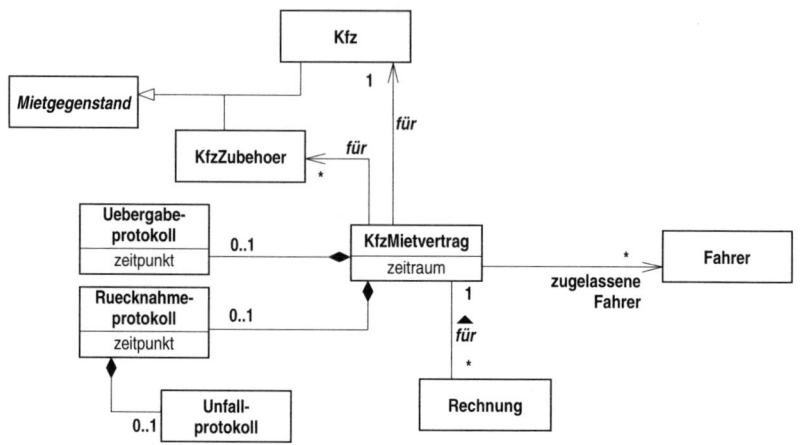

Der Mietvertrag enthält ähnlich wie schon die Reservierung den vereinbarten Mietzeitraum. Im Übergabe- bzw. Rücknahmeprotokoll werden dann die tatsächlichen Übergabe- bzw. Rücknahmezeitpunkte festgehalten.

Es sind entsprechende Zusicherungen zu notieren, die die inhaltliche Konsistenz bezüglich dieser Zeitpunkte sicherstellen, d.h. daß der Rücknahmezeitpunkt nicht vor dem Übergabezeitpunkt liegt und das Rücknahmeprotokoll nicht ohne vorheriges Übergabeprotokoll existieren soll. Ebenso ist festzuhalten, daß zusammen mit dem Übergabeprotokoll auch die Fahrer definiert werden müssen. Die folgenden OCL-Ausdrücke beschreiben diese Zusicherungen.

OCL ⇨327

```
KfzMietvertrag
    self.UebergabeProtokoll->isEmpty implies
        self.RuecknahmeProtokoll->isEmpty

KfzMietvertrag
    self.UebergabeProtokoll->notEmpty implies
        self.zugelasseneFahrer->notEmpty

KfzMietvertrag
    self.RuecknahmeProtokoll->notEmpty implies
        self.UebergabeProtokoll.uebergabeZeitpunkt <
        self.RuecknahmeProtokoll.ruecknahmeZeitpunkt
```

Die beiden ersten Zusicherungen beziehen sich auf reine Existenzabhängigkeiten; eine Modellierungsvariante, mit der diese Zusicherungen umgangen werden, zeigt die folgende Abbildung.

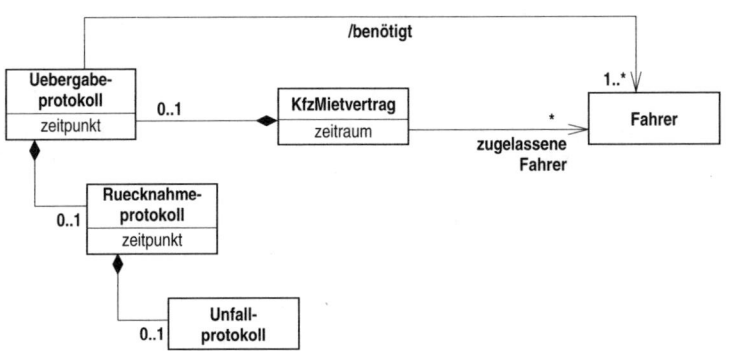

Das Rücknahmeprotkoll ist nun direkt existenzabhängig vom Übergabeprotokoll. Der Mietvertrag kann dadurch nur noch indirekt zum Rücknahmeprotokoll navigieren. Für die spätere Abrechnung wird die Navigation ebenfalls aufwendiger. Bei der Implementierung, insbesondere unter Berücksichtigung der Objekt-Ladestrategie (Persistierung), könnte sich diese Variante als ungünstig erweisen. Hier ist zu späterer Zeit unter Abwägung aller Gesichtspunkte eine Designentscheidung zu treffen.

Zwischen dem Übergabeprotokoll und den Fahrern existiert nun eine abgeleitete Assoziation. Da sie die Multiplizität 1..* fordert, wird spätestens mit Anlage des Übergabeprokolls die Zuordnung mindestens eines Fahrers notwendig. Die abgeleitete Assoziation kann aus der Beziehung Übergabeprotokoll-Mietvertrag-Fahrer berechnet werden. Die Ableitungsvorschrift ist ähnlich wie die weiter oben notierte Zusicherung zu diesem Sachverhalt, d.h. das Modell ist nicht einfacher geworden. Im weiteren Verlauf wird deshalb auf die abgeleitete Assoziation verzichtet.

Komponentenabgrenzung

In dem erarbeiteten Modell können nun die Komponentengrenzen überprüft bzw. festgelegt werden. Dabei ist zum einen darauf zu achten, daß fachlich zusammenhängende Klassen zusammen bleiben und die Schnittstellen zwischen den Komponenten möglichst einfach sind. Klassen mit gemeinsamer Oberklasse sind gewöhnlich in einer gemeinsamen Komponente anzusiedeln, es müssen wichtige Gründe vorliegen, hiervon abzuweichen.

Komponentenbildung
⇨ 159, 163

Der Bereich *Partner* läßt sich relativ problemlos abgrenzen. Die Protokolle sind existenzabhängig vom Vertrag, auch dies legt nahe, die beteiligten Klasse in einer gemeinsamen Komponente unterzubringen. Das Umfeld der Rechnung ist bisher nicht detailliert betrachtet worden, da während der Analyse aber bereits eine Komponente *Abrechnung* identifiziert wurde, kann die

Rechnung zunächst dieser Komponente zugeschlagen werden. Ähnlich verhält es sich mit der Reservierung.

Die Mietgegenstände und ihre Typen bilden durch ihre fachliche Nähe und die Generalisierung *Mietgegenstand* ebenfalls eine Einheit. Eine entsprechende Komponente wurde bisher jedoch nicht konstatiert, so daß hier eine neue Komponente gefunden wurde. Sie kann zunächst beispielsweise *Mietgegenstände* heißen. Die weitere Detaillierung wird zeigen, ob die hier gefällten Entwurfsentscheidungen tragfähig sind.

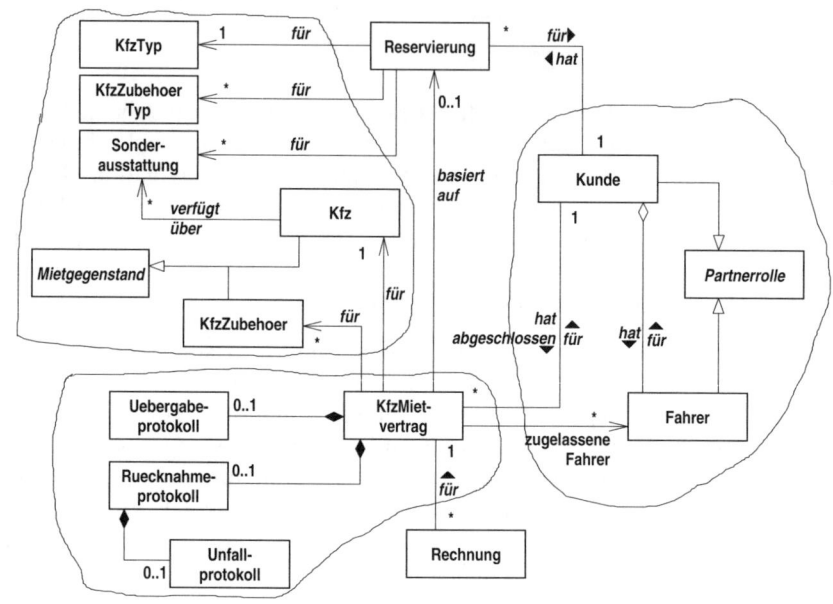

Operationen spezifizieren

Außer den Klassen werden, soweit noch nicht geschehen, die Operationen ermittelt. Wie schon bei der Identifizierung von Beziehungen kommt den während des Analysierens erarbeiteten Anwendungsfällen und den Szenarien eine besondere Aufmerksamkeit zu. Die dort beschriebenen Interaktionen zwischen den Objekten müssen sich in den Operationen widerspiegeln. Der Name einer Operation sollte nach Möglichkeit ein (aktives) Verb enthalten.

Grundlagen ⇨ 236

Beziehungen
identifizieren ⇨ 168ff.

Anwendungsfälle ⇨ 124

Geschaeftspartner
vertragAnfuegen(vertrag) apAnfuegen(ap) apEntfernen(ap) hatAp(ap):Boolean setStandardAnschriften(anschrift) getAnschriften():Set ...

Vertrag anfügen
Af2.2 ⇨ 129

Operationen für die Klasse *Geschäftspartner* wären zum Beispiel *vertragAnfuegen*, *apAnfuegen* und *apEntfernen* (ap = Ansprechpartner). Diese Operationen ergeben sich aus den Arbeitsergebnissen der Analye.

Hilfreiche Fragen beim Identifizieren der Operationen:

- Welche Serviceleistungen werden vom Objekt erwartet (z.B. Setzen einer Standardanschrift)?

- Welche Zustandsübergänge kommen für das Objekt in Frage?

Zustandsdiagramme
⇨ 310

- Wann beginnt der Lebenszyklus eines Objektes, wann endet er?

- Für welche Beziehungen zu anderen Objekten sind Zufüge- und Entfernungsoperationen notwendig (z.B. Vertrag anfügen)?

- Welche Auskünfte muß das Objekt erteilen können?

- Welche Dateninhalte sind änderbar? Datenänderungen geschehen über Operationen, welche dann u.a. auch die formale und inhaltliche Prüfung der Datenänderung übernehmen können.

Beim Ermitteln der Operationen kommt es immer wieder zu neuen Einsichten und zu einem neuen Verständnis der Beziehungen zwischen den Klassen. Assoziationen, Aggregationen und Vererbungshierarchie werden als Folge davon gegebenenfalls angepaßt.

Zu der Spezifikation einer Operation gehören:

- Signatur
  beschreibt den Namen, die Argumente und den Rückgabetyp der Operation

- Vorbedingung (pre:)
  beschreibt den Objektzustand, der vor der Ausführung der Operation gegeben sein muß.

- Nachbedingung (post:)
  beschreibt den Objektzustand, der nach der Ausführung der Operation gegeben ist.

- Invariante
  beschreibt den Objektzustand, der während der Ausführung der Operation gegeben sein muß.

- Semantik
  beschreibt kommentierend die Aufgabe und Bedeutung der Operation.

Außerdem sind für die Argumente ggf. Typprüfungen und spezielle Werteprüfungen zu spezifizieren. Diese können im Invariantenteil angegeben werden. Beispiel mit OCL-Formulierungen.

OCL ⇨327

```
setStandardanschrift(anschrift : Anschrift):Anschrift
  pre:
     (standardanschrift.isKindOf(Anschrift)) or
     (standardanschrift = null)
  post:
     (standardanschrift = anschrift) or
     (standardanschrift = null)
  invariant:
     (anschrift.isKindOf(Anschrift)) and
     (self.anschriften.includes(anschrift))
  semantik:
     Die in <anschrift> übergebene Anschrift wird zur
     Standardanschrift des Geschäftspartners.
     Im Fehlerfall wird die Standardanschrift auf null
     gesetzt.
```

Die Angabe der Vor-, Nachbedingungen und Invarianten hilft dem EntwicklerInnen der Operation und den BenutzerInnen und gibt ihnen Sicherheit. Es sind dies sozusagen die Geschäftsbedingungen für die Zusammenarbeit von Anbieter und Nutzer. Auch der Test der Operation wird dadurch einfacher.

Verzichtet man auf die Spezifikation dieser Details, so werden von Anbieter und Nutzer implizit Annahmen getroffen, ohne jedoch sicherzustellen, daß diese übereinstimmen. So wird mit dem obigen Beispiel definiert, daß das Argument *anschrift* nicht den Wert *null* haben darf. Ein Nutzer könnte sonst (ganz naiv) vielleicht auf die Idee kommen

```
setStandardanschrift(null)
```

abzusenden, um die Standardanschrift zurückzusetzen. Ein solches Zurücksetzen erlaubt die oben spezifizierte Operation jedoch nicht.

Attribute spezifizieren

Neben den Operationen sind auch die übrigen, bislang nicht berücksichtigten Attribute zu ermitteln, d.h. der Datenaspekt der Klassen wird näher betrachtet. Hierbei helfen folgende Fragen:

Grundlegendes zu
Attributen ⇨ 233

- Was muß das Objekt wissen (generell, kurzzeitig)?
- Welche Auskünfte muß das Objekt geben können?
- Mit welchen Attributen werden die Eigenschaften des Objektes beschrieben?
- Woher kommt die Information? Was passiert mit der Information im Laufe der Zeit?

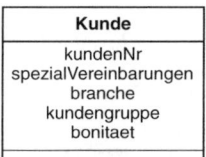

Standard-
Datenelemente

Soweit bekannt werden neben dem Namen auch die Datentypen, Initialwerte und Zusicherungen festgelegt. Neben den üblichen systemgegebenen Standard-Datenelementen wie *Integer, Date, Boolean* usw. sollten weitere, grundsätzliche, benutzerdefinierte Datentypen angelegt werden: *Personalnummer, Kundennummer, Kontonummer, DM, Plz* usw.

Die gefundenen Attribute werden nun kritisch betrachtet. Beispielsweise ist zu überlegen, ob einige Attribute nicht als eigenständige Objekte angesehen werden müssen. Die oben abgebildete Klasse *Kunde* enthält beispielsweise das Attribut *Kundengruppe* - dieses Attribut ist ein entsprechender Kandidat. Das Attribut wird zur Klasse *Kundengruppe* und *Kunde* erhält eine Beziehung zu dieser Klasse. Attribute und Objekte unterscheiden sich dadurch, daß Attribute keine eigene Identität haben und nur über Objekte ansprechbar sind. Objekte haben stets eine eigene, von allen anderen unabhängige Identität, können direkt durch andere Objekte angesprochen und verwendet werden und verfügen über Operationen. Die Fragen zum obenstehenden Beispiel lauten also:

Attribut oder
Klasse?

- Hat eine Kundengruppe eine eigenständige Identität?
- Soll die Kundengruppe nur innerhalb des Kunden ansprechbar sein oder gibt es auch andere Klassen, die direkte Beziehungen zu Kundengruppen unterhalten wollen?

Design

- Muß eine Kundengruppe spezielle, eigene Operationen bereitstellen, die über das Setzen und Lesen eines Attributes hinausgehen?
- Ist die Kundengruppe etwas, womit selbständig umgegangen wird und was beispielsweise als Navigationseinheit dient?

Sofern der letztgenannte Punkt zutrifft, würde man zu folgendem Modell gelangen:

Konsolidieren

Gemeinsamkeiten herausarbeiten

Die Attribute unter die Lupe zu nehmen, um das bisherige Modell zu konsolidieren, heißt auch, noch einmal Gemeinsamkeiten zwischen den Klassen herauszuarbeiten, Unterschiede zu verallgemeinern, abhängige und unabhängige Eigenschaften zu erkennen und die Klassen gegebenenfalls weiter zu generalisieren. Durch diese Abstraktion werden die Klassen unter Umständen universeller einsetzbar - sowohl im aktuellen Projekt als auch für spätere.

Hier einige weitere Attribut-Beispiele zu Klassen, die auf den vorangegangenen Seiten besprochen wurden.

Strassenanschrift

Attribut	Typ	Initialwert	Zusicherungen u.ä.
plz	Plz	„00000"	
ort	String	„Unbekannt"	Länge = 1..30
ortszusatz	String		Länge = 0..30
strasse	String		Länge = 1..30
hausnummer	String		Länge = 0..5

Postfachanschrift

Attribut	Typ	Initialwert	Zusicherungen u.ä.
plz	Plz	„00000"	
ort	String	„Unbekannt"	Länge = 1..30
postfach	String		Länge = 1..10

Privatperson

Attribut	Typ	Initialwert	Zusicherungen u.ä.
name	String	„OhneNamen"	Länge = 1..40
vorname	String		Länge = 0..30
titel	String		Länge = 0..20
geburtsdatum	Date		geburtsdatum < today
weiblich	Boolean	false	

Mitarbeiter

Attribut	Typ	Initialwert	Zusicherungen u.ä.
personalNr	Integer	Lfd.Nr.	personalNr = 1..99999
diktatzeichen	String		Länge = 2..4

Aktivitäten modellieren

Aktivitäten sind einzelne Schritte in einem Verarbeitungsablauf oder repräsentieren einen Teil eines Algorithmus. Das folgende Aktivitätsdiagramm
zeigt den Verarbeitungsablauf bis zur Reservierung eines Kfz.

Grundlagen ⇨ 295

In dem oberen Strang zwischen dem Splitting- und dem Synchronisations-
punkt werden die Kundenwünsche hinsichtlich der Reservierung aufgenommen und geprüft, ob ein entsprechendes Fahrzeug verfügbar ist. Ist es nicht
verfügbar, werden die Wünsche modifiziert und erneut die Verfügbarkeit geprüft. Im unteren Strang werden die Kundendaten aufgenommen. Falls der
Kunde noch nicht bekannt ist, werden seine Daten erstmalig aufgenommen.

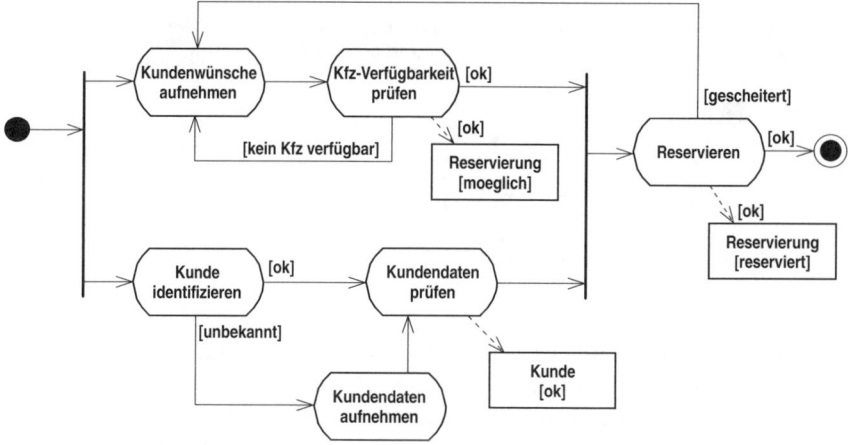

Das Aktivitätsdiagramm legt dar, daß beide Stränge durchlaufen werden müssen. An ihrem Ende ist ein Kundenobjekt mit dem Zustand *ok* vorhanden und
eine Reservierung mit dem Zustand *moeglich*. Es wird keine Aussage über
die Reihenfolge der Bearbeitung gemacht. So können zunächst die Reservierungsdaten erhoben und dann der Kunde identifiziert werden, es kann ebenso
in umgekehrter Reihenfolge passieren oder auch parallel.

Objektzustand

Am Ende steht die Aktivität *Reservieren*, d.h. der identifizierte Kunde möchte
wirklich reservieren. Falls dies nicht scheitert, weil sich zwischenzeitlich
vielleicht die Bestandsdaten geändert haben, befindet sich das Reservierungs-
objekt hinterher im Zustand *reserviert*.

Zustände modellieren

Grundlagen ⇨310

Ob und wie detailliert während des Designs Zustände modelliert werden, hängt in erster Linie davon ab, ob das Verhalten eines Objektes hierfür als ausreichend signifikant angesehen wird. Objekte, die nur 2-3 verschiedene Zustände besitzen und die die Verhaltensmöglichkeiten eines Objektes wenig beeinflussen, lassen sich meistens auch ohne Modellierung eines Zustandsdiagrammes zufriedenstellend entwerfen.

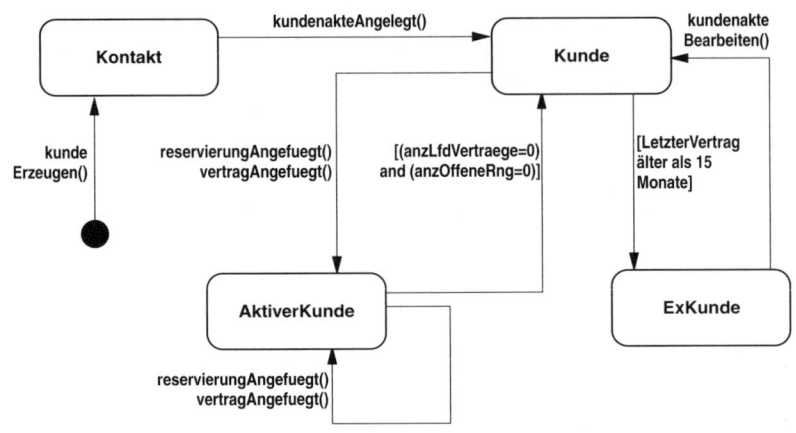

Zustandsabhängige Nachrichten

Nachrichten, die ein Objekt nur in bestimmten Zuständen interpretieren kann, rechtfertigen nur bedingt den Aufwand, Zustandsdiagramme zu erstellen. Häufig ist es ausreichend, solche Situationen unabhängig von Zustandsübergängen u.ä. zu handhaben, beispielsweise durch Zusicherung bestimmter Attributwerte. Wenn aber ein großer Teil der Nachrichten eines Objektes zustandsabhängig ist oder mehr als 1-2 Attribute zustandsbestimmend sind, empfiehlt sich eine detaillierte Modellierung der Zustandsübergänge.

Das hier abgebildete Diagramm beschreibt den Lebensweg eines Kunden. Nach dem Erzeugen eines Kundenobjekts wird dieses noch nicht als richtiger Kunde angesehen, sondern zunächst als Kontakt. Der Name und eventuell die Anschrift des Kunden sind bekannt, es wurden aber noch keine Geschäfte abgeschlossen. Bevor ein Kunde bzw. ein Kontakt ein Kfz reservieren und mieten kann, wird zunächst die Kundenakte erzeugt - diese macht ihn zum *richtigen* Kunden. Sofern aktuell Reservierungen, Vermietungen oder Rechnungen offen sind, wird der Kunde als aktiver Kunde angesehen. Kunden, die eine bestimmte Zeit nicht in Erscheinung treten, werden zu Ex-Kunden - ihre Daten werden in die Archivdatenbank übertragen.

Objektinteraktionen modellieren

Kollaborations- und Sequenzdiagramme illustrieren und detaillieren ausgewählte, d.h. zeitlich und klassenmäßig begrenzte Situationen. Sie ergeben sich unter anderem aus den Stimuli der Dialogschicht. Jede Schaltfläche löst ein Ereignis aus, zu dem in einem Kollaborations- oder Sequenzdiagramm die Verarbeitung beschrieben werden kann. Ähnliches gilt für das Erzeugen, Löschen und Ändern von Objekten oder Assoziationen.

Grundlagen

Kollaborationsdiagramme
⇨301

Sequenzdiagramme
⇨306

Der zuletzt genannte Fall, die Erzeugung einer Beziehung zwischen zwei Objekten, soll im folgenden Beispiel gezeigt werden. Auslöser ist hier die Erzeugung eines neuen Ansprechpartners für einen Kunden.

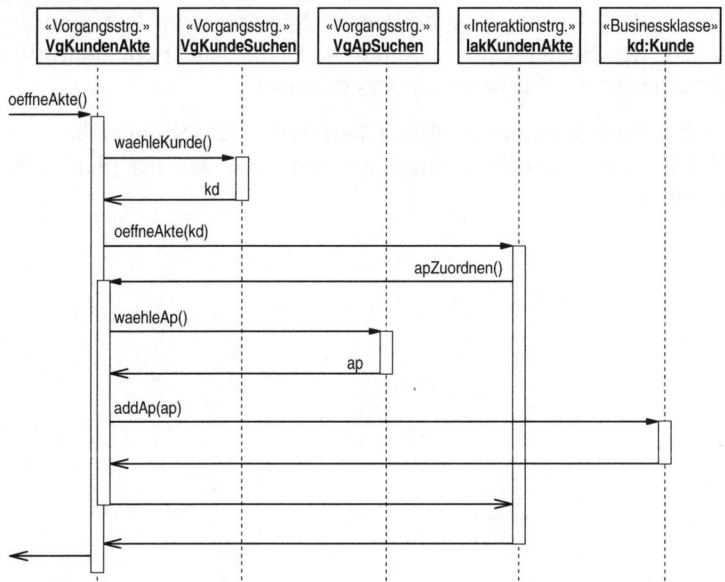

Dieses Beispiel zeigt auch die mögliche Kommunikation zwischen den einzelnen Architekturschichten. Startpunkt ist das Ereignis *oeffneAkte( )*, mit dem die Kundenakte geöffnet, d.h. auf dem Bildschirm angezeigt werden soll. Die Nachricht geht an die entsprechende Vorgangssteuerung.

Bevor die Kundenakte geöffnet werden kann, muß der Anwender zunächst einen Kunden auswählen. Die Vorgangssteuerung *VgKundenAkte* initiiert daher eine weitere Vorgangssteuerung *VgKundeSuchen*. Wie diese im Detail arbeitet, wurde hier der Einfachheit halber ausgespart. In irgendeiner Form wird dem Anwender ein Suchdialog angeboten. Ergebnis ist der ausgewählte Kunde (*kd*).

Die Vorgangssteuerung *VgKundenAkte* fordert nun von der Interaktionssteuerung das Öffnen der entsprechenden Kundenakte an. Die daraus folgende Kommunikation der Interaktionssteuerung in Richtung Dialogklassen wird hier der Einfachheit halber ebenfalls ausgespart.

Aus der Interaktionssteuerung heraus wird die Zuordnung eines Ansprechpartners angefordert (*apZuordnen()*). Hier ist anzunehmen, daß der Anwender beispielsweise eine entsprechende Schaltfläche oder ein Auswahlelement angeklickt hat.

Ähnlich wie schon bei der Kundenauswahl wird nun ein Ansprechpartner ausgewählt. Die Vorgangssteuerung *VgKundenAkte* delegiert dies an *VgAp-Suchen*.

Schließlich wird der ausgewählte Ansprechpartner (*ap*) dem Kunden zugeordnet, d.h. der Businessklasse *Kunde* wird die Nachricht *addAp(ap)* zum Anfügen eines neuen Ansprechpartners gesendet.

Der beschriebene Vorgang wird hier beispielhaft als Sequenzdiagramm dargestellt. Mit einem Kollaborationsdiagramm ließe sich der gleiche Sachverhalt darstellen.

➔Designregeln und -heuristiken

- Entwerfen Sie kohärente Operationen, d.h. Operationen, die nur eine einzelne Aufgabe erfüllen.

- Verzichten Sie auf Nebeneffekte: arbeiten Sie in Operationen nicht mit globalen Variablen u.ä. Solche Informationen sollten stattdessen als Parameter übergeben werden.

- Eine Unterklasse muß alle Attribute, Operationen und Beziehungen ihrer Oberklassen unterstützen, eine Unterdrückung dieser Eigenschaften ist zu vermeiden.

- Eine Unterklasse sollte keine Zusicherungen auf geerbte Eigenschaften ihrer Oberklasse definieren.

- Sofern geerbte Operationen überschrieben werden, sollten sie zum Verhalten der überschriebenen kompatibel sein.

- Streben Sie eine gleichmäßige Verteilung des Wissens über den Anwendungsbereich über alle Klassen an.

- Entwerfen Sie möglichst allgemeingültige Konzepte, d.h. entwerfen Sie in Hinblick auf die Schnittstellen statt auf die Implementierung.

- Client-Server-Beziehungen zwischen Klassen entwerfen (Kooperationsprinzip).

- Abhängigkeiten zwischen Klassen minimieren.

- Die Oberklasse einer abstrakten Klasse ist auch eine abstrakte Klasse.

- Maximieren Sie die innere Bindung von Klassen. Zusammengehörende Verantwortlichkeiten sind in einer Klasse zu konzentrieren.

- Minimieren Sie die äußeren Abhängigkeiten einer Klasse. Halten Sie die Anzahl der verschiedenen Verträge (Schnittstellen) mit anderen Klassen klein.

- Anstelle von Funktionsmodi sollten besser separate Operationen bereitgestellt werden.

➔Fortsetzung

➔Fortsetzung Designregeln und -heuristiken

- Vermeiden Sie indirekte Navigationen. Begrenzen Sie das Wissen einer Klasse über ihre Nachbarklassen

- Der Code für eine Operation sollte eine Seite nicht überschreiten; kehren Sie anderenfalls zu Cobol, PL/1 & Co. zurück.

- Sorgen Sie für einheitliche und treffende Namen, Datentypen und Parameterreihenfolgen.

- Trennen Sie Fachklassen und Ausprägungsklassen (Beispiel: Klasse *Kfz* mit *Seriennummer, Halter, Farbe* und Klasse *Kfz-Typ* mit *Modellnummer, Länge, Anzahl Türen* etc.).

- Finden sich in einer Operation *switch/case*-Anweisungen oder mehrere aufeinander folgende *if*-Anweisungen, ist dies ein Indikator für prozedurales Denken (sog. *Polymorphismus-Angst*).

- Berücksichtigen Sie Extremwerte (Minimum, Maximum, nil, Unsinn) und planen Sie ein robustes Verhalten in allen Situationen. Verzichten Sie möglichst auf künstliche und willkürliche Grenzen (z.B. Liste mit max. 14 Einträgen) und versuchen Sie dynamisches Verhalten zu implementieren.

- Berücksichtigen Sie frühzeitig Rückgängigfunktionen, anwenderspezifische Konfigurationen, Benutzerberechtigungskonzept, Fehlerbehandlung usw.

- Berücksichtigen Sie unternehmensspezifische und allgemeine Standards.

- Vermeiden Sie datenlastiges und datengetriebenes Design. Verhaltensgetriebenes Design hat Vorteile gegenüber einem rein datengetriebenen: Bei einem datengetriebenen Design entstehen meistens wenige zentrale Steuerungsklassen und eine hohe Kopplung der Klassen insgesamt. Bei einem verhaltensgetriebenen Design werden die Aufgaben gleichmäßiger über die Klassen verteilt, es entstehen deutlich weniger Nachrichten und die Klassen sind loser gekoppelt.

➔Einige wichtige Namenskonventionen

- Klassennamen, globale Variablen und Klassenattribute beginnen mit einem Großbuchstaben. Bei zusammengesetzten Wörtern beginnt jedes mit einem Großbuchstaben, ohne daß Unterstriche eingefügt werden.

- Attribute, temporäre Variablen, Operationen und Parameter beginnen mit einem Kleinbuchstaben. Bei zusammengesetzten Wörtern beginnen alle weiteren mit einem Großbuchstaben, ohne daß Unterstriche eingefügt werden.

- Implementierungsdetails, besonders Typangaben sollten nicht im Namen eines Bezeichners erwähnt sein.

- Namen mit semantischem Gehalt sind solchen mit Typangabe vorzuziehen (sizeOfArray statt anInteger).

- Namen von Bezeichnern sollten so gewählt sein, daß man sie innerhalb von Anweisungen wie einen Satz lesen kann.

- Operationen, die Boolean als Ergebnis zurückliefern, sollten mit dem Präfix is oder has versehen werden (isEmpty, hasPrinted).

- Namen von Operationen sollten aktive Verben und Imperative enthalten (loescheRechnung, oeffneKundenakte).

- Kommentartexte sollten aus vollständigen Sätzen bestehen und eine aktive, die Verantwortlichen nennende Sprache beinhalten (statt „Das Element wird angefügt". besser „Fügt das Element an.").

- Operationen, die den Wert eines Attributes zurückliefern, tragen den gleichen Namen wie die Variable (ohne vorangestelltes get).

- Operationen, die den Wert eines Attributes verändern, tragen den gleichen Namen wie das Attribut (ohne vorangestelltes set), der Parameter beschreibt den erwarteten Typ.

- Temporäre Variablen sollten stets nur für einen Zweck verwendet werden, anderenfalls sind mehrere Variablen zu deklarieren.

Datenbankanbindung

Persistente Objekte
⇨63

Zur Speicherung der persistenten Objekte lassen sich objektorientierte Datenbanksysteme einsetzen. Die persistenten Teile werden 1:1 in der Datenbank abgebildet. Das Laden und Speichern der Objekte geschieht weitgehend selbständig. Nicht alle objektorientierten Datenbanken unterstützen die Speicherung von Operationen - die meisten beschränken sich auf die persistenten Daten.

Objektidentität ⇨62

Objektorientierte Datenbanksysteme sind gerade erst den Kinderschuhen entwachsen. Bei sehr großen Datenmengen und bei empfindlichen Daten, man denke an die mehrere Millionen Datensätze umfassenden Bestände bei Versicherungen und Banken, wird dieses Risiko häufig gemieden. Die Daten werden dann weiterhin in bewährten relationalen Datenbanken gehalten. Auch aus Kostengründen werden bereits vorhandene Datenbanken häufig bevorzugt.

Anwendungsarchitektur
⇨138ff.

Wie jedoch bereits im Abschnitt über die Anwendungsarchitektur angedeutet, läßt sich eine implementierungsneutrale Datenbankanbindung realisieren. Einige objektorientierte Entwicklungsumgebungen bieten spezielle Werkzeuge zur Anbindung von SQL-Datenbanken (sog Mapping-Tools, Persistence-Object-Manager, Persistence-Frameworks o.ä.).

Bleibt noch die Frage, welches Datenbankschema in der darunterliegenden Datenbank beim Einsatz einer relationalen Datenbank notwendig oder sinnvoll ist. Drei grundsätzliche Alternativen gilt es zu unterscheiden:

• **Alle Objekte werden in einer einzigen Tabelle gespeichert.**
  Eine einfache Lösung. Die Datensatzlänge variiert je nach Klasse des gespeicherten Objektes - die Datenbank sollte dies effizient unterstützen. Bei großen Datenmengen bzw. zahlreichen Assoziationen kann es zu spürbaren Performanceeinbußen kommen.

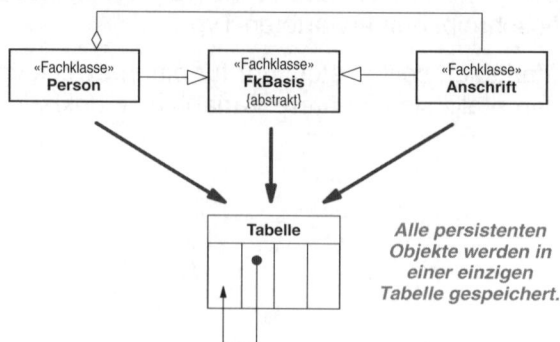

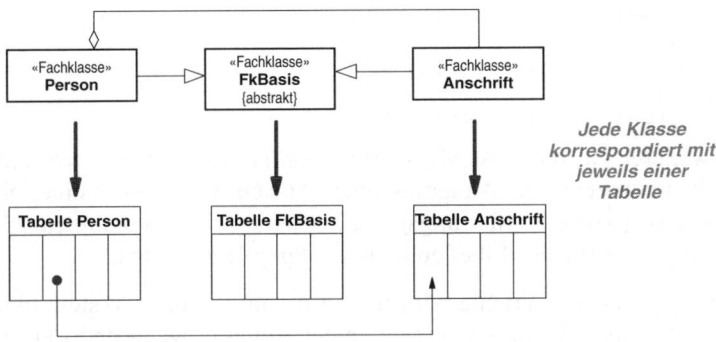

Jede Klasse korrespondiert mit jeweils einer Tabelle

- **Für jede Klasse wird eine Tabelle eingerichtet.**
  Alle Datensätze einer Tabelle haben die gleiche Länge, wodurch keine besonderen Anforderungen an die Datenbank gestellt werden. Objekte von Klassen, die über Oberklassen verfügen (was meistens der Fall ist), müssen ihre Daten aus verschiedenen Tabellen zusammensuchen. Nachteil dieser Lösung: Um ein Objekt zu laden, müssen Daten aus gegebenenfalls zahlreichen Tabellen zusammengesammelt werden. Zur Vereinfachung können entsprechende Datenbank-Views definiert werden, zum Beispiel:

```
create view Person
   as select tabPerson.*, tabFkBasis.*,
   from      tabPerson, tabFkBasis,
   where     (tabPerson.ObjId = tabFkBasis.ObjId);
```

- **Für jeden Objekttyp wird eine Tabelle eingerichtet**,
  d.h. ein Objekt wird komplett in einem Datensatz gespeichert. Für jede konkrete Klasse wird eine Tabelle eingerichtet. Um ein Objekt zu laden ist nur ein einzelner Datensatz zu lesen. Nachteil: Beim Lesen einer Menge von Objekten zu einer gemeinsamen Unterklasse oder abstrakten Klasse sind Teilmengen verschiedener Tabellen zusammenzufügen. Zur Vereinfachung können entsprechende Datenbank-Views definiert werden.

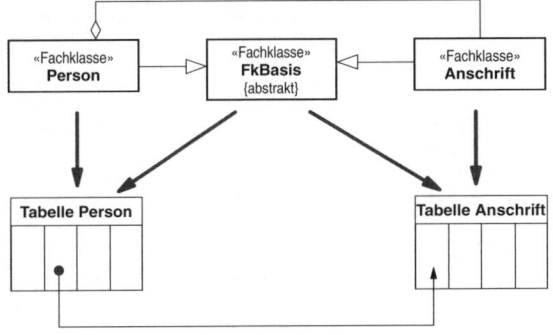

Für jede konkrete Klasse, d.h. für jeden konkreten Objekttyp existiert eine Tabelle.

```
create view Geschaeftspartner as
  select * from tabPerson
union
  select * from tabKunde
union
  select * from tabLieferant;
```

Ein weiterer Nachteil: Attribute der Oberklassen sind über verschiedene Tabellen verstreut. Die Änderung einer Attributdefinition in einer abstrakten Klasse (passiert erfahrungsgemäß seltener als in konkreten Klassen) muß in verschiedenen Tabellen redundant gepflegt werden.

Die zuletzt genannte Variante wird häufig implementiert. Sie stellt einen akzeptablen Kompromiß zwischen Implementierungsaufwand und Leistungsfähigkeit dar.

Assoziationen und Aggregationen lassen sich mit relationalen Datenbanken ebenfalls realisieren, wie folgende Abbildung andeutet. Beziehungen zwischen Objekten werden grundsätzlich über Objekt-IDs ausgedrückt. Anders als im Relationenmodell werden Dateninhalte, d.h. Attributwerte hierfür nicht verwendet.

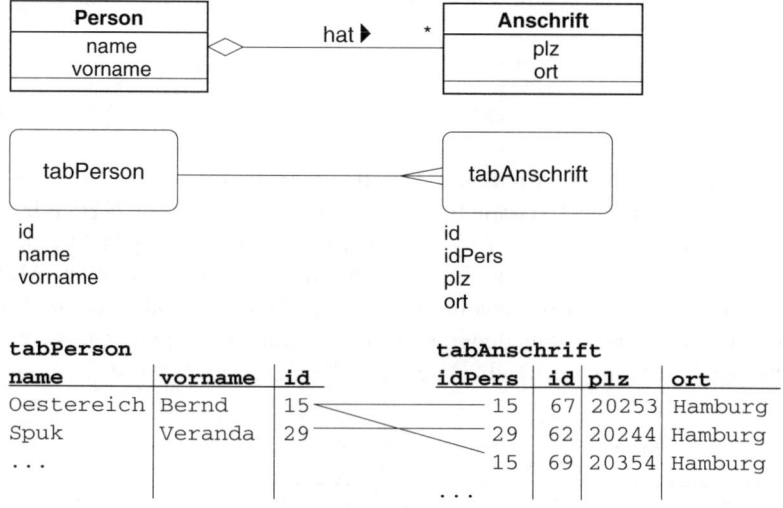

tabPerson			tabAnschrift			
name	**vorname**	**id**	**idPers**	**id**	**plz**	**ort**
Oestereich	Bernd	15	15	67	20253	Hamburg
Spuk	Veranda	29	29	62	20244	Hamburg
...			15	69	20354	Hamburg
			...			

Grundlagen der
Unified Modeling Language

**Hier werden die einzelnen Diagramme und
Modellelemente der Unified Modeling Language
detailliert erläutert.**

Dies ist die Gliederung des Buches...

Einführung		Beispiel		Unified Modeling Language						
OO für Anfänger	Vorgehens-modell	Analyse	Design	Anwen-dungsfälle	Basis-elemente	Beziehungs-elemente	Verhalten	Implemen-tierung	OCL	Anhang

und *hier befinden Sie sich.*

Einleitung

Die Unified Modeling Language (UML) ist eine Sprache und Notation zur Spezifikation, Konstruktion, Visualisierung und Dokumentation von Modellen für Softwaresysteme. Die UML berücksichtigt die gestiegenen Anforderungen bezüglich der Komplexität heutiger Systeme, deckt ein breites Spektrum von Anwendungsgebieten ab und eignet sich für konkurrierende, verteilte, zeitkritische, sozial eingebettete Systeme uvm.

Was ist die UML?

Historie ⇨ 19

Die UML in ihrer Fassung 1.3, auf die sich dieses Buch bezieht, kann als Industriestandard angesehen werden. Beinahe alle Werkzeughersteller und Autoren unterstützen die UML oder haben dies angekündigt. Die Object Management Group (OMG) hat die UML zum Standard erklärt. Erarbeitet wurde sie federführend von Grady Booch, Ivar Jacobson und Jim Rumbaugh (den „Amigos") von Rational Software. Viele andere Unternehmen, wie beispielsweise Digital Equipment, Hewlett-Packard, i-Logix, ICON-Computing, MCI Systemhouse, Microsoft, Oracle, Texas Instruments und Unisys, haben aktiv mitgewirkt und unterstützen die UML.

Wer steht hinter der UML?

Bei der UML handelt es sich um eine Sprache und Notation zur Modellierung, sie ist jedoch bewußt keine Methode. Die Amigos verkennen nicht die Bedeutung einer Methode, betrachten sie jedoch als etwas eigenständiges. Eine Methode muß die spezifischen Rahmenbedingungen des Anwendungsbereiches, des organisatorischen Umfeldes und vieles mehr berücksichtigen. Die UML kann die Basis für verschiedene Methoden sein, denn sie stellt eine definierte Menge von Modellierungskonstrukten mit einheitlicher Notation und Semantik bereit.

Warum ist die UML keine Methode?

Die in diesem Buch in den Analyse- und Design-Kapiteln zugrundeliegende Methode ist anwendungsfallgetrieben, architekturzentriert und evolutionär und hat die Entwicklung interaktiver, betrieblicher Informationssysteme im Blick, wie sie vor allem in Dienstleistungs- und Handelsunternehmen anzutreffen sind. Auch die folgenden Erläuterungen zur UML sind davon geprägt. Dadurch liegt auf einigen Elementen, beispielsweise den Verteilungsdiagrammen, weniger Aufmerksamkeit.

Welche Methode wird hier angewendet?

Fokus dieses Kapitels

Die UML enthält eine Vielzahl von Modellelementen und -details. Um den Einstieg ins Thema zu erleichtern, sind spezielle sowie in der Praxis weniger bedeutende Elemente der UML als „*UML advanced*" gekennzeichnet. Um einen komprimierten und einfachen Einstieg zu bieten, wurde außerdem das Metamodell der UML nicht thematisiert.

advanced

Diagrammtypen

Im folgenden werden alle Modellelemente der UML detailliert erläutert. Sie werden gegliedert nach den Diagrammtypen, in denen sie verwendet werden, vorgestellt. Einige Elemente können in verschiedenen Diagrammen enthalten sein; sie werden jeweils im Kontext des Diagramms erörtert, in dem sie primär anzutreffen sind.

Folgende Diagrammtypen existieren:

Beispiel ⇨215

- **Anwendungsfalldiagramm**
  zeigt Akteure, Anwendungsfälle und ihre Beziehungen.

Beispiel ⇨264

- **Klassendiagramm**
  zeigt Klassen und ihre Beziehungen untereinander.

- **Verhaltensdiagramme**

Beispiel ⇨299

  - **Aktivitätsdiagramm**
    zeigt Aktivitäten, Objektzustände, Zustände, Zustandsübergänge und Ereignisse.

Beispiel ⇨305

  - **Kollaborationsdiagramm**
    zeigt Objekte und ihre Beziehungen inklusive ihres räumlich geordneten Nachrichtenaustausches.

Beispiel ⇨308

  - **Sequenzdiagramm**
    zeigt Objekte und ihre Beziehungen inklusive ihres zeitlich geordneten Nachrichtenaustausches.

Beispiel ⇨311

  - **Zustandsdiagramm**
    zeigt Zustände, Zustandsübergänge und Ereignisse.

- **Implementierungsdiagramme**

Beispiel ⇨322

  - **Komponentendiagramm**
    zeigt Komponenten und ihre Beziehungen.

Beispiel ⇨323

  - **Verteilungsdiagramm**
    zeigt Komponenten, Knoten und ihre Beziehungen.

Anwendungsfalldiagramm

**Die Elemente der Unified Modeling Language
zur Darstellung von Anwendungsfalldiagrammen
werden hier detailliert erläutert.**

Dies ist die Gliederung des Buches...

Einführung		Beispiel		Unified Modeling Language						
OO für Anfänger	Vorgehens-modell	Analyse	Design	Anwen-dungsfälle	Basis-elemente	Beziehungs-elemente	Verhalten	Implemen-tierung	OCL	Anhang

und hier befinden Sie sich.

205

Anwendungsfall

Verwandte Begriffe: engl. *Use case*, Nutzungsfall, Szenario, Skript.

Der Begriff *Use Case* ist auch im deutschen Sprachraum verbreitet, d.h. er wird häufig nicht übersetzt. Sofern er übersetzt wird, ist *Anwendungsfall* der übliche Begriff.

Definition

Ein Anwendungsfall beschreibt eine Menge von Aktivitäten eines Systems aus der Sicht seiner Akteure, die für die Akteure zu einem wahrnehmbaren Ergebnis führen. Ein Anwendungsfall wird stets durch einen Akteur initiiert. Ein Anwendungsfall ist ansonsten eine komplette, unteilbare Beschreibung.

Beschreibung

Ein Anwendungsfall die für diesen ist die Beschreibung einer typischen Interaktion zwischen dem Anwender und dem System, d.h. er stellt das externe Systemverhalten in einer begrenzten Arbeitssituation aus der Sicht des Anwenders dar. Er beschreibt Anforderungen an das System, d.h. *was* es leisten muß, aber nicht *wie* es dies leisten soll. Ein Anwendungsfall kann verschiedene Varianten umfassen. Eine ganz spezielle Ausprägung eines Anwendungsfalles wird Szenario genannt. Ein Anwendungsfall beschreibt eine Menge möglicher Szenarien. Der Kontext eines Anwendungsfalls ist normalerweise begrenzt durch das, was ein Benutzer in einem Arbeitsgang an einem Anwendungssystem macht, um einen Geschäftsvorfall aus einem Geschäftsprozeß zu bearbeiten.

Geschäftsprozesse, Geschäftsvorfälle

Die obige Definition gilt für jeden Anwendungsfall, d.h. bei der Zerlegung eines Anwendungsfalles in mehrere kleinere ist zu beachten, daß jeder Anwendungsfall diesen Anforderungen genügt. Anwendungsfälle, die nicht von einem Akteur angestoßen werden oder zu keinem für den Akteur wahrnehmbaren Ergebnis führen sind falsch oder unvollständig. Anwendungsfälle sind nicht zur funktionalen Zerlegung eines Systems zu gebrauchen.

Granularität beachten

Keine funktionale Zerlegung!

Ein Anwendungsfall beschreibt einen typischen Arbeitsablauf. Der Ablauf setzt sich aus (meistens durchnumerierten) Einzelschritten zusammen. Die Einzelschritte werden häufig auch Aktivitäten genannt. Da es sich um eine rein textuelle Beschreibung handelt, können Abhängigkeiten zwischen den Einzelschritten nur sehr umständlich notiert werden. Häufig ist beispielsweise die im Anwendungsfall vorliegende Reihenfolge der Einzelschritte zwar ty-

Anwendungsfalldiagramm

pisch, aber nicht unumstößlich. Manche Einzelschritte werden in bestimmten Situationen vielleicht übersprungen. Solche Zusammenhänge lassen sich textuell nur mit hohem Aufwand beschreiben und bleiben dennoch im Text versteckt.

Eine grafische Beschreibung solcher Abläufe ist einfacher zu erstellen und zu verstehen. Deswegen werden Anwendungsfalldiagramme häufig durch Verhaltensdiagramme detailliert und illustriert. Beispielsweise durch Aktivitätsdiagramme und in bestimmten Fällen auch durch Sequenz-, Kollaborations- oder Zustandsdiagramme. Dies geschieht dann meistens im Hinblick auf das Design, d.h. zur Beschreibung oder Erforschung des aus dem Anwendungsfall resultierenden notwendigen internen Systemverhaltens.

Anwendungsfälle lassen sich außerdem gut durch Dialogentwürfe oder -prototypen illustrieren. Dies ist für die Anwender und Fachabteilungen interessanter: die Abläufe werden veranschaulicht und wesentlich konkreter kommuniziert, wodurch sich eine weitere Möglichkeit zur Validierung der Anwendungsfälle ergibt.

Die Zusammenhänge zwischen verschiedenen Anwendungsfällen können in Anwendungsfalldiagrammen dargestellt werden. Aktivitätsdiagramme lassen sich grundsätzlich auch anwendungsfallübergreifend verwenden.

Notation

Ein Anwendungsfall wird grafisch dargestellt durch eine Ellipse, die den Namen des Anwendungsfalles trägt.

Zu jeder Ellipse existiert ein Text, der den Anwendungsfall genauer beschreibt. Bei den Texten kann es sich um stichwortartige Beschreibungen

Af.-Nr.	**Name des Anwendungsfalles**
	Akteure: ...
	Vorbedingungen: ...
	Nachbedingungen: ...
	Invarianten: ...
	Nicht-funktionale Anforderungen: ...
	Ablaufbeschreibung: ...
	Ausnahmen, Fehlersituationen: ...
	Variationen: ...
	Regeln: ...
	Services:
	Ansprechpartner: ...
	Anmerkungen/offene Fragen: ...
	Dialogbeispiele, Referenzen: ...
	Diagramme: ...

oder um ausführlichere Darstellungen handeln. Die Texte können formlos sein, es empfiehlt sich aber eine inhaltliche Strukturierung.

Die Anwendungsfälle tragen einen jeweils eindeutigen Namen und können zusätzlich numeriert werden, um sie in Diagrammen und in ihrer Textform schnell zu identifizieren und zuzuordnen. Hier eine Beispielstruktur für einen Anwendungsfall:

- Akteure
  Am Anwendungsfall beteiligte Akteure (Rollen). Dies entspricht den in Anwendungsfalldiagrammen notierten Beziehungen zwischen einem Anwendungsfall und Akteuren.

Akteure ⇨212

- Vorbedingungen
  Zustand des Systems, bevor der Anwendungsfall eintritt.

- Nachbedingung
  Zustand des Systems, nachdem der Anwendungsfall erfolgreich durchlaufen wurde.

- Invarianten
  Bedingungen, die im Rahmen des Anwendungsfalles stets erfüllt sein müssen.

- Nicht-funktionale Anforderungen
  Zusicherungen, die für Design und Realisierung wichtig sind, Plattform- und Umgebungsvoraussetzungen, qualitative Aussagen, Antwortzeitanforderungen, Häufigkeitsschätzungen, Prioritäten etc.

- Ablaufbeschreibung
  Beschreibung des Anwendungsfalles, ggf. gegliedert in numerierte Einzelpunkte. Dies ist der eigentlich Kern eines Anwendungsfalles.

- Ausnahmen, Fehlersituationen
  Beschreibung der Ausnahme- und Fehlersituationen, die im Rahmen des Anwendungsfalles auftreten können. Damit sind keine technischen Fehler gemeint, sondern fachliche. Beispielsweise, wenn dem Anwender die Berechtigung fehlt, Eingabefelder nicht plausibel gefüllt werden können u.ä.

- Variationen
  Abweichungen und Ausnahmen zum Normalablauf und Beschreibung der alternativen Abläufe für diese Fälle.

- Regeln
  Geschäftsregeln, fachliche Abhängigkeiten, Gültigkeits- und Validierungsregeln usw., die im Rahmen des Ablaufes von Bedeutung sind. Häufig sind Aktivitätsdiagramme eine geeignetere Alternative zur Beschreibung solcher Zusammenhänge.

- Services
  Liste von Operationen und ggf. Objekten, die im Rahmen des Ablaufes benötigt werden (dient zur Überleitung ins Klassendesign).

- Ansprechpartner, Sitzungen
  Liste der Personen, mit denen der Anwendungsfall erarbeitet bzw. durchgesprochen wurde, wann diese Sitzungen stattfanden etc. Ggf. mit welchen Personen noch zu sprechen ist, welche Rollen/Funktionen die Beteiligten einnehmen usw.

- Anmerkungen/offene Fragen
  Hier ist beispielsweise Platz zur Dokumentation von wichtigen Entwurfsentscheidungen. Gelegentlich existieren verschiedene konkurrierende Entwürfe für einen Anwendungsfall. Dann sollte man die Gründe, die zur Entscheidung für eine der Alternativen führte, kurz festhalten, sonst beginnt man später noch einmal mit der Diskussion, ob nicht die andere Alternative die bessere wäre [...].

- Dokumente, Referenzen, Dialogbeispiele oder -muster
  Beispieldialoge, Bildschirmkopien, Dialogprototypen, Druck- und Formularbeispiele, Anleitungen, Handbücher und alle anderen Materialien, die den Anwendungsfall veranschaulichen und die in den Gesprächen mit den AnwenderInnen etc. verwendet wurden oder zum Kontext gehörten.

- Diagramme
  Sequenz- und Kollaborationsdiagramme, die das aus dem Anwendungsfall resultierende oder das hierfür notwendige interne Systemverhalten darstellen. Klassendiagramme, die die sich aus dem Anwendungsfall ergebende oder damit korrespondierende statische Modellstruktur zeigen. Aktivitäts- und Zustandsdiagramme, die die systeminternen Abhängigkeiten und Zustandsänderungen im Zusammenhang mit diesem Anwendungsfall darstellen.

Beispiel

Das weiter hinten abgebildete Anwendungsfalldiagramm zeigt die Teile des Geschäftsprozesses *Zeitschriftenumlauf*. Folgende Anwendungsfälle gehören u.a. dazu:

Anwendungsfalldiagramm ⇨ 218

Beispiel ⇨ 133

Af2	**Markierte Artikel registrieren**
	Ablauf: 1. Zeitschriftenexemplar auswählen 2. Titel, Autor(en), Schlagworte und Kurzbeschreibung des zu registrierenden Artikels eingeben. 3. Speichern.

Anmerkungen:
„Zeitschriftenexemplar": Gemeint sind hier der Name der
Zeitschrift und die Angabe der Heft-Nr. oder des Erschei-
nungsdatums

...

Af3   **Umlaufzettel erstellen**

Ablauf:
1. Aus der Liste der abonnierten Zeitschriften eine
   auswählen
2. Schaltfläche *Drucken* betätigen

Varianten:
2a   Es existiert nur ein einziger Leser, der gleichzeitig der
      Auswerter ist.
      Es wird eine entsprechende Meldung angezeigt und
      kein Umlaufzettel gedruckt.

Explorative Prototypen

Explorative Prototypen sind ein nützliches Hilfsmittel bei der Anwendungsfallanalyse. Um gemeinsam mit den AnwenderInnen die Anforderungen an
das zukünftige System zu erheben, reichen Anwendungsfalldiagramme und
-beschreibungen oftmals nicht aus. In vielen Situationen ist die Kommunikation wesentlich einfacher, wenn sie auf einem konkreten Bildschirmdialog
basiert.

Vgl. ⇨149

Anstelle von Dialogprototypen können auch Formulare, Druckmuster und
anderes Anschauungsmaterial eingesetzt werden.

Explorative Prototypen illustrieren Anwendungsfallbeschreibungen und dienen als Kommunikationsgrundlage. Nähere Erläuterungen finden Sie im
Analyse-Kapitel ab Seite 146.

Akteure

Verwandte Begriffe: engl. *Actor*, Beteiligter, Ereignis, Externes System, Dialog, engl. *Boundary, Control, Entity*.

Definition

Ein Akteur ist eine außerhalb des Systems liegende Klasse, die an der in einem Anwendungsfall beschriebenen Interaktion mit dem System beteiligt ist. Akteure nehmen in der Interaktion gewöhnlich eine definierte Rolle ein. Ein Akteur ist eine stereotypisierte Klasse.

Beschreibung

Akteure = Rollen

Akteure sind beispielsweise die AnwenderInnen des Systems. Bei den Akteuren werden allerdings nicht die beteiligten Personen unterschieden, sondern ihre Rollen, die sie im Kontext des Anwendungsfalls einnehmen. Wenn also eine Person in mehreren Rollen auftritt (z.B. *Kundenberatung* und *Antragsannahme*), werden auch mehrere entsprechende Akteure im Anwendungsfalldiagramm notiert.

Über die Akteure sollte man sich im Zweifelsfall nicht zu viele Gedanken machen, sie sind vor allem ein Hilfsmittel, um zu den Anwendungsfällen zu gelangen.

Ereignisse
Externe Systeme

Außer Akteuren können auch zeitliche Ereignisse, Dialoge, externe Systeme und externe passive Objekte (sog. Entitäten) aufgeführt werden, wenn diese an dem Anwendungsfall beteiligt sind.

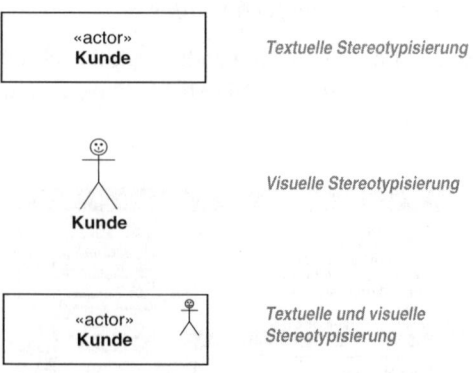

212

Notation, Beispiel

Die Akteure können in verschiedener Weise dargestellt werden: als textuelles Stereotyp, als visuelles Stereotyp oder in einer gemischten Form. Siehe Abbildung auf der vorigen Seite.

Weitere Beispiele ⇨ 127

Außer den Akteuren können auch noch andere Beteiligte notiert werden. Folgende weitere Stereotypen sind in der UML hierfür vordefiniert:

Stereotypen ⇨ 240

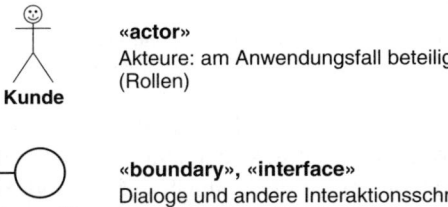

«actor»
Akteure: am Anwendungsfall beteiligte Personen
(Rollen)

«boundary», «interface»
Dialoge und andere Interaktionsschnittstellen

«control»
Controler steuern die Interaktionen zwischen
verschiedenen Objekten.

«entity»
Passive Objekte, die innerhalb von Anwendungsfällen benötigt werden (existieren gewöhnlich unabhängig vom Anwendungsfall)

Akteure beschreiben die Rollen der am Anwendungsfall Beteiligten. Diese Rollen können generalisiert bzw. spezialisiert werden.

Die folgende Abbildung zeigt die hierarchische Gliederung (Generalisierung bzw. Spezialisierung) von Akteuren. In diesem Beispiel werden *Sachbearbeiter* in einer Versicherung unterschieden in *Hausratversicherungsbearbeiter*, *Kfz-Versicherungsbearbeiter* und *Außendienstmitarbeiter*. Generalisierung bzw. Spezialisierung wird wie bei den entsprechenden Beziehungen zwischen Klassen dargestellt.

213

| Anwendungsfalldiagramm |

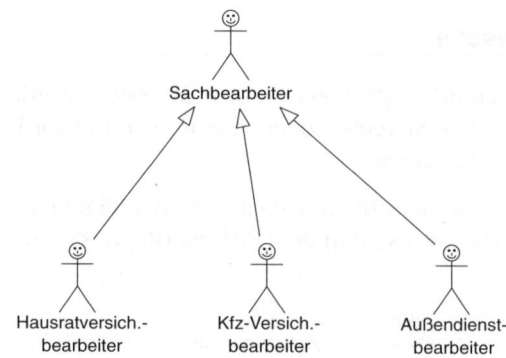

Da Anwendungsfälle dazu verwendet werden, die Anforderungen an das System in Form typischer Abläufe aus Anwendersicht aufzunehmen, ist die Akzeptanz und Verständlichkeit der verwendeten Symbole und Konzepte entscheidend. In der Praxis kann es daher sinnvoll sein, einfachere oder eingängigere Darstellungen zu benutzen, wie sie beispielsweise in der folgenden Abbildung gezeigt werden.

Akteur   **Externes System**   **Zeitereignis**

Anwendungsfalldiagramm

Verwandte Begriffe: engl. *Use case diagram*, Nutzungsfalldiagramm, Use-Case-Diagramm.

Definition

Ein Anwendungsfalldiagramm zeigt die Beziehungen zwischen Akteuren und Anwendungsfällen.

Beschreibung

Ein Anwendungsfalldiagramm beschreibt die Zusammenhänge zwischen einer Menge von Anwendungsfällen und den daran beteiligten Akteuren. Es bildet somit den Kontext und eine Gliederung für die Beschreibung, wie mit einem Geschäftsvorfall umgegangen wird.

Geschäftsprozesse, Geschäftsvorfälle

Ein Geschäftsvorfall ist beispielsweise die schriftliche Schadensmeldung eines Hausrat-Versicherten. Der Geschäftsprozeß (z.B. „Schadensmeldung Hausrat") beschreibt den gesamten Ablauf, um ein solches Ereignis zu verarbeiten. Der Geschäftsprozeß enthält dabei unter Umständen auch Aktivitäten, die nicht direkt durch Software bzw. die zu entwickelnde Anwendung unterstützt werden (z.B. „Besichtigung des Schadenortes durch einen Sachverständigen").

Anwendungsfälle beschreiben gewöhnlich nur die Aktivitäten, die durch die zu entwickelnde Software unterstützt werden sollen, und deren Berührungspunkte zum Umfeld dieser Software. Alle Anwendungsfälle zusammen bilden ein Modell, das die Anforderungen an das externe Verhalten des Gesamtsystems beschreibt. Was genau einen Anwendungsfall ausmacht, wird im nächsten Abschnitt detailliert beschrieben.

Beispiel ⇨126ff.

Erläuterung
Anwendungsfälle ⇨207

Kein Ablaufdiagramm

Zu beachten ist, daß Anwendungsfälle primär keinen Designansatz darstellen und nicht das interne Verhalten des zukünftigen Systems beschreiben, sondern ein Hilfsmittel zur Anforderungsermittlung sind. Anwendungsfälle sollten nicht zur funktionalen Dekomposition verwendet werden, sie sind keine Ablaufdiagramme, Datenflußdiagramme oder Funktionenmodelle.

Anwendungsfälle sind vor allem dazu da, die Kommunikation mit den zukünftigen Anwendern, dem Auftraggeber, der Fachabteilung o.ä. zu unterstützen. Anwendungsfälle beschreiben das externe Systemverhalten, d.h. *was* das System leisten soll. *Wie* dieses entsteht, d.h. welches Systemdesign und

Anwendungsfalldiagramm

welche Realisierung zu diesem äußeren Systemverhalten beiträgt, darüber treffen die Anwendungsfälle keine Aussage.

Notation

Ein Anwendungsfalldiagramm enthält eine Menge von Anwendungsfällen, die durch einzelne Ellipsen dargestellt werden und eine Menge von Akteuren und Ereignissen, die daran beteiligt sind (Akteure). Die Anwendungsfälle sind durch Linien mit den beteiligten Klassen verbunden. Ein Rahmen um die Anwendungsfälle symbolisiert die Systemgrenzen.

include
extend
advanced

Anwendungsfalldiagramm

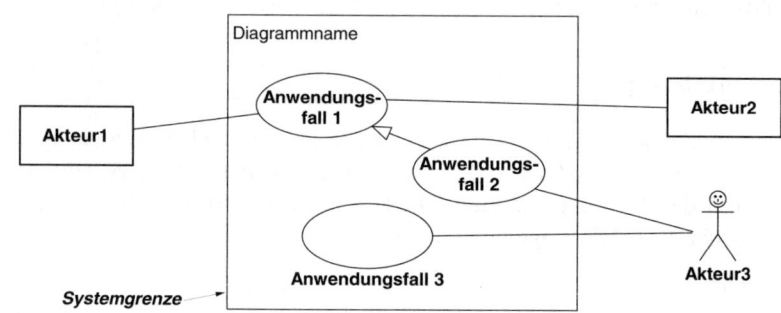

In der UML sind drei Arten von Beziehungen zwischen Anwendungsfällen definiert:

- **«include»**
  Mit der «include»-Beziehung (ersetzt die «uses»-Beziehung aus UML 1.1) läßt sich darstellen, daß innerhalb eines Anwendungsfalles ein anderer Anwendungsfall vorkommt. Dieses Konstrukt eignet sich also offensichtlich dazu, Abschnitte, die in mehreren Anwendungsfällen gleichermaßen vorkommen, zu extrahieren, um so Redundanz zu vermeiden.

Stereotypen ⇨ 240

- **«extend»**
  Mit der «extend»-Beziehung hingegen läßt sich ausdrücken, daß ein Anwendungsfall unter bestimmten Umständen bzw. an einer bestimmten Stelle (dem sog. Erweiterungspunkt, engl. *extension point*) durch einen anderen erweitert wird. Die «extends»-Beziehung aus UML 1.1 hatte im übrigen eine etwas andere Bedeutung. Sie zeigte auf einen Anwendungsfall, der einen anderen erweitert. Jetzt hingegen zeigt der Anwednungsfall der die Erweiterung darstellt auf den zu erweiternden Anwendungsfall. Außerdem kann durch die Angabe des Erweiterungspunktes präzise die Stelle beschrieben werden, an der der Erweiterungsfall eingebunden werden soll.

216

Die Erweiterung kann von einer Bedingung abhängig gemacht werden, die als Zusicherung neben der «extend»-Beziehung oder am Erweiterungspunkt zu notieren ist. Somit ist die «extend»-Beziehung geeignet

– optionales Systemverhalten hervorzuheben

– optionales Systemverhalten vom Standardverhalten zu trennen

– die Bedingungen der Optionalität zu dokumentieren

- **Generalisierung**

  Generalisierung ⇨ 261

  Mit der Generalisierung können Unter-Anwendungsfälle von den Ober-Anwendungsfällen Verhalten und Bedeutung erben, analog zur Generalisierungsbeziehung zwischen Klassen. D.h. Unter-Anwendungsfälle können das geerbte Verhalten partiell überschreiben und weiteres Verhalten hinzufügen. Abstrakte Anwendungsfälle, d.h. solche die konkret nicht vorkommen würden, sind nicht vorgesehen.

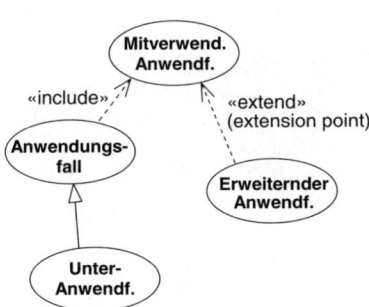

Die Stereotypen *«include»* und *«extend»* sind nützliche, aber entbehrliche Modellkonstrukte, die häufig dazu verleiten, Anwendungsfälle haarklein funktional zu zerlegen. Manche ModelliererInnen verzichten daher darauf. Siehe hierzu auch die Ausführungen im folgenden Beispielabschnitt.

217

Anwendungsfalldiagramm

Beispiel

Das abgebildete Anwendungsfalldiagramm zeigt die Teile des Geschäftsprozesses *Zeitschriftenumlauf* in einem Unternehmen, die durch Software unterstützt werden sollen. Jede neu eintreffende Zeitschrift wird zunächst von der Bibliothek registriert. Anschließend wird sie von einem Mitarbeiter inhaltlich ausgewertet. Die vom Auswerter für interessant befundenen Beiträge werden in Kurzform erfaßt. Anschließend kreist die Zeitschrift zum Lesen in der Mitarbeiterschaft, was im hier abgebildeten Anwendungsfalldiagramm nicht be-

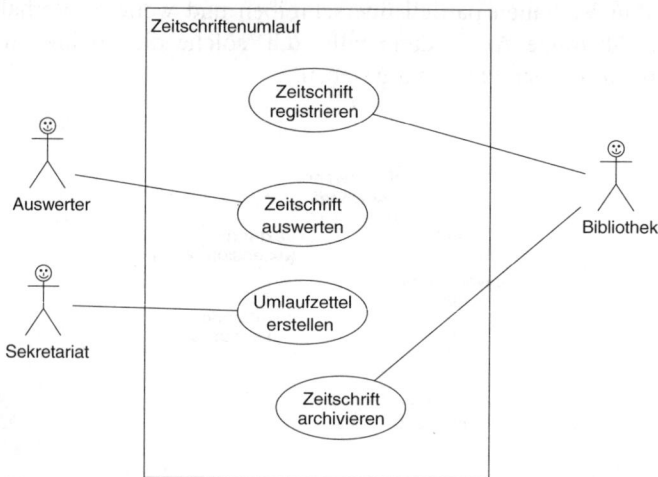

rücksichtigt ist, da dies nicht durch das zu entwickelnde System zu unterstützen ist. Für den Zeitschriftenumlauf ist jedoch ein Umlaufzettel zu erstellen. Der Umlaufzettel wird an die Zeitschrift geheftet und enthält die Namen der Mitarbeiter, die diese Zeitschrift lesen. Die Erstellung des Umlaufzettels soll vom System unterstützt werden. Abschließend, d.h. sobald der letzte Leser die Zeitschrift an die Bibliothek zurückgegeben hat, wird sie durch die Bibliothek archiviert.

«include» und «extend»

Das folgende Beispiel zeigt die Verwendung von *«include»* und *«extend»* und deutet gleichzeitig auf die damit verbundenen Schwierigkeiten hin.

Das Beispiel zeigt den Anwendungsfall *Vertrag schließen*, der unter anderem den Anwendungsfall *Kunde identifizieren* mitbenutzt. *Kunde identifizieren* wird auch in verschiedenen anderen Kontexten verwendet und existiert deshalb als eigener Anwendungsfall. Innerhalb des Anwendungsfalles *Kunde identifizieren* wird in bestimmten Fällen außerdem der Anwendungsfall *Kunde neuanlegen* verwendet, nämlich immer dann, wenn der Kunde im Kundenbestand noch nicht enthalten ist und neuangelegt werden muß.

Anwendungsfalldiagramm

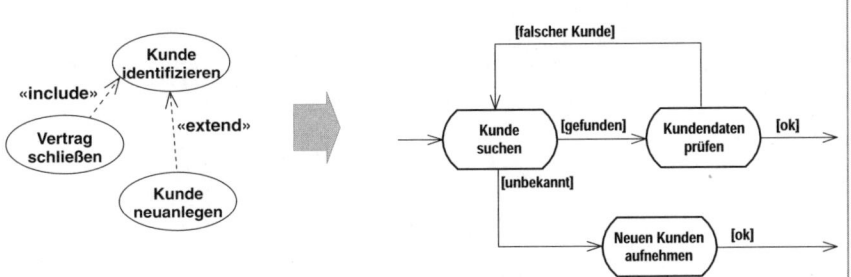

Zusammenhänge zwischen Anwendungsfällen

Das Anwendungsfalldiagramm zeigt zwar sehr allgemein die Verbindungen zwischen den drei Anwendungsfällen, beschreibt aber keinerlei Details. Man sieht beispielsweise, daß der Anwendungsfall *Kunde identifizieren* irgendwie durch *Kunde neuanlegen* erweitert wird, aber nicht wie. Das nebenstehende Aktivitätsdiagramm beschreibt diesen Zusammenhang sehr viel konkreter.

Wie die einzelnen Anwendungsfälle zusammenhängen, d.h. die anwendungsfallübergreifende Beschreibung von Abläufen, ließe sich zwar textuell innerhalb der Anwendungsfallbeschreibungen notieren, es wäre aber wenig anschaulich. Aktivitätsdiagramme vermitteln solche Zusammenhänge visuell und damit einfacher.

Aktivitätsdiagramm ⇨ 295

Mit *«include»* und *«extend»* können also Zusammenhänge angedeutet werden, die Aussagekraft dieser Elemente ist aber sehr gering. Viele ModelliererInnen verzichten deswegen auf *«include»* und *«extend»*.

Weitere Anwendungsfall-Beispiele ⇨ 126ff.

220

Klassendiagramm (Basiselemente)

Die einzelnen Basiselemente der Unified Modeling Language zur Darstellung von Klassendiagrammen werden hier erläutert - jeweils gegliedert in Definition, Beschreibung, Notation und Beispiel.

Dies ist die Gliederung des Buches...

Einführung		Beispiel		Unified Modeling Language							Anhang
OO für Anfänger	Vorgehens-modell	Analyse	Design	Anwendungsfälle	Basiselemente	Beziehungselemente	Verhalten	Implementierung	OCL		

und   hier befinden Sie sich.

Klasse

Verwandte Begriffe: engl. *Class*, Typ, Objektfabrik

Definition

Eine Klasse ist die Definition der Attribute, Operationen und der Semantik für eine Menge von Objekten. Alle Objekte einer Klasse entsprechen dieser Definition.

Objekte ⇨231

Attribute ⇨233
Operationen ⇨236

Beschreibung

Häufig wird anstelle von *Klasse* auch der Begriff *Typ* verwendet, wobei zu beachten ist, daß Typ die allgemeinere Bezeichnung ist. Eine Klasse enthält die Beschreibung der Struktur und des Verhaltens von Objekten, die sie erzeugt oder mit ihr erzeugt werden können. Objekte werden von Klassen produziert und sind die in einer Anwendung agierenden Einheiten. Die Definition einer Klasse setzt sich aus Attributen und Operationen zusammen. Das Verhalten eines Objektes wird beschrieben durch die möglichen Nachrichten, die es verstehen kann. Zu jeder Nachricht benötigt das Objekt entsprechende Operationen. Nachricht und Operation werden häufig synonym verwendet, obwohl dies nicht richtig ist.

Typ ⇨356

Unterschied
Nachricht/Operation
⇨54

Neben den Attributen und Operationen beinhaltet eine Klasse auch die Definition eventueller Zusicherungen, Eigenschaftswerte und Stereotypen.

Zusicherungen ⇨245
Eigenschaftswerte
⇨250
Stereotypen ⇨240

Notation

Klassen werden durch Rechtecke dargestellt, die entweder nur den Namen der Klasse (fettgedruckt) tragen oder zusätzlich auch Attribute und Operationen. Dabei werden diese drei Rubriken - Klassenname, Attribute, Operationen - jeweils durch eine horizontale Linie getrennt. Klassennamen beginnen mit einem Großbuchstaben und sind Substantive im Singular (Sammlungsklassen u.ä. ggf. im Plural).

Attribute werden mindestens mit ihrem Namen aufgeführt und können zusätzlich Angaben zu ihrem Typ (d.h. ihrer Klasse), einen Initialwert und eventuelle Eigenschaftswerte und Zusicherungen enthalten.

Basiselemente

Operationen werden ebenfalls mindestens mit ihrem Namen, zusätzlich durch ihre möglichen Parameter, deren Klasse und Initialwerte sowie eventuellen Eigenschaftswerte und Zusicherungen notiert.

In der obersten Rubrik (Klassenname) stehen oberhalb des Klassennamens in doppelten Winkelklammern die Klassen-Stereotypen (z.B. *«Fachklasse»*) und unterhalb des Klassennamens stehen in geschweiften Klammern die Eigenschaftswerte (z.B. „{abstrakt}"). Dem Klassennamen kann der Name eines Paketes vorangestellt werden, wobei zwei Doppelpunkte den Paket- und den Klassennamen trennen.

Abstrakte Klassen
⇨228

Attribute ⇨233
Operationen ⇨236

Beispiel

Pakete ⇨257

Eine Klasse *Kreis* würde beispielsweise die Attribute *radius* und *position* sowie die Operationen *anzeigen(), entfernen(), setPosition(pos)* und *setRadius (neuerRadius)* beinhalten. Ein Paketname ist in der Abbildung nicht angegeben, mit dieser Angabe könnte es aber zum Beispiel *Grafik::Kreis* lauten. Die Zusicherung *{radius > 0}* fordert, daß der Wert des Attributes *radius* stets größer 0 sein muß. Ein Kreis mit einem negativen Radius oder mit dem Radius = 0 ist nicht zulässig. Die Angabe des Initialwertes *(10, 10)* für das Attribut *mittelpunkt* bedeutet, daß beim Erzeugen eines Exemplars der Wert des Attributes hiermit vorbesetzt wird.

Stereotypen ⇨252

Einige Programmiersprachen unterstützen die Einteilung von Attributen und Operationen in sogenannte Kategorien, siehe hierzu das Beispiel im Abschnitt über Stereotypen.

Metaklasse

In Smalltalk (sowie CLOS) sind auch Klassen nur Objekte, d.h. dort können auch an Klassen Nachrichten gesendet werden und sie können (Klassen-) Attribute beinhalten. In C++ können Klassenattribute und -operationen nachgebildet werden, in dem sie als *statisch* deklariert werden. Klassen können in C++ jedoch nicht wie Objekte behandelt werden. Ein Beispiel für eine Klassennachricht bzw. eine Klassenoperation ist *new*, mit der ein neues Exemplar einer Klasse erzeugt wird. Smalltalk-Beispiele:

Klassenoperationen
Näheres ⇨237

```
neuesObjekt:= Klasse new.
einMitarbeiter:= Mitarbeiter new.
```

Die Klassen für die Klassenobjekte werden Metaklassen genannt und ähnlich wie eine normale Klasse mit dem Stereotyp *«metaclass»* notiert.

Stereotypen ⇨240

```
«metaclass»
KundeClass
```

Klassen sind in Smalltalk grundsätzlich Instanzen ihrer Metaklassen. Die Metaklassen selbst sind Instanzen der Klasse *MetaClass*, die wiederum Instanz der Klasse *MetaClassClass* ist. Die allerdings ist dann wieder Instanz der Klasse *MetaClass*, wodurch die Kaskade an dieser Stelle endet.[1]

Klassenoperationen müssen in der UML nicht innerhalb der Metaklasse notiert werden, sie können auch in der Klasse selbst enthalten sein, wobei sie dann unterstrichen werden, um sie von normalen Operationen unterscheiden zu können.

Klassenoperationen
⇨237

Entsprechendes gilt für Klassenattribute.

Klassenattribute ⇨235

---

[1] Die Darstellung bezieht sich hier auf Enfin-Smalltalk. Vgl. [Wallrabe97].

Parametrisierbare Klasse

UML advanced

Verwandte Begriffe: Schablone, Klassenvorlage, generische Klasse, engl. *Template*, parametrisierte Klasse, engl. *Parameterized class,* engl. *Bound element.*

Schablonenklasse
template

Definition

Eine parametrisierbare Klasse ist eine mit generischen formalen Parametern versehene Schablone, mit der gewöhnliche (d.h. nicht-generische) Klassen erzeugt werden können. Die generischen Parameter dienen als Stellvertreter für die aktuellen Parameter, die Klassen oder einfache Datentypen repräsentieren.

Beschreibung

Bei einer parametrisierbaren Klasse wird keine konkrete Klasse definiert, sondern lediglich eine Schablone (engl. *template*) zur Erzeugung von Klassen. Bei diesen Schablonen handelt es sich normalerweise um eine Makrotechnik, die außer Textersetzung nicht viel kann. Parametrisierbare Klassen sind in statisch typisierten Sprachen ein wichtiges Mittel, um wiederverwenbaren Code zu schreiben. C++ und Eiffel unterstützen parametrisierbare Klassen.

Parametrisierte Klasse
bound element

Die mit Hilfe einer parametrisierbaren Klasse entstandene Klasse wird parametrisierte Klasse genannt (engl. *parameterized class, bound element*).

Beispiel

Ein typischer Anwendungsfall sind Sammlungsklassen, also Klassen, in denen eine Menge von Objekten abgelegt werden kann. Beispielsweise die folgende Warteschlangen-Schablone (C++):

```
template <class Element>
class Warteschlange {

  ...

  public:
    void anfuegen(<Element>* i);
    void entnehmen(<Element>* i);
    ...

};
```

Diese Warteschlange kann für verschiedene Elementtypen parametrisiert werden, beispielsweise für Patienten im Wartezimmer oder die Teilnehmer eines Verkehrsstaus:

```
class Patient;
class Pkw;

...

Warteschlange<Patient> Wartezimmer;
Warteschlange<Pkw> Stau;
```

Notation

In der grafischen Notation werden parametrisierbare Klassen wie Klassen dargestellt, erhalten jedoch zusätzlich in der rechten oberen Ecke eine Einblendung der Parameter (in einem gestrichelten Rechteck). Klassen, die mit Hilfe einer parametrisierbaren Klasse entstehen, haben eine Verfeinerungsbeziehung mit dem Stereotyp *«bind»* zu der parametrisierbaren Klasse.

Verfeinerungsbeziehung
⇨290

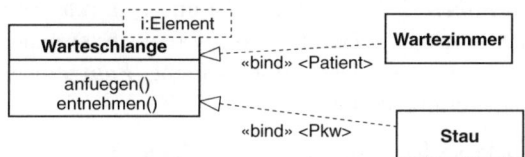

Eine andere Notationsvariante zeigt die nächste Abbildung, in der die parametrisierte Klasse ohne die *«bind»*-Beziehung gezeigt wird (auch *bound element* genannt).

Warteschlange<Pkw>

Abstrakte Klasse

Verwandte Begriffe: engl. *Abstract class*, virtuelle Klasse

Definition

Klassen ⇨223

Von einer abstrakten Klasse werden niemals Objektexemplare erzeugt; sie ist bewußt unvollständig und bildet somit die Basis für weitere Unterklassen, die Exemplare haben können.

Beschreibung

Abstrakte Klassen repräsentieren häufig einen Allgemeinbegriff, einen Oberbegriff für eine Menge konkreter Begriffe. So kann *Fahrzeug* ein abstrakter Oberbegriff von *Fahrrad, Pkw, Lkw, Bahn* und *Flugzeug* sein. Von den konkreten Begriffen *Fahrrad, Pkw* etc. gibt es reale Exemplare. Ein Ding, das jedoch einfach nur *Fahrzeug* ist, gibt es nicht. *Fahrzeug* ist lediglich eine Abstraktion, eine Verallgemeinerung.

Oberklasse
Vererbung ⇨261

Eine abstrakte Klasse ist immer eine Oberklasse. Eine abstrakte Klasse, die keine Unterklassen hat, ist sinnlos. Entweder ist sie überflüssig oder es fehlt eine konkrete Klasse als Unterklasse.

Notation

Eine abstrakte Klasse wird wie eine normale Klasse dargestellt, unter dem Klassennamen steht jedoch der Eigenschaftswert *abstrakt*. Alternativ hierzu kann der Klassenname auch kursiv gesetzt werden. Ansonsten können Attribute, Operationen, Zusicherungen usw. Bestandteil der Klasse sein.

Eigenschaftswerte
⇨250

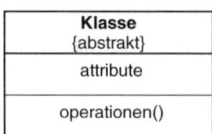 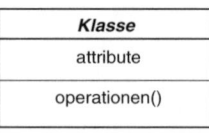

Für handschriftliche Darstellungen ist es etwas umständlich, Klassen als abstrakt zu kennzeichnen. Zum einen ist es mühsam, handschriftlich kursiv zu schreiben. Zum anderen muß man es bereits vorher wissen, eine nachträglich Kennzeichnung ist nicht möglich. Mit der alten Booch-Notation konnte man ein „A" in einem auf der Spitze stehenden Dreieck zufügen, was für handschriftliche Notationen einfacher war, weil es weniger Raum benötigte. In

Anlehnung an die alte Booch-Kennzeichnung verwende ich für handschriftliche Darstellungen häufig einfach die Kurzform *{A}*, um eine Klasse als abstrakt zu kennzeichnen.

Handschrift-Kurzform für {abstrakt}

Kennzeichen aus Booch-Methode:

Beispiel

Die abgebildete Klassenhierarchie zeigt die abstrakte Oberklasse *GeomFigur*. Konkret wird eine geometrische Figur immer ein Dreieck, ein Kreis oder ein Rechteck sein, weswegen dies ihre konkreten Unterklassen sind. Diskriminator ist hier die *Figurenform*.

Diskriminator ⇨ 261

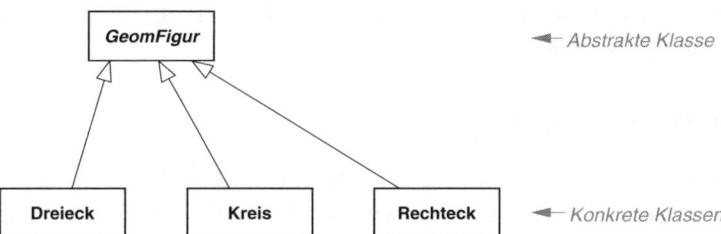

Abstrakte Klasse

Konkrete Klassen

advanced

Klassen ⇨223

Stereotypen ⇨240

Hilfsmittelklasse

Verwandte Begriffe: engl. *Utility class*, Funktionssammlung.

Definition

Hilfsmittelklassen sind Sammlungen von globalen Variablen und Funktionen, die zu einer Klasse zusammengefaßt und dort als Klassenattribute und -operationen definiert sind. Das Stereotyp *«utility»* kennzeichnet eine Klasse als Hilfsmittelklasse.

Beschreibung

Hilfsmittelklassen (engl. *Utility class*) sind keine echten Klassen, sondern Sammlungen von globalen Variablen und Funktionen, die aber in Form einer Klasse notiert werden.

Notation und Beispiel

Klassenattribut ⇨233
Klassenoperation ⇨236

Hilfsmittelklassen werden wie normale Klassen notiert, besitzen aber das Stereotyp *«utility»*. Sie enthalten Klassenattribute (globale Variablen) und Klassenoperationen (globale Funktionen/Operationen).

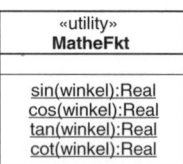

Hilfsmittelklassen bieten die Möglichkeit, eigentlich prozedurale Sachverhalte objektorientiert auszudrücken. Sie tauchen häufig im Zusammenhang mit hybriden Programmiersprachen wie C++ auf, die auch noch prozedurale Ausdrucksmöglichkeiten beinhalten. Objektorientiert sind sie gewöhnlich nicht notwendig, so wären die im Beispiel aufgeführten Winkelfunktionen als gewöhnliche Operationen in den entsprechenden numerischen Klassen gut aufgehoben.

Objekt

Verwandte Begriffe: Exemplar, Instanz.

Definition

Ein Objekt ist eine im laufenden System konkret vorhandene und agierende Einheit. Jedes Objekt ist ein Exemplar einer Klasse. Ein Objekt enthält durch Attribute repräsentierte Information, deren Struktur in der Klasse definiert ist. Ein Objekt kann die in der Klasse definierten Nachrichten empfangen, d.h. es besitzt für jede definierte Nachricht entsprechende Operationen. Das durch die Nachrichten definierte Verhalten gilt für alle Objekte einer Klasse gleichermaßen, ebenso die Struktur ihrer Attribute. Die Werte der Attribute sind jedoch individuell für jedes Objekt.

Klassen ⇨ 223

Attribute ⇨ 233
Operationen ⇨ 236

Beschreibung

Anstelle von *Objekt* kann synonym auch *Instanz* oder *Exemplar* gesagt werden. Der beliebte Begriff *Instanz* ist ein Anglizismus: der in der englischsprachigen Literatur verwendete Begriff *Instance*, der soviel meint wie *Exemplar*, wurde nicht richtig übersetzt.

Instanz, Exemplar

Eine Klasse enthält die Definition von Objekten, d.h. deren abstrakte Beschreibung. Das Verhalten eines Objektes wird beschrieben durch die möglichen Nachrichten, die es verstehen kann. Zu jeder Nachricht benötigt das Objekt entsprechende Operationen. Nachricht und Operation werden häufig synonym verwendet, obwohl dies nicht richtig ist.

Unterschied
Nachricht/Operation
⇨ 54

Bei *multipler Klassifikation* ist ein Objekt gleichzeitig Instanz von mehr als einer Klasse (ein eher theoretischer Fall, nicht vorgesehen in C++, Java und Smalltalk). In Smalltalk kann jedoch über das Akteur-Rollen-Entwurfsmuster der gleiche Effekt erzielt werden.

«overlapping», multiple
Klassifikation ⇨ 263
Akteur-Rollen ⇨ 175f.

advanced

Bei *dynamischer Klassifikation* kann ein Objekt nacheinander Instanz von mehr als einer Klasse sein (in Smalltalk prinzipiell möglich, dennoch ebenfalls ein eher theoretischer Fall).

«disjoint» (dynamische
Klassifikation)

Notation

Objekte werden durch Rechtecke dargestellt, die entweder nur ihren Namen tragen, zusätzlich auch den Namen ihrer Klasse oder auch die Werte be-

Basiselemente

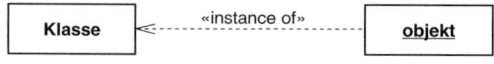

Kollaborationsdiagramme
⇨301
Sequenzdiagramme
⇨306

stimmter oder aller Attribute. Werden die Attributwerte angegeben, wird das Rechteck in zwei, durch eine horizontale Linie getrennte Rubriken aufgeteilt. Zur Unterscheidung von der Klassen-Notation wird der Name des Objektes unterstrichen, außerdem beginnt der Objektname gewöhnlich mit einem Kleinbuchstaben.

Attribute werden mit ihrem Namen und ihrem beispielhaften oder im jeweiligen Zusammenhang aktuellen Wert aufgeführt. Operationen werden nicht genannt, da diese keine objekt-individuellen Ausprägungen besitzen und für alle Objekte einer Klasse identisch sind. Stattdessen wird in Kollaborations- und Sequenzdiagrammen der konkrete Nachrichtenaustausch zwischen Objekten dargestellt.

Abhängigkeitsbeziehung
⇨288

Instantiierungsbeziehungen, d.h. Klassen-Objekt-Beziehungen werden durch einen gestrichelten Pfeil dargestellt. Das Objekt zeigt auf seine Klasse.

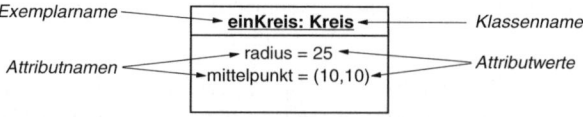

Beispiel

Vgl. Klasse ⇨223

Die Abbildung zeigt ein Objekt mit dem Namen *einKreis*, welches Exemplar der Klasse *Kreis* ist. Es wird durch die beiden Attribute *radius* und *mittelpunkt* beschrieben, wobei der Radius in diesem Beispiel den Wert *25* und der Mittelpunkt (x, y) den Wert *(10, 10)* hat.

Folgende Abbildung zeigt ein sogenanntes Multiobjekt, es kann beispielsweise in Kollaborationsdiagrammen verwendet werden, um anzuzeigen, daß eine Nachricht gleich an eine Menge von Objekten (der selben Klasse) gesendet wird.

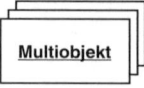

Attribut

Verwandte Begriffe: engl. *Attribute*, Datenelement, Instanzvariable, Variable, engl. *Member*.

Definition

Ein Attribut ist ein (Daten-) Element, das in jedem Objekt einer Klasse glei-chermaßen enthalten ist und von jedem Objekt mit einem individuellen Wert repräsentiert wird. Im Gegensatz zu Objekten haben Attribute außerhalb des Objektes, von dem sie Teil sind, keine eigene Identität. Attribute sind voll-ständig unter der Kontrolle der Objekte, von denen sie Teil sind.

Klassen ⇨ 223
Objekte ⇨ 231

Beschreibung

Jedes Attribut wird mindestens durch seinen Namen beschrieben. Zusätzlich können ein Datentyp bzw. eine Klasse sowie ein Initialwert und Zusicherun-gen definiert werden. Die Definition des Attributtyps ist programmierspra-chenabhängig: in Smalltalk ist der Wert eines Attributes wiederum ein Ob-jekt, in C++ kann dies auch ein Zeiger, ein zusammengesetzter oder ein ele-mentarer Datentyp (z.B. Integer) sein. Der Typ bzw. die Klasse eines Attri-butes wird gewöhnlich angegeben.

In Sprachen mit dynamischer Typbindung (z.B. Smalltalk), in denen Attribute (Instanzvariablen) nicht fest an einen Typ gebunden sind, beschreibt die Klas-senangabe, welche Klassenzugehörigkeit für das Attribut hier erwartet wer-den darf, auch wenn die Sprache hier unverbindlich bleibt.

Instanzvariable

Mit *Zusicherungen* kann zusätzlich zur Typangabe der Wertebereich bzw. die Wertemenge des Attributes eingeschränkt oder von anderen Gegebenheiten abhängig gemacht werden.

Zusicherungen ⇨ 245

Mit der Angabe von *Eigenschaftswerten* können weitere besondere Eigen-schaften beschrieben werden. Ein Eigenschaftswert ist zum Beispiel *{readonly}*, um anzuzeigen, daß ein Attribut nur gelesen werden darf.

Eigenschaftswerte
⇨ 250
Zustandsdiagramme
⇨ 310
Optionale und obligatori-
sche Attribute

Optionale und obligatorische Attribute können durch Angabe einer entspre-chenden Multiplizität unterschieden werden:

```
optionalesAttr[0..1]: Klasse
pflichtAttr[1]: Klasse
```

Multiplizitätsangabe

Basiselemente

**Dynamische Arrays
Komposition**

Multiplizitätsangaben sollten nur dann notiert werden, wenn sie nicht [1] sind, was der Standardwert ist, d.h. normalerweise sind alle Attribute Pflichtattribute. Mengen (beispielsweise dynamische Arrays) können mit [*] notiert werden, wobei damit meistens eine Komposition vorliegt (d.h. die Elemente der Menge verfügen über eine eigene Identität), die dann auch verwendet, d.h. modelliert werden sollte.

**Abgeleitete
Attribute
advanced
UML**

Abgeleitete Attribute. Eine besondere Variante sind die sogenannten abgeleiteten Attribute. Diese sind innerhalb eines Objektes nicht physisch durch einen Wert repräsentiert, sondern werden automatisch berechnet. Die Berechnungsvorschrift wird in Form einer Zusicherung angegeben. Für abgeleitete Attribute kann ebenfalls ein Typ angegeben werden. Die Angabe eines Intialwertes entfällt bei abgeleiteten Attributen, die Angabe eines Eigenschaftswertes ist normalerweise auch entbehrlich.

Abgeleitete Attribute sind grundsätzlich nicht direkt änderbar. Da Attribute sowieso nicht direkt änderbar sein sollten, können abgeleitete Attribute grundsätzlich auch durch entsprechende Operationen realisiert werden. Abgeleitete Attribute sollten nur von objektinternen Elementen abgeleitet werden und ohne Zugriffe auf benachbarte Objekte auskommen. Anderenfalls sollten besser entsprechende Berechnungsoperationen definiert werden.

**Caching
Performanz**

Sinnvoll ist die Definition abgeleiteter Attribute, um zu kennzeichnen, daß das Zwischenspeichern (engl. *Caching*) von Werten an dieser Stelle sinnvoll ist. Üblicherweise wird man dies immer dort vorsehen, wo aus Performanzgründen Berechnungen nicht unnötig wiederholt werden sollen.

**Klassenattribute
advanced
UML**

Klassenattribute (Klassenvariablen) gehören nicht einem einzelnen Objekt, sondern sind Attribut einer Klasse (gilt z.B. für Smalltalk). Das heißt, alle Objekte dieser Klasse können auf ein solches gemeinsames Klassenattribut zugreifen. Klassenattribute können beispielsweise dazu verwendet werden, die erzeugten Objekte einer Klasse zu zählen oder zu numerieren. Mit jedem neuen erzeugten Objekt dieser Klasse wird zum Beispiel ein Zähler inkrementiert.

**Sichtbarkeits-
kennzeichen:
public, protected, private
advanced
UML**

Je nach Programmiersprache kann auch die äußere Sichtbarkeit von Attributen eingeschränkt werden. In Smalltalk erübrigt sich dies, weil Attribute grundsätzlich nur durch das Objekt selbst anzusprechen sind; alle Zugriffe von außen sind nur über Operationen möglich. In C++ können die Zugriffsmöglichkeiten folgendermaßen deklariert werden:

Zugriffsrestriktion

- *public*: für alle sichtbar und benutzbar.

- *protected*: die Klasse selbst, ihre Unterklassen sowie die als *friends* deklarierten Klassen haben Zugriff.

- *private*: nur die Klasse selbst und die als *friend* deklarierten Klassen kommen an private Attribute heran.

234

Friend ist ein Mechanismus in C++, mit dem eine Klasse ausgewählten anderen Klassen Zugriffsrechte gewähren kann.

Attribute sollten grundsätzlich nur durch die Klasse, in der sie definiert sind, verwendet werden. Andere Klassen (Ober-, Unter- und assoziierte Klassen) sollten stets nur über Operationen auf sie zugreifen (*private*).

Notation

Attributnamen beginnen mit Kleinbuchstaben, Klassennamen mit Großbuchstaben, Eigenschaftswerte und Zusicherungen stehen in geschweiften Klammern.

```
attribut : Paket::Klasse =
    Initialwert {Eigenschaftswert} {Zusicherung}
```

Abgeleitete Attribute werden durch einen vorangestellten Schrägstrich „/" gekennzeichnet. Klassenattribute werden unterstrichen und Sichtbarkeitsangaben (aus C++) wie *public, protected* und *private* werden mit „+", „#" und „-" gekennzeichnet. *Public-, Protected-* und *Private*-Kennzeichen können auch für Klassenattribute vergeben werden.

Klassenoperationen
⇨237

```
/abgeleitetesAttribut
klassenAttribut
+publicAttribut
#protectedAttribut
-privateAttribut
```

Innerhalb einer Klasse werden die Attribute durch eine horizontale Linie vom Klassennamen getrennt und stehen somit in der zweiten Kategorie innerhalb des Klassenrechteckes.

Beispiele

```
name : String = ´Unbekannt´
rechnungsDatum : Date = today
gebDatum : Date
farbe : {rot, blau, gruen}
radius : Integer = 25 {readonly} {radius > 0}
/alter : Integer {alter = today - gebDatum}
/anzahlKinder {anzahlKinder = mengeKinder count}
alter {transient}
defaultName = ´Noname´
-versionsNr : Integer
-counter : Integer
time : DateTime::Time
dynamArray[*]
name[1] : String
vorname[0..1] : String
vornamen[1..5] : String
```

Person
name : String = 'Unbekannt' vorname : String = ' ' gebDatum : Date /alter {alter=today-gebDatum}

Operation, Methode

Verwandte Begriffe: Methode, Service, Prozedur, Routine, Funktion, Botschaft, Nachricht, engl. *Message*.

Definition

Nachricht
Operation
Methode

Operationen sind Dienstleistungen, die von einem Objekt angefordert werden können, sie werden beschrieben durch ihre Signatur (Operationsname, Parameter, ggf. Rückgabetyp).

Eine *Methode* implementiert eine Operation, sie ist eine Sequenz von Anweisungen.

Eine *Nachricht* überbringt einem Objekt die Information darüber, welche Aktivität von ihm erwartet wird und fordert es so zur Ausführung einer Operation auf.

Abweichend von diesen Definitionen werden die Begriffe Operation und Methode häufig synonym oder entsprechend der Definition der verwendeten Programmiersprache gebraucht.

Beschreibung

Signatur
Parameter
Attribute ⇨ 233

Eine Nachricht besteht aus einem Selektor (einem Namen), einer Liste von Argumenten und geht an genau einen Empfänger. Der Sender einer Nachricht erhält i.d.R. genau ein Antwortobjekt zurück. Eine Operation trägt eine innerhalb einer Klassendefinition eindeutige *Signatur*, die sich zusammensetzt aus dem Namen der Operation, eventuell vorhandenen Parametern (Argumenten) und einem eventuell vorhandenen Rückgabewert (Funktionsergebnis). Die Parameter einer Operation entsprechen in ihrer Definition den Attributen, d.h. sie tragen einen Namen und gegebenenfalls weitere Angaben zum Typ und Standardwert.

Zusicherungen ⇨ 245

Operationen können mit *Zusicherungen* versehen werden, die beispielsweise beschreiben, welche Bedingungen beim Aufruf erfüllt sein müssen oder welche Werte die Argumente besitzen dürfen.

Eigenschaftswerte
⇨ 250

Mit Hilfe von *Eigenschaftswerten* können weitere besondere Eigenschaften beschrieben werden. Eigenschaftswerte sind zum Beispiel *{abstrakt}*, um anzuzeigen, daß es sich um eine abstrakte Operation handelt, oder *{obsolet}*, um auszudrücken, daß diese Operation nur noch zur Kompatibilität mit früheren Versionen existiert und ansonsten nicht mehr verwendet werden soll.

Abstrakte Operationen sind solche, die nur durch ihre Signatur repräsentiert werden und deren Implementierung erst in einer Unterklasse stattfindet. In C++ werden abstrakte Operationen auch rein virtuelle Operationen genannt.

Abstrakte
Operationen

Abstrakte Operationen kann es nur in abstrakten Klassen geben. Abstrakte Operationen, die nicht in einer Unterklasse wiederholt und dort implementiert werden, sind sinnlos, außer es soll lediglich sichergestellt werden, daß ein Objekt die entsprechende Nachricht verstehen kann, ohne daß aber irgendetwas passieren soll.

Abstrakte Klassen
⇨228

Objekte kommunizieren untereinander durch den Austausch von Nachrichten (Botschaften). Jedes Objekt versteht genau die Nachrichten, zu denen es eine entsprechende Operation besitzt (daher werden die Begriffe Operation und Nachricht häufig synonym benutzt, was jedoch nicht richtig ist). Jedoch kann in den Klassen, die ein Objekt definieren, diese Operation mehrfach definiert sein. Im Abschnitt über Polymorphie finden sich nähere Erläuterungen hierzu.

Unterschied
Nachricht/Operation
⇨54

Polymorphie ⇨59

Notation

Die Signatur einer Operation sieht wie folgt aus:

```
name(argument : Argumenttyp = Standardwert, ...):
    Rückgabetyp {Eigenschaftswerte} {Zusicherungen}
```

Beispiel:

```
setPosition(x : Integer = 1, y : Integer = 1):
    Boolean {abstrakt} {(x > 0) and (y > 0)}
```

Der Name der Operation beginnt mit einem Kleinbuchstaben. Ein Argument trägt einen mit einem Kleinbuchstaben beginnenden Namen und wird eventuell durch die Nennung eines Datentyps bzw. einer Klasse näher beschrieben. Zwischen Argumentname und -typ steht in diesem Fall ein Doppelpunkt. Für Argumente kann ein Standardwert angegeben werden, was jedoch nur bei der Verwendung von Programmiersprachen mit optionaler Parameterübergabe sinnvoll ist. Der Rumpf einer Operation enthält den Code zur Implementierung und ist deswegen programmiersprachenspezifisch.

Eigenschaftswerte und Zusicherungen stehen in geschweiften Klammern. Abstrakte Operationen werden wahlweise kursiv gesetzt oder erhalten den Eigenschaftswert *{abstrakt}*:

```
anzeigen()
anzeigen() {abstrakt}
```

Abstrakte
Operationen

Klassenoperationen (z.B. in Smalltalk) werden durch Unterstreichung gekennzeichnet und die äußere Sichtbarkeit von Operationen durch ein vorangestelltes Sonderzeichen:

```
klassenOperation()
```

advanced

Sichtbarkeits-
kennzeichen

237

|Basiselemente|

```
+publicOperation()
#protectedOperation()
-privateOperation()
```

In C++ bedeutet *public* für alle sichtbar und benutzbar, *protected* die Klasse selbst, ihre Unterklassen sowie die als *friend*[1] deklarierten Klassen haben Zugriff, *private* nur die Klasse selbst und die als *friend* deklarierten Klassen kommen an private Operationen heran.[2]

Smalltalk

In Programmiersprachen, die Operationen bezüglich ihrer Zugriffsmöglichkeiten nicht unterscheiden können, gibt man den Operationen ersatzweise einen Namen, der mit *private* beginnt (z.B. *privateShowAt*). Diese Namenskonvention ist meistens ausreichend.[3] Im Klassenmodell ist die Vergabe von Zugriffsrechten einheitlich und sprachunabhängig: Zugriffsrestriktionen werden als Eigenschaftswerte notiert.

Eigenschaftswerte
⇨250

Beispiele

Vgl. Klasse ⇨223

Innerhalb einer Klasse werden die Operationen im unteren Teil des Rechteckes aufgeführt, wie das folgende Beispiel zeigt:

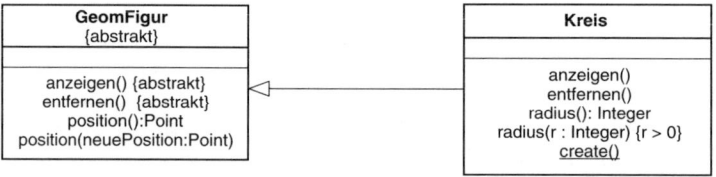

```
position(x, y)
position(x : Integer, y : Integer)

vergroessern()
vergroessern(umFaktor)
vergroessern(): GeomFigur
vergroessern(umFaktor : Real): GeomFigur

addRufnummer(rufnummer : String, art : Rufart = #Fax)

einzahlen(betrag : Betrag):Betrag {betrag > 0}

freigeben():Vertragsstatus
```

---

[1] *Friend* ist ein Mechanismus in C++, mit dem eine Klasse ausgewählten anderen Klassen Zugriffsrechte gewähren kann.
[2] Die Bedeutung dieser Schlüsselwörter in C++ und Java decken sich nicht ganz, verwenden Sie am besten die Bedeutung aus der von Ihnen eingesetzten Programmiersprache.
[3] ... und wirklich nicht benutzen sollte man die *veryPrivate*-Operationen [...]

Namensgebung

Seien Sie sehr sorgfältig bei der Bezeichnung von Operationen. Kein Werkzeug und keine Methodik kann Ihnen die Verantwortung hierfür abnehmen. Die Bedeutung der Namen von Operationen wird häufig unterschätzt. Streiten Sie gegebenenfalls mit ihren KollegInnen darüber. Sie werden sich dabei auch bewußter, was die Operation eigentlich bewirken soll und wofür sie verantwortlich ist.

Versuchen Sie möglichst aktive Verben (Tätigkeitswörter) zu verwenden, seien Sie vorsichtig mit Adjektiven (Eigenschaftswörtern) und vor allem seien Sie präzise! Beispiele:

- *datenSindGeaendert()* gibt *true* zurück, falls sich die Daten geändert haben. *pruefeDatenaenderung()* bzw. *datenSindOkay()* geben *true* zurück, falls die Prüfung erfolgreich durchgeführt wurde, was auch bei unveränderten Daten möglich sein kann. *datenSindErfolgreichGeaendert()* liefert *true*, falls die letzte Datenaenderung erfolgreich abgeschlossen worden ist.

- *seitenWechsel(seite)* trifft leider keine genaue Aussage darüber, ob die Seite gewechselt werden soll, ob die Seite gerade gewechselt wird oder ob der Seitenwechsel bereits abgeschlossen wurde. Besser: *esWurdeGewechseltZu(seite)*, *esWirdGewechseltZu(seite)*, *wechselZu(seite)*.

> **Der Unterschied zwischen dem richtigen Wort und dem beinahe richtigen ist derselbe wie zwischen dem Blitz und dem Glühwürmchen.**
> **[Mark Twain]**

Schnittstelle, Schnittstellenklasse

Verwandte Begriffe: engl. *Interface, Interface class*

Definition

Schnittstellen beschreiben einen ausgewählten Teil des extern sichtbaren Verhaltens von Modellelementen (hauptsächlich von Klassen und Komponenten).

Schnittstellenklassen sind abstrakte Klassen (genauer: Typen), die ausschließlich abstrakte Operationen definieren.

Beschreibung

Schnittstellenklasse

Schnittstellen sind Spezifikationen des externen Verhaltens von Klassen (oder anderer Elemente) und beinhalten eine Menge von Signaturen für Operationen, die Klassen (o.a.), die diese Schnittstelle bereitstellen wollen, implementieren müssen.

Eigenschaftswert ⇨ 250

Sie sind mit dem Stereotyp *«interface»* gekennzeichnet. Ihre Operationen müssen nicht als *{abstrakt}* gekennzeichnet werden, da dies zwingend ist.

Gewöhnliche Klassen, die eine Schnittstelle implementieren wollen, müssen alle in der zugehörigen Schnittstellenklasse definierten Operationen bereitstellen.

Realisierungsbeziehung
⇨ 290

Eine gewöhnliche Klasse kann mehrere Schnittstellen implementieren und darüber hinaus weitere Eigenschaften enthalten. Anders ausgedrückt: eine Schnittstelle beschreibt in der Regel eine Untermenge der Operationen einer Klasse. Zwischen implementierender Klasse und Schnittstellenklasse besteht eine Realisierungssbeziehung (gestrichelter Vererbungspfeil mit dem Stereotyp *«implement»*).

Erweiterung von
Schnittstellen

Schnittstellenklassen können andere Schnittstellen erweitern, d.h. Vererbungsbeziehungen zwischen Schnittstellenklassen sind möglich. Diese Beziehungen tragen das Stereotyp *«extend»*. Dabei ist zu beachten, daß nur weitere abstrakte Operationen zugefügt werden dürfen.

Es ist unzulässig, die Semantik der Schnittstellen-Oberklasse einzuschränken. Alle Invarianten müssen beibehalten werden. Zusätzliche Invarianten sind möglich. Ebenso können Einschränkungen auf Parameter und Rückgabetypen gemacht werden.

Eine Schnittstellenklasse kann mehrere andere Schnittstellen erweitern, d.h. mehrere Oberklassen haben. Da hier nur Mengen von Signaturen zusammengefaßt werden, ist dies im Gegensatz zur Mehrfachvererbung bei gewöhnlichen Klassen unproblematisch.

Mehrfachvererbung
⇨ 266

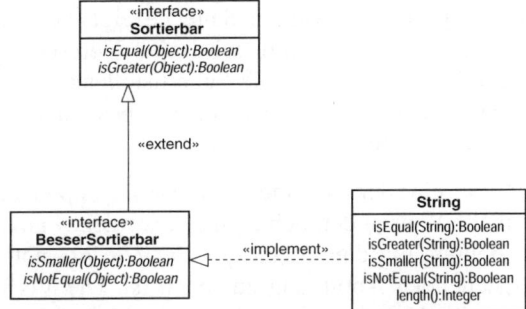

Gewöhnliche Klassen können mehrere Schnittstellen implementieren, wobei zu beachten ist, daß die verschiedenen Schnittstellen keine gleichlautenden Signaturen beinhalten sollten, da es Zufall wäre, wenn auch ihre Semantik gleichlautend definiert wäre.

In jedem Fall müssen die zu implementierenden Schnittstellen zueinander widerspruchsfrei sein. Dies läßt sich unter anderem dadurch erreichen, daß Gemeinsamkeiten in Schnittstellenklassen herausfaktorisiert werden.

Um das Schnittstellenkonzept noch etwas mächtiger zu machen, kann man in der Praxis für jede in einer Schnittstelle definierte Signatur beispielsweise folgende Zusicherungen zusätzlich spezifizieren:

- Vorbedingung
  Beschreibung der Bedingungen, die vor dem Aufruf der Operation erfüllt sein müssen und die von der Operation (stillschweigend) vorausgesetzt werden können.

- Nachbedingung
  Beschreibung der Bedingungen, die bei Beendigung der Operation durch dieselbe erfüllt sein müssen.

- Invarianten
  Beschreibung der Bedingungen die stets erfüllt sein müssen.

- Exportierte Ausnahmen
  Benennung der Ausnahmen (engl. *exceptions*), die von einer Operation ausgelöst werden können.

241

Notation

Schnittstellenklassen werden wie gewöhnliche Klassen notiert, sie tragen jedoch das Stereotyp *«interface»*. Eine Abteilung für Attribute benötigen sie nicht, da sie nur Operationen enthalten. Operationen in Schnittstellenklassen definieren nur Signaturen, sie sind abstrakt, daher sollten sie kursiv gesetzt sein.

Wie in der Abbildung auf der vorigen Seite gezeigt, können Schnittstellen andere Schnittstellen erweitern, hierzu wird eine Vererbungsbeziehung mit Pfeil in Richtung auf die zu erweiternde Schnittstellenklasse gezeichnet. Die beziehung trägt das Stereotyp *«extend»*, um die besondere Semantik dieser Beziehung deutlich zu machen.

Der Sachverhalt, daß eine Klasse eine Schnittstelle implementiert, kann auf zwei unterschiedliche Weisen deutlich gemacht werden. Zum einen kann eine Verfeinerungsbeziehung mit dem Stereotyp *«implement»* notiert werden, wie das in der oben stehenden Abbildung zu sehen ist. Die Verfeinerungsbeziehung sieht aus wie eine Vererbungsbeziehung, die Linie ist jedoch gestrichelt. Wenn Ihr Modellierungswerkzeug dies nicht unterstützt, nehmen sie einfach eine Vererbungsbeziehung und kennzeichnen diese mit dem Stereotyp *«implements»*.

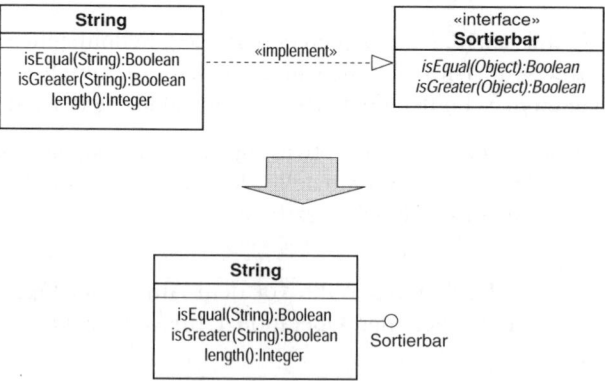

Die andere Möglichkeit, die Implementierung einer Schnittstelle darzustellen, ist der sogenannte Schnittstellen-„Lolli". Schnittstellen werden durch das „Lolli"-Symbol notiert (ein kleiner nicht ausgefüllter Kreis, der durch eine Linie mit der Klasse verbunden ist, die die Schnittstelle anbietet). Daneben wird der Name der Schnittstelle genannt; er entspricht dem Namen der zugehörigen Schnittstellenklasse.

Die beiden Varianten sind gleichbedeutend. Bei der Schreibweise mit der Realisierungsbeziehung besteht die Möglichkeit, die durch die Schnittstellenklasse geforderten Operationen abzulesen. Die Lolli-Variante ist eine Kurz-schreibweise, man sieht die von der Schnittstelle geforderten Operationen jedoch nicht direkt, sondern nur den Namen der Schnittstellenklasse. Siehe hierzu die im Beispielabschnitt folgende Abbildung.

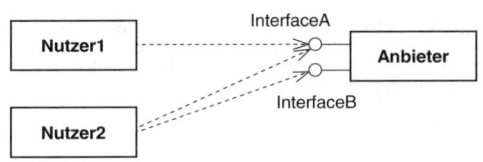

Abhängigkeitsbeziehung
⇨288

Die Nutzung einer Schnittstelle durch andere Klassen kann durch eine Ab-hängigkeitsbeziehung (gestrichelter Pfeil) notiert werden. Die Nutzung einer Schnittstelle setzt voraus, daß der Nutzer den Schnittstellenanbieter kennt, d.h. gewöhnlich liegt außerdem eine Assoziation vor. Die Abhängigkeitsbe-ziehung ist kein Ersatz hierfür.

Außer Klassen können auch Komponenten Schnittstellen bereitstellen, wobei für die Notation die selben Konventionen gelten. Eine Schnittstelle kann auch als einzelner Kreis notiert werden (also ein Lolli ohne Stil).

Beispiel

Die Abbildung auf der vorigen Seite zeigt, daß die Klasse *String* die Schnitt-stelle *Sortierbar* implementiert. Beide Notationsvarianten sind gleichbedeu-tend.

Weiteres Beispiele
⇨160, 163, 175, 289

Die Schnittstelle *Sortierbar* fordert zwei Operationen: *isEqual()* und *isGrea-ter()*. Objekte, die über diese beiden Operationen verfügen, können sortiert werden. Die Klasse *String* erfüllt die Anforderungen für diese Schnittstelle, da sie unter anderem über die beiden geforderten Operationen verfügt.

Die folgende Abbildung zeigt die Klasse *String*, die eine Schnittstelle mit dem Namen *Sortierbar* anbietet. Diese Schnittstelle wird von der Klasse *Sor-tierteStringListe* genutzt, was durch die Beziehung zum Schnittstellensymbol notiert ist. Das heißt, *SortierteStringListe* nutzt die Eigenschaften von *String*, die in der Schnittstellenklasse *Sortierbar* definiert sind.

Basiselemente

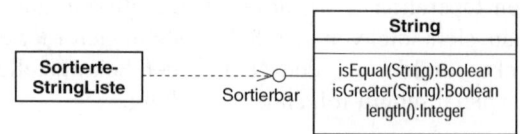

Die Definition von Schnittstellen ist hilfreich, um die Kopplung zwischen Klassen zu explizieren und zu reduzieren. Im obigen Beispiel etwa ist die Schnittstellennutzerin *SortierteStringListe* nur von zwei speziellen Operationen der Klasse *String* abhängig.

Alle übrigen Operationen der Klasse *String* könnten ohne Beeinträchtigung der Sortierbarkeit verändert werden. Eine Information, die man sonst nur durch intensives Studium der Klasse *SortierteStringListe* gewonnen hätte.

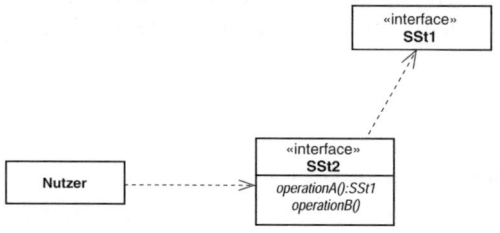

Die obige Abbildung zeigt eine Abhängigkeitsbeziehung zwischen zwei Schnittstellenklassen. In der Definition der Schnittstelle *SSt2* existiert eine Operation *operationA()*, die als Ergebnis ein Objekt vom Typ *SSt1* zurückliefert. Insofern wird der Nutzer der Schnittstelle *SSt2* über diese Operation auch Nutzer der Schnittstelle *SSt1*, was durch die gestrichelte Beziehung zwischen den beiden Schnittstellenklassen verdeutlicht werden soll.

In streng typisierten Sprachen wie Java ist die Modellierung solcher Abhängigkeiten gewöhnlich nicht wichtig, der Compiler führt Typprüfungen durch. In dynamisch typisierenden Sprachen wie Smalltalk kann dies interessant sein, um den Export von Schnittstellen und Typen restriktiv zu handhaben.

Zusicherung

Verwandte Begriffe: engl. *Constraint*, Einschränkung, Integritätsregel, Bedingung, Eigenschaftswert, Stereotyp, Notiz, Abhängigkeit, Invariante, engl. *Assertion*.

Definition

Eine Zusicherung ist ein Ausdruck, der die möglichen Inhalte, Zustände oder die Semantik eines Modellelementes einschränkt und der stets erfüllt sein muß. Dabei kann es sich um ein Stereotyp oder um Eigenschaftswerte, um einen formalen OCL-Ausdruck (Object Constraint Language), eine semiformale oder freie Formulierung (Notiz) oder um eine Abhängigkeitsbeziehung handeln. Zusicherungen in Form reiner boolescher Ausdrücke werden auch *assertions* genannt.

Beschreibung

Eine Zusicherung beschreibt eine Bedingung oder Integritätsregel. Sie kann die zulässige Wertemenge eines Attributes beschreiben, Vor- oder Nachbedingungen für Nachrichten bzw. Operationen angeben, einen speziellen Kontext für Nachrichten oder Beziehungen einfordern, strukturelle Eigenschaften zusichern, eine bestimmte Ordnung definieren, eine zeitliche Bedingung stellen u.ä.

Integritätsregel

Zusicherungen werden frei formuliert (prosaisch oder formelähnlich/semiformal) oder strenger als Eigenschaftswert, Stereotyp oder Abhängigkeit notiert. Zusicherungen fordern oder verbieten spezielle Eigenschaften. Sie können (je nach Möglichkeit des Modellierungswerkzeuges) an beliebige andere Notationselemente angehängt werden, unter anderem an Attribute, Operationen, Klassen und alle Arten von Klassenbeziehungen.

Merkmal ⇨ 250
Stereotyp ⇨ 240
Notiz ⇨ 255
Abhängigkeit ⇨ 288

Zusicherungen repräsentieren zusätzliche semantische Information zu einem Modellelement. Frei formulierte Zusicherungen bleiben jedoch generell uninterpretiert, d.h. sie dienen den DesignerInnen als Wissensspeicher und Merker, ihr Inhalt wird aber beispielsweise nicht automatisch in Code umgewandelt.

Zusicherungen und Eigenschaftswerte überlappen sich in ihrer Verwendung etwas. Eigenschaftswerte können nicht frei formuliert werden, sondern sind spezifische Schlüsselwort-Wert-Paare. Sie beeinflussen im Gegensatz zu frei formulierten Zusicherungen in den meisten Fällen direkt die Code-

Basiselemente

Generierung. Falls statt einer Zusicherung also ein entsprechender Eigenschaftswert definiert werden kann, ist dies im Hinblick auf die präzisere Bedeutung und die Code-Generierung vorzuziehen. Dieser Freiraum ist gewollt und ermöglicht es, sich pragmatisch den Möglichkeiten der Modellierungswerkzeuge anzupassen.

Notation

Zusicherungen werden in geschweifte Klammern gefaßt:

```
{ Zusicherung }
```

Zusicherungen, die die direkte Abhängigkeit zweier Elemente (meistens Assoziationen) definieren, können durch eine gestrichelte Linie zwischen den beteiligten Elementen notiert werden. Ist dabei das eine Element von dem anderen abhängig, wird an Stelle der Linie ein Pfeil in Richtung auf das unabhängige Element gezeichnet.

Zusicherungen können generell auch innerhalb einer Notiz beschrieben werden, von der aus gestrichelte Linien zu den beteiligten Modellelementen führen. Diese Form wird vor allem dann gewählt, wenn die Zusicherung mehrere Modellelemente betrifft, so daß eine direkte Zuordnung zu einem Element nicht möglich oder sinnvoll ist, beispielsweise bei einer Zusicherung zwischen drei Assoziationen.

Beispiele

Abhängigkeit. Im untenstehenden Beispiel mit den Assoziationen zwischen den Klassen *Projekt* und *Mitarbeiter* wird zugesichert, daß sich der Leiter des

Abhängigkeit ⇨ 288

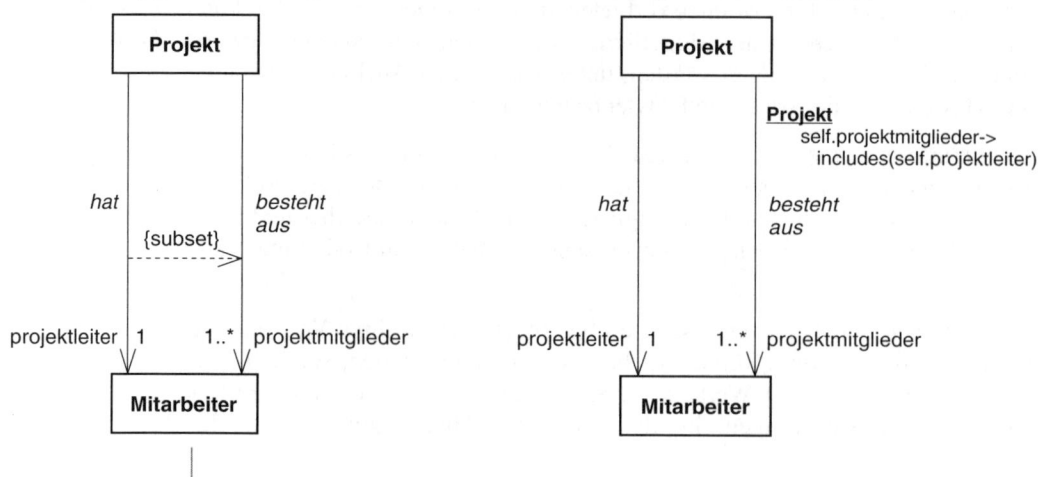

246

Projektes aus der Menge der Projektmitglieder rekrutiert. Der gestrichelte Pfeil drückt eine Abhängigkeit aus, hier mit der Zusicherung *{subset}* in der Bedeutung *Projektleiter ∈ Projektmitglieder eines Projektes.* Die abhängige Assoziation enthält nur solche Objektverbindungen, die auch in der Assoziation enthalten sind, auf die der Pfeil zeigt.

Untermengen-
Zusicherung
advanced
UML

Rechts daneben die Alternative mit OCL-Ausdruck. Die OCL (Object Constraint Language) ist eine formale Sprache zu Beschreibung von Zusicherungen und Navigationen. Siehe hierzu den Abschnitt zur OCL im Anhang dieses Buches.

OCL ⇨327

Der OCL-Ausdruck

```
Projekt
   self.projektmitglieder->includes(self.projektleiter)
```

besagt, daß die Mengenoperation *includes()*, die auf die Menge der Projektmitglieder angewendet wird und der als Argument der Projektleiter mitgegeben wird, *true* ergeben muß. *Self* ist hierbei eine Instanz der Klasse *Projekt*.

In diesem Beispiel erscheint die Variante mit dem Abhängigkeitspfeil einfacher, der OCL-Ausdruck hingegen wesentlich aufwendiger zu sein. Dies liegt an der Einfachheit des Beispiels. Im OCL-Abschnitt finden sich komplexere Beispiele.

OCL ⇨327
weitere OCL-Beispiele
⇨172, 184

Konsistenz. Ähnlich ist es beim folgenden Beispiel. Hier wird zugesichert, daß eine Rechnung zum gleichen Kunden gehört, wie der Vertrag, auf dem sie basiert.

Konsistenzzusicherung
advanced
UML

Damit kann ein Kunde nur Rechnungen zu bestehenden Verträgen erhalten. Die Assoziation *Rechnung-Kunde* ist in diesem Beispiel redundant, daher muß ihre Konsistenz durch eine Zusicherung definiert werden. Gewöhnlich vermeidet man redundante Beziehungen. Falls sie jedoch notwendig oder sinnvoll sind, lassen sich die aus der Redundanz resultierenden Probleme über solche Konsistenzzusicherungen handhaben.

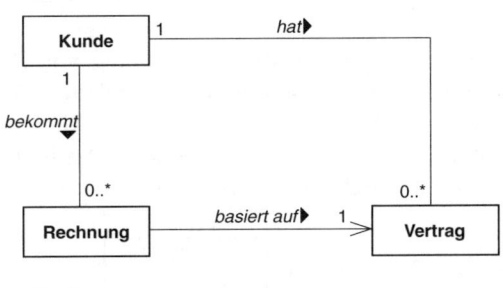

Rechnung
self.vertrag.kunde = self.kunde

Basiselemente

Mit dem OCL-Ausdruck wird auch deutlich, wer für die Konsistenz verantwortlich ist. Es ist dies der Kontext, mit dem der Ausdruck eingeleitet wird und auf den sich *self* bezieht. In diesem Fall sind es die Instanzen der Klasse *Rechnung*.

Oder-Zusicherung
Vgl. 172
advanced

Oder. Ein weiteres Beispiel für Zusicherungen zwischen Beziehungen ist das folgende, in dem zugesichert wird, daß eine Person entweder nur In- oder nur Auslandsanschriften hat (es handelt sich hier also um ein exklusives Oder). Personen, die gleichzeitig In- und Auslandsanschriften haben, sind nicht vorgesehen. Dieses Beispiel ist zugegebenermaßen etwas konstruiert. Oder-Zusicherungen für Assoziationen gelten nicht gerade als besonders elegantes Design und sollten mit Bed8 verwendet werden;-)

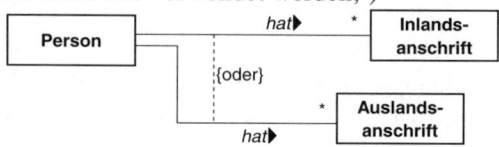

Wertzusicherung

Werte. In der Abbildung mit den Klassen *Rechteck* und *Dreieck* werden Zusicherungen auf die möglichen Werte der Attribute gemacht. Im Rechteck wird zugesichert, daß die Attribute größer 0 sind. Im Dreieck wird zugesichert, daß die Werte nur die für Dreiecke zulässigen Konstellationen einnehmen können.

Rechteck
a {a > 0}
b {b > 0}

Dreieck
a {c-b < a < b+c}
b {a-c < b < a+c}
c {a-b < c < a+b}

Ordnungszusicherung
advanced

Aggregationen ⇨ 284

Ordnung. In dem nächsten Beispiel wird eine Ordnung zugesichert: die Namensliste ist nach den Nachnamen der Personen geordnet.

Formelzusicherung
advanced

Abgeleitete
Attribute ⇨ 233f.

Formeln. Ein weiteres Beispiel für die Verwendung von Zusicherungen ist die Definition der Berechnungsvorschriften für abgeleitete Attribute. Die folgende Abbildung zeigt die Klasse *Person*, in der das Alter ein vom Geburtsdatum und dem aktuellen Tagesdatum abgeleitetes Attribut darstellt. Abgeleitete Attribute werden durch einen vorangestellten Schrägstrich gekenn-

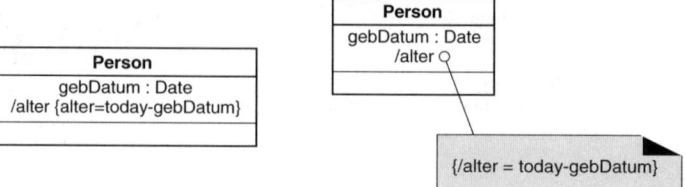

zeichnet. Links wird die Zusicherung direkt hinter das Attribut geschrieben, rechts wird sie innerhalb einer Notiz notiert. Beide Notationsformen sind möglich.

Enumerationen (Aufzählungen) stehen ebenfalls innerhalb geschweifter Klammern, zum Beispiel:

Enumeration
advanced

```
farbe : {rot, blau, gruen}
```

Allerdings sind Enumerationen in der Regel vermeidbar und durch eine Klasse (hier die Klasse *Farbe*) zu beschreiben.

Zum Abschluß dieses Abschnittes noch ein Beispiel mit einer Zusicherung auf einer Aggregation. Es zeigt eine Ansammlung von Personen, die an einer Butterfahrt teilnehmen. Damit die Rentner unter sich bleiben, wurde vorsorglich notiert, daß die Teilnehmer über 65 Jahre alt sein müssen: Eine Butterfahrt ist eine Aggregation von älteren Menschen.

Gerontologische
Zusicherung

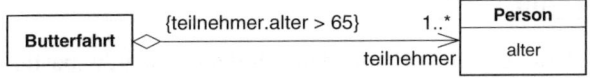

Es stellt sich die Frage, wo und wie solche Zusicherungen, gerade auch objektübergreifende, letztendlich realisiert werden. Hierbei ist es wichtig, die Verantwortlichkeit für die Einhaltung der Zusicherung zu bestimmen, also die Frage zu beantworten, welche Klasse die Verantwortung zu tragen hat. In dem Beispiel *Kunde-Rechnung-Vertrag* zwei Seiten zuvor gibt der OCL-Ausdruck darüber Auskunft; es ist dort die Rechnung.

In dem obigen Beispiel ist die Verantwortungsfrage ebenfalls einfach zu klären. Für die Aggregationsbeziehung, das ist aus der Navigationsrichtung abzuleiten, ist die Klasse *Butterfahrt* verantwortlich. Dort ist auch die Zusicherung anzusiedeln. Die Klasse Butterfahrt wird eine Operation bereitstellen, um der Teilnehmermenge weitere Personen zufügen zu können, z.B. *addTeilnehmer(teilnehmer:Person)*. Innerhalb dieser Operation ist das Alter zu prüfen. Hier angedeutet die Umsetzung in Java:

```
Class Butterfahrt {
   private Vector teilnehmerMenge;

   public void addTeilnehmer(Person : teilnehmer) {
      if (teilnehmer.alter > 65} {
         teilnehmerMenge.addElement(teilnehmer);
      }
      ...
```

Da die Teilnehmer nicht jünger werden können, ist diese Form der Umsetzung in Ordnung. Grundsätzlich wäre zu beachten, daß die Zusicherung in diesem Beispiel nur bei der Aufnahme eines neuen Teilnehmers geprüft wird, die Zusicherung aber auch zu jedem späteren Zeitpunkt eingehalten werden muß.

Eigenschaftswert

Verwandte Begriffe: engl. *Property String*, engl. *Tagged Value*, Merkmal, Charakteristikum, Zusicherung.

Definition

Schlüsselwort-Wert-Paare

Eigenschaftswerte sind benutzerdefinierte, sprach- und werkzeugspezifische Schlüsselwort-Wert-Paare, die die Semantik einzelner Modellelemente um spezielle charakteristische Eigenschaften erweitern.

Beschreibung

Eigenschaftswerte fügen vorhandenen Modellelementen bestimmte weitere Eigenschaften hinzu. In ähnlicher Weise, wie Attribute die Eigenschaften einer Klasse näher beschreiben, können Eigenschaftswerte die Eigenschaften eines beliebigen Modellelementes (z.B. einer Klasse oder eines Attributs) weiter spezifizieren. Sie detaillieren die Semantik des Modellelementes und beeinflussen in vielen Fällen die Code-Generierung. Manche Eigenschaftswerte sind eigens dafür geschaffen, die Code-Generierung zu steuern. D.h. in diesen Fällen liegen meistens spezielle Entwurfs- bzw. Codierungsmuster zugrunde.

Eigenschaftswerte können zwar beliebig und willkürlich vergeben werden, jedoch ist es sinnvoll, sich beispielsweise innerhalb eines Projektes oder einer Unternehmung für ein Werkzeug auf eine begrenzte und wohldefinierte Menge von Eigenschaftswerten zu einigen. Angesichts der Zusammenhänge mit der Code-Generierung ergibt sich dies meistens von selbst.

Zusicherungen ⇨ 245

Abstrakte Klassen ⇨ 228

Abstrakte Operationen ⇨ 236f.

Der wohl am häufigsten verwendete Eigenschaftswert heißt *abstrakt* (sofern es nicht als frei formulierte Zusicherung definiert wird, was auch möglich wäre) und kennzeichnet abstrakte Klassen und abstrakte Operationen. Für Attribute kann das Merkmal *readonly* sinnvoll sein. Für Operationen und Attribute kann das Schlüsselwort *private* darauf hinweisen, daß diese Elemente nicht benutzt werden sollten oder das Schlüsselwort *obsolet*, daß es sich hierbei um ein Element handelt, das nur noch zur Kompatibilität mit älteren Versionen existiert und eigentlich nicht mehr verwendet werden soll.

Es können aber auch Angaben zum Autor oder zur Versionsnummer einer Klasse als Merkmal angegeben werden.

Die Bezüge zur Code-Generierung sind bei den eben genannten Beispielen augenfällig: Abstrakte Klassen und Operationen müssen gewöhnlich auch im Programmcode als abstrakt oder virtuell deklariert werden. Private Operationen und Attribute entsprechend. Für Nur-Lese-Attribute wird maximal die Lese-Operation generiert, nicht aber die Operation zum Setzen des Attributwertes.

Code-Generierung

Eigenschaftswerte sind damit ein sehr mächtiges und bequemes Mittel zur Definition von semantischen Details und zur automatischen Umsetzung von Entwurfsmustern.

Der Unterschied zum Stereotyp besteht darin, daß durch ein Stereotyp das Metamodell um ein neues Element erweitert wird. Mit Eigenschaftswerten hingegen können einzelne Ausprägungen bestehender Modellelemente (z.B. eine bestimmte Operation) um bestimmte Eigenschaften erweitert werden.

Stereotyp ⇨ 252

Notation

Eigenschaftswerte bestehen aus einem Schlüsselwort und einem Wert und werden einzeln oder als Aufzählung in geschweifte Klammern gesetzt. Sie können etikettartig an jedes Modellelement angefügt werden, beispielsweise an Assoziationen, Klassen, Attribute und Operationen.

Ist der Wert ein *Boolean,* der *true* ist, kann er weggelassen werden, d.h.

```
{transient=true}
```

ist identisch mit

```
{transient}
```

Statt geschweifter Klammern können Werkzeuge auch andere Arten der Kennzeichnung benutzen, zum Beispiel farbliche Hervorhebungen, Kursivschrift etc.

Beispiele

{abstrakt}
{nurLesen}
{privat}
{obsolet}
{Version=2.1}
{Autor=Klara König}
{transient}
{persistent}

GeomFigur
{abstrakt Version=1.3}
sichtbar : Boolean {readonly}
anzeigen() {abstrakt} entfernen() {abstrakt} getPosition(): Point setPosition(p: Point) setPos(x, y) {veraltet}

Stereotyp

Verwandte Begriffe: Verwendungskontext, Zusicherung.

Definition

Metamodell-Erweiterung

Stereotypen[1] sind projekt-, unternehmens- oder methodenspezifische Erweiterungen vorhandener Modellelemente des UML-Metamodells. Entsprechend der mit der Erweiterung definierten Semantik wird das Modellierungselement, auf das es angewendet wird, direkt semantisch beeinflußt.

Vgl. Merkmal ⇨250
Zusicherung ⇨245

In der Praxis geben Stereotypen vor allem die möglichen Verwendungszusammenhänge einer Klasse, einer Beziehung oder eines Paketes an.

Beschreibung

Stereotypen klassifizieren die möglichen Verwendungen eines Modellelementes. Dabei handelt es sich nicht um die Modellierung von Metaklassen, vielmehr werden einer oder mehreren Klassen bestimmte gemeinsame Eigenheiten zugeschrieben. Dazu gibt es doch Mehrfachvererbung, könnte man nun einwenden; aber auch hiervon unterscheiden sich Stereotypen, denn sie haben keine Typsemantik, sie sind keine Typen oder Klassen. Stattdessen ermöglichen sie eine mentale und ggf. visuelle Unterscheidung und geben Hinweise auf die Art der Verwendung, auf den Bezug zur vorhandenen Anwendungsarchitektur, der Entwicklungsumgebung u.ä.

Code-Generierung

Ein Modellierungselement kann mit beliebig vielen Stereotypen klassifiziert werden. Die Semantik und die visuelle Darstellung des Elementes kann durch die Zuordnung von Stereotypen beeinflußt werden. In der Praxis geschieht dies beispielsweise dadurch, daß Modellierungswerkzeuge in Abhängigkeit von Stereotypen die Code-Generierung variieren.

Stereotypen sollten nicht frei und willkürlich von den einzelnen EntwicklerInnen erfunden und vergeben werden, sondern projekt-, unternehmens- oder werkzeugbezogen definiert sein.

Auch Attribute und Operationen können mit Stereotypen versehen werden. Attribute und Operationen können dadurch innerhalb der Klasse in entsprechende Gruppen gegliedert werden (siehe Beispiel nächste Seite).

Beziehungen können ebenfalls mit Stereotypen klassifiziert werden.

---

[1] [Duden]: Singular: *das Stereotyp*, Plural: *die Stereotype*.

Der Unterschied zwischen Stereotypen und Eigenschaftswerten besteht darin, daß durch ein Stereotyp das Metamodell um ein neues Modellelement erweitert wird. Mit Eigenschaftswerten hingegen werden einzelne Ausprägungen bestehender Modellelemente (z.B. eine bestimmte Operation) um bestimmte Eigenschaften erweitert.

Man kann laut [Joos97] vier Arten von Stereotypen unterscheiden:

Eigenschaftswert ⇨250

- Dekorative Stereotypen
  Hiermit lassen sich Werkzeuge und Diagramme etwas farbenfroher und bildreicher gestalten. Beispiele sind Akteure u.ä. in Anwendungsfalldiagrammen.

Anwendungsfall-
diagramme, Akteure
⇨216

- Deskriptive Stereotypen
  Damit sind solche gemeint, die in erster Linie Verwendungszusammenhänge beschreiben oder eine Art standardisierte Kommentierung darstellen, beispielsweise um Klassen einer bestimmten Architekturschicht zuzuordnen («*Businessklasse*», «*Vorgangssteuerung*» etc.). Siehe Abbildung weiter unten.

- Restriktive Stereotypen
  Mit dieser Art von Stereotyp sind formale Einschränkungen auf bestehende Modellierungselemente gemeint. Sie definieren Restriktionen auf das Vorhandensein oder Nicht-Vorhandensein bestimmter Eigenschaften. Sie erweitern somit das Metamodell.

Schnittstellenklasse
⇨240

  Prominentester Vertreter ist das in der UML vordefinierte Stereotyp «*interface*», dessen Einschränkung darin besteht, daß damit gekennzeichnete Klassen abstrakte Klassen sind und nur abstrakte Operationen beinhalten dürfen.[1]

- Redefinierende Stereotypen
  Hiermit sind Metamodell-Modifikationen gemeint, mit denen die Grundkonzepte der Ursprungssprache (UML) verletzt werden können und die daher vermieden werden sollten.

Deskriptive und restriktive Stereotypen sind grundsätzlich sinnvoll; dekorative Stereotypen, solange sie in Maßen eingesetzt werden. Neue Stereotypen sollten grundsätzlich nur mit Bedacht und nicht ohne Not definiert, d.h. erfunden werden.

Viele Stereotypen sind in der UML bereits vordefiniert. Selbstkreierte und werkzeugspezifische Stereotypen sind insofern problematisch, als daß damit die Standardisierung der UML hintergangen wird.

---

[1] Obwohl ausgerechnet in diesem Beispiel das Metamodell anders aussieht und die «Interface»-Stereotypisierung lediglich der Notation dient.

| Basiselemente |

Problematisch kann außerdem die Änderung (der Bedeutung) von Stereotypen sein, da hierfür kein Versionierungskonzept vorhanden ist.

Notation

Das Stereotyp wird jeweils vor bzw. über dem Elementnamen (z.B. Klassennamen) plaziert und in doppelte Winkelklammern («») geschlossen.

Alternativ zu dieser rein textuellen Notation können spezielle Symbole verwendet werden (dekorative Stereotypen), siehe die Beispiele mit den Stereotypen *«actor», «control», «boundary»* und *«entity»*.

Außerdem steht es Werkzeugen frei, spezielle farbliche oder andere visuelle Unterscheidungen zu benutzen.

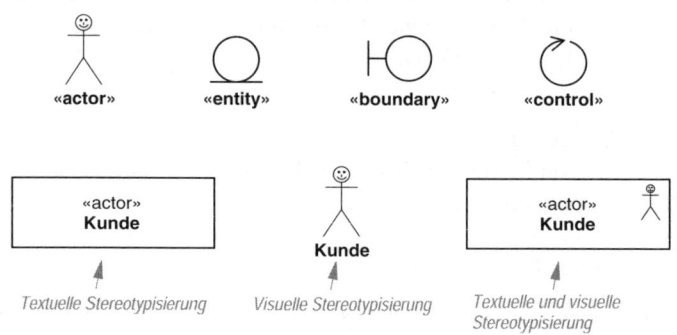

Beispiele

Stereotypen können beispielsweise dazu verwendet werden, die Bedeutung einer Klasse in der Anwendungsarchitektur anzugeben, etwa:

«präsentation», «vorgang», «fachklasse».

Weitere Beispiele:

«model», «view», «controller», «exception», «primitive», «enumeration», «signal», «complete», «incomplete», «overlapping», «disjoint», «implement», «include», «extend».

| «Fachklasse» |
| **Kreis** |
| position |
| sichtbar |
| anzeigen() |
| entfernen() |
| «Auskünfte» |
| istSichtbar() |
| «Attributzugriff» |
| getPosition() |
| setPosition(neuPos) |

Notiz

Verwandte Begriffe: Annotation, Kommentar, engl. *Note*.

Definition

Notizen sind Kommentare zu einem Diagramm oder einem beliebigen Element in einem Diagramm ohne semantische Wirkung.

Beschreibung

Notizen sind Anmerkungen zu Klassen, Attributen, Operationen, Beziehungen u.ä. Einige Analyse- und Designwerkzeuge bieten die Möglichkeit, Notizen mit benutzerdefinierten Strukturen und Namen anzulegen.

Beispielsweise können Informationen über den Entwicklungsstand, die Version einer Klasse oder welcher Entwickler für die Klasse oder die letzte Änderung verantwortlich zeichnet hinterlegt werden. Daten fürs Projektmanagement, beispielsweise zum bisherigen Aufwand und zum geschätzten Restaufwand, können verwaltet werden. Einige Werkzeuge stellen auch Auswertungsmöglichkeiten auf diese benutzerdefinierten Notizstrukturen bereit, wodurch Notizen zu einem mächtigen und praktischen Instrument werden.

Notation, Beispiel

Notizen werden durch Rechtecke mit einem Eselsohr dargestellt, die einen Text enthalten. Wahlweise kann eine Linie bzw. Abhängigkeitsbeziehung vom Rechteck zu dem Diagrammelement gezogen werden, auf welches sich die Notiz bezieht, beispielsweise zu einem Attribut.

Beispiel
Zusicherung ⇨ 246

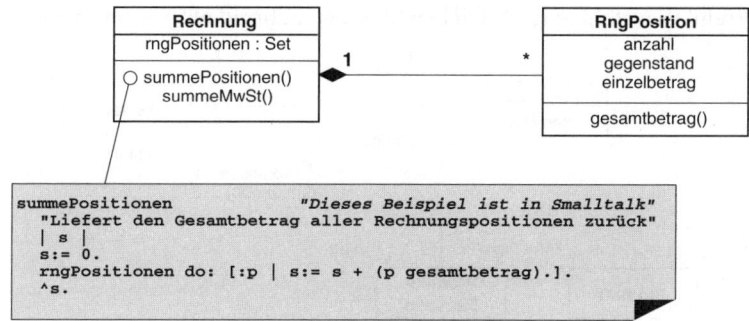

Entwurfsmuster-Notation
Zusammenarbeit

advanced

Vgl. Entwurfsmuster
⇨63

Verwandte Begriffe: engl. *Collaboration*, Mechanismus

Beschreibung

Unter *Zusammenarbeit* wird hier verstanden, daß mehrere Elemente gemeinsam ein Verhalten erzeugen, das erst durch die Zusammenarbeit der Elemente entstehen kann. Wird die Essenz dieser Zusammenarbeit ähnlich wie in Entwurfsmustern abstrakt dargestellt, d.h. unabhängig von einem bestimmten Anwendungsbereich, spricht man von einem *Mechanismus*.

Entwurfsmuster beschreiben ein häufig auftretendes Entwurfsproblem und einen bewährten Lösungsansatz hierzu. Ein Entwurfsmuster beschreibt die Problemstruktur, die Lösung, wann und mit welchen Konsequenzen die Lösung anwendbar ist usw. Die Lösung wird dann meistens individuell, d.h. maßgeschneidert umgesetzt. Klassenmodelle u.ä. sind wesentlich leichter zu verstehen, wenn man weiß, wo Entwurfsmuster angewendet wurden. Daher ist es sinnvoll, dies in geeigneter Weise im Modell zu dokumentieren.

Notation und Beispiel

Die Anwendung eines Entwurfsmusters wird durch eine gestrichelte Ellipse notiert, in der der Name und ggf. weitere Quellenangaben stehen. Zu den vom Entwurfsmuster betroffenen Klassen werden gestrichelte Pfeilen gezeichnet, an deren Enden auch die einzelnen Rollen benannt werden.

Die folgende Abbildung zeigt das Kompositum-Muster von [Gamma96], das gewöhnlich für Stücklistenstrukturen angewendet wird. Im vorliegenden Fall handelt es sich um Produkte (z.B. Hausratversicherung), die sich aus einzelnen Produktbausteinen (z.B. Diebstahl, Glas, Fahrrad etc.) zusammensetzen.

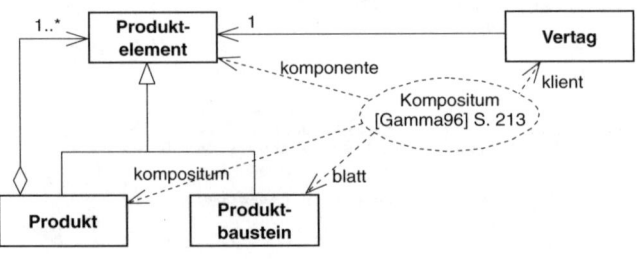

Paket

Verwandte Begriffe: engl. *Package*, Kategorie, Subsystem

Definition

Pakete sind Ansammlungen von Modellelementen beliebigen Typs, mit denen
das Gesamtmodell in kleinere überschaubare Einheiten gegliedert wird. Ein
Paket definiert einen Namensraum, d.h. innerhalb eines Paketes müssen die
Namen der enthaltenen Elemente eindeutig sein. Jedes Modellelement kann in
anderen Paketen referenziert werden, gehört aber zu genau einem (Heimat-)
Paket. Pakete können wiederum Pakete beinhalten. Das alleroberste Paket
beinhaltet das gesamte System.

Übersicht gewinnen

Beschreibung

Pakete können verschiedene Modellelemente enthalten, beispielsweise Klassen und Anwendungsfälle. Sie können hierarchisch gegliedert werden, d.h.

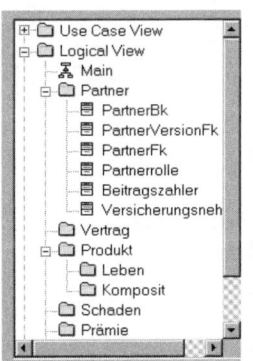

ihrerseits wieder Pakete enthalten. Insofern ist das
Gesamtsystem ebenfalls ein Paket. Nebenstehend
eine Abbildung aus dem Modellierungswerkzeug
Rational Rose, das Pakete baumartig strukturiert
und somit zur Navigation im Modell einsetzt.

Pakete werden aufgrund logischer oder physischer
Zusammenhänge gebildet. Vorhandene Bibliotheken, Untersysteme und Schnittstellen bilden jeweils
eigene Pakete. Auch das eigentliche Modell der zu
entwickelnden Anwendung kann, wenn es zu groß
wird, nach logischen Gesichtspunkten in Pakete
gegliedert werden. Pakete schaffen eine bessere
Übersicht über ein großes Modell, sie dienen zur internen Modellorganisation
und definieren abgesehen vom Namensraum keine weitere Modellsemantik.

Ein Modellelement, beispielsweise eine Klasse kann in verschiedenen Paketen enthalten sein, die Mengen können sich also überschneiden, jedoch hat
jede Klasse ihr Stammpaket. In allen anderen Paketen wird sie lediglich in der
Schreibweise

```
Paketname::Klassenname
```

zitiert. Dadurch entstehen Abhängigkeiten zwischen den Paketen: ein Paket
nutzt Klassen eines anderen Paketes.

Abhängigkeit ⇨ 288

Eine gute Architektur führt zu wenig Abhängigkeiten zwischen den Paketen. Neben der besseren Übersichtlichkeit sind Pakete unter anderem auch geeignete Arbeitsgrößen für Projektmanagement und -organisation.

Notation und Beispiel

Stereotypen ⇨240

Eine Paket wird in Form eines Aktenregisters dargestellt. Innerhalb dieses Symbols steht der Name der Paketes. Werden innerhalb des Symbols Modellelemente angezeigt (Klassen oder verschachtelte Pakete), steht der Name auf der Registerlasche. Anderenfalls innerhalb des großen Rechteckes. Oberhalb des Paketnamens können Stereotypen notiert werden.

Abhängigkeit ⇨288

Die Abhängigkeit zwischen den Paketen wird durch einen gestrichelten Pfeil notiert, der in Richtung des unabhängigen Paketes zeigt. Die Abhängigkeiten der Pakete müssen mit den darunterliegenden Navigationsdefinitionen der Klassen und Assoziationen korrespondieren.

Generalisierung ⇨261

Außer den Abhängigkeitsbeziehungen können auch Generalisierungsbeziehungen zwischen Paketen dargestellt werden, wenn die in den Paketen enthaltenen Modellelemente Generalisierungen bzw. Spezialisierungen der Elemente anderer Pakete sind.

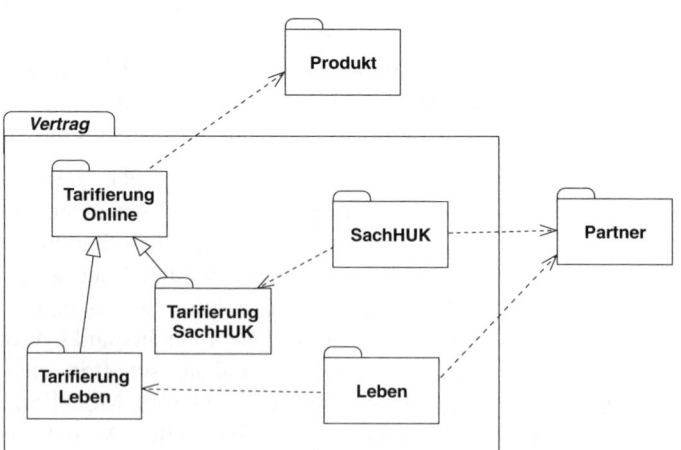

Klassendiagramm (Beziehungselemente)

Die einzelnen Elemente der Unified Modeling Language zur Darstellung statischer Modellsachverhalte werden hier detailliert erläutert - jeweils gegliedert in Definition, Beschreibung, Notation und Beispiel.

Dies ist die Gliederung des Buches...

Einführung		Beispiel		Unified Modeling Language						
OO für Anfänger	Vorgehens-modell	Analyse	Design	Anwen-dungsfälle	Basis-elemente	Beziehungs-elemente	Verhalten	Implemen-tierung	OCL	Anhang

und hier befinden Sie sich.

Generalisierung, Spezialisierung

Verwandte Begriffe: engl. *Inheritance*, Vererbung, Konkretisierung.

Definition

Vererbung ist ein Programmiersprachenkonzept, d.h. ein Umsetzungsmechanismus für die Relation zwischen Ober- und Unterklasse, wodurch Attribute und Operationen der Oberklasse auch den Unterklassen zugänglich werden.

Mechanismus (Vererbung)

Generalisierung und Spezialisierung sind Abstraktionsprinzipien zur hierarchischen Strukturierung der Semantik eines Modells.

Strukturprinzip (Generalisierung, Spezialisierung)

Eine Generalisierung (bzw. Spezialisierung) ist eine taxonomische[1] Beziehung zwischen einem allgemeinen und einem speziellen Element (bzw. umgekehrt), wobei das speziellere weitere Eigenschaften hinzufügt und sich kompatibel zum allgemeinen verhält.

Beschreibung

Bei der Generalisierung bzw. Spezialisierung werden Eigenschaften hierarchisch gegliedert, d.h. Eigenschaften allgemeinerer Bedeutung werden allgemeineren Klassen (Oberklassen) zugeordnet und speziellere Eigenschaften werden Klassen zugeordnet, die den allgemeineren untergeordnet sind (Unterklassen). Die Eigenschaften der Oberklassen werden an die entsprechenden Unterklassen weitergegeben, d.h. vererbt. Eine Unterklasse verfügt demnach über die in ihr spezifizierten Eigenschaften sowie über die Eigenschaften ihrer Oberklasse(n).

Oberklasse Unterklasse

Die Unterscheidung in Ober- und Unterklassen erfolgt häufig aufgrund eines Diskriminator genannten Unterscheidungsmerkmales, d.h. eines Charakteristikums. Der Diskriminator bezeichnet den für die hierarchische Strukturierung der Eigenschaften maßgeblichen Aspekt. Dieser ist nicht per se[2] gegeben, sondern das Ergebnis einer Modellierungsentscheidung. Beispielsweise könnte man Fahrzeuge aufgrund des Diskriminators *Antriebsart* untergliedern (*Verbrennungsmaschine, Elektrisch, Pferdekraft*). Ebenso aber auch aufgrund des *Fortbewegungsmediums* (*Luft, Wasser, Schiene, Straße*).

Diskriminator

Ob und welcher Diskriminator gewählt wird, hängt vom semantischen Gehalt der Generalisierungsrelation ab. Sofern die erstellten Unterklassen als Ele-

---

[1] Griech., *taxis*: „Anordnung"; Taxonomie: „Einordnung in ein System".
[2] Lat., *per se*: „von selbst"

Beziehungselemente

mente einer definierten Aufzählungsmenge betrachtet werden können (Luft, Wasser, ...), ist der Diskriminator meistens naheliegend. Es ist hilfreich, sich den Diskriminator während des Modellierens explizit zu vergegenwärtigen und ihn auch in die grafische oder textuelle Modellbeschreibung aufzunehmen. Die Wahl des Diskriminators ist dann eine dokumentierte Entwurfsentscheidung.

Partition

Die Gesamtheit der Unterklassen, die auf dem selben Diskriminator beruhen, wird Partition genannt.

Innerhalb der Klassenhierarchie werden die Attribute und Operationen in genau den Klassen angesiedelt, in denen sie wirklich eine Eigenschaft der Klasse darstellen, d.h. daß die ihnen zugeschriebene Semantik eine objektive Eigenschaft genau dieser Klasse darstellt (unter Berücksichtigung des diskriminierenden Strukturierungsaspektes). Dabei kann es sich auch um eine abstrakte Eigenschaft handeln.

Delegation ⇨174

Andersherum ausgedrückt wird ein Attribut oder eine Operation nicht allein deswegen in einer Klasse angesiedelt, um deren Wiederverwendung in abgeleiteten Unterklassen zu betreiben - auch wenn dies in der Regel der Effekt dieser hierarchischen Strukturierung ist. Ähnlich verhält es sich mit Optimierungs- und Normalisierungseffekten, wie sie von der Datenmodellierung (ERM) her bekannt sind. Entscheidend ist die unterstellte Semantik.

Notation

Die Vererbungsbeziehung wird mit einem großen, nicht ausgefüllten Pfeil dargestellt, wobei der Pfeil von der Unterklasse zur Oberklasse zeigt. Wahlweise werden die Pfeile direkt von den Unterklassen zur Oberklasse gezogen oder zu einer gemeinsamen Linie zusammengefaßt. Die direkten Pfeile erlauben ein flexibleres Layout und sind auch mit freier Hand gut zu zeichnen. Die zusammengefaßten Pfeile betonen stärker die Gemeinsamkeit der Unterklassen, nämlich daß sie Spezialisierungen einer Oberklasse aufgrund *eines* Diskriminators sind.

Bei der Variante mit direkten Pfeilen werden die Vererbungsbeziehungen, für die der Diskriminator gilt, entweder durch eine gestrichelte Linie verbunden, die dann mit dem Namen des Diskriminators versehen wird. Oder es wird jeder einzelne Vererbungspfeil mit dem Diskriminator gekennzeichnet. Verzichtet man auf die Angabe von Diskriminatoren, ist unklar, ob die Unterklassen eigenständige Spezialisierungen darstellen oder ob sie durch einen gemeinsamen Diskriminator entstanden sind.

Vgl. Mehrfachvererbung
⇨266

Der Diskriminator ist ein virtuelles Attribut möglicher konkreter Objekte. Er erscheint zwar in keiner Klasse als Attribut, ist jedoch in der Relation zwischen Ober- und Unterklassen implizit enthalten: die Namen der durch die

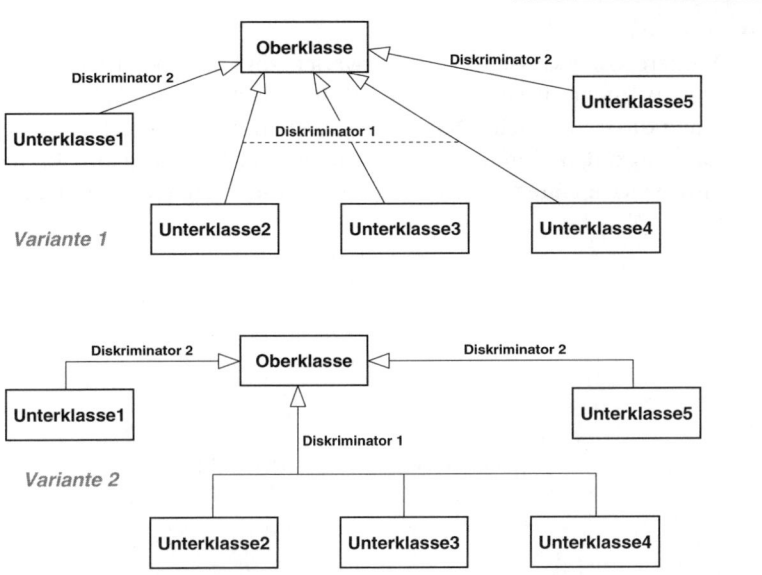

Diskriminierung entstandenen Unterklassen wären die Attributwerte des impliziten Diskriminatorattributes.

Die möglichen Werte des Diskriminators können unabhängig von der Generalisierungsbeziehung durch eine Klasse mit dem Stereotyp *«powertype»* definiert werden. Zu dieser haben dann die möglichen Ausprägungen Instantiierungsbeziehungen. Dazu gleich ein Beispiel.

«powertype»

Generalisierungsbeziehungen können mit folgenden vordefinierten Zusicherungen versehen werden:

Zusicherungen ⇨ 245

advanced

- *overlapping*
  Diese Zusicherung ist speziell für Mehrfachvererbung gedacht, um die Zusammenführung gemeinsamer Eigenschaften aus getrennten Vererbungspfaden zu steuern. Siehe hierzu näheres gleich im Abschnitt Mehrfachvererbung.

Mehrfachvererbung
⇨ 266

Vordefinierte
Zusicherungen

- *disjoint*
  Dies ist die inverse Zusicherung zu *overlapping* und der Standardfall.

- *complete*
  Alle Unterklassen sind spezifiziert, weitere Unterklassen werden nicht erwartet. Unabhängig davon müssen nicht immer alle Unterklassen in einem Diagramm aufgeführt werden.

| Beziehungselemente |

- *incomplete*

  Weitere Unterklassen werden erwartet, sind aber noch nicht modelliert. Dies ist nicht zu verwechseln mit dem Sachverhalt, daß eine definierte Unterklasse in einem Diagramm lediglich nicht dargestellt wird. In der nachfolgenden Abbildung wird mit *{incomplete}* ausgedrückt, daß noch eine weitere Unterklasse erwartet wird, diese jedoch noch nicht definiert ist.

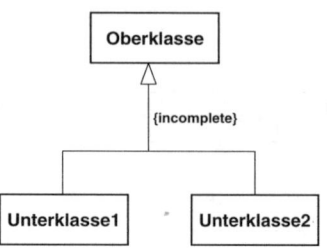

Beispiel

Diskriminator:
Figurenform

Auf einer Fensterfläche sollen Kreise, Rechtecke und Dreiecke angezeigt und bewegt werden können. Die Begriffe Kreis, Rechteck und Dreieck können generalisiert und ganz allgemein als geometrische Figuren bezeichnet werden. Die Klassen *Kreis*, *Rechteck* und *Dreieck* wären demnach Spezialisierungen der gemeinsamen Oberklasse *GeomFigur*; der Diskriminator wäre die *Figurenform*. In der abstrakten Oberklasse sind die Operationen *anzeigen()* und *entfernen()* als abstrakte gekennzeichnet, d.h. alle geometrischen Figuren verfügen über diese Operationen, implementiert werden sie jedoch erst in den konkreten Unterklassen.

Vgl. Diskussion ⇨45ff.

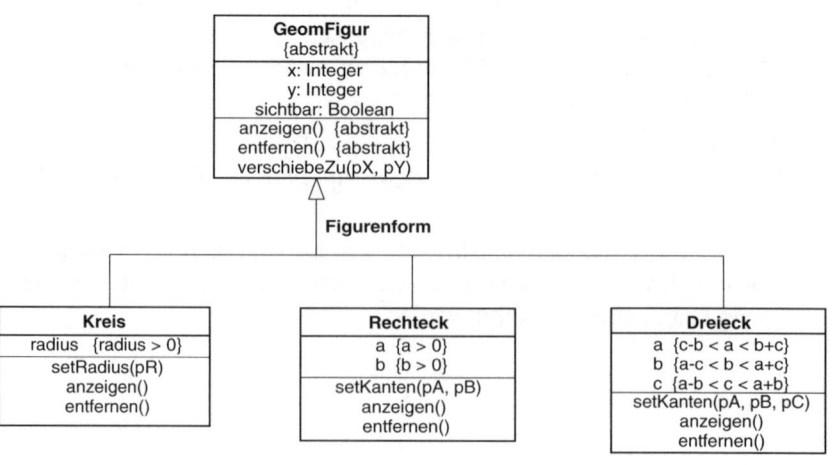

264

Die Attribute *x, y* und *sichtbar* sind Bestandteil aller geometrischen Figuren und deshalb in der Oberklasse angesiedelt. Der *radius* bzw. die Kanten *a, b* und *c* hingegen sind spezielle Eigenschaften der konkreten geometrischen Figuren.

Die konkreten Attribute sind mit Zusicherungen versehen, wie sie für die jeweilige Figur maßgeblich sind. Beispielsweise darf beim Kreis der Radius nicht gleich oder kleiner Null sein und beim Dreieck muß die Summe zweier Kanten jeweils größer sein als die dritte Kante.

Diskriminator-Metatyp

advanced

Die *Figurenform* ist ein in der Generalisierungsrelation verstecktes virtuelles Attribut, dessen mögliche Werte „Kreis", „Rechteck" und „Dreieck" sind (die Namen der diskriminierten Unterklassen).

Die folgende Abbildung zeigt den Metatyp (*«powertype»*) *Figurenform*. Metatypen müssen nicht in dieser Form explizit definiert werden, es ist normalerweise ausreichend, einfach einen Diskriminator anzugeben. Sollte aber ein mit dem Namen eines Diskriminators übereinstimmender Metatyp definiert sein, korrespondieren die beiden miteinander.

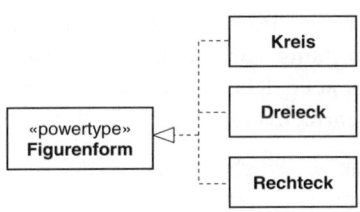

advanced

Mehrfachvererbung

Der vorangegangene Abschnitt zeigte die Einfachvererbung anhand des Beispiels mit geometrischen Objekten. Jede Klasse besitzt höchstens eine Oberklasse. Bei der Mehrfachvererbung kann eine Klasse mehr als eine Oberklasse besitzen. Statt von einer Klassenhierarchie kann man in diesem Fall auch von einer Klassenheterarchie sprechen.

Nicht alle Programmiersprachen benötigen bzw. unterstützen die Mehrfachvererbung (Smalltalk und Java beispielsweise nicht). Sie ist auch durchaus kritisch zu sehen, denn sie schafft Probleme: Was passiert, wenn verschiedene Oberklassen gleichnamige Eigenschaften beinhalten (die sich natürlich unterschiedlich verhalten können)? Von welcher Oberklasse soll die Unterklasse die Eigenschaft übernehmen? Dieser Konflikt kann in der Regel nur dadurch vermieden werden, daß die Eigenschaft voll qualifiziert, d.h. inklusive der Oberklassenbezeichnung angesprochen wird.

Konflikte bei
Mehrfachvererbung

Es lassen sich noch weitere Konfliktsituationen konstruieren. Beispielsweise können die beiden Oberklassen, die eine gemeinsame Unterklasse besitzen, ihrerseits wiederum von einer gemeinsamen Oberklasse abgeleitet sein, so daß eine Eigenschaft in zwei Richtungen weitervererbt wird und später wieder durch Mehrfachvererbung zusammenläuft. Auch hier kann in jeder einzelnen dazwischen liegenden Klasse die Eigenschaft überschrieben werden. Eine Alternative zur Mehrfachvererbung ist die Delegation.

Delegation ⇨174

Ein Beispiel für mehrfache Vererbung: Ein Schwein ist sowohl ein Säugetier als auch ein Landbewohner. Es erbt daher die Eigenschaften der Klasse *Säugetier* und die der Klasse *Landbewohner*.

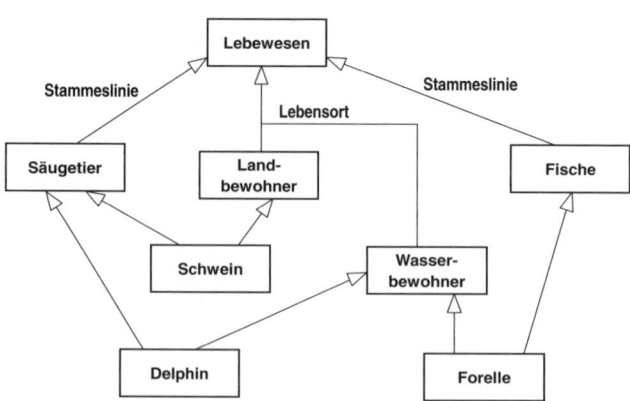

Overlapping versus *disjoint*

Die beiden inversen Zusicherungen *overlapping* und *disjoint* sind im Zusammenhang mit mehrfacher Vererbung relevant. Das untenstehende Klassendiagramm soll bei der Erläuterung helfen. Es zeigt die Spezialisierung von Fahrzeugen entlang der beiden Diskriminatoren *Fortbewegungsmedium* und *Antriebsart*. *Segelboot* ist die einzige konkrete Klasse in dem Beispiel, von ihr können Instanzen erzeugt werden.

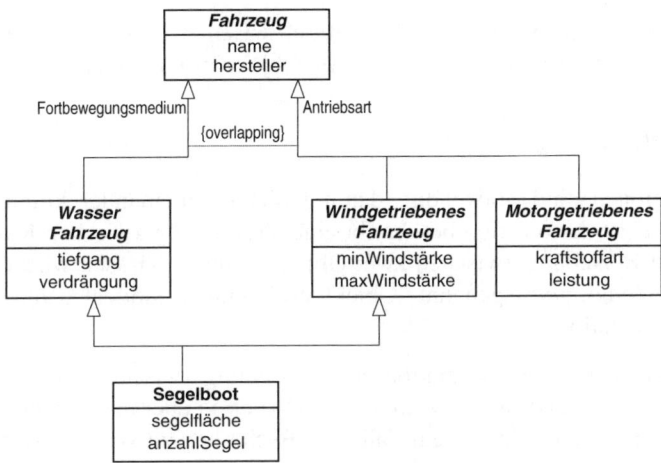

Die Klasse *Segelboot* erbt die Eigenschaften ihrer Oberklassen. Die Eigenschaften der Klasse *Fahrzeug* können dabei über zwei verschiedene Wege geerbt werden, über *Wasserfahrzeug* und über *WindgetriebenesFahrzeug*.

Standardmäßig sind Vererbungsbeziehungen immer *disjoint*. Dadurch würde *Segelboot* die Attribute *name* und *hersteller* aus *Fahrzeug* doppelt erben, d.h. die Instanzen von *Segelboot* würden sie doppelt führen.

Die Zusicherung *overlapping* bewirkt, daß diese Attribute nur einmal geerbt werden. Die beiden unten abgebildeten Objekte illustrieren den Unterschied zwischen zwischen *disjoint* und *overlapping*.

overlappingSegelboot
name
hersteller
tiefgang
verdrängung
segelfläche
anzahlSegel

disjointSegelboot
wasserFahrzeug.name
windgetriebenesFahrzeug.name
wasserFahrzeug.hersteller
windgetriebenesFahrzeug.hersteller
tiefgang
verdrängung
segelfläche
anzahlSegel

267

Beziehungselemente

Assoziation

Verwandte Begriffe: Aggregation, Komposition, engl. *Link*, Objektverbindung, Relation.

Aggregationen ⇨284
Kompositionen ⇨286

Definition

Eine Assoziation beschreibt als Relation zwischen Klassen die gemeinsame Semantik und Struktur einer Menge von Objektverbindungen.

Beschreibung

Objektverbindungen
(*links*)

Assoziationen sind notwendig, damit Objekte miteinander kommunizieren können. Eine Assoziation beschreibt eine Verbindung zwischen Klassen. Die konkrete Beziehung zwischen zwei Objekten dieser Klassen wird *Objektverbindung* (engl. *link*) genannt. Objektverbindungen sind also die Instanzen einer Assoziation.

Rekursive
Assoziation

Aggregation ⇨284
Komposition ⇨286

Gewöhnlich ist eine Assoziation eine Beziehung zwischen zwei verschiedenen Klassen. Grundsätzlich kann eine Assoziation aber auch rekursiver Natur sein; die Klasse hat in diesem Fall eine Beziehung zu sich selbst, wobei gewöhnlich unterstellt wird, daß jeweils zwei unterschiedliche Objekte dieser Klasse verbunden werden. An einer Assoziation können aber auch drei oder mehr verschiedene Klassen beteiligt sein. Spezielle Varianten der Assoziation sind die Aggregation und die Komposition.

Temporäre
Objektbeziehungen

Sichtbarkeitsangaben
⇨237

Gewöhnlich gilt eine Assoziation für den gesamten Existenzzeitraum der beteiligten Objekte oder zumindest über einen Geschäftsvorfall hinweg. Es können aber auch solche Assoziationen modelliert werden, die nur zeitweilig gültig sind. Beispielsweise weil ein Objekt Argument in einer Nachricht ist und nur lokal innerhalb der entsprechenden Operation, dem Empfängerobjekt bekannt ist. In diesem Fall sollte das Stereotyp *«temporär»* verwendet werden.

Kardinalität:
Anzahl der Elemente

Multiplizität:
Bereich erlaubter Kardinalitäten

Die Multiplizität einer Assoziation gibt an, mit wievielen Objekten der gegenüberliegenden Klasse ein Objekt assoziiert sein kann. Wenn diese Zahl variabel ist, wird die Bandbreite, d.h. Minimum und Maximum angegeben. Liegt das Minimum bei 0, bedeutet dies, daß die Beziehung optional ist.

Jede Assoziation kann mit einem Namen versehen werden, der die Beziehung näher beschreiben sollte (meistens ein

Verb). Auf jeder Seite der Assoziation können Rollennamen dazu verwendet werden, genauer zu beschreiben, welche Rolle die jeweiligen Objekte in der Beziehung einnehmen. Außerdem können Zusicherungen verwendet werden, um die Beziehung speziell einzuschränken.

Rollen,
Zusicherungen

Notation

Beziehungen werden durch eine Linie zwischen den beteiligten Klassen dargestellt. An den jeweiligen Enden kann die Multiplizität der Beziehung angegeben werden. Jede Beziehung sollte mit einem Namen versehen werden (wird kursiv gesetzt), der beschreibt, worin oder warum diese Beziehung besteht. Damit man die Klassennamen und die Bezeichnung der Beziehung in richtiger Richtung lesen kann, kann neben dem Beziehungsnamen ein kleines ausgefülltes Dreieck gezeichnet werden, dessen Spitze in die Leserichtung zeigt.

Gekennzeichnete
Leserichtung

Attribute ⇨ 233

Schnittstelle ⇨ 240

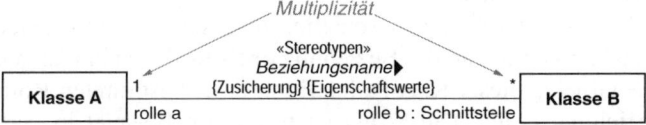

Beziehungsnamen können für beide Leserichtungen notiert werden. An jedem Ende einer Beziehung können zusätzlich Rollennamen angegeben werden (Namenskonvention wie bei Attributen). Ein Rollenname beschreibt, wie das Objekt durch das in der Assoziation gegenüberliegende Objekt gesehen wird. Neben der Rolle kann an einer Klasse auch der Name einer Schnittstelle angegeben werden. Die Klasse muß diese Schnittstelle dann implementieren. Der Zugriff über die Assoziation beschränkt sich dann auf die in der Schnittstelle definierten Möglichkeiten.

Außerdem kann eine Assoziation durch Zusicherungen, Eigenschaftswerte und Stereotypen genauer beschrieben werden. Stereotypen werden vor oder über dem Beziehungsnamen notiert, Zusicherungen und Eigenschaftswerte hinter oder unter dem Namen.

Die Klassen können durch direkte Linien, d.h. auf dem kürzesten Weg, oder auch durch rechtwinklige Linien verbunden werden. Dies ist dem persönlichen Geschmack überlassen bzw. durch die Möglichkeiten des Designwerkzeuges vorgegeben.

Zusicherungen ⇨ 245
Eigenschaftswerte
⇨ 250
Stereotypen ⇨ 240

Die Multiplizität wird als einzelne Zahl oder Wertebereich auf jeder Seite der Assoziation notiert. Ein Wertebereich wird durch Angabe des Minimums und des Maximums, getrennt durch zwei Punkte, notiert (z.B. *1..5*). Ein * ist ein Joker und bedeutet „*viele*". Mit einem Komma werden unterschiedliche Möglichkeiten aufgezählt.

Multiplizität

Beziehungselemente

Gerichtete
Assoziation ⇨282

Einseitige bzw. gerichtete Assoziationen, bei der nur die eine Seite die andere kennt, aber nicht umgekehrt, sind im Abschnitt über gerichtete Assoziationen beschrieben.

Beispiel

In der folgenden Abbildung wird eine Beziehung zwischen einer Firma und ihren Mitarbeitern gezeigt. Die Beziehung wird wie folgt gelesen: *„1 Firma beschäftigt * Mitarbeiter"*. Der * steht als Joker für beliebig viele Exemplare.

Firma		1	beschäftigt▶		*	Mitarbeiter
name anschrift		arbeitgeber	◀ *arbeitet für*	arbeitnehmer		name anschrift personalNr

Während unterschiedliche Beziehungsnamen je Leserichtungen angegeben werden können (also auch *„* Mitarbeiter arbeitet[1] für 1 Firma"*), gilt die angegebene Multiplizität für die Assoziation insgesamt, also für beide Richtungen. Zusätzlich können an die Beziehung auch Rollennamen angehängt werden, da die Objekte dieser Klassen häufig in einer bestimmten Rolle zueinander in Beziehung treten. Die Firma ist in diesem Beispiel in der Rolle des Arbeitgebers und der Mitarbeiter in der Rolle des Arbeitnehmers.

Rollen

Weitere Beispiele für Multiplizitätsangaben:

1	genau eins
0, 1	null oder eins
0..4	zwischen null und vier
3, 7	genau drei oder sieben
0..*	größer oder gleich null (Standard, wenn Angabe fehlt)
*	dto.
1..*	größer oder gleich eins
0..3, 7, 9..*	zwischen null und drei oder genau sieben oder größer oder gleich neun

Assoziationen werden i.d.R. dadurch realisiert, daß die beteiligten Klassen entsprechende Referenzattribute erhalten. In dem folgenden Beispiel würde die Klasse *Mitarbeiter* ein Attribut *arbeitgeber* als Referenz auf ein Objekt der Klasse *Firma* erhalten und die Klasse *Firma* ein Attribut *arbeitnehmer* mit einem Sammlungsobjekt (*Collection* bzw. Unterklasse davon), welches die Arbeitnehmer-Objekte referenzierte. Einige Modellierungswerkzeuge verwenden die Rollennamen der Beziehung für die entsprechenden automatisch erzeugten Attribute. Rollennamen korrespondieren deswegen häufig mit entsprechenden Attributen.

---

[1] Beziehungsnamen in Richtung auf ein Element mit der Kardinalität von max. 1 stehen gewöhnlich im Singular (vgl. gerichtete Assoziation ⇨282).

Rekursive Assoziation

Verwandte Begriffe: selbstbezügliche Assoziation

Definition

Rekursive Assoziationen sind Assoziationen, an denen nur eine Klasse beteiligt ist.

Beschreibung

Eine besondere Variante der Assoziation ist die rekursive Assoziation, bei der Objekte derselben Klasse miteinander in Beziehung treten. Dabei ist zu unterstellen, daß jeweils zwei unterschiedliche Instanzen der Klasse miteinander verbunden sind, da anderenfalls keine Assoziation modelliert werden müßte.

Das Beispiel zeigt Mitarbeiter, die die Rolle *Manager* einnehmen können, in der sie eine Menge von Sachbearbeitern führen, und die die Rolle *Sachbearbeiter* einnehmen können, in der sie an genau einen Manager zu berichten haben. Bei direkt rekursiven Assoziationen müssen entweder Rollennamen oder Beziehungsnamen angegeben werden, da sonst die Beziehung nicht deutlich wird.

Rollennamen
Beziehungsnamen

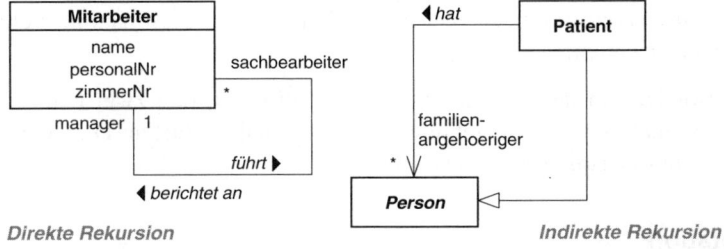

Direkte Rekursion   Indirekte Rekursion

Neben den direkt rekursiven Assoziationen gibt es auch die indirekten, bei denen die Rekursivität nicht auf den ersten Blick erkennbar ist. In dem Beispiel ist *Person* eine abstrakte Klasse, d.h. es kann nur von *Patient* Exemplare geben. *Patient* kann aber eine Menge von Familienangehörigen assoziieren, die in diesem Beispiel ebenfalls Patienten sein müssen. Auch hier sollte unterstellt werden, daß jeweils unterschiedliche Instanzen miteinander verbunden sind.

Attributierte Assoziation

Verwandte Begriffe: Assoziationsattribute, Assoziationsklasse.

Definition

Ein Modellelement, das sowohl über die Eigenschaften einer Klasse als auch über die einer Assoziation verfügt. Es kann gesehen werden als Assoziation mit zusätzlichen Klasseneigenschaften (Attributierte Assoziation) oder als Klasse mit zusätzlichen Assoziationseigenschaften (Assoziationsklasse).

Beschreibung

Neben den beschriebenen Formen der Assoziation gibt es noch eine weitere, bei der die Beziehung selbst über Attribute verfügt. Eine attributierte Assoziation ist immer dann naheliegend, wenn Attribute gefunden werden, die weder der einen noch der anderen Klasse zugeordnet werden können, weil sie nämlich eine Eigenschaft der Beziehung selbst ist.

Assoziationsklasse

Die Eigenschaften der Beziehung werden als Klasse modelliert, die der Assoziation notationell zugeordnet ist. Semantisch sind Assoziation und Assoziationsklasse identisch, d.h. der Name der Assoziationsklasse entspricht dem Namen der Assoziation. Die Instanzen der Assoziationsklasse sind die konkreten Objektverbindungen zwischen den an der Assoziation beteiligten (normalen) Klassen.

Das besondere an der attributierten Assoziation ist, daß zwei beteiligte Objekte maximal nur eine Beziehung zueinander haben dürfen. Dies wird gleich anhand eines Beispiels näher erläutert.

Notation

Attributierte Assoziationen werden wie gewöhnliche Assoziationen dargestellt, zusätzlich ist jedoch über eine gestrichelte Linie, die von der Assoziationslinie abgeht, eine weitere Klasse zugeordnet, die sogenannte Assoziationsklasse. Die Assoziationsklasse wird ansonsten wie eine gewöhnliche Klasse notiert.

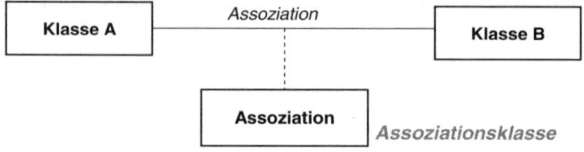

Beispiele

Zum Beispiel kann die Assoziation zwischen Mitarbeiter und Firma aus dem vorigen Abschnitt dahingehend erweitert werden, daß auch Informationen über den Beschäftigungszeitraum berücksichtigt werden.

Die Attribute, die diesen Zeitraum beschreiben, gehören weder in die Klasse *Unternehmen* noch in die Klasse *Mitarbeiter*, sondern sind Teil der Beziehung zwischen den beiden. Ebenso könnten auch Operationen Bestandteil von Assoziationsklassen sein. Da die Exemplare der Assoziationsklassen jeweils identisch sind mit den konkreten Objektverbindungen, sind sie nicht eigenständig existenzfähig, sondern von den beiden beteiligten eigentlichen Objekten abhängig.

Degenerierte
Assoziationsklassen

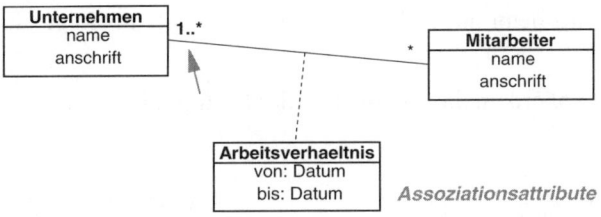

Assoziationsattribute

Man spricht gelegentlich auch von degenerierten Assoziationsklassen; degeneriert deshalb, weil die Klasse keine eigenständigen Objekte beschreibt und keinen Namen tragen muß (eine Assoziation muß keinen Namen haben). Natürlich ist es in diesem Fall sehr sinnvoll, einen Namen anzugeben. Der Name der Assoziation und der Assiziationsklasse sind stets identisch.

Das besondere an der attributierten Assoziation ist, daß zwei beteiligte Objekte maximal nur eine Beziehung zueinander haben dürfen. Die Multiplizitäten sagen aus, daß ein Unternehmen *1..** Mitarbeiter haben kann und ein Mitarbeiter mindestens bei einem Unternehmen beschäftigt sein muß.

Besondere Semantik
der Multiplizität

Im realen Leben kann es vorkommen, daß ein Mitarbeiter mehrfach, in verschiedenen Zeiträumen, für ein Unternehmen gearbeitet hat. Dies ist in einer attributierten Assoziation wie der oben gezeigten nicht möglich! Jeweils zwei beteiligte Objekte dürfen dort nur eine Beziehung zueinander führen. Ein Mitarbeiter kann also nicht zwei Beziehungen zum gleichen Unternehmen führen. Wenn dies aber gewünscht ist, ist eine attributierte Assoziation nicht geeignet.

Die folgende Abbildung zeigt ein Beispiel, in dem die besondere Semantik der attributierten Assoziation gewünscht ist. Jedem Mitarbeiter werden hier bestimmte Fähigkeiten mit einem Kompetenzgrad zugeordnet. Dabei kann einem Mitarbeiter eine Fähigkeit jeweils nur einmal zugeordnet werden, denn

Beziehungselemente

Qualifizierte Assoziation
⇨277

er kann eine Fähigkeit nicht gleichzeitig in mehreren Kompetenzgraden besitzen; man würde immer den höheren Grad nehmen (dieses Beispiel wird übrigens im Abschnitt über qualifizierte Assoziationen noch einmal aufgegriffen).

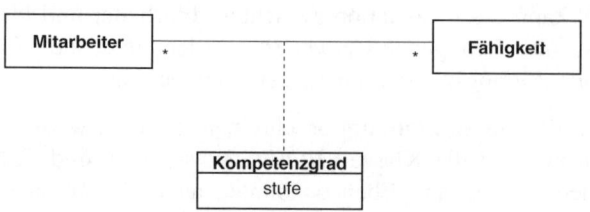

Im Feindesign werden solche Beziehungen normalerweise aufgebrochen; aus der Assoziationsklasse wird dann eine richtige Klasse. Dabei ist zu berücksichtigen, daß die spezielle Semantik der attributierten Assoziation beibehalten wird, d.h. ersatzweise durch entsprechende Zusicherungen ausgedrückt wird. Dies wird denn auch gleich das erste Beispiel im folgenden Abschnitt sein.

Man beachte außerdem die Übernahme der Multiplizitäten.

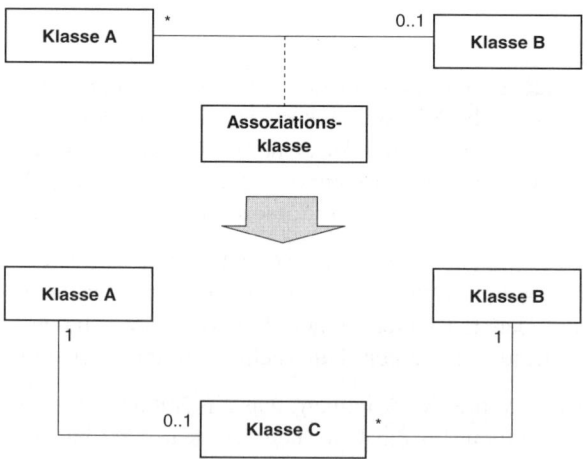

Assoziationszusicherung

Sofern eine Assoziation bestimmte Bedingungen erfüllen muß, können diese in geschweiften Klammern als Zusicherung neben der Assoziationslinie notiert werden. Die Zusicherungen können beliebigen Inhalts sein und sowohl frei, formelhaft (semi-formal) oder als OCL-Ausdruck (formal) formuliert sein.

Das folgende Beispiel greift den im vorigen Abschnitt zuletzt angesprochenen Sachverhalt wieder auf. Dort war gefordert, daß jedem Mitarbeiter eine Fähigkeit nur einmal (mit einem entsprechenden Kompetenzgrad) zugeordnet werden kann. Bei der in Abbildung angegebenen Zusicherung wird ausgenutzt, daß in einem *Set* jedes Element nur einmal enthalten sein darf (im Gegensatz zum *Bag*). Wenn demnach die Mengen trotzdem gleich sind, kommt keine Fähigkeit mehrfach vor.

OCL ⇨327

Die attributierte Assoziation „*Unternehmen beschäftigt Mitarbeiter*", wie sie

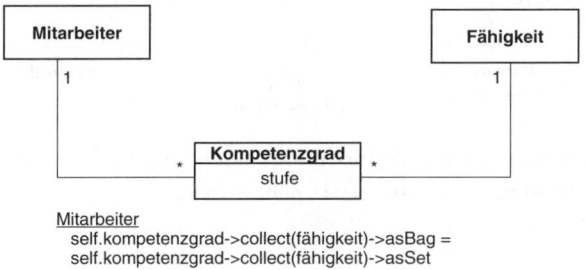

```
Mitarbeiter
    self.kompetenzgrad->collect(fähigkeit)->asBag =
    self.kompetenzgrad->collect(fähigkeit)->asSet
```

ebenfalls im vorigen Abschnitt bereits gezeigt wurde, wird im folgenden als aufgebrochene Variante mit zwei gewöhnlichen Assoziationen gezeigt. Hier soll nun zugesichert werden, daß sich die Zeiträume der Arbeitsverhältnisse für einen Mitarbeiter nicht überschneiden. Dies ist einfach frei formuliert worden. Wie dies konkret umzusetzen ist, darüber gibt die Zusicherung keine Auskunft.

Vgl. ⇨179, 181

Geordnete
Assoziation
advanced

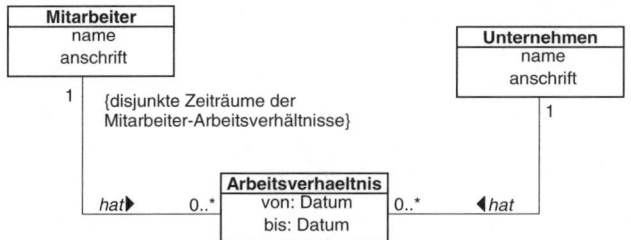

Beziehungselemente

Hier könnte ein OCL-Ausdruck präziser werden. Versuchen Sie doch einmal, ihn zu formulieren!

Ein anderes Beispiel ist die Zusicherung *{geordnet}*, die angibt, daß die Objekte innerhalb der Beziehung geordnet sind. Wie diese Ordnung implementiert wird, darüber wird gewöhnlich keine Aussage getroffen. Eine weitere Möglichkeit ist eine Sortierung der Objekte: *{sortiert}*. Die Zusicherung kann auch beschreiben, nach welchen Attributen die Objekte geordnet oder sortiert sind, beispielsweise *{geordnet nach Vertragsdatum}*. Komplexe Sortierregeln sollten als eigenständige Zusicherung notiert werden.

Referentielle Integrität

Zusicherungen werden gewöhnlich auch zur Beschreibung der referentiellen Integrität beim Löschen benötigt; hierbei wird angegeben, ob beim Löschen eines Objektes

- das gegenüberliegende Objekt ebenfalls gelöscht wird
  (delete related object),
- nur die Beziehung zwischen den Objekten gelöscht werden soll
  (delete link),
- das Löschen nur zugelassen wird, falls keine Beziehung mehr besteht
  (prohibit deletion).

Zusicherungen, weitere Beispiele ⇨ 246

Im Abschnitt Zusicherungen finden sich noch weitere Beispiele für Zusicherungen innerhalb und zwischen Assoziationen.

Qualifizierte Assoziation

advanced

Verwandte Begriffe: Assoziatives Array, engl. *Dictionary*, qualifizierende Assoziation, partitionierte Assoziation.

Definition

Eine qualifizierte Assoziation ist eine Assoziation, bei der die referenzierte Menge der Objekte durch qualifizierende Attribute in Partitionen unterteilt wird, wobei vom Ausgangsobjekt aus betrachtet, jede Partition nur einmal vorkommen kann.

Beschreibung

Beziehungen, bei denen ein Objekt *viele* (*) Objekte der gegenüberliegenden Seite assoziieren kann, werden normalerweise durch Behälterobjekte im Ausgangsobjekt implementiert. Dies könnte beispielsweise ein Dictionary (assoziatives Feld, Look-Up-Tabelle in der Datenbank o.ä.) sein. Bei einem Dictionary erfolgt der Zugriff jeweils durch Angabe eines Schlüssels. Die qualifizierte Assoziation ist das UML-Gegenstück zum Programmierkonstrukt Dictionary. Weitere Erläuterungen folgen gleich anhand eines Beispiels.

Notation

Das für die Assoziation benutzte qualifizierende Attribut wird in einem Rechteck an der Seite der Klasse notiert, die über diesen Qualifizierer auf das Zielobjekt zugreift. Es können auch mehrere Attribute in diesem Rechteck

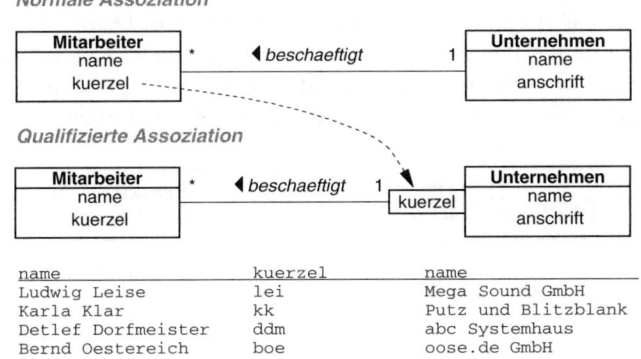

Normale Assoziation

Qualifizierte Assoziation

```
name                    kuerzel        name
Ludwig Leise            lei            Mega Sound GmbH
Karla Klar              kk             Putz und Blitzblank
Detlef Dorfmeister      ddm            abc Systemhaus
Bernd Oestereich        boe            oose.de GmbH
```

angegeben werden. Die Notation entspricht der von Attributen in Klassen, wobei die Angabe von Standardwerten hier nicht in Frage kommt.

Beispiel

Die Abbildung zeigt die Beschäftigung von Mitarbeitern in einem Unternehmen. Jeder Mitarbeiter hat dabei ein Namenskürzel. Aus der oberen normalen Assoziation ist ersichtlich, daß jeder Mitarbeiter zu genau einem Unternehmen gehört und ein Unternehmen eine Menge von Mitarbeitern hat.

In der qualifizierten Assoziation werden die Mitarbeitermengen der Unternehmen partitioniert, d.h. in Untergruppen geteilt. Die Partitionierung erfolgt aufgrund des angegebenen qualifizierenden Attributs, in diesem Fall das Kürzel. Alle Mitarbeiter eines Unternehmens mit dem gleichen Kürzel gehören zu einer Partition. Falls alle Mitarbeiter eines Unternehmens unterschiedliche Kürzel haben, entstehen genau so viele Partitionen wie dieses Unternehmen Mitarbeiter hat.

Mitarbeiter verschiedener Unternehmen können gleichwohl gleiche Kürzel haben, ohne in einer Partition zu landen, da die Partitionierung unternehmensspezifisch erfolgt.

Wollte man sicherstellen, daß alle Mitarbeiter eines Unternehmens unterschiedliche Namenskürzel tragen, bräuchte man nur die Multiplizität auf Seiten des Mitarbeiters auf 1 setzen, da sich diese Multiplizitätsangabe immer auf eine Partition bezieht und nicht auf die Unternehmen. Die Multiplizität bezieht sich immer auf eine Instanz des Qualifizierers.

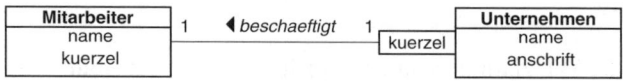

Bsp. Attributierte Assoziation ⇨ 272

Die folgende Abbildung zeigt eine weitere Variante eines Beispiels, das im Abschnitt über attributierte Assoziationen bereits diskutiert wurde. Im hier dargestellten Beispiel kann ein Mitarbeiter Fähigkeiten haben[1], wobei zu jeder Fähigkeit genau ein Kompetenzgrad zugeordnet wird. Damit wird ausgeschlossen, daß zu einer Fähigkeit mehrere widersprüchliche Kompetenzgrade festgelegt werden können. Außerdem ist die Assoziation gerichtet, d.h. die Kompetenzgrade wissen nichts von den Fähigkeiten der Mitarbeiter.

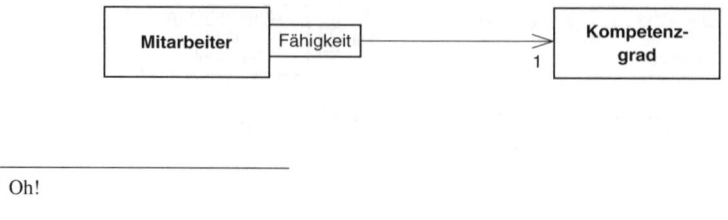

---

[1] Oh!

Abgeleitete Assoziation

Verwandte Begriffe: berechnete Assoziation, engl. *Derived assoziation*, abgeleitetes Element.

Definition

Eine abgeleitete Assoziation ist eine Assoziation, deren konkrete Objektbeziehungen jederzeit aus den Werten anderer Objektbeziehungen und ihrer Objekte abgeleitet (berechnet) werden können.

Notation

Abgeleitete Assoziationen werden wie gewöhnliche Assoziationen notiert, ihr Name wird jedoch mit einem Schrägstrich „/" eingeleitet. Die Ableitungsvorschrift kann als Zusicherung notiert werden.

Beschreibung und Beispiel

advanced

Die folgende Abbildung zeigt eine abgeleitete Assoziation, d.h. diese Beziehung wird nicht gespeichert, sondern bei Bedarf berechnet. So ist durch den Umweg über *Abteilung* jedem *Mitarbeiter* genau ein *Unternehmen* zugeordnet. Die eingetragene Assoziation „*/arbeitet für*" kann daher entsprechend abgeleitet, d.h. berechnet werden. Dieser Sachverhalt ist nicht zu verwechseln mit den Beispielen zu *Kunde-Rechnung-Vertrag* im Abschnitt Zusicherungen, wo tatsächlich existierende redundante Assoziationen sich nicht widersprechen sollen.

Zusicherungen, Beispiele
⇨ 246f.

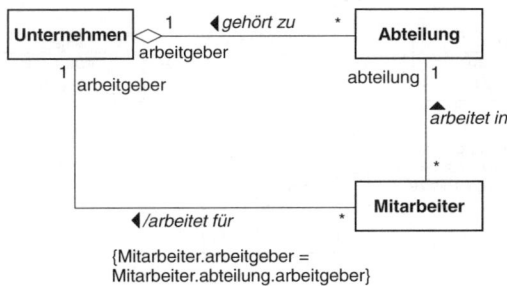

{Mitarbeiter.arbeitgeber =
Mitarbeiter.abteilung.arbeitgeber}

Mehrgliedrige Assoziation

Verwandte Begriffe: Ternäre Assoziation, n-gliedrige Assoziation, engl. *n-ary associtaion*.

Definition

Eine mehrgliedrige Assoziation ist eine (gewöhnliche, binäre) Assoziation, an der mehr als zwei Assoziationsrollen beteiligt sind.

advanced

Beschreibung

Ternäre Assoziation

Neben den Zweierbeziehungen gibt es abgesehen von den attributierten Assoziationen auch noch ternäre und mehrgliedrige Assoziationen, d.h. Assoziationen an denen drei oder mehr Klassen (genauer: Assoziationsrollen) gleichberechtigt beteiligt sind. Eine Assoziationsrolle wird durch eine Klasse repräsentiert. Eine Klasse kann jedoch auch mehrfach an einer mehrgliedrigen Assoziation beteiligt sein.

Die untenstehende Abbildung zeigt als Beispiel die Reservierung von Sitzplätzen in Zügen. Eine Reservierung besteht im einfachsten Fall aus einem Fahrgast (für den reserviert wird), einem Platz (der reserviert wird) und einem Zug (Zeitpunkt der Reservierung). Das hier abgebildete Beispiel geht etwas weiter, es erlaubt auch die Reservierung für Reisegruppen, d.h. mehrere (möglichst zusammenhängende) Plätze für mehrere Fahrgäste. Da die Zahl der reservierten Plätze mit der Anzahl der Fahrgäste übereinstimmen soll, wurde eine entsprechende Zusicherung notiert. Wer sich dann auf welchen Platz setzt, muß die Reisegruppe in diesem Beispiel unter sich ausmachen.

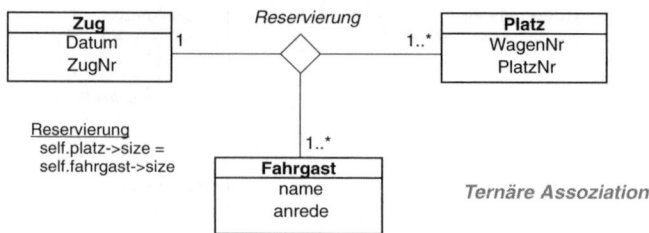

Ternäre Assoziation

Datum	ZugNr	Name	Anrede	Wagen	Platz
4.3.97	ICE681	Anne Augarten	Frau	3	26
4.3.97	ICE681	Werner Wurm	Herr	5	10
7.3.97	ICE530	Anne Augarten	Frau	2	13
9.3.97	ICE135	Karl A. Meise	Herr	7	46

Dieses Beispiel läßt sich noch erweitern: Viele Reisende fahren nur eine Teilstrecke, dennoch werden in dem obigen Beispiel die Plätze stets für die gesamte Zugstrecke vergeben. An der nun viergliedrigen Assoziation ist auch die Klasse *Abschnitt* beteiligt. Dadurch können Sitzplätze jetzt auch für Teilstrecken reserviert werden. Um sicherzustellen, daß es sich um disjunkte Streckenabschnitte bei der Reservierung jeweils eines Platzes handelt, muß eine weitere Zusicherung notiert werden. Diesmal einfach frei formuliert.

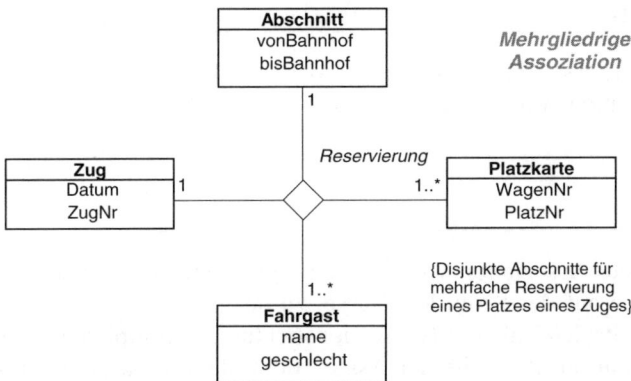

Mehrgliedrige Assoziationen lassen sich gewöhnlich in normale Assoziationen umformen. Die folgende Abbildung zeigt die Umformung der obigen ternären Assoziation.

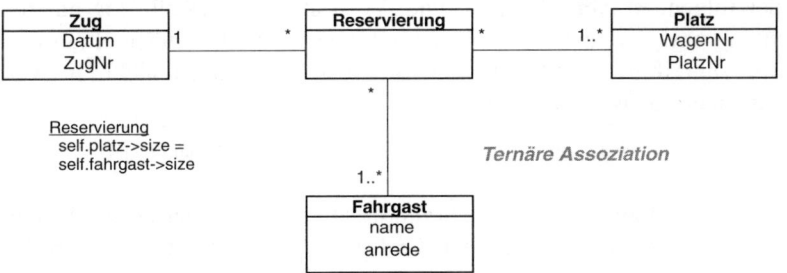

Und weil hier noch etwas Platz auf der Seite ist, folgt noch ein Beispiel dafür, daß die Zahl der Assoziationsrollen nicht mit der Zahl der beteiligten Klassen übereinstimmen muß.

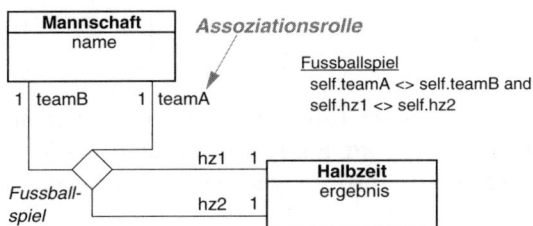

281

Gerichtete Assoziation

Verwandte Begriffe: unidirektionale Assoziation, Navigierbarkeit.

Definition

Eine gerichtete Assoziation ist eine Assoziation, bei der von der einen beteiligten Assoziationsrolle zur anderen direkt navigiert werden kann, nicht aber umgekehrt.

Notation

Eine gerichtete Assoziation wird wie eine gewöhnliche Assoziation notiert, jedoch hat sie auf der Seite der Klasse, zu der navigiert werden kann, eine geöffnete Pfeilspitze (also in Navigationsrichtung). Multiplizität und Rollennamen sind nur auf der Seite der Assoziation relevant, zu der navigiert werden kann.

Beschreibung und Beispiel

In der folgenden Abbildung ist eine Assoziation dargestellt, die nur in eine Richtung navigierbar ist. Die Rechnung kann in diesem Beispiel auf die Anschrift zugreifen, umgekehrt weiß die Anschrift jedoch nicht, in welchen Rechnungen sie assoziiert wird.

Uni- und bidirektionale
Beziehungen

```
┌──────────┐   enthält▶        1  ┌──────────┐
│ Rechnung │ ──────────────────── │ Anschrift│
└──────────┘                      └──────────┘
```

Eigentlich sind alle Assoziationen unidirektionale, d.h. gerichtete Assoziationen. Bidirektionale Assoziationen sind genaugenommen zwei inverse Assoziationen. Folgende Abbildung veranschaulicht dies.

Inverse Assoziation

Verwechselung mit
relationale Beziehungen

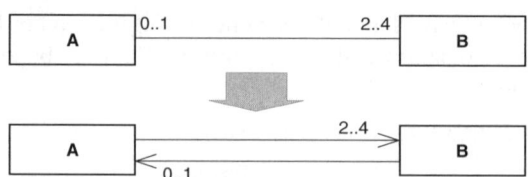

Objektorientierte Assoziationen haben somit eine prinzipiell andere Semantik als relationale Beziehungen im Entity Relationship Modeling (ERM), wo grundsätzlich bidirektionale Beziehungen angenommen werden. Gerade OO-

Anfänger mit 'relationalem Erfahrungshintergrund' betrachten Assoziationen häufig weiterhin mit relationaler Semantik.

Wenn in objektorientierten Assoziationen nur eine Assoziationslinie ohne Navigationsrichtung gezeichnet wird (obere Beziehung zwischen *A* und *B* in der vorigen Abbildung), ist das eigentlich nur eine Vereinfachung und Kurz-schreibweise. Tatsächlich sind es zwei voneinander unabhängige Beziehungen. Für die eine Beziehung trägt die Klasse *A* die Verantwortung, für die andere die Klasse *B*. Eine andere Semantik bzw. Verantwortungsverteilung würde sowohl das Prinzip der Kapselung verletzen als auch die Wiederverwendungsmöglichkeiten begrenzen.

Die UML läßt derzeit beide Interpretationen zu:

- Assoziationen ohne Navigationsangabe sind bidirektional, d.h. sie bestehen implizit aus zwei invers gerichteten Assoziationen.

- Assoziationen ohne Navigationsangabe sind unterspezifiziert, d.h. die Navigierbarkeit ist unbekannt.

Ich favorisiere die zweite Interpretation. Andere UML-Autoren, beispielsweise [Fowler97], bevorzugen ebenfalls diese Variante.

Das folgende Beispiel zeigt die Beziehungen zwischen Kunden, Rechnungen und Verträgen. Jede Rechnung basiert auf einem zuvor geschlossenen Vertrag. Die Beziehung „*Rechnung für Kunde*" ist eine abgeleitete Beziehung. Wie sie berechnet wird, d.h. wie von der Rechnung zum Kunden navigiert werden kann, gibt die Zusicherung *{Rechnung.Kunde = Rechnung.Vertrag.Kunde}* an. Außerdem zeigt die Abbildung zwei gerichtete Assoziationen. Die Rechnung hat Beziehungen zu Kunde (abgeleitet) und Vertrag (tatsächlich) und kennt daher die anderen beiden Klassen. Umgekehrt hat nur der Vertrag Kenntnis von der Klasse *Rechnung*.

Abgeleitete
Assoziation⇨279

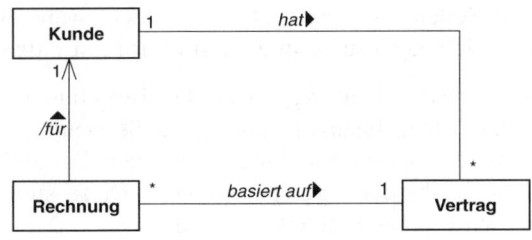

{Rechnung.Kunde = Rechnung.Vertrag.Kunde}

Beziehungselemente

Aggregation

Verwandte Begriffe: Ganzes-Teile-Beziehung, Assoziation

Definition

Assoziation ⇨268

Eine Aggregation ist eine Assoziation, deren beteiligte Klassen eine Ganzes-Teile-Hierarchie darstellen.

Beschreibung

Ganzes-Teile-Hierarchie

Unter einer Aggregation versteht man die Zusammensetzung eines Objektes aus einer Menge von Einzelteilen. Es handelt sich um eine *Ganzes-Teile-Hierarchie*.

Komposition ⇨286

Kennzeichnend für alle Aggregationen ist, daß das Ganze Aufgaben stellvertretend für seine Teile wahrnimmt. Die Aggregatklasse enthält beispielsweise Operationen, die keine unmittelbare Veränderung im Aggregat selbst bewirken, sondern die Nachricht an seine Einzelteile weiterleiten. Man nennt dies *Propagieren von Operationen*. Im Gegensatz zur Assoziation führen die beteiligten Klassen also keine gleichberechtigte Beziehung, sondern eine Klasse (das Aggregat) bekommt eine besondere Rolle und übernimmt stellvertretend die Verantwortung und Führung.

Propagieren von Operationen

Delegation ⇨174

In einer Aggregationsbeziehung zwischen zwei Klassen muß genau ein Ende der Beziehung das Aggregat sein und das andere für die Einzelteile stehen. Würde auf keiner Seite ein Aggregat stehen, wäre es eine normale Assoziation; würden beide Seiten ein Aggregat verzeichnen, wäre dies ein Widerspruch, sie würden sich gegenseitig ihre Führungsrolle streitig machen.

Komposition ⇨286

In manchen Fällen beschreiben Aggregationen Beziehungen, in denen die Teile vom Ganzen existenzabhängig sind. Das heißt, wenn das Aggregat (das Ganze) gelöscht wird, werden alle Einzelteile ebenfalls gelöscht. Wird ein Einzelteil gelöscht, bleibt das Aggregat erhalten. Diese strenge Form heißt Komposition und wird später erläutert.

Notation

Eine Aggregation wird wie eine Assoziation als Linie zwischen zwei Klassen dargestellt und zusätzlich mit einer kleinen Raute versehen. Die Raute steht auf der Seite des Aggregats, also des Ganzen. Sie symbolisiert gewissermaßen das Behälterobjekt, in dem die Einzelteile gesammelt sind. Im übrigen gelten alle Notationskonventionen der Assoziation.

Die Kardinalitätsangabe auf der Seite des Aggregats ist häufig 1, so daß ein Fehlen der Angabe standardmäßig als 1 interpretiert werden kann. Ein Teil kann gleichzeitig zu mehreren Aggregationen gehören.

Ähnlich wie bei Vererbungsbeziehungen können auch Aggregationen baumartig notiert werden, d.h. die einzelnen Linien werden auf der Seite des Aggregats zu einer gemeinsamen Linie mit einer gemeinsamen Raute zusammengefaßt.

Beispiele

Das Beispiel *Unternehmen-Abteilung-Mitarbeiter* zeigt, daß ein Teil (*Abteilung*) gleichzeitig auch wieder Aggregat sein kann.

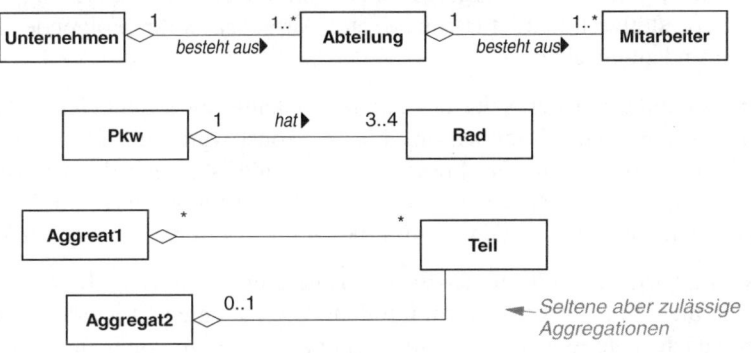

Zusicherung
{geordnet}
⇨ 246

Die folgende Abbildung zeigt eine Aggregation in baumartiger Darstellung:

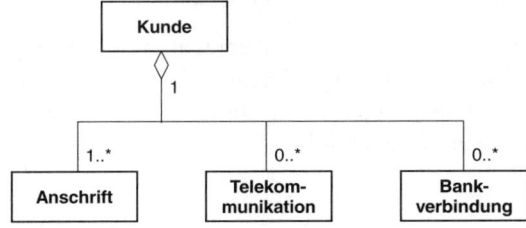

285

Komposition

Verwandte Begriffe: Aggregation, Assoziation.

Definition

Existenzabhängige Teile

Eine Komposition ist eine strenge Form der Aggregation, bei der die Teile vom Ganzen existenzabhängig sind.

Beschreibung

Da eine Komposition eine spezielle Variante der Aggregation ist, gelten die meisten Aussagen über die Aggregation auch für die Komposition. Auch die Komposition ist eine Zusammensetzung eines Objektes aus einer Menge von Einzelteilen. Wie bei der Aggregation, so nimmt auch bei der Komposition das Ganze stellvertretend für seine Teile Aufgaben wahr. Folgende Unterschiede sind zu beachten.

Die Kardinalität auf der Seite des Aggregats kann nur 1 sein. Jedes Teil ist nur Teil genau eines Kompositionsobjektes, sonst würde die Existenzabhängigkeit widersprüchlich. Die Lebenszeit der Teile ist denen des Ganzen untergeordnet, d.h. sie werden zusammen mit dem Aggregat oder im Anschluß daran erzeugt, und sie werden zerstört, bevor das Aggregat zerstört wird.

Falls eine variable Multiplizität für die Teile angegeben ist (z.B. *1..**), heißt dies, sie müssen nicht gemeinsam mit dem Aggregat erzeugt werden, sondern können auch später entstehen. Vom Zeitpunkt ihrer Erzeugung an gehören sie aber sofort zum Ganzen; eine eigene unabhängige Existenz ist ihnen nicht gestattet. Genauso können sie in diesem Fall auch jederzeit vor dem Aggregat vernichtet werden, spätestens jedoch mit diesem.

In C++ führt die Unterscheidung von Aggregation und Komposition zu einer entsprechenden Implementierung (*Zeiger oder Wert*). Smalltalk und Java kennen diese Unterscheidungen nicht, da es dort keine Zeiger o.ä. gibt; es sind grundsätzlich Referenzen (sic!).

Notation

Die Komposition wird wie die Aggregation als Linie zwischen zwei Klassen gezeichnet und mit einer kleinen Raute auf der Seite des Ganzen versehen. Im Gegensatz zur Aggregation wird die Raute jedoch ausgefüllt.

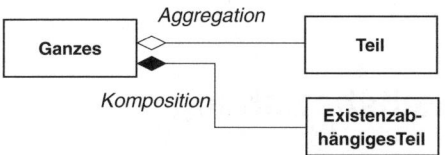

Vgl. Aggregation
⇨ 284

Kompositionsbeziehungen können mit einer Multiplizitätsangabe, einem Beziehungsnamen (mit optionalen Leserichtungspfeil) und mit Rollenbezeichnungen notiert werden. Mehrere Kompositionsbeziehungen zu einem Ganzen können baumartig zusammengefaßt werden. Bei zwei weiteren Notationsvarianten werden die Teile innerhalb des Klassensymbols des Ganzes notiert. Siehe hierzu die folgende Abbildung.

Alternative Notation
advanced

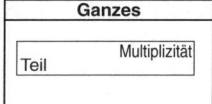 

Beispiel

Ein typisches Beispiel für eine Komposition ist die Rechnung mit ihren Rechnungspositionen. Die Rechnungspositionen sind existenzabhängig von der Rechnung. Sobald die Rechnung gelöscht würde, würden auch alle Rechnungspositionen in ihr ebenfalls gelöscht werden. Die Rechnung übernimmt bestimmte Aufgaben für die Gesamtheit, beispielsweise wird die Klasse *Rechnung* Operationen wie *anzahlPositionen()* oder *summe()* enthalten. Die folgenden Abbildungen zeigen ein weiteres Beispiel in unterschiedlichen Notationsvarianten.

Weitere Beispiele
⇨ 172ff., 184

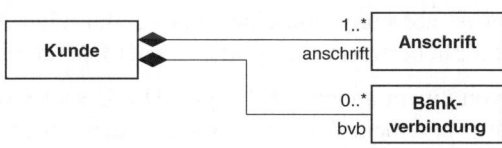

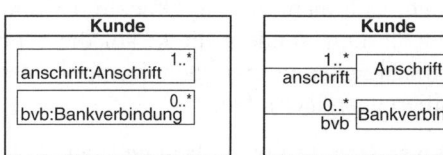

Abhängigkeitsbeziehung

Verwandte Begriffe: engl. *Dependency*.

Definition

Eine Abhängigkeit ist eine Beziehung zwischen zwei Modellelementen, die zeigt, daß eine Änderung in dem einen (unabhängigen) Element eine Änderung in dem anderen (abhängigen) Element notwendig macht. Die Abhängigkeit bezieht sich hierbei auf die Modellelemente selbst und nicht auf eventuelle Instanzen dieser Elemente.

Beschreibung

Abhängigkeiten können unterschiedliche Ursachen haben. Einige Beispiele hierfür sind:

- Eine Klasse benutzt eine bestimmte Schnittstelle einer anderen Klasse. Wenn diese Schnittstelle verändert wird, d.h. wenn in der schnittstellenanbietenden Klasse Eigenschaften geändert werden, die Teil der Schnittstelle sind, sind ebenfalls Änderungen in der schnittstellen-nutzenden Klasse erforderlich.

- Eine Klasse ist von einer anderen abhängig, d.h. eine Änderung in der unabhängigen Klasse erfordert Änderungen in der abhängigen Klasse.

- Eine Operation ist abhängig von einer Klasse, d.h. eine Änderung in der Klasse macht möglicherweise eine Änderung der Operation erforderlich.

- Ein Paket ist von einem anderen abhängig. Die Ursache kann hierbei beispielsweise darin bestehen, daß eine Klasse in dem einen Paket von einer Klasse in dem anderen Paket abhängig ist.

Komponente ⇨ 286

Die Abhängigkeit bezieht sich nicht auf die Objekte und nicht auf den Zeitpunkt der Programmausführung, sondern direkt auf die Modellelemente. So ergibt sich aus den Abhängigkeiten zwischen Komponenten beispielsweise die notwendige Compilierungsreihenfolge.

Entwurfsmuster ⇨ 63

Abhängigkeitsbeziehungen sind also nicht dazu gedacht, Abhängigkeiten darzustellen, wie sie beispielsweise Gegenstand des Entwurfsmusters *Beobachter* (*Observer*) sind.

Notation

Dargestellt wird eine Abhängigkeit durch einen gestrichelten Pfeil, wobei der Pfeil vom abhängigen auf das unabhängige Element zeigt.

Beispiel

Die Abbildung zeigt Beispiele für Abhängigkeiten zwischen Klassen und Schnittstellen, zwischen zwei Paketen und zwischen einer Operation und einer Klasse.

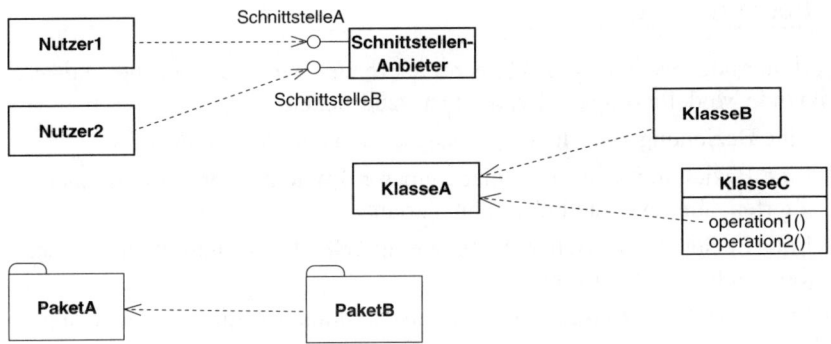

advanced

Verfeinerungsbeziehung
Realisierungsbeziehung

Verwandte Begriffe: engl. *Refinement,* engl. *Realization.*

Definition

Verfeinerungsbeziehungen sind Beziehungen zwischen gleichartigen Elementen unterschiedlichen Detaillierungsgrades. Realisierungsbeziehungen sind Beziehungen zwischen einer Schnittstelle und ihrer Implementierung.

Beschreibung

Verfeinerungsbeziehungen können verwendet werden, um beispielsweise folgende Modellierungssachverhalte auszudrücken:

Analyse/Design

- Eine Beziehung zwischen der Analyse- und der Design-Version.

sauber/optimiert

- Eine Beziehung zwischen einer sauberen Implementierung und einer optimierten, aber eventuell diffizilen Variante.
- Eine Beziehung zwischen einer Schnittstellenklasse und einer Klasse, die diese Schnittstelle umsetzt.
- Eine Beziehung zwischen zwei unterschiedlich granulierten Elementen.

Verfeinerungsbeziehungen ermöglichen es, spezielle Entwurfsentscheidungen besser zu dokumentieren: „Die Klasse XY war zwar sehr schön konzipiert, aber wir mußten sie optimieren [...]". Die Modellierungshistorie läßt sich so besser darstellen.

Da Projektbudget und -dauer gewöhnlich begrenzt sind[1], sollte man nicht jede erdenkliche Verfeinerung über solche Beziehungen dokumentieren, sondern ganz gezielt nur in solchen Fällen, in denen das Wissen über die Verfeinerung bzw. über die vorige Variante auch wirklich wichtig erscheint.

Sofern zwischen einem Analyse- und einem Designmodell grundsätzlich unterschieden wird, können Verfeinerungsbeziehungen auch die entsprechenden Abhängigkeiten dokumentieren. Wenn Designentscheidungen getroffen werden, die eine Aktualisierung des Analysemodells fordern, zeigt die Verfeinerungsbeziehung auf das betroffene Analyseelement.

Sofern kein explizites Analysemodell existiert, sondern nur verschiedene Versionen eines kontinuierlich weiterentwickelten Gesamtmodells, sind Ver-

---

[1] Was, bei Ihnen nicht? Bitte melden Sie sich! Meine E-Mail-Adresse ist boe@oose.de

feinerungsbeziehungen zwischen den Analyse- und Designversionen eines Elementes nur in Ausnahmefällen sinnvoll. Verfeinerungsbeziehungen dienen nicht der Versionspflege von Modellelementen.

Notation

Dargestellt wird die Verfeinerungsbeziehung als gestrichelter Generalisierungpfeil in Richtung auf die „Original"-Variante, d.h. in Richtung auf das gröbere bzw. weniger optimale Element.

Generalisierung ⇨ 261

Beispiel

Die obere Abbildung zeigt eine Schnittstellenklasse und ihre Umsetzung. In vielen Fällen ist eine an die Verfeinerungsbeziehung angefügte Notiz mit einem entsprechenden Erläuterungstext wahrscheinlich hilfreich. Die folgende Abbildung zeigt eine Optimierungsverfeinerung.

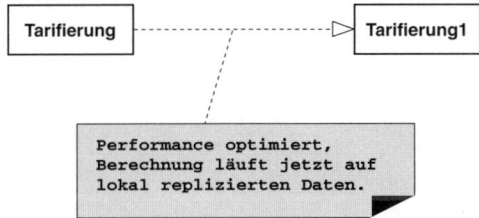

Verhaltensdiagramme

Die einzelnen Elemente der Unified Modeling Language zur Darstellung dynamischer Modellsachverhalte werden hier detailliert erläutert - jeweils gegliedert in Definition, Beschreibung, Notation und Beispiel.

Dies ist die Gliederung des Buches...

Einführung		Beispiel		Unified Modeling Language							Anhang
OO für Anfänger	Vorgehens-modell	Analyse	Design	Anwen-dungsfälle	Basis-elemente	Beziehungs-elemente	Verhalten	Implemen-tierung	OCL		

und hier befinden Sie sich.

Aktivitätsdiagramm

Verwandte Begriffe: engl. *Activity diagram*, Aktivitätsdiagramm, Objektzustand, Aktionszustand, engl. *Action state,* Ablaufdiagramm.

Definition

Aktivitätsdiagramme beschreiben die Ablaufmöglichkeiten eines Systems mit Hilfe von Aktivitäten.

Objektorientierte Ablaufpläne

Ein Aktivitätsdiagramm ist eine spezielle Form des Zustandsdiagramms, das überwiegend oder ausschließlich Aktivitäten enthält.

Eine Aktivität ist ein Zustand mit einer internen Aktion und einer oder mehreren ausgehenden Transitionen, die automatisch dem Abschluß der internen Aktion folgen. Eine Aktivität ist ein einzelner Schritt in einem Ablauf. Eine Aktivität kann mehrere ausgehende Transitionen haben, wenn diese durch Bedingungen unterschieden werden können.

Beschreibung

Eine Aktivität ist ein einzelner Schritt in einem Verarbeitungsablauf. Sie ist ein Zustand mit einer internen Aktion und mindestens einer ausgehenden Transition. Die ausgehende Transition impliziert den Abschluß der internen Aktion. Eine Aktivität kann mehrere ausgehende Transitionen haben, wenn diese durch Bedingungen unterschieden werden können.

Aktivität: Schritt in einem Ablauf

Aktivitäten können Bestandteil von Zustandsdiagrammen sein, gewöhnlich werden sie jedoch in eigenen Aktivitätsdiagrammen verwendet. Aktivitätsdiagramme sind ähnlich den prozeduralen Flußdiagrammen, jedoch sind alle Aktivitäten eindeutig Objekten zugeordnet.

Die Beschreibung nebenläufiger Aktivitäten wird durch Aktivitätsdiagramme unterstützt. Für parallel laufende Aktivitätspfade gilt, daß ihre Reihenfolge irrelevant ist. Sie können nacheinander, gleichzeitig oder abwechselnd laufen.

Nebenläufigkeit

Aktivitäten und Aktivitätsdiagramme sind entweder

- einer Klasse

- einer Operation

- oder einem Anwendungsfall

zugeordnet. Sie beschreiben die internen Ablaufmöglichkeiten für diese Modellelemente.

Verantwortlichkeits-bereiche

Aktivitätsdiagramme können in Verantwortlichkeitsbereiche (engl. sog. *swim lanes*) unterteilt werden, mit denen die Aktivitäten anderen Elementen oder Strukturen zugeordnet werden können. Beispielsweise läßt sich damit ausdrücken, zu welcher Klasse oder Komponente die Aktivitäten gehören. Sofern Aktivitätsdiagramme zur Analyse und Geschäftsprozeßmodellierung eingesetzt werden, können mit Hilfe der Verantwortlichkeitsbereiche auch Organisationsstrukturen abgebildet werden.

Multiple Transitionen

Eine weitere Möglichkeit, parallele Abläufe darzustellen, sind multiple Transitionen bzw. Auslöser. Wenn beispielsweise alle Einzelpositionen einer Stückliste zu prüfen sind, bevor die Gesamtprüfung der Liste abgeschlossen werden kann, kann modelliert werden, daß die Einzelpositionen unabhängig voneinander, d.h. in beliebiger Reihenfolge und möglicherweise auch parallel, geprüft werden.

Aktivitätsdiagramme sind somit geeignet, unterschiedlichste Arten von Abläufen darzustellen. Sie können die fachlichen Zusammenhänge und Abhängigkeiten, die sich hinter einem Anwendungsfall verbergen (im Gegensatz zu Sequenzdiagrammen), vollständig beschreiben. Ein Aktivitätsdiagramm kann dabei sogar mehrere Anwendungsfälle befriedigen bzw. anwendungsfallübergreifend sein. Geschäftsregeln und Entscheidungslogik lassen sich ebenfalls abbilden.

Aktivitätsdiagramme können sowohl in eher unscharfer Form und konzeptionell verwendet werden als auch zur detaillierten Spezifikation mit Implementierungsbezug.

Notation

Dargestellt wird eine Aktivität durch eine Figur mit gerader Ober- und Unterseite und konvex geformten Seiten. Die Figur enthält eine Aktionsbeschreibung, die ein Name, eine frei formulierte Beschreibung, Pseudocode oder Programmiersprachencode sein kann.

Eingehende Transitionen lösen eine Aktivität aus. Sofern zu einer Aktivität mehrere eingehende Transitionen existieren, kann jede dieser Transitionen unabhängig von den anderen die Aktivität auslösen.

Die ausgehenden Transitionen werden wie Ereignispfeile notiert, jedoch ohne explizite Ereignisbeschreibung. Die Transitionen werden implizit ausgelöst durch den Abschluß der Aktivität.

Die ausgehenden Transitionen können mit Bedingungen versehen werden, die in eckigen Klammern stehen. Bei den Bedingungen sollte es sich um boolesche Ausdrücke handeln. Alternativ können auch Verzweigungspunkte verwendet werden. Statt die Bedingungen direkt an die die Aktivität verlassenden Transitionen zu binden, wird eine nicht gefüllte Raute gezeichnet, von der aus die verschiedenen Transitionen mit ihren Bedingungen abgehen. Diese Raute stellt ebenfalls eine (Entscheidungs-) Aktivität dar.

Bedingungen

Entscheidung

Außerdem können Transitionen synchronisiert und geteilt werden. Diese Sachverhalte werden durch kleine dicke Linien dargestellt, auf die die Transitionen treffen oder von denen sie abgehen.

Synchronisation
Splitting

Synchronisation   *Splitting*

Aktivitätsdiagramme sind recht neu in der UML. Vielleicht fehlen deswegen noch einige wichtige und wünschenwerte Konstrukte. Die Synchronisation ist beispielsweise so definiert, daß alle eingehenden Transitionen vorliegen müssen, bevor die abgehende Transition feuert (Und-Synchronisation). Es fehlt die Möglichkeit, zu beschreiben, daß bereits eine eingehende Transition zum Feuern reicht (Oder-Synchronisation). Oder daß 2 von 4 Transitionen anliegen müssen usw.

Ich behelfe mich hier mit der Notation von entsprechenden Zusicherungen am Synchronisationsbalken wie in der folgenden Abbildung gezeigt.

oder oder und?

Vgl. ⇨80

{AND}   {OR}   {XOR}

In der folgenden Abbildung wird die Notation multipler Transitionen gezeigt. Das Sternchen * steht für „viele Transitionen". Das heißt, die nachfolgend genannte Aktivität wird mehrfach ausgeführt. Es wird außerdem notiert, wie die Multiplizität zustande kommt. Das gezeigte Beispiel stammt aus dem

Verhaltensdiagramme

Kontext eines Versicherungsvertrages. Für die Einzelpositionen der Versicherung soll eine Beitragsanpassung durchgeführt werden. Für jede exsitierende Einzelposition wird also einmal die Aktivität *Beitragsanpassung* gestartet. Ob diese sequentiell oder parallel ausgeführt werden, darüber wird keine Aussage gemacht. Auf jeden Fall müssen die verschiedenen, möglicherweise nebenläufigen Aktivitäten, wieder synchronisiert werden. Hierzu wird ein Synchronisationsbalken notiert und eine Synchronisationsbedingung angegeben.

Bei der Aufteilung schreibe ich immer „for each ..." und bei der anschließenden Synchronisation „all ..." (oder „Σ ..."). Dies ist aber meine persönliche Konvention, in der UML werden diese Sachverhalte nur ansatzweise behandelt.

Objektzustand

Häufig bewirken Aktivitäten die Änderung eines Objektzustandes. Objektzustände werden durch Rechtecke dargestellt, die den Namen des Objektes und in eckigen Klammern den Objektzustand enthalten.

Aktivitäten und Objektzustände werden durch gestrichelte Transitionslinien verknüpft. Führt die Linie von einem Objektzustand zu einer Aktivität, bedeutet dies, daß die Aktivität einen Ausgangszustand voraussetzt bzw. fordert. Führt die Linie von einer Aktivität zu einem Objektzustand, zeigt dieser den aus der Aktivität resultierenden Zustand.

Zustandsänderungen von Objekten müssen nicht modelliert werden, die Notation von Objektzuständen ist lediglich eine Möglichkeit, solche Sachverhalte hervorzuheben, soweit dies von besonderer Bedeutung ist.

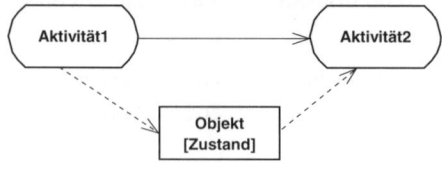

Beispiel

Weitere Beispiele ⇨158, 160, 166

Die folgende Abbildung zeigt einen Geschäftsprozeß *Neuantrag einer Versicherung*. Das Aktivitätsdiagramm ist in drei vertikal verlaufende Bahnen aufgeteilt, mit denen die Zuständigkeiten für die jeweiligen Aktivitäten gezeigt werden.

298

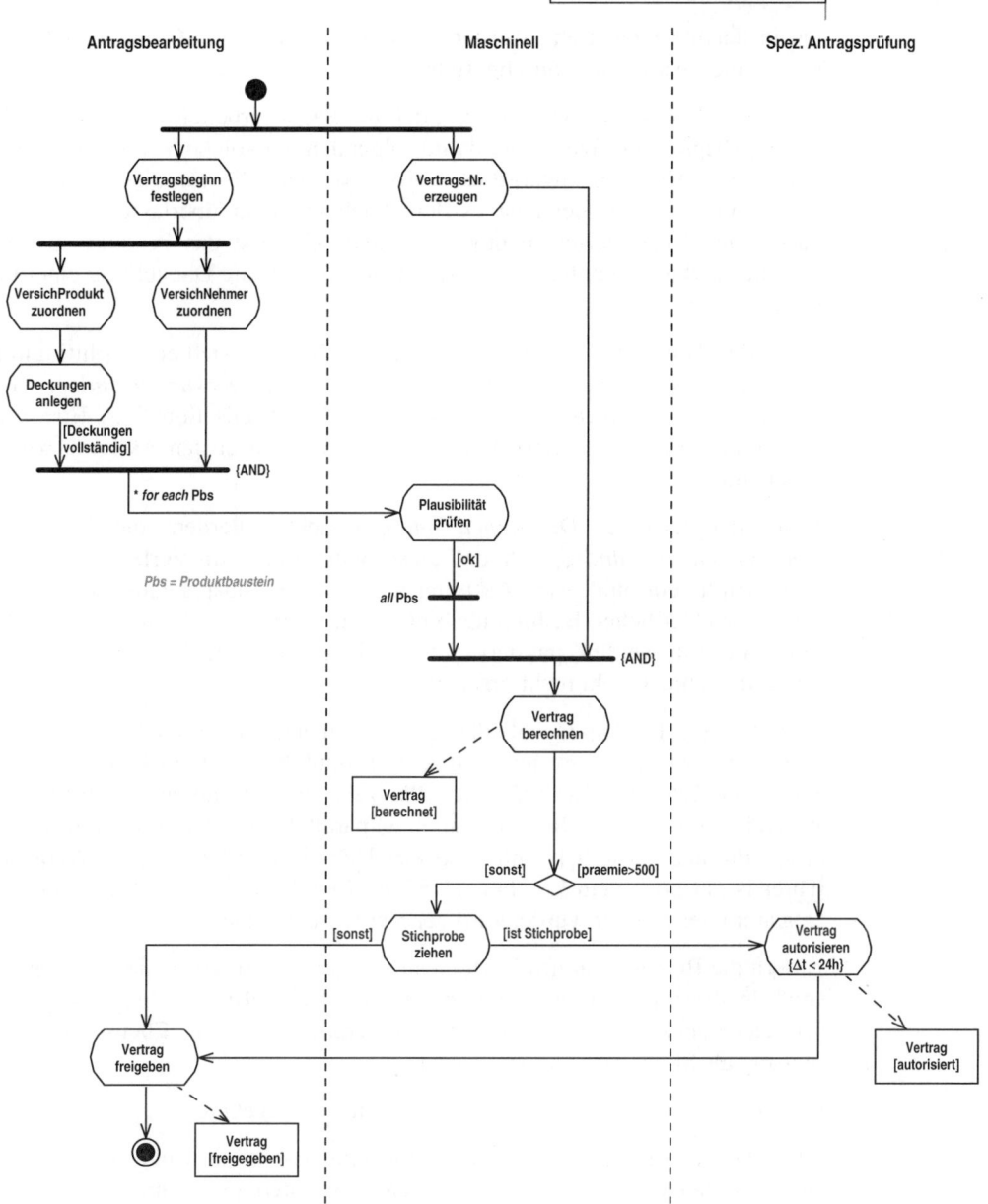

Antragsbearbeitung   Maschinell   Spez. Antragsprüfung

Die Antragsbearbeitung ist beispielsweise für die Erfassung der Versiche-
rungsdaten (Vertragsbeginn, Versicherungsnehmer etc.) zuständig. Die Zuständigkeit für Verträge mit einer Prämie > 500 und für solche Verträge, die
als Stichprobe gezogen wurden, liegt bei einer anderen Einheit. Die Aktivitä-

ten in der mittleren Bahn werden maschinell, d.h. ohne Zuständigkeit eines bestimmten Anwenders durchgeführt.

Im oberen linken Teil wird gezeigt, daß der Sachbearbeiter als allererstes den Vertragsbeginn festlegen muß, da im folgenden nur solche Versicherungsprodukte (z.B. Hausrat) zugeordnet werden können, die für diesen Zeitpunkt gültig sind. Anschließend ist es dem Sachbearbeiter überlassen, ob er zunächst den Versicherungsnehmer zuordnet oder erst das Produkt auswählt und die Deckungen anlegt. Dies ist ein Beispiel für die Darstellung einer Geschäftsregeln.

Unter der Aktivität *Vertragsbeginn festlegen* befindet sich eine Splittinglinie, die den Aktivitätsfluß teilt. Unter den Aktivitäten *Deckungen anlegen* und *VersichNehmer zuordnen* befindet sich eine Synchronisationslinie. Erst wenn alle eingehenden Transitionen vorliegen, wird zur nächsten Aktivität weitergeschaltet.

Unter der Aktivität *Deckungen anlegen* steht außerdem die Bedingung *[Deckungen vollständig]*, d.h. daß diese Bedingung beim Verlassen der Aktivität erfüllt sein muß. Eine Aktivität kann mehrere ausgehende Transitionen mit unterschiedlichen Bedingungen besitzen. Kann keine der notierten Bedingungen erfüllt werden, passiert nichts weiter, d.h. Folgeaktivitäten und Endzustände können nicht mehr erreicht werden.

Nachdem die Deckugen vollständig angelegt und der Versicherungsnehmer zugeordnet wurden, wird jeder einzelne Produktbaustein auf Plausibilität geprüft. Die Schreibweise * *for each Pbs* zeigt an, daß die einzelnen Produktbausteine in beliebiger Reihenfolge bzw. parallel geprüft werden können. Für jeden Produktbaustein könnte also ein Thread gestartet werden. Wenn alle Threads mit positivem Ergebnis (*[ok], all Pbs*) beendet wurden und die Vertragsnummer erzeugt wurde, wird der Vertrag berechnet.

Sofern die Berechnung des Vertrages eine Versicherungsprämie > 500 ergibt, muß der Vertrag von einer anderen Instanz, beispielsweise dem Gruppenleiter, einer speziellen Antragsprüfung unterzogen werden. Ebenso, falls der Vertrag als Stichprobe gezogen wurde.

Zuletzt wird der Vertrag vom Sachbearbeiter freigegeben.

Aktivitätsdiagramme müssen nicht notwendigerweise so strukturiert sein, daß die Aktivitäten chronologisch von oben nach unten angeordnet sind (ähnlich wie Sequenzdiagramme). Aber es erscheint durchaus sinnvoll.

Kollaborationsdiagramm

Verwandte Begriffe: engl. *Collaboration diagram*, Zusammenarbeitsdiagramm, Kooperationsdiagramm, Interaktionsdiagramm, Objektdiagramm.

Der Begriff „Kollaboration" ist im Deutschen und im Französichen negativ belegt („Zusammenarbeit mit der Besatzungsmacht"). Dennoch halte ich die Übersetzung „Kollaborationsdiagramm" für sinnvoll, da es eine direkte Übersetzung darstellt.

Definition

Ein Kollaborationsdiagramm zeigt eine Menge von Interaktionen zwischen ausgewählten Objekten in einer bestimmten begrenzten Situation (Kontext) unter Betonung der Beziehungen zwischen den Objekten und ihrer Topographie.

Objekte ⇨ 231

Beschreibung

Ein Kollaborationsdiagramm zeigt im Grunde die gleichen Sachverhalte wie ein Sequenzdiagramm, jedoch aus einer anderen Perspektive. Beim Kollaborationsdiagramm stehen die Objekte und ihre Zusammenarbeit (Kollaboration) untereinander im Vordergrund; zwischen ihnen werden ausgewählte Nachrichten gezeigt. Der zeitliche Verlauf der Kommunikation zwischen den Objekten, der beim Sequenzdiagramm im Vordergrund steht, wird beim Kollaborationsdiagramm durch Numerierung der Nachrichten verdeutlicht. Damit zwei Objekte miteinander kommunizieren können, muß der Sender einer Nachricht eine Referenz auf das Empfängerobjekt haben, d.h. eine Assoziation zu diesem.

Sequenzdiagramm ⇨ 306

Objektverbindung, Assoziation ⇨ 268

Die Objektverbindung kann dabei grundsätzlich vorhanden sein oder aber temporär bzw. lokal (etwa als Argument einer Nachricht). Ohne daß eine Assoziation vorhanden sein müßte, kann sich das Objekt stets selbst Nachrichten senden.

Assoziation ⇨ 268
Aggregation ⇨ 284

Die zeitliche Abfolge der Nachrichten, die Namen der Nachrichten und Antworten und ihre möglichen Argumente werden im Kollaborationsdiagramm dargestellt. Ebenso können auch Iterationen bzw. Nachrichten-Schleifen dargestellt werden.

Es kann für die Darstellung von Entwurfs-Sachverhalten benutzt werden und, in etwas detaillierterer Form, von Realisierungssachverhalten.

Verhaltensdiagramme

Kollaborationen sind stets Projektionen des dahinterstehenden Gesamtmodells und sind konsistent zu diesem.

Wie Sequenzdiagramme, so sind auch Kollaborationsdiagramme geeignet, einzelne Ablaufvarianten zu beschreiben. Sie sind jedoch nicht geeignet, um Verhalten präzise oder vollständig zu definieren. Hierzu sind Aktivitäts- und Zustandsdiagramme die bessere Wahl.

Kollaborationsdiagramme sind ein sehr schönes Hilfsmittel, um eine spezielle Ablaufsituation zu erklären oder zu dokumentieren. Sie lassen sich am Flip-Chart oder auf einer Tafel schnell skizzieren und diskutieren. Der Einsatz eines CASE-Werkzeugs zur Erstellung eines Kollaborationsdiagramms macht Sinn, wenn man das Diagramm zur besonderen Beschreibung eines Sachverhaltes in die Dokumentation aufnehmen möchte.

Notation

Notation Objekte ⇨231 Zwischen den Objekten werden Assoziationslinien gezeichnet, auf denen dann die Nachrichten notiert werden. Ein kleiner Pfeil zeigt jeweils die Richtung der Nachricht vom Sender zum Empfänger. Sofern mit der Nachricht Argumente mitgegeben werden, werden auch diese aufgeführt. Mögliche Antworten können ebenfalls dargestellt werden, sie werden in der Form *antwort:= nachricht( )* vor die eigentliche Nachricht gesetzt.

Die zeitliche Abfolge der Nachrichten wird durch Sequenznummern verdeutlicht. Die erste Nachricht beginnt mit der Nummer 1. Die interaktionsauslösende, von außen kommende Nachricht (Start-Nachricht) wird ohne Nummer dargestellt. Wahlweise kann die Start-Nachricht von einem Akteur-Symbol losgehen.

Folgende Syntax liegt der Nachrichtenbezeichnung zugrunde:

```
Vorgänger-Bedingung Sequenzausdruck Antwort :=
                    Nachrichtenname (Parameterliste)
```

Die einzelnen Bestandteile haben folgende Bedeutung:

Vorgänger

- Vorgänger-Bedingung:
  Dies ist eine Aufzählung der Sequenznummern anderer Nachrichten, die bereits gesendet sein müssen, bevor diese Nachricht gesendet werden darf. Hiermit kann also eine Synchronisation herbeigeführt werden. Die Sequenznummern werden durch Komma getrennt aufgelistet und mit

einem „/" abgeschlossen. Die Vorgänger-Bedingung ist optional. Beispiel:

```
1.1, 2.3/
```

- Sequenzausdruck:
  Um die Reihenfolge der Nachrichten zu zeigen, werden die Nachrichten aufsteigend numeriert. Sofern innerhalb einer Operation, die eine empfangene Nachricht interpretiert, wiederum neue Nachrichten abgesendet werden, erhalten diese eine neue, durch einen Punkt „." getrennte Unter-Sequenznummer. Damit kann man einer Nachricht die Tiefe ihrer Schachtelung innerhalb anderer Nachrichten ansehen. Beispiel: Die Nachricht 2.1.3 folgt somit der Nachricht 2.1.2. Beide wurden während der Interpretation der Nachricht 2.1. gesendet.

Sequenzen

Anstelle von Nummern können auch Zeichenfolgen verwendet werden. Der Sequenzausdruck, sofern angegeben, wird mit einem Doppelpunkt abgeschlossen.

Iterationen, d.h. das wiederholte Senden einer Nachricht, wird durch ein Sternchen „*" gekennzeichnet. Um die Iteration näher zu beschreiben, beispielsweise die Anzahl der Interationen, kann in eckigen Klammern eine entsprechende Angabe in Pseudocode oder in der verwendeten Programmiersprache erfolgen. Beispiel:

Iteration

```
1.2.*[i := 1..n]:
```

Bei der Iteration wird davon ausgegangen, daß alle Nachrichten nacheinander gesendet werden. Soll eine parallele Ausführung dargestellt werden, folgen dem Sternchen zwei vertikale Linien:

```
1.2.*||[i := 1..n]:
```

Ebenso kann eine in Pseudocode oder in der jeweiligen Programmiersprache notierte Bedingung angefügt werden, die erfüllt sein muß, damit die Nachricht ausgeführt werden darf. Damit ist es möglich, nicht nur individuelle Szenarien darzustellen, sondern generelle Interaktionsstrukturen.Beispiel:

```
1.2.*[x > 5]:
```

- Antwort:
  Die von einer Nachricht gelieferte Antwort kann mit einem Namen versehen werden. Dieser Name kann dann wiederum als Argument in anderen Nachrichten verwendet werden. Der Gültigkeitsbereich verhält sich analog zu lokalen Variablen innerhalb der sendenden Nachricht und kann auch eine solche sein. Es kann auch der Name eines Objekt-Attributes sein.

Antwort

- Nachrichtenname (Parameterliste):
  Name der Nachricht, i.d.R. gleichlautend zu einer entsprechenden Ope-

Signatur,
Operation ⇨236

ration, die die Nachricht interpretiert. Angegeben wird die Signatur der Operation.

Stereotypen ⇨ 240

Objekte, die innerhalb des dargestellten Szenarios erzeugt werden, sind mit *«new»* gekennzeichnet, Objekte, die währenddessen zerstört werden, werden mit *«destroyed»* gekennzeichnet und Objekte, die währenddessen erzeugt und wieder zerstört werden, mit *«transient»*.

Die Beziehung zwischen zwei Objekten, die Grundlage für den Nachrichtenaustausch ist, kann verschiedene Ursachen haben, die in dem Diagramm speziell gekennzeichnet werden können. Dort wo die Verbindungslinie auf das nachrichtenempfangende Objekt trifft und der Rollenname (Attributname) notiert wird, kann einer der folgenden Stereotypen notiert werden:

Sichtbarkeitsangaben

- *«association»*
  Der Objektbeziehung liegt eine Assoziation, Aggregation oder Komposition zugrunde. Dies ist der Standardfall, die Angabe kann daher entfallen.

- *«global»*
  Das empfangende Objekt ist global.

- *«local»*
  Das empfangende Objekt ist lokal in der sendenden Operation (und somit *«new»* oder *«transient»*).

- *«parameter»*
  Das empfangende Objekt ist ein Parameter in der sendenden Operation.

- *«self»*
  Das empfangende Objekt ist das sendende Objekt.

Synchronisationsmerkmale

Zur Kennzeichnung spezieller Synchronisationbedingungen existieren verschiedene Pfeilformen mit folgender Bedeutung:

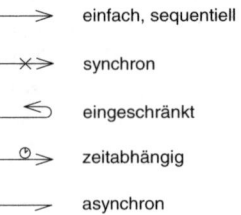

⟶	einfach, sequentiell
⟶×⟶	synchron
⟵	eingeschränkt
⟶◷⟶	zeitabhängig
⟶	asynchron

- Die sequentielle Nachricht wird vom Empfänger angenommen und vollständig verarbeitet. Erst dann darf der Absender weitermachen.

- Bei der synchronen Nachricht wartet der Sender, bis der Empfänger die Nachricht angenommen hat.

- Bei der eingeschränkten Nachricht wird abgebrochen, falls der Empfänger die Nachricht nicht sofort annimmt.

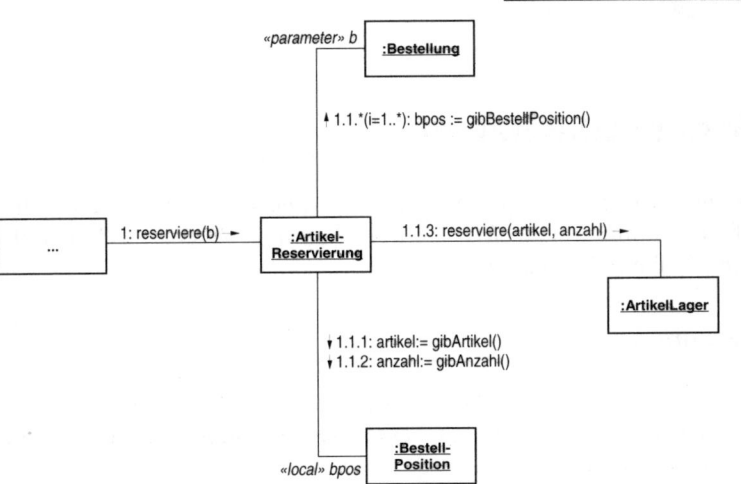

- Bei der zeitabhängigen Nachricht wird abgebrochen, falls der Empfänger die Nachricht nicht innerhalb einer bestimmten Zeit annimmt.
- Die asynchrone Nachricht landet in der Warteschlange des Empfängers. Wann er die Nachricht annimmt, interessiert den Absender nicht.

Beispiel

Das folgende Beispiel zeigt den Nachrichtenaustausch zwischen vier verschiedenen Objekten bei der Reservierung eines Bestellartikels. Die erste Nachricht *reserviere(b)* enthält als Argument das Objekt *b* (die *Bestellung*), weswegen an der Verbindung zum Objekt *Bestellung* das Stereotyp *«parameter»* notiert ist.

Die Nachricht *1.1* an das Bestellungsobjekt wird innerhalb einer Schleife wiederholt *[i=1..*]*, als Antwort wird jedesmal eine Bestellposition *bpos* zurückgegeben. Dieser werden dann jeweils die Nachrichten *1.1.1* und *1.1.2* gesendet, deren Antworten (*artikel, anzahl*) als Parameter in der folgenden Nachricht *1.1.3* an das *ArtikelLager* verwendet werden.

Weitere Beispiele von Nachrichten:

- Einfache Nachricht:
    ```
    2: anzeigen(x, y)
    ```
- Verschachtelte Nachricht mit Antwort:
    ```
    2.3.4: i := count(block)
    ```
- Bedingte Nachricht:
    ```
    [x > 7] 1: check()
    ```
- Synchronisierte und iterative Nachricht:
    ```
    2, 4.2, 4.3/ 5.1.*: notify(x)
    ```

305

Sequenzdiagramm

Verwandte Begriffe: engl. *Sequence diagram*, Interaktionsdiagramm, Ereignispfaddiagramm (engl. *Event trace diagram*), Szenario, Nachrichtendiagramm, Reihenfolgediagramm.

Definition

Eine Sequenz zeigt eine Reihe von Nachrichten, die eine ausgewählte Menge von Objekten in einer zeitlich begrenzten Situation austauscht, wobei der zeitliche Ablauf betont wird.

Beschreibung

Kollaborationsdiagramm
⇨301

Das Sequenzdiagramm zeigt im Grunde die gleichen Sachverhalte wie ein Kollaborationsdiagramm, jedoch aus einer anderen Perspektive. Beim Kollaborationsdiagramm steht die Zusammenarbeit der Objekte im Vordergrund. Der zeitliche Verlauf der Kommunikation zwischen den Objekten wird durch Numerierung der Nachrichten angedeutet.

Lebenslinien

Beim Sequenzdiagramm steht der zeitliche Verlauf der Nachrichten im Vordergrund. Die Objekte werden lediglich mit senkrechten Lebenslinien gezeigt. Der zeitliche Verlauf der Nachrichten wird dadurch hervorgehoben. Die Zeit verläuft dabei von oben nach unten.

Notation

Objekte werden durch gestrichelte senkrechte Linien dargestellt. Oben über der Linie steht der Name bzw. das Objektsymbol. Die Nachrichten werden als waagrechte Pfeile zwischen den Objekt-Linien gezeichnet. Auf ihnen wird die Nachricht in der Form *nachricht(argumente)* notiert. Ähnlich wie beim Kollaborationsdiagramm wird die Antwort in Textform (*antwort:= nachricht()*) oder als eigener, dann aber gestrichelter Pfeil mit offener Pfeilspitze dargestellt.

Die Überlagerung der gestrichelten Lebenslinien durch breite, nichtausgefüllte (oder graue) senkrechte Balken, symbolisiert den Steuerungsfokus. Der Steuerungsfokus gibt an, welches Objekt gerade die Programmkontrolle besitzt, d.h. welches Objekt gerade aktiv ist. Am linken oder rechten Rand können freiformulierte Erläuterungen und Zeitanforderungen u.ä. notiert werden.

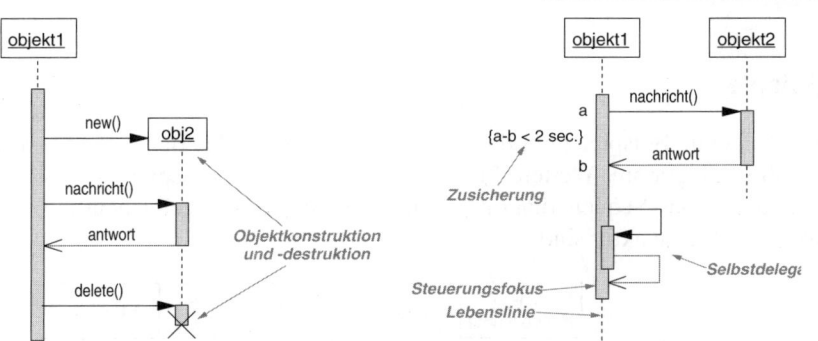

Das Erzeugen und Entfernen von Objekten kann in Sequenzdiagrammen ebenfalls dargestellt werden. Die Konstruktion eines neuen Objektes wird durch eine Nachricht, die auf ein Objektsymbol trifft, angezeigt, die Destruktion eines Objektes durch ein Kreuz am Ende des Steuerungsfokus.

Wie in Zustands- und Kollaborationsdiagrammen können die Nachrichten zusätzlich mit Bedingungen in der Schreibweise *[Bedingung] nachricht()* versehen werden. Diese Schreibweise geht auf [Buschm96] zurück. Da die UML mittlerweile Aktivitätsdiagramme kennt, die sehr viel besser geeignet sind, eine Vielzahl verschiedener Ablaufmöglichkeiten auszudrücken, ist die Verwendung von Bedingungen in Sequenzdiagrammen nicht mehr empfehlenswert.

Bedingung
advanced

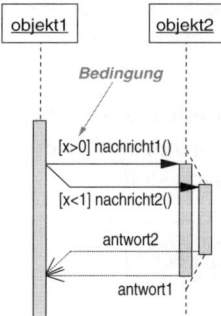

Um Iterationen anzuzeigen, also das mehrfache Senden einer Nachricht, wird ein Sternchen „*" vor die Nachricht gesetzt (Iterationsmarke).

Iteration
advanced

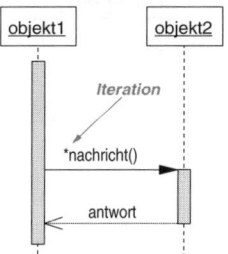

307

Beispiel

Kollaborationsdiagramm
Beispiel ⇨ 305

Weitere Beispiele ⇨ 193

Das folgende Beispiel zeigt die gleiche Situation wie das Beispiel zum Kollaborationsdiagramm. Weitere Erläuterungen zu diesem Beispiel lesen Sie bitte dort nach. Das Sequenzdiagramm mit Steuerungsfokus zeigt deutlich, wann welche Objekte aktiv sind.

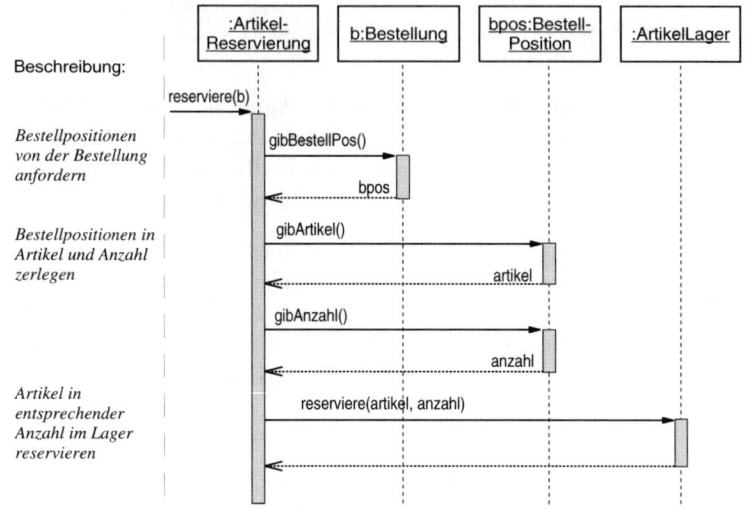

Die nächste Abbildung zeigt einen Ausschnitt mit indirekt-rekursiven Nachrichten. Hierbei wird der vorhandene Steuerungsfokus durch einen weiteren überlagert (seitlich versetzt dargestellt).

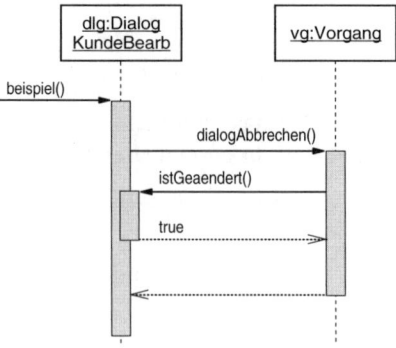

Die entsprechenden Programmanweisungen sähen so aus:

```
class DialogKundeBearb {
  Vorgang vg;
  boolean geaendert;

  public void beispiel() {
    ...
    if (vg.dialogAbbrechen(self)) {
      ...
    }
  }

  public boolean istGeaendert() {
    // Liefert true, falls Daten geändert wurden.
    return(geaendert);
  }
}

class Vorgang {
  void dialogAbbrechen(DialogKundeBearb dlg) {
    if (dlg.istGeaendert()) {
      ... // Dialog abbrechen
    }
  }
}
```

Zustandsdiagramm

Verwandte Begriffe: engl. *State diagram*, engl. *State machine*, Zustandsüber-gangsdiagramm, Endlicher Automat.

Definition und Beschreibung

Ein Zustandsdiagramm zeigt eine Folge von Zuständen, die ein Objekt im Laufe seines Lebens einnehmen kann und aufgrund welcher Stimuli Zustand-sänderungen stattfinden.

Ein Zustandsdiagramm beschreibt eine hypothetische Maschine (Endlicher Automat), die sich zu jedem Zeitpunkt in einer Menge endlicher Zustände befindet. Sie besteht aus:

- einer endlichen, nicht-leeren Menge von Zuständen;
- einer endlichen, nicht-leeren Menge von Ereignissen;
- Funktionen, die den Übergang von einem Zustand in den nächsten be-schreiben;
- einen Anfangszustand
- und einer Menge von Endzuständen.

Die einzelnen Bestandteile werden in den folgenden Abschnitten näher er-läutert.

Beispiel

Weiteres Beispiel ⇨ 192

Das folgende Beispiel zeigt die Zustandsübergänge für eine Flugreservierung. Sofern die Namen des Ereignisses und der Aktionsoperation übereinstimmen, ist nur die Operation aufgeführt. Der Startzustand führt bei Einrichtung des Fluges in den Zustand *OhneReservierung*. Bei Eintritt in diesen Zustand wird die Operation *Ruecksetzen* ausgeführt. Wird nun eine Reservierung für diesen Flug vorgenommen, wechselt das Objekt in den Zustand *TeilweiseReserviert*. Mit dem Ereignis *Reservieren* ist die gleichnamige Aktion *Reservieren* (realisiert durch eine Operation) verbunden. In dieser Operation findet die eigentliche Reservierung statt, und der interne Reservierungszähler wird ak-tualisiert. Nach Abschluß dieser Aktion befindet sich das Objekt im Zustand *TeilweiseReserviert*.

Jede weitere Reservierung führt zur selben Aktion. Solange noch freie Plätze vorhanden sind, bleibt das Objekt im Zustand *TeilweiseReserviert*. Ist nur noch ein Platz frei, wird in den Zustand *Ausgebucht* gewechselt. Die Stornie-rung von reservierten Plätzen erfolgt in ähnlicher Weise. Das Zustandsdia-gramm beschreibt also, durch welche Ereignisse welche Aktionen ausgelöst werden und wann diese (und damit der Aufruf der entsprechenden Operatio-nen) zulässig sind.

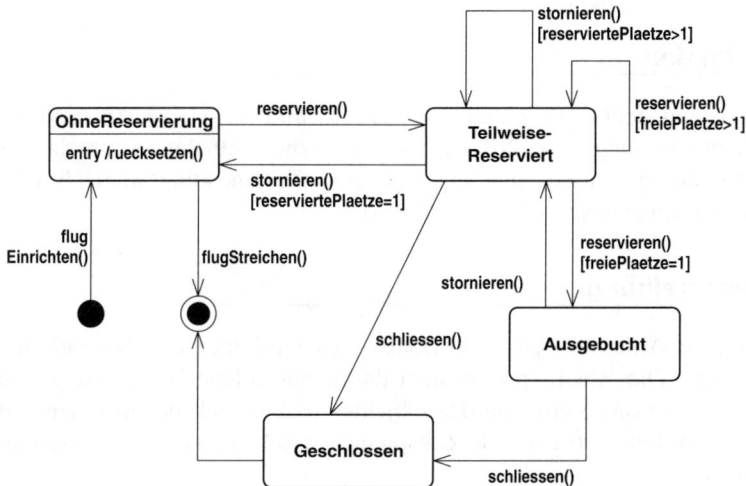

advanced

Zustand

Verwandte Begriffe: engl. *State*, Startzustand, Endzustand.

Definition

Ein Zustand gehört zu genau einer Klasse und stellt eine Abstraktion bzw. Zusammenfassung einer Menge von möglichen Attributwerten dar, die die Objekte dieser Klasse einnehmen können. Zustandsdiagramme beschreiben das innere Zustandsmodell eines Objektes.

Beschreibung

Nicht jede Änderung eines Attributwertes wird hier als Zustandsänderung angesehen. Die Abstraktion besteht darin, nur solche Ereignisse zu berücksichtigen, die das Verhalten des Objektes maßgeblich beeinflussen. Ein Zustand kann demnach auch als Zeitspanne zwischen zwei Ereignissen angesehen werden.

Start- und Endzustand

Zwei besondere Zustandstypen sind Start- und Endzustände. Zu einem Startzustand kann kein Übergang stattfinden, von einem Endzustand führt kein Ereignis mehr weg.

Anonyme Zustände

Zustände besitzen einen eindeutigen Namen oder sind anonyme Zustände. Anonyme Zustände sind grundsätzlich voneinander verschieden, d.h. zwei namenlose Zustände in einem Diagramm sind zwei unterschiedliche Zustände. In allen anderen Fällen handelt es sich bei gleichnamigen Zuständen jeweils um den selben Zustand.

Zustandsvariablen
Attribute ⇨233

Jeder Zustand kann eine Menge von Zustandsvariablen enthalten. Zustandsvariablen sind Attribute der Klasse, zu denen der Zustand gehört. Die Menge der Zustandsvariablen sind demnach eine Untermenge der Attribute der Klasse. In einem Zustand werden nur solche Attribute als Zustandsvariablen aufgeführt, die zur Beschreibung bzw. Identifikation des Zustandes bedeutsam sind.

Nicht jede Klasse muß über Zustände verfügen, sie muß über entsprechendes signifikantes Verhalten verfügen. Können alle Operationen eines Objektes unabhängig von seinem inneren Zustand in beliebiger Reihenfolge aufgerufen werden, ist eine Zustandsmodellierung nicht erforderlich.

Ereignisse,
Bedingungen,
Operationen

Übergänge von einem Zustand zum nächsten werden durch Ereignisse ausgelöst. Ein Ereignis besteht aus einem Namen und einer Liste möglicher Argumente. Ein Zustand kann Bedingungen an diese Ereignisse knüpfen, die erfüllt sein müssen, damit der Zustand durch dieses Ereignis eingenommen werden kann. Bedingungen können unabhängig von einem speziellen Ereignis definiert werden. Ereignisse können Aktionen innerhalb des Zustandes auslösen, die durch entsprechende Operationen realisiert werden. Drei spezielle Auslöser sind vordefiniert:

- entry   löst automatisch beim Eintritt in einen Zustand aus,
- exit   löst automatisch beim Verlassen eines Zustandes aus,
- do   wird immer wieder ausgelöst, solange der Zustand aktiv ist, d.h. nicht verlassen wird.

Notation

Zustände werden durch abgerundete Rechtecke dargestellt. Sie können einen Namen beinhalten und optional durch horizontale Linien in bis zu drei Bereiche geteilt werden.

Im obersten Bereich steht der Name des Zustandes. Er kann weggelassen werden, es handelt sich in diesem Fall um einen anonymen Zustand. Um Diagramme übersichtlicher zu gestalten, können Zustände mehrfach in einem Diagramm vorhanden sein.

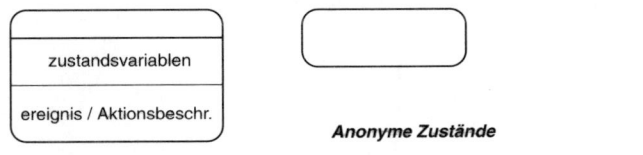

Anonyme Zustände

Attribute ⇨ 233

In einem weiteren Bereich können existierende Zustandsvariablen aufgelistet werden. Da Zustandsvariablen Attribute der Klasse *sind*, werden sie ebenso notiert:

```
variable : Klasse = Initialwert {Merkmal} {Zusicherung}
```

Der dritte mögliche Bereich innerhalb des Zustandssymbols enthält eine Liste möglicher interner Ereignisse, Bedingungen und aus ihnen resultierende Operationen. Für sie gilt folgendes Format:

```
Ereignis / Aktionsbeschreibung
```

Verhaltensdiagramme

Die Aktionsbeschreibung kann ein Operationsname sein oder frei formuliert werden und Zustandsvariablen, Attribute der Klasse oder Parameter der eingehenden Transition enthalten.

Ein Startzustand wird als kleiner ausgefüllter Kreis gezeichnet, die Endzustände jeweils durch einen nichtausgefüllten Kreis, in dem ein kleinerer ausgefüllter Kreis liegt.

● *Startzustand*　◉ *Endzustand*

Beispiel

Die Abbildung zeigt einen Zustand der Klasse *Vertrag*. Sobald ein Kunde zugeordnet wurde und der Zustand verlassen wird, sollen beispielsweise ausgewählte Kundendaten in das Vertragformular eingeblendet werden.

Kunde zuordnen
kunde : Kunde = nil
exit / kundendatenEinblenden()

Unterzustand

Zustände können in weitere, entweder sequentielle oder parallele, Unterzustände geschachtelt sein. Bei gleichzeitigen, konkurrierenden Unterzuständen wird das Zustandssymbol durch gestrichelte Linien in weitere Abschnitte unterteilt.

advanced

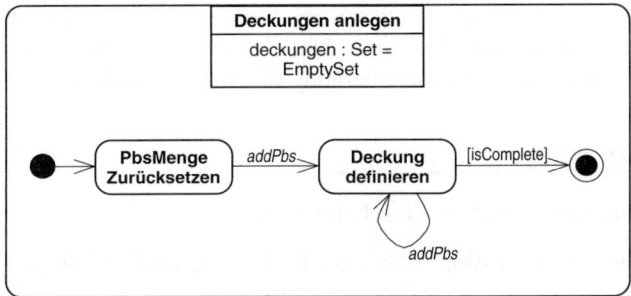

Das obige Beispiel zeigt eine sequentielle Verschachtelung. Beim Abschluß eines Versicherungsvertrages wird ein Produkt ausgewählt (z.B. Hausrat), das aus mehreren Produktbausteinen (*Pbs*) besteht (Fahrrad, Glasbruch etc.). Für jeden Produktbaustein muß eine Deckung erzeugt werden. In der Abbildung wird der Zustand *„Deckungen anlegen"* aus diesem Zusammenhang gezeigt.

Die folgende Abbildung zeigt die Notation paralleler Unterzustände.

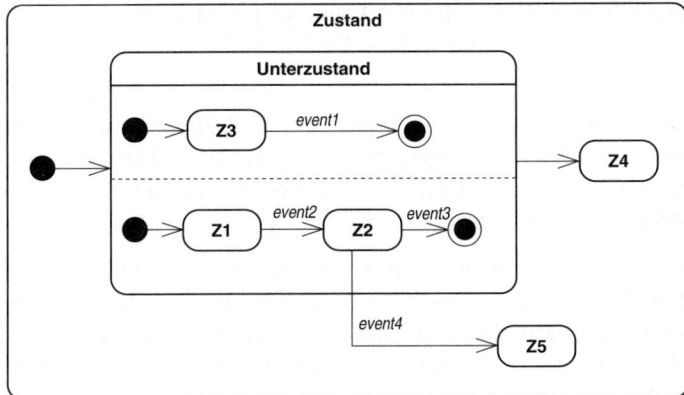

advanced

Ereignis und Transition

Verwandte Begriffe: engl. *Event*, Zustandsübergang.

Definition

Event
Transition

Ein Ereignis (engl. *event*) ist ein zu beachtendes Vorkommnis, das in einem gegebenen Kontext eine Bedeutung hat, sich räumlich und zeitlich lokalisieren läßt und das einen Zustandsübergang (Transition) auslöst.

Beschreibung

Ein Ereignis kann folgende Ursachen haben:

- Eine (für eine Transition definierte) Bedingung wird erfüllt.

- Das Objekt erhält eine Nachricht.

Im Gegensatz zu Zuständen gehören Ereignisse nicht zu einer bestimmten Klasse.

Aus Zuständen und Ereignissen lassen sich Zustandsdiagramme bilden, die beschreiben, wann ein Objekt bestimmte Ereignisse erhalten darf und welche Folge das für den Status des Objektes hat. Bestimmte Ereignisse können nur dann sinnvoll verarbeitet werden, wenn sich das Objekt in einem dafür geeigneten Zustand befindet. Ebenso kann ausgedrückt werden, daß ein Ereignis zu unterschiedlichen Aktionen führen kann, je nachdem in welchem Zustand sich das Objekt befindet und welche Bedingungen an das Ereignis geknüpft sind.

ε-Übergang

Zustandsübergänge werden gewöhnlich durch Ereignisse ausgelöst, die auf den Pfeilen zwischen den Zuständen notiert werden. Übergänge ohne Ereignisbeschriftung werden automatisch ausgelöst, sobald die mit einem Zustand verbundenen Aktionen abgeschlossen sind.

Bedingung

Ereignisse können mit Bedingungen versehen werden. Die an ein Ereignis geknüpften Bedingungen müssen erfüllt sein, damit der Zustandswechsel stattfinden kann. Die Bedingung kann unabhängig von dem Ereignis definiert werden. Desweiteren kann ein Ereignis seinerseits wieder Ereignisse bei anderen Objekten auslösen.

Notation

Ereignisse werden durch Pfeile von einem Zustand zum nächsten notiert. Ein Pfeil kann auch auf den gleichen Zustand zurückführen. Auf den Pfeilen werden die Transitionsbeschreibungen in folgender Form aufgetragen:

```
ereignis(argumente)
[bedingung]
/operation(argumente)
^zielobjekte.gesendetesEreignis(argumente)
```

Implementierungsdiagramme

Die Elemente der Unified Modeling Language zur Darstellung von Implementierungssachverhalten werden hier detailliert erläutert.

Dies ist die Gliederung des Buches...

Einführung		Beispiel		Unified Modeling Language						
OO für Anfänger	Vorgehens-modell	Analyse	Design	Anwen-dungsfälle	Basis-elemente	Beziehungs-elemente	Verhalten	Implemen-tierung	OCL	Anhang

und hier befinden Sie sich

Komponentendiagramm

Verwandte Begriffe: engl. *Component diagram*, Komponente, engl. *Component*, Subsystem, Modul, Paket, Baustein, Anwendungsbaustein.

Definition

Eine Komponente stellt ein physisches Stück Programmcode dar, entweder als Quellcode, Binärcode, DLL oder ausführbares Programm.

Komponentendiagramme zeigen die Beziehungen der Komponenten untereinander.

advanced

Beschreibung

In der Praxis sind Komponenten den Paketen sehr ähnlich: sie definieren Grenzen, sie gruppieren und gliedern eine Menge einzelner Elemente. Komponenten können über Schnittstellen verfügen.

Schnittstellen ⇨ 240

Komponenten bzw. Komponentendiagramme werden unter Umständen auch benötigt, um Compiler- und Laufzeit-Abhängigkeiten zu notieren.

Spätestens mit dem Beginn der Realisierung muß - je nach verwendeter Programmiersprache - festgelegt werden, in welchen Dateien der Programmcode zu den einzelnen Klassen usw. stehen soll. In Smalltalk stellt sich dies, da es dort kein Modulkonzept braucht, anders dar als in C++, wo entsprechende *.cpp- und *.h-Dateien einzurichten sind.

Abhängigkeiten ⇨ 288

Ich verwende Komponenten hauptsächlich zur Beschreibung größerer Mengen fachlich zusammenhängender Klassen. Beispielsweise alle Klassen, die fachlich etwas mit der Partnerverwaltung zu tun haben. Die Komponente *Partner* könnte beispielsweise die Klassen *Person, JuristischePerson, NatürlichePerson, PartnerRolle, Beitragszahler, Versicherungsnehmer, Postempfänger, Vermittler, VersichertePerson, Anschrift, Bankverbindung, Rufnummer* etc. enthalten - eben alles was mit Partner zu tun hat und fachlich nicht woanders besser aufgehoben ist.

Die Zusammenfassung einer Menge von Elementen zu einer größeren Einheit ist aber nur ein Aspekt. Ein anderer ist die gemeinsame Bereitstellung einer oder mehrerer Schnittstellen. Während sich also alle in einer Komponente enthaltenen Elemente gut, d.h. weitgehend vollständig kennen, wird nach außen nur ein Auschnitt davon bereitgestellt. Welche Eigenschaften eine Komponente exportiert, wird durch ihre expliziten Schnittstellen definiert.

Schnittstellen

Implementierungsdiagramme

Pakete versus Komponente

Pakete und Komponenten können zu sehr ähnlichen Zwecken verwendet werden. Während Pakete eine mehr logische Sicht darstellen, betonen Komponenten die physische Sicht.

Notation und Beispiel

Physische Architektur

Eine Komponente wird als Rechteck notiert, das am linken Rand zwei kleine Rechtecke trägt. Innerhalb der Komponente wird der Name der Komponente und ggf. ihr Typ beschrieben. Außerdem können in der Komponente wiederum weitere Elemente (Objekte, Komponenten, Knoten) enthalten sein.

Weitere Beispiele ⇨ 160, 163

Die Abhängigkeiten zwischen den einzelnen Modulen werden durch entsprechende Abhängigkeitsbeziehungen (gestrichelte Pfeile) dargestellt.

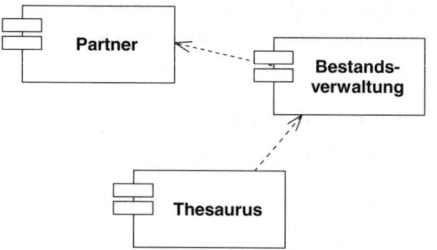

Verteilungsdiagramm

Verwandte Begriffe: engl. *Deployment diagram*, Einsatzdiagramm, Knoten, Konfigurationsdiagramm.

Beschreibung

Ein Knoten ist ein zur Laufzeit physisch vorhandenes Objekt, daß über Rechenleistung bzw. Speicher verfügt, also Computer (Prozessoren), Geräte u.ä.

Verteilungsdiagramme zeigen, welche Komponenten und Objekte auf welchen Knoten (Prozessen, Computern) laufen, d.h wie diese konfiguriert sind und welche Kommunikationsbeziehungen dort bestehen.

Notation und Beispiel

Dargestellt werden Knoten durch Quader. Knoten, die miteinander kommunizieren, d.h. entsprechende Verbindungen unterhalten, werden durch Assoziationslinien miteinander verbunden. Innerhalb der Quader können optional Komponenten oder Laufzeitobjekte (Prozesse) plaziert werden. Auch Schnittstellen und Abhängigkeitsbeziehungen zwischen diesen Elementen sind zulässig.

Komponenten ⇨ 321
Schnittstellen ⇨ 240
Abhängigkeit ⇨ 288

Knoten werden entweder nur durch ihren Namen oder durch einen Namen plus Angabe des Knotentyps identifiziert:

```
Knotentyp
Name:Knotentyp
```

Häufig werden Diagramme dieser Art mit herkömmlichen Zeichenprogrammen erstellt. Statt ordinärer Quader werden meistens buntere Clip-Arts verwendet (Drucker-, Computer- u.a. Bildchen).

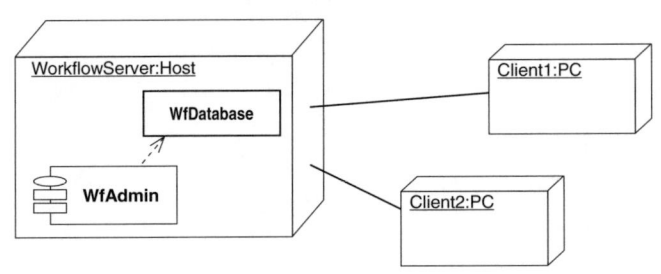

Object Constraint Language

Die wichtigsten Elemente der Object Constraint Language werden hier erläutert.

Dies ist die Gliederung des Buches...

Einführung		Beispiel		Unified Modeling Language						Anhang
OO für Anfänger	Vorgehens-modell	Analyse	Design	Anwen-dungsfälle	Basis-elemente	Beziehungs-elemente	Verhalten	Implemen-tierung	OCL	

und Sie befinden Sie sich hier

Object Constraint Language (OCL)

Die Object Constraint Language (OCL) ist eine einfache formale Sprache, mit der UML-Modellen weitere Semantik zugefügt werden kann, die mit den übrigen UML-Elementen nicht oder nur umständlich ausgedrückt werden kann.

Die OCL ist hervorgegangen aus der IBEL (Integrated Business Engineering Language), einer Entwicklung der IBM. Der OCL-Formalismus basiert auf der Mengentheorie und hat große Ähnlichkeit mit der Sprache Smalltalk.

Mit der OCL können

- Zusicherungen zum Modell spezifiziert werden

- Invarianten, Vor- und Nachbedingungen für Operationen u.a. angegeben werden

- Navigationspfade für ein Objektnetz beschrieben werden.

In diesem Abschnitt wird keine vollständige OCL-Referenz gegeben, sondern nur die wichtigsten Elemente erläutert.

Einfache Beispiele

Die beiden ersten Beispiele definieren Einschränkungen auf die Werte von Attributen (Mitarbeiter, Chef und Person sind Klassen, Gehalt und Alter Attribute): **Attribut-Zugriff**

```
mitarbeiter.gehalt < chef.gehalt
person.alter > 18
```

Die nächsten Ausdrücke stellen Mengenoperationen dar. Mengenoperationen beginnen mit einem Pfeil „->": **Mengen-Zugriff**

```
person.anschriften->isEmpty
person.anschriften->size
mitarbeiter->select(alter > 30)
```

Bei der Navigation entlang von Assoziationen wird für den Zugriff auf die gegenüberliegende Assoziationsseite der Rollenname der gegenüberliegenden Klasse verwendet. Sofern kein Rollenname notiert ist, kann der Klassenname verwendet werden.

| Object Constraint Language |

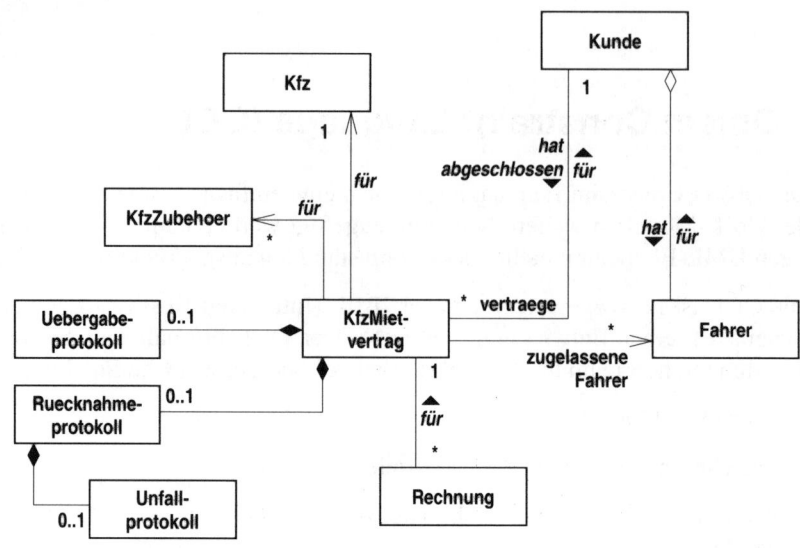

Unter Beachtung des abgebildeten Klassenmodells wären also folgende Ausdrücke gleichwertig:

KfzMietvertrag
    self.zugelasseneFahrer

KfzMietvertrag
    self.fahrer

Self

OCL-Ausdrücke werden grundsätzlich durch einen Kontext für eine spezifische Instanz eingeleitet in der Form:

Kontext
    self.eigenschaft

Self ist hierbei eine spezifische Instanz von Kontext. Beispiele hierzu:

Person
    self.alter

Unternehmen
    self.mitarbeiter->size

Unternehmen : u
    u.mitarbeiter->size

Komplexe Beispiele

Das folgende Beispiel enthält die Zusicherung, daß alle im Mietvertrag eingetragenen Fahrer eines Miet-Kfz erwachsen sein müssen:

```
KfzMietvertrag
    self.fahrer->forAll(f | f.alter >= 18)
```

In dem in *forAll* enthaltenen Ausdruck werden für die Variable *f* nacheinander alle Elemente der Menge *fahrer* eingesetzt. Für jedes *f* wird der Ausdruck in *forAll* ausgewertet. *ForAll* liefert *true* zurück, wenn der enthaltene logische Ausdruck für alle Elemente wahr ergibt. Folgende Formulierung stellt eine gleichwertige Kurzschreibweise dar:

```
KfzMietvertrag
    self.fahrer->forAll(alter >= 18)
```

Folgende Formulierung liefert die Menge der Fahrer, die älter als 70 Jahre sind:

```
KfzMietvertrag
    self.fahrer->select(alter > 70)
```

Der folgende Ausdruck liefert die Menge der Fahrer, die jünger als 25 und männlich sind (die Operation *istMaennlich* sei in der Klasse *Fahrer* definiert):

```
KfzMietvertrag
    self.fahrer->select(f | f.alter < 25 and
        f.istMaennlich)
```

Die beiden nächsten Beispiele liefern jeweils einen Bag der Vornamen aller Fahrer, die heute Geburtstag haben:

```
KfzMietvertrag
    self.fahrer->select(f | f.gebDatum =
        today).vorname
```

```
KfzMietvertrag
    self.fahrer->select(f | f.gebDatum = today)
        ->collect(vorname)
```

Der nachfolgende Ausdruck sichert zu, daß die im Mietvertrag angegebenen Fahrer alle zum selben Kunden gehören:

```
KfzMietvertrag
    self.fahrer->forAll(f1, f2 | p1 <> p2 implies
        p1.kunde = p2.kunde)
```

| Object Constraint Language |

Das Vorhandensein eines Übergabeprotokolls setzt auch das Vorhandensein mindestens eines Fahrer voraus:

```
KfzMietvertrag
    self.uebergabeprotokoll->notEmpty implies
        self.fahrer->size > 0
```

Das nächste Beispiel liefert die Menge aller Fahrer des Kunden des vorliegenden Mietvertrages:

```
KfzMietvertrag
    self.kunde.fahrer
```

Die Anzahl der Verträge eines Kunden, die nach dem 1.1.1997 abgeschlossen wurden, läßt sich mit der folgenden Formulierung ermitteln:

```
Kunde
    self.vertraege->
        select(v | v.abschlussDatum > '1.1.1997' asDate)
```

Vordefinierte Basistypen und -operationen

Folgende Basistypen sind in der OCL vordefiniert:

Typ	Beispiel
Boolean	true, false
Integer	1, 2, 23, 12045
Real	3.14, 0.266
String	'Raumschiff'
Set	{55, 23, 47}, {'rot', 'blau', 'gelb'}
Bag	{55, 23, 47, 5}, {12, 8, 8}
Sequence	{1..10}, {8, 17, 25, 26}

Set, *Bag* und *Sequence* sind Unterklassen von *Collection*. *Set* ist eine Menge, in der kein Element doppelt vorkommt, in einem *Bag* können Elemente beliebig häufig vorkommen. *Sequence* ist ein *Bag*, jedoch sind die Elemente geordnet.

Folgende Auswertungsreihenfolge gilt:
1. Punkt-Operationen („.") haben höchste Präzedenz
2. Unäre Operatoren („not")
3. Binäre Operatoren („+", „and")
4. Innerhalb binärer Operatoren gilt die normale Reihenfolge: Punkt vor Strichrechnung, von links nach rechts etc.
5. Klammerung „(" und „)" erzwingt eine andere Reihenfolge

Folgende Operationen sind für die Basistypen vordefiniert.

Integer, Real		
Ausdruck	Ergebnistyp	Beschreibung
i1 = i2	Boolean	Liefert true, wenn i1 und i2 gleich sind
i1 + i2 : Integer	Integer	
i1 + i2 : Real	Real	
r1 + i1	Real	
r1 round	Integer	

Boolean		
Ausdruck	Ergebnistyp	Beschreibung
a and b	Boolean	Liefert true, wenn a und b true sind
a or b	Boolean	Liefert true, wenn mindestens einer der beiden Werte a und b true ist
a xor b	Boolean	Liefert true, wenn genau einer der beiden Werte a und b true ist
not a	Boolean	Liefert Negation von a
a implies b	Boolean	(not a) or (a and b), d.h. wenn a true ist, soll auch b true sein
if a then a1: OclAusdr else a2:OclAusdr	a1.type	Wenn a true ist, wird der Ausdruck a1 ausgewertet, sonst a2
a = b	Boolean	Liefert true, wenn a und b gleich sind

implies

Collection		
Ausdruck	Ergebnistyp	Beschreibung
s1 = s2	Boolean	Enthalten s1 und s2 die gleichen Elemente?
s.size	Integer	Anzahl der Elemente von s
s.sum	Integer oder Real	Summe aller Elemente aus s, sofern diese numerisch sind
s.includes(e)	Boolean	Ist e Element der Menge s?
s.isEmpty	Boolean	Ist die Menge leer (size=0)?
s.exists(Ausdr)	Boolean	Enthält die Menge s ein Element, für das der Ausdruck true ergibt?
s.forAll(Ausdr)	Boolean	Ergibt der Ausdruck true für alle Elemente der Menge?

Object Constraint Language

Set		
Ausdruck	Ergebnistyp	Beschreibung
s1.union(s2)	Set	Vereinigungsmenge von s1 und s2
s1.intersection (s2)	Set	Schnittmenge von s1 und s2
s1 - s2	Set	Alle Elemente aus s1, die nicht in s2 sind
s.include(e)	Set	Alle Elemente aus s plus dem Element e
s.exclude(e)	Set	Alle Elemente aus s ohne dem Element e
s1.symmetric Difference(s2)	Set	Alle Elemente aus s1 und s2, die nicht gleichzeitig in s1 und s2 vorkommen
s.select(Ausdr)	Set	Untermenge von s mit den Elementen, für die der Ausdruck true ergibt
s.reject(Ausdr)	Set	Untermenge von s mit den Elementen, für die der Ausdruck false ergibt
s.collect(Ausdr)	Bag	Bag der Ergebnisse des Ausdruckes, angewendet auf alle Elemente von s
s.asSequence	Sequence	Liefert s als Sequence
s.asBag	Bag	Liefert s als Bag

Bag		
Ausdruck	Ergebnistyp	Beschreibung
b1.union(b2)	Bag	Vereinigungsmenge von b1 und b2
b1.intersection (b2)	Bag	Schnittmenge von b1 und b2
b.include(e)	Bag	Alle Elemente aus b plus dem Element e
b.exclude(e)	Bag	Alle Elemente aus b ohne dem Element e
b.select(Ausdr)	Bag	Subbag von b mit den Elementen, für die der Ausdruck true ergibt
b.reject(Ausdr)	Bag	Subbag von b mit den Elementen, für die der Ausdruck false ergibt
b.collect(Ausdr)	Bag	Bag der Ergebnisse des Ausdruckes, angewendet auf alle Elemente von s
s.asSequence	Sequence	Liefert s als Sequence
s.asSet	Set	Liefert s als Set

Sequence

Ausdruck	Ergebnistyp	Beschreibung
s1.append(s2)	Sequence	Sequence s1, gefolgt von den Elementen aus s2
s1.prepend(s2)	Sequence	Schnittmenge von s1 und s2
s.first	Element.Typ	Erstes Element aus s
s.last	Element.Typ	Letztes Element aus s
s.at(i)	Element.Typ	i-tes Element aus s
s.include(e)	Sequence	Alle Elemente aus b plus dem am Ende angefügten Element e
s.exclude(e)	Sequence	Alle Elemente aus b ohne dem ersten Vorkommen des Elementes e
s.select(Ausdr)	Sequence	Subsequence von b mit den Elementen, für die der Ausdruck true ergibt
s.reject(Ausdr)	Sequence	Subsequence von b mit den Elementen, für die der Ausdruck false ergibt
s.collect(Ausdr)	Sequence	Sequence der Ergebnisse des Ausdruckes, angewendet auf alle Elemente von s
s.asBag	Bag	Liefert s als Bag
s.asSet	Set	Liefert s als Set

Anhang

Dies ist die Gliederung des Buches...

Einführung		Beispiel		Unified Modeling Language						
OO für Anfänger	Vorgehens- modell	Analyse	Design	Anwen- dungsfälle	Basis- elemente	Beziehungs elemente	Verhalten	Implemen- tierung	CL	Anhang

und Sie befinden Sie sich hier

Glossar

Die wichtigsten Begriffe der Objektorientierung und der UML werden hier definiert.

Dieses Glossar ist auch separat in der jeweils aktuellen Fassung zu beziehen. Download unter: http://www.oose.de/uml

Dies ist die Gliederung des Buches...

Einführung		Beispiel		Unified Modeling Language						
OO für Anfänger	Vorgehens-modell	Analyse	Design	Anwen-dungsfälle	Basis-elemente	Beziehungs elemente	Verhalten	Implemen-tierung	CL	Anhang

und Sie befinden Sie sich hier

Anmerkung zu den deutschen Begriffen

Immer wieder kommt es zu Auseinandersetzungen darüber, wie die „richtigen" Übersetzungen der englischen Originalbegriffe lauten. Während „class" noch zweifelsfrei übersetzt werden kann, sind „deployment diagram" und „use case" nicht mehr so einfach einzudeutschen. Es stellt sich sogar die Frage, ob denn überhaupt deutsche Begriffe notwendig seien.

Solange Informatiker unter sich sind, werden häufig die Originalbegriffe verwandt. Bei den Anwendern handelt es sich gewöhnlich jedoch um Nicht-Informatiker, dafür aber beispielsweise um Versicherungsexperten, Buchhaltungsmitarbeiter u.ä. Um die Kommunikation mit dieser Gruppe möglichst fehlerarm zu führen, sollte deren Sprache verwendet und Informatik-Fachjargon vermieden werden. „Anwendungsfall" ist auf Anhieb leichter zu verstehen als „use case".

Daß Informatiker untereinander häufig die Orginalbegriffe verwenden, ist weniger problematisch, wenngleich auch hier berücksichtigt werden muß, daß Begriffe nicht nur abstrakt „verstanden" werden müssen, sie müssen auch „gefühlt" werden, d.h. spontan das richtige innere Bild auslösen. Solange Informatiker für sich die Begriffe immer noch gedanklich übersetzen müssen, ist die Kommunikation noch nicht optimal. Das ist meistens jedoch nur eine Frage der Zeit - d.h. die Übersetzung wird allmählich automatisiert, der Originalbegriff verbindet sich sofort mit dem richtigen inneren Bild.

Etwas anders stellt sich das Problem für deutschsprachige Publikationen. Gewöhnlich findet hier keine Kommunikation zwischen gleichwertigen Partnern statt, wie vielleicht im Projektalltag zwischen Informatikern. Hier werden vorrangig Informationen transportiert, die für den Leser neu sind - das Lernen und Verstehen steht im Vordergrund. Der Autor kann nicht davon ausgehen, daß der Empfänger der Information den gleichen Kontext und ein vergleichbares Hintergrundwissen hat. Deshalb sind treffende und einheitliche Übersetzungen für Fachbücher u.ä. ein wichtiges Thema.

An dieser Stelle möchte ich meinen Autoren-Kollegen (Buchautoren und -übersetzer) danken, mit denen ich die hier verwendete deutsche Terminologie abstimmen konnte: Nico Josuttis, Peter Hruschka, Markus Reinhold, Arnulf Mester, Bernd Kahlbrandt und Rainer Burkhardt.

Nachfolgende Begriffe, denen eine Definition folgt, sind abgestimmt. Englische Originalbegriffe, Synonyme und verwandte Begriffe sind mit entsprechenden Querverweisen auf die Definitionen aufgeführt.

Abgeleitetes Attribut ⇨Attribut, ⇨Abgeleitetes Element
Ein abgeleitetes Attribut wird aus den Werten anderer Attribute berechnet. Abgeleitete Attribute können nicht direkt geändert werden und werden durch eine Berechnungsoperation implementiert oder gesetzt.

Abgeleitete Assoziation ⇨Assoziation, ⇨Abgeleitetes Element
Eine abgeleitete Assoziation ist eine Assoziation, deren konkrete Objektbeziehungen jederzeit aus den Werten anderer Objektbeziehungen und ihrer Objekte abgeleitet (berechnet) werden können.

Abgeleitetes Element (UML: *derived element*)
Ein Modellelement, das jederzeit durch ein anderes Element berechnet werden kann und nur der Klarheit wegen gezeigt wird oder für Designzwecke zugefügt wird, ohne daß es jedoch weitere semantische Information zufügt.

Abhängigkeit (UML: *dependency*)
Eine Abhängigkeit ist eine Beziehung zwischen zwei Modellelementen, die zeigt, daß eine Änderung in dem einen (unabhängigen) Element eine Änderung in dem anderen (abhängigen) Element notwendig macht.

Abstraktion
Abstraktion ist eine Methode, bei der unter einem bestimmten Gesichtspunkt die wesentlichen Merkmale eines Gegenstandes oder Begriffes herausgesondert werden.

abstract class ⇨Abstrakte Klasse

Abstrakte Klasse (UML: *abstract class*)
Von einer abstrakten Klasse werden niemals Objektexemplare erzeugt; sie ist bewußt unvollständig und bildet somit die Basis für weitere Unterklassen, die Exemplare haben können. C++: virtuelle Klasse.

Abstrakte Operation ⇨Operation
Eine Operation, für die nur eine ⇨Signatur, jedoch keine Anweisungsfolge definiert ist, d.h. die Operation ist definiert, aber noch nicht implementiert. Sie wird in einer abgeleiteten Klasse implementiert. C++: virtuelle Operation.

Abstrakter Datentyp (ADT)
Das Konzept des abstrakten Datentyps ähnelt dem der Klasse. Unter einem abstrakten Datentyp versteht man die Zusammenfassung von Daten und der mit ihnen ausführbaren Operationen.

actor ⇨Akteur

action state ⇨Aktivität

activity diagram ⇨Aktivitätsdiagramm

aggregation ⇨Aggregation

Aggregation (UML: *aggregation*) ⇨Assoziation, ⇨Komposition
Eine Aggregation ist eine Sonderform der Assoziation, bei der die beteiligten Klassen keine gleichwertige Beziehung führen, sondern eine Ganzes-Teile-Hierarchie darstellen. Eine Aggregation beschreibt, wie sich etwas Ganzes aus seinen Teilen zusammensetzt.

Akteur (UML: *actor*)
Ein Akteur ist eine eine außerhalb des Systems liegende ⇨Klasse, die an der in einem ⇨Anwendungsfall beschriebenen Interaktion mit dem System beteiligt ist. Akteure nehmen in der Interaktion gewöhnlich eine definierte Rolle ein. Ein Akteur ist eine ⇨stereotypisierte Klasse.

Aktive Klasse ⇨Aktives Objekt
Eine Klasse, deren Instanzen nebenläufig ausgeführt werden und ihren eigenen Kontrollfokus (Thread) besitzen.

Aktives Objekt ⇨Aktive Klasse
Instanz einer aktiven Klasse.

Aktivität (UML: *action state*)
Ein Zustand mit einer internen Aktion und einer oder mehreren ausgehenden Transitionen, die automatisch dem Abschluß der internen Aktion folgen. Eine Aktivität ist ein einzelner Schritt in einem Ablauf. Eine Aktivität kann mehrere ausgehende Transitionen haben, wenn diese durch Bedingungen unterschieden werden können.

Aktivitätsdiagramm (UML: *activity diagram*)
Ein Aktivitätsdiagramm ist eine spezielle Form des Zustandsdiagramms, das überwiegend oder ausschließlich ⇨Aktivitäten enthält.

Analyse
Mit (objektorientierter) Analyse werden alle Aktiviäten im Rahmen des Softwareentwicklungsprozesses bezeichnet, die der Ermittlung, Klärung und Beschreibung der Anforderungen an das System dienen (d.h. die Klärung, *was* das System leisten soll).

Annotation ⇨Notiz

Anwendungsfall (UML: *use case*)
Ein Anwendungsfall beschreibt eine Menge von Aktivitäten eines Systems aus der Sicht seiner Akteure, die für die Akteure zu einem wahrnehmbaren Ergebnis führen. Ein Anwendungsfall wird stets durch einen Akteur initiiert. Ein Anwendungsfall ist ansonsten eine komplette, unteilbare Beschreibung.

Anwendungsfalldiagramm (UML: *use case diagram*)
Ein Diagramm, das die Beziehungen zwischen ⇨Akteuren und ⇨Anwendungsfällen zeigt.

Anwendungsfallmodell (UML: *use case model*)
Ein Modell, das die funktionalen Anforderungen an ein System in Form von Anwendungsfällen beschreibt.

Anwendungskomponente ⇨Komponente
Anwendungskomponenten sind fachliche ⇨Subsysteme.

Architektur
ist die Spezifikation der grundlegenden Struktur eines Systems.

Argument
Konkreter Wert eines ⇨Parameters.

assertion ⇨Zusicherungen
Assertions sind boolesche Ausdrücke, die niemals unwahr werden sollten und anderenfalls auf Fehler hinweisen. Typischerweise sind *assertions* nur zur Entwicklungszeit aktiviert.

association ⇨Assoziation

association class ⇨Assoziationsklasse

association role ⇨Assoziationsrolle

Assoziation (UML: *association*) ⇨gerichtete Assoziationen, ⇨bidirektionale Assoziationen
Eine Assoziation beschreibt eine Relation zwischen Klassen, d.h. die gemeinsame Semantik und Struktur einer Menge von ⇨Objektbeziehungen. Es werden ⇨gerichtete Assoziationen (nur einseitig direkt navigierbar) und ⇨bidirektionale Assoziationen (beidseitig direkt navigierbar) unterschieden. Die beiden Enden einer Assoziation sind ⇨Assoziationsrollen.

Assoziationsklasse (UML: *association class*) ⇨Attributierte Assoziation, ⇨Aufgebrochene Assoziation, ⇨Degenerierte Assoziationsklasse
Ein Modellelement, das sowohl über die Eigenschaften einer Klasse als auch über die einer Assoziation verfügt. Es kann gesehen werden als Assoziation mit zusätzlichen Klasseneigenschaften (Attributierte Assoziation) oder als Klasse mit zusätzlichen Assoziationseigenschaften (Assoziationsklasse).

Assoziationsrolle (UML: *association role*)
Die Rolle, die ein Typ oder eine Klasse in einer ⇨Assoziation spielt. D.h. eine Rolle repräsentiert eine Klasse in einer Assoziation. Die Unterscheidung ist wichtig, da eine Klasse auch eine Assoziationsbeziehung zu sich selbst haben kann und in diesem Fall die beiden Enden der Assoziation nur durch ihre Rollenangabe unterschieden werden können.

attribute ⇨Attribut

Attribut (UML: *attribute*)

Eine benannte Eigenschaft eines Typs. Ein Attribut ist ein Datenelement, das in jedem Objekt einer Klasse gleichermaßen enthalten ist und von jedem Objekt mit einem individuellen Wert repräsentiert wird. Im Gegensatz zu Objekten haben Attribute außerhalb des Objektes, von dem sie Teil sind, keine eigene Identität. Attribute sind vollständig unter der Kontrolle der Objekte, von denen sie Teil sind.

Attributierte Assoziation ⇨Assoziation, ⇨Assoziationsklasse

Eine Assoziation die über eigene Attribute verfügt.

Aufgebrochene Assoziation ⇨Assoziation, ⇨Assoziationsklasse

Eine ⇨attributierte Assoziation, bei der die Attribute zu einer gewöhnlichen Klasse überführt und die attributierte Assoziation unter Einbeziehung dieser neuen Klasse in zwei gewöhnliche Assoziationen umgeformt wurde.

Basisklasse ⇨Oberklasse

Behälterklasse ⇨Sammlung

Beziehung (UML: *relationship*)

Eine Verbindung zwischen Modellelementen mit semantischem Gehalt. Oberbegriff für ⇨Assoziation, ⇨Aggregation, ⇨Komposition, ⇨Generalisierung und ⇨Spezialisierung.

Bidirektionale Assoziation ⇨Assoziation

Eine bidirektionale Assoziation ist eine beidseitig direkt navigierbare Assoziation, d.h. eine Assoziation, bei der von beiden beteiligten ⇨Assoziationsrollen zur jeweils anderen direkt navigiert werden kann.

Bindung ⇨Dynamische Bindung

Botschaft ⇨Nachricht

bound element ⇨Gebundenes Element

Businessklasse ⇨Klasse

⇨Instantiiert ⇨Businessobjekte.

Businessmodell (Businessklassenmodell)⇨Fachklassenmodell

Ein Businessmodell ist ein Klassenmodell, daß ausschließlich oder vorwiegend ⇨Businessklassen (fachlich elementare Begriffe) in Form von Klassen enthält

Businessobjekt ⇨Objekt

Ein Businessobjekt repräsentiert einen Gegenstand, ein Konzept, einen Ort oder eine Person aus dem realen Geschäftsleben in einem fachlichen geringen Detaillierungsgrad, d.h. einen fachlich elementaren Begriff (Vertrag, Rechnung etc.). Für die praktische Umsetzung sind Businessobjekte auf rein fachlich motivierte Eigenschaften reduzierte Aggregationen fundamentaler Fachobjekte (⇨Fachklassen: Rechnungspositionen, Anschrift etc.), zu denen alles weitere delegiert wird. Sie definieren typischerweise vor allem Schnittstellen und sind eine Art Fassade.

class ⇨Klasse

class diagram ⇨Klassendiagramm

collaboration ⇨Kollaboration

collaboration diagram ⇨Kollaborationsdiagramm

collection ⇨Sammlung

component ⇨Komponente

component diagram ⇨Komponentendiagramm

composition ⇨Komposition

concrete class ⇨Konkrete Klasse

concurrency ⇨Nebenläufigkeit

constraint ⇨Zusicherung

Containerklasse ⇨Behälterklasse

CRC-Karten (Klassenkarte)

Karteikarten, auf denen der Name der Klasse (Class), ihre Aufgaben (Responsibilities) und ihre Beziehungen (Collaborations) beschrieben werden.

Datenabstraktion

Hierunter versteht man das Prinzip, nur die auf ein Objekt anwendbaren Operationen nach außen sichtbar zu machen. Die tatsächliche innere Realisierung der Operationen und die innere Struktur des Objektes werden verborgen, d.h. man betrachtet abstrakt die eigentliche Semantik und läßt die tatsächliche Implementierung außer acht.

Default-Implementierung ⇨Standard-Implementierung

Degenerierte Assoziationsklasse

Die (namenlose) ⇨Assoziationsklasse einer ⇨attributierten Assoziation.

Delegation

ist ein Mechanismus, bei dem ein Objekt eine Nachricht nicht (vollständig) selbst interpretiert, sondern an ein anderes Objekt weiterleitet (propagiert).

dependency ⇨ Abhängigkeit

deployment diagram ⇨ Verteilungsdiagramm

derived element ⇨ Abgeleitetes Element

Design

Mit (objektorientiertem) Design werden alle Aktiviäten im Rahmen des Softwareentwicklungsprozesses bezeichnet, mit denen ein Modell logisch und physisch strukturiert wird und die dazu dienen zu beschreiben, *wie* das System die in der ⇨ Analyse beschriebenen Anforderungen erfüllt.

Diskriminator

Ein Diskriminator ist ein Unterscheidungsmerkmal für die Strukturierung der Modellsemantik in ⇨ Generalisierungs- bzw. Spezialisierungsbeziehungen.

domain ⇨ Problembereich

Domäne ⇨ Problembereich

Domänenmodell ⇨ Fachklassenmodell

Dynamische Bindung, Späte Bindung

Hierunter ist zu verstehen, daß eine ⇨ Nachricht erst zur Programmlaufzeit einer konkreten ⇨ Operation zugeordnet wird, die diese Nachricht dann interpretiert.

Dynamische Klassifikation

Ein Objekt ist nacheinander Instanz unterschiedlicher Klassen einer Untertypenstruktur, d.h. es kann seine Klassenzugehörigkeit während seiner Lebenszeit ändern.

Eigenschaftswert (UML: *property, tagged value*)

Eigenschaftswerte sind benutzerdefinierte, sprach- und werkzeugspezifische Schlüsselwort-Wert-Paare (*tagged values*), die die Semantik einzelner Modellelemente um spezielle charakteristische Eigenschaften erweitern. Der Unterschied zum ⇨ Stereotyp besteht darin, daß durch ein Stereotyp das Metamodell um ein neues Element erweitert wird. Mit Eigenschaftswerten hingegen können einzelne Ausprägungen bestehender Modellelemente (z.B. eine bestimmte Operation) um bestimmte Eigenschaften erweitert werden.

Einfachvererbung ⇨ Vererbung

Bei der Einfachvererbung erbt eine Unterklasse nur von einer direkten Oberklasse.

Einsatzdiagramm⇨Verteilungsdiagramm

Einschränkung⇨Zusicherung

Entwurfsmuster
Entwurfsmuster sind generalisierte Lösungsideen zu immer wiederkehrenden Entwurfsproblemen. Sie sind keine fertig codierten Lösungen, sie beschreiben lediglich den Lösungsweg.

Ereignis
Ein Geschehen, das in einem gegebenen Kontext eine Bedeutung hat und sich räumlich und zeitlich lokalisieren läßt.

Exemplar ⇨Objekt, ⇨Instanz

event ⇨Ereignis

framework ⇨Rahmenwerk

Fachklasse ⇨Klasse
Gewöhnliche fachlich motivierte Klasse, die einen Begriff aus dem Problembereich repräsentiert. Wird zur Unterscheidung von ⇨Businessklassen verwendet.

Fachklassenmodell ⇨Domänenmodell
Ein Klassenmodell, das ausschließlich oder vorwiegend Fachklassen enthält.

Fundamentalklasse ⇨Fachklasse

Generische Klasse ⇨Parametrisierbare Klasse

generalization ⇨Generalisierung

Gebundenes Element ⇨Parametrisierte Klasse

Generalisierung *(UML:* generalization*)* ⇨Spezialisierung /Konkretisierung

Generisches Design
Anwendung von Schablonen oder Makros zum Design (in CASE-Tools).

Generische Programmierung
Anwendung von Schablonen (engl. *templates*), ⇨parametrisierbaren Klassen u.ä. bei der Programmierung.

Geordnete Assoziation ⇨Assoziation
Assoziation, bei der die Objektverbindungen in bestimmter Weise geordnet sind.

Gerichtete Assoziation ⇨Assoziation, ⇨Navigation
Eine Assoziation, bei der von der einen beteiligten ⇨Assoziationsrollen zur anderen direkt navigiert werden kann, nicht aber umgekehrt.

Geschäftsobjekt ⇨Businessobjekt

Geschäftsprozeß ⇨Workflow

Ein Geschäftsprozeß ist eine Zusammenfassung von organisatorisch evtl. verteilten, fachlich jedoch zusammenhängenden Aktivitäten, die notwendig sind, um einen Geschäftsvorfall (z.B. einen konkreten Antrag) ergebnisorientiert zu bearbeiten. Die Aktivitäten eines Geschäftsprozesses stehen gewöhnlich in zeitlichen und logischen Abhängigkeiten zueinander. Ein Geschäftsvorfall entsteht gewöhnlich durch ein Ereignis (z.B. Antragseingang).

Geschäftsvorfall (Vorgang)

Ein Geschäftsvorfall ist ein (Geschäfts-) Objekt (z.B. ein konkreter Vertrag), das durch ein Ereignis ausgelöst (z.B. Antragseingang) durch die innerhalb eines Geschäftsprozesses beschriebenen Aktivitäten bearbeitet wird.

GUI

Graphical User Interface, Grafische Benutzeroberfläche

Hilfsmittelklasse (UML: *utility*)

Hilfsmittelklassen sind Sammlungen von globalen Variablen und Funktionen, die zu einer Klasse zusammengefaßt und dort als Klassenattribute und -operationen definiert sind. Insofern sind Hilfsmittelklassen keine echten Klassen. Das ⇨Stereotyp *«utility»* kennzeichnet eine Klasse als Hilfsmittelklasse.

Information Hiding

ist das bewußte Verbergen von Implementierungsdetails. Das heißt, nach außen wird eine Schnittstelle bereitgestellt, das Innere (z.B. einer Klasse) ist aber nicht sichtbar. Dadurch bleibt verborgen, wie die Schnittstelle intern bedient wird.

Identität ⇨Objektidentität

inheritance ⇨Vererbung

instance ⇨Instanz

Instanz (UML: *instance*) ⇨Objekt, ⇨Exemplar

Für den Hausgebrauch können Instanz, Objekt und Exemplar synonym betrachtet werden. In der UML 1.0 finden sich jedoch teilweise inkonsistente Akzentuierungen.

Instantiierung

ist das Erzeugen eines Exemplars aus einer Klasse.

interface ⇨Schnittstelle

interaction diagram ⇨Interaktionsdiagramm

Interaktionsdiagramm (UML: *interaction diagram*)

Sammelbegriff für ⇨Sequenzdiagramm, ⇨Kollaborationsdiagramm, ⇨Aktivitätsdiagramm.

Invariante

Eine Eigenschaft oder ein Ausdruck, der über den gesamten Lebenszeitraum eines Elementes, bspw. eines Objektes gegeben sein muß.

Kardinalität ⇨Multiplizität

Anzahl der Elemente.

Klasse (UML: *class*)

Eine Klasse ist die Definition der Attribute, Operationen und der Semantik für eine Menge von Objekten. Alle Objekte einer Klasse entsprechen dieser Definition.

Klassenattribut, Klassenvariable ⇨Attribut

Klassenattribute gehören nicht einem einzelnen Objekt, sondern sind Attribut einer Klasse (gilt z.B. für Smalltalk).

Klassenoperation, Klassenmethode ⇨Operation

Klassenoperationen sind Operationen, die nicht auf einem Objekt, sondern auf einer Klasse operieren (gilt z.B. für Smalltalk).

Klassenbibliothek

Eine Klassenbibliothek ist eine Sammlung von Klassen.

Klassendiagramm (UML: *class diagram*)

Ein Klassendiagramm zeigt eine Menge statischer Modellelemente, vor allem Klassen und ihre Beziehungen.

Klassenkarte ⇨CRC-Karte

Klassenvorlage ⇨Parametrisierbare Klasse

Klassenschablone ⇨Parametrisierbare Klasse

Konfigurationsdiagramm ⇨Einsatzdiagramm

Knoten (UML: *node*)

Ein Knoten ist ein physisches Laufzeit-Objekt, das über Rechnerleistung (Prozessor, Speicher) verfügt. Laufzeitobjekte und Komponenten können auf Knoten residieren.

Konkretisierung ⇨Spezialisierung

Kollaboration (UML: *collaboration*) ⇨Kollaborationsdiagramm

Eine Kollaboration ist der Kontext einer Menge von Interaktionen.

Kollaborationsdiagramm (UML: *collaboration diagram*)

Eine Kollaborationsdiagramm zeigt eine Menge von Interaktionen zwischen einer Menge ausgewählter Objekte in einer bestimmten begrenzten Situation (Kontext) unter Betonung der Beziehungen zwischen den Objekten und ihrer Topographie. Ähnlich dem ⇨Sequenzdiagramm.

Glossar

Komponente (UML: *component*)

Eine Komponente ist ein ausführbares Softwaremodul mit eigener Identität und wohldefinierten Schnittstellen (Sourcecode, Binärcode, DLL oder ausführbares Programm). Außerhalb der UML wird Komponente häufig anders, mehr im Sinne eines ⇨Paketes definiert. Vgl. ⇨Anwendungskomponente.

Komponentendiagramm (UML: *component diagram*)

Ein Komponentendiagramm zeigt die Organisation und Abhängigkeiten von ⇨Komponenten.

Komposition (UML: *composite*) ⇨Aggregation

Eine Komposition ist eine strenge Form der Aggregation, bei der die Teile vom Ganzen existenzabhängig sind.

Konkrete Klasse (UML: *concrete class*)

Eine ⇨Klasse, die ⇨Objekte instantiieren kann. Vgl. ⇨Abstrakte Klasse.

Konsistenzzusicherung ⇨Zusicherung

Eine Zusicherung zwischen mehreren Assoziationen, die teilweise redundante Sachverhalte repräsentieren. Die Zusicherung gibt die Konsistenzbedingung an.

link ⇨Objektbeziehung

Mehrfachvererbung ⇨Multiple Vererbung

Mehrgliedrige Assoziation (UML: *n-ary association*)

Eine ⇨Assoziation, an der mehr als zwei ⇨Assoziationsrollen beteiligt sind.

message ⇨Nachricht

meta class ⇨Metaklasse

meta model ⇨Metamodell

Metaklasse (UML: *meta class*)

Eine Metaklasse ist eine Klasse, deren Exemplare wiederum Klassen sind. Dieses Konzept existiert nur in einigen objektorientierten Sprachen (z.B. in Smalltalk).

Metamodell (UML: *meta model*)

Ein Modell, das die Sprache definiert, mit der ein Modell definiert werden kann.

Metatyp (UML: *powertype*)

Ein Metatyp ist ein Typ (eine Klasse), dessen Instanzen Untertypen (Unterklassen) eines anderen Typs (einer anderen Klasse) sind.

Merkmal ⇨Eigenschaftswert

method ⇨Methode

Methode (UML: *method*) ⇨Operation
In Smalltalk werden Operationen Methoden genannt. In der UML wird eine Methode als Implementierung einer Operation definiert. Für die Praxis ist es unkritisch, Methode und Operation synonym zu verwenden.

Multiple Klassifikation
Ein Objekt ist zur gleichen Zeit Instanz mehrerer Klassen (nicht möglich in C++, Java und Smalltalk)

Multiple Vererbung
Eine Klasse hat mehrere direkte Oberklassen (nicht möglich in Java und Smalltalk).

Multiplizität
Bereich erlaubter ⇨Kardinalitäten.

n-ary association ⇨Mehrgliedrige Assoziation

Nachbedingung
Eine Nachbedingung beschreibt einen Zustand, der nach Abschluß einer Operation o.ä. gegeben sein muß.

Nachricht (UML: *message*) ⇨Operation, ⇨Methode
Nachrichten sind ein Mechanismus, mit dem Objekte untereinander kommunizieren können. Eine Nachricht überbringt einem Objekt die Information darüber, welche Aktivität von ihm erwartet wird, d.h. eine Nachricht fordert ein Objekt zur Ausführung einer Operation auf. Eine Nachricht besteht aus einem Selektor (einem Namen), einer Liste von Argumenten und geht an genau einen Empfänger. Der Sender einer Nachricht erhält ggf. ein Antwort-Objekt zurück. Durch ⇨Polymorphismus kann eine Nachricht zum Aufruf einer von mehreren gleichlautenden ⇨Operationen führen.

navigability ⇨Navigierbarkeit

Navigation, Navigierbarkeit ⇨Navigationsangaben
Navigation ist die Betrachtung von Zugriffsmöglichkeiten auf Objekte (und ihre Attribute und Operationen) innerhalb eines Objektnetzes. *Direkt navigierbar* werden solche Zugriffe genannt, die ohne Umwege möglich sind.

Navigationsangaben
Navigationsangaben sind Spezifikationen zur Navigation, d.h. Beschreibungen von Zugriffspfaden und -einschränkungen und der daraus resultierenden Zugriffsergebnisse (beispielsweise mit Hilfe der ⇨OCL)

Nebenläufigkeit
Zwei oder mehr Aktiviäten werden zeitgleich (parallel) ausgeführt.

node ⇨Knoten

Notiz (UML: *note*)

Kommentare bzw. Annotationen zu einem Diagramm oder einem oder mehreren beliebigen Modellelementen ohne semantische Wirkung.

Oberklasse, Superklasse (UML: *superclass*) ⇨Generalisierung

Eine Oberklasse ist eine Verallgemeinerung ausgewählter Eigenschaften ihrer ⇨Unterklasse(n).

Oberzustand (UML: *superstate*) ⇨Zustand

Ein Oberzustand enthält andere Zustände bzw. Unterzustände.

object diagram ⇨Objektdiagramm

Objekt (UML: *object*)

Ein Objekt ist eine konkret vorhandene und agierende Einheit mit eigener Identität und definierten Grenzen das Zustand und Verhalten kapselt. Der Zustand wird repräsentiert durch die ⇨Attribute und ⇨Beziehungen, das Verhalten durch ⇨Operationen bzw. ⇨Methoden. Jedes Objekt ist Exemplar (Synonym: Instanz) einer Klasse. Das definierte Verhalten gilt für alle Objekte einer Klasse gleichermaßen, ebenso die Struktur ihrer Attribute. Die Werte der Attribute sind jedoch individuell für jedes Objekt. Jedes Objekt hat eine eigene, von seinen Attributen u.a. unabhängige, nicht veränderbare Identität.

Objektbasiert

Eine Programmiersprache oder Datenbank wird als objektbasiert bezeichnet, wenn sie das Konzept der Datenabstraktion unterstützt, weitergehende Konzepte wie Klassen, Vererbung, Polymorphie etc. aber teilweise oder vollständig fehlen.

Objektbeziehung (UML: *link*)

Eine konkrete Beziehung zwischen zwei Objekten, d.h. die Instanz einer ⇨Assoziation. Ein Objekt hat eine Beziehung zu einem anderen Objekt, wenn es eine Referenz darauf besitzt. Implementiert werden diese Referenzen gewöhnlich durch ⇨Attribute, was für die Modellierung jedoch unerheblich ist.

Objektdiagramm (UML: *object diagram*)

Ein Diagramm, das Objekte und ihre Beziehungen untereinander zu einem bestimmten Zeitpunkt zeigt. Gewöhnlich ein ⇨Kollaborationsdiagramm oder eine spezielle Variante des ⇨Klassendiagramms.

Objektidentität

ist eine Eigenschaft, die ein Objekt von allen anderen unterscheidet, auch wenn es möglicherweise die gleichen Attributwerte besitzt.

Objektorientierte Programmiersprache

Objektorientierte Programmiersprachen erfüllen folgende Basiskonzepte:

• Objekte sind abstrakte Einheiten,

- Objekte sind Exemplare einer Klasse, d.h. von einer Klasse abgeleitet,
- die Klassen vererben ihre Eigenschaften und bilden so eineVererbungshierarchie,
- auf Objekte wird dynamisch verwiesen, d.h. die Bindung ist dynamisch und ermöglicht so Polymorphie.

OCL, Object Constraint Language

Die OCL definiert eine Sprache zu Beschreibung von ⇨Zusicherungen, ⇨Invarianten, ⇨Vor- und Nachbedingungen und ⇨Navigation innerhalb von UML-Modellen.

Oder-Zusicherung ⇨Zusicherung

Eine Zusicherung zwischen Assoziationen, die alle von einer gemeinsamen Klasse zu verschiedenen anderen führen. Es wird definiert, daß die Objekte der gemeinsamen Klasse stets nur ⇨Objektverbindungen zu genau einer der übrigen Klassen (präziser formuliert: ⇨Assoziationsrolle) unterhalten (exklusives Oder).

OO

ist die Abkürzung für Objektorientierung.

operation ⇨Operation

Operation (UML: operation) ⇨Methode, ⇨Nachricht

Operationen sind Dienstleistungen, die von einem Objekt mit einer ⇨Nachricht angefordert werden können, um ein bestimmtes Verhalten zu bewirken. Sie werden implementiert durch ⇨Methoden. In der Praxis werden Operation und Methode häufig synonym verwendet.

Ordnungszusicherung ⇨Zusicherung

Eine Zusicherung zu einer Assoziation, die angibt, daß ihre Elemente (⇨Objektverbindungen) in bestimmter Weise geordnet sind.

package ⇨Paket

Paket (UML: package)

Pakete sind Ansammlungen von Modellelementen beliebigen Typs, mit denen das Gesamtmodell in kleinere überschaubare Einheiten gegliedert wird. Ein Paket definiert einen Namensraum, d.h. innerhalb eines Paketes müssen die Namen der enthaltenen Elemente eindeutig sein. Jedes Modellelement kann in anderen Paketen referenziert werden, gehört aber zu genau einem (Heimat-) Paket. Pakete können wiederum Pakete beinhalten. Das oberste Paket beinhaltet das gesamte System.

parameter ⇨Parameter

Parameter (UML: *parameter*)

Ein Parameter ist die Spezifikation einer Variablen, die Operationen, Nachrichten oder Ereignissen mitgegeben, von diesen verändert oder zurückgegeben wird. Ein Parameter kann aus einem Namen, einem Typ (einer Klasse) und einer Übergaberichtung (in, out, inout) bestehen.

parameterized class ⇨Parametrisierbare Klasse

Parametrisierbare Klasse (UML: *parameterized class*)

Eine parametrisierbare Klasse ist eine mit generischen formalen Parametern versehene Schablone, mit der gewöhnliche (d.h. nichtgenerische) Klassen erzeugt werden können. Die generischen Parameter dienen als Stellvertreter für die aktuellen Parameter, die Klassen oder einfache Datentypen repräsentieren.

Parametrisierte Klasse ⇨ Parametrisierbare Klasse

Als parametrisierte Klasse wird die Instanz einer ⇨Parametrisierbaren Klasse bezeichnet, d.h. das Ergebnis einer konkreten Parametrisierung.

Parameterliste

Aufzählung der Namen von Argumenten sowie ggf. ihres Typs, Initialwertes u.ä.

Partition ⇨Diskriminator

Eine Partition ist die Gesamtheit der Subklassen, die auf dem selben Diskriminator beruhen.

pattern, design pattern ⇨Entwurfsmuster

Persistentes Objekt

Persistente Objekte (persistent: lat. „anhaltend") sind solche, deren Lebensdauer über die Laufzeit einer Programmsitzung hinausreicht. Die Objekte werden hierzu auf nichtflüchtigen Speichermedien (z.B. Datenbanken) gehalten.

Polymorphismus

Polymorphismus (Vielgestaltigkeit) heißt, daß gleichlautende Nachrichten an kompatible Objekte unterschiedlicher Klassen ein unterschiedliches Verhalten bewirken können. Beim dynamischen Polymorphismus wird eine Nachricht nicht zur Compilierzeit, sondern erst beim Empfang zur Programmlaufzeit einer konkreten Operation zugeordnet. Voraussetzung hierfür ist das dynamische Binden.

powertype ⇨Metatyp

Problembereich ⇨Domäne

Anwendungsgebiet bzw. Problembereich, innerhalb dessen die fachliche Modellierung stattfindet. Als Problembereichsmodell (Domänenmodell) wird in der Regel der Teil des Gesamtmodells verstanden, der sich auf den eigentlichen fachlichen Problembereich bezieht (auch fachliches Modell genannt). Technische, querschnittliche u.ä. Aspekte gehören nicht dazu. Im Kontext von Anwendungsarchitektur ist zumeist das fachliche Klassenmodell gemeint (d.h. ohne Framework-, GUI-, Controler- u.ä. Klassen).

Propagation ⇨Delegation

Ausdehnung der Eigenschaften einer Klasse durch Verwendung von Operationen anderer Klassen.

property ⇨Eigenschaftswert

Protokoll

Eine Menge von Signaturen.

qualifier ⇨Qualifizierendes Attribut

Qualifizierendes Attribut (UML: *qualifier*) ⇨Qualifizierte Assoziation

Das Attribut, über welches in einer Assoziation der Zugriff auf die gegenüberliegende Seite erfolgt. Das qualifizierende Attribut ist definiert als Teil der Assoziation, jedoch muß in der Klasse, auf die darüber zugegriffen wird, dieses Attribut definiert sein.

Qualifizierte Assoziation ⇨Assoziation, ⇨Qualifizierendes Attribut

Eine qualifizierte Assoziation ist eine Assoziation, bei der die referenzierte Menge der Objekte durch qualifizierende Attribute in Partitionen unterteilt wird, wobei vom Ausgangsobjekt aus betrachtet jede Partition nur einmal vorkommen kann.

Rahmenwerk (UML: *framework*)

Ein Rahmenwerk ist eine Menge kooperierender Klassen, die unter Vorgabe eines Ablaufes (*„Don´t call the framework, the framework calls you"*) eine generische Lösung für eine Reihe ähnlicher Aufgabenstellungen bereitstellen.

Referentielle Integrität

Regel, die die Integrität von Objektbeziehungen beschreibt, vor allem für den Fall, daß eines der beteiligten Objekte oder die Objektverbindung selbst gelöscht werden sollen.

refinement ⇨Verfeinerungsbeziehung

relationship ⇨Beziehung

Rolle ⇨Assoziationsrolle

353

Sammlung (UML: *collection*)

Sammlungen sind Objekte, die eine Menge anderer Objekte referenzieren und die Operationen bereitstellen, um auf diese Objekte zuzugreifen.

scenario ⇨Szenario

Schablone ⇨Parametrisierbare Klasse

Schnittstelle (UML: *interface*) ⇨Schnittstellenklassen

Schnittstellen beschreiben einen ausgewählten Teil des extern sichtbaren Verhaltens von Modellelementen (hauptsächlich von Klassen und Komponenten), d.h. eine Menge von Signaturen.

Schnittstellenklassen

Schnittstellenklassen sind ⇨abstrakte Klassen (genauer: Typen), die ausschließlich ⇨abstrakte Operationen definieren. Schnittstellenklassen sind Klassen, die mit dem ⇨Stereotyp *«interface»* gekennzeichnet sind. Sie sind Spezifikationen des extern sichtbaren Verhaltens von Klassen und beinhalten eine Menge von ⇨Signaturen für Operationen, die Klassen, die diese Schnittstelle bereitstellen wollen, implementieren müssen.

Schnittstellenvererbung

Innerhalb einer ⇨Spezialisierungsbeziehung wird lediglich eine ⇨Schnittstelle vererbt.

Selbstdelegation

Zur Ausführung einer Operation wird eine Teilaufgabe an eine andere Operation der selben Klasse delegiert (d.h. ein Objekt sendet sich selbst eine Nachricht).

Self

Self (Smalltalk) und *this* (Java, C++) sind vordefinierte Programmiersprachen-Schlüsselwörter. Mit this bzw. self kann sich ein Objekt selbst eine Nachricht senden, d.h. es ruft eine andere seiner eigenen Methoden auf. Nachrichten, die ein Objekt mit this bzw. self an sich selbst sendet, werden genauso behandelt, wie solche von außen.

sequence diagram ⇨Sequenzdiagramm

Sequenzdiagramm (UML: *sequence diagram*)

Eine Sequenzdiagramm zeigt eine Menge von Interaktionen zwischen einer Menge ausgewählter Objekte in einer bestimmten begrenzten Situation (Kontext) unter Betonung der zeitlichen Abfolge. Ähnlich dem ⇨Kollaborationsdiagramm. Sequenzdiagramme können in generischer Form existieren (Beschreibung aller möglichen Szenarien) oder in Instanzform (Beschreibung genau eines speziellen ⇨Szenarios).

Spezialisierung, Generalisierung ⇨Vererbung

Eine Generalisierung (bzw. Spezialisierung) ist eine taxonomische Beziehung zwischen einem allgemeinen und einem speziellen Element (bzw. umgekehrt), wobei das speziellere weitere Eigenschaften hinzufügt, die Semantik erweitert und sich kompatibel zum allgemeinen verhält. Generalisierung und Spezialisierung sind Abstraktionsprinzipien zur hierarchischen Strukturierung der Modellsemantik unter einem diskriminierenden Aspekt (⇨Diskriminator).

Sichtbarkeitskennzeichen

schränken die Zugreifbarkeit von Attributen und Operationen ein (*private, protected, public* etc.).

Signatur

Die Signatur einer Operation setzt sich zusammen aus dem Namen der Operation, ihrer Parameterliste und der Angabe eines evtl. Rückgabetyps.

Standard-Implementierung

Konkrete Implementierung einer eigentlich abstrakten Operation, um für Subklassen ein Standardverhalten bereitzustellen.

state ⇨Zustand

state diagram ⇨Zustandsdiagramm

Statische Klassifikation

Ein Objekt ist und bleibt Instanz genau einer Klassen, d.h. es kann seine Klassenzugehörigkeit während seiner Lebenszeit nicht ändern. Vgl. ⇨Dynamische Klassifikation.

stereotype ⇨Stereotyp

Stereotyp (UML: *stereotype*)

Stereotypen sind projekt-, unternehmens- oder methodenspezifische Erweiterungen vorhandener Modelelemente des UML-Metamodells. Entsprechend der mit der Erweiterung definierten Semantik wird das Modellierungselement, auf das es angewendet wird, direkt semantisch beeinflußt. In der Praxis geben Stereotypen vor allem die möglichen Verwendungszusammenhänge einer Klasse, einer Beziehung oder eines Paketes an. Andere erweiternde Mechanismen in der UML sind ⇨Eigenschaftswerte und ⇨Zusicherungen. (Duden: *das* Stereotyp).

subclass ⇨Unterklasse

Subklasse (UML: *subclass*) ⇨Unterklasse

Subsystem ⇨Komponente

Ein Subsystem ist eine sehr große Komponente oder eine, die sich aus einer Menge von Einzelkomponenten zusammensetzt. Diese Unterscheidung ist für die Gliederung sehr großer Systeme hilfreich.

| Glossar |

super

    Super (Smalltalk, Java) ist ein Programmiersprachen-Schlüsselwort. Es bewirkt, daß die Nachricht immer an die nächsthöhere Klasse geht, die über die genannte Operation verfügt.

superclass ⇨Oberklasse

Superklasse *(UML: superclass)* ⇨Oberklasse

superstate ⇨Superzustand

swimlane ⇨Verantwortlichkeitsbereich

Szenario (UML: *scenario*)

    Ein Szenario ist eine spezifische Folge von Aktionen. Beispielsweise ein konkreter Ablaufpfad in einem Anwendungsfall (sozusagen eine Instanz des Anwendungsfalls). Vgl. ⇨Sequenzdiagramm.

tagged value ⇨Eigenschaftswert

template ⇨Parametrisierbare Klasse

Ternäre Assoziation ⇨Mehrgliedrige Assoziation

    EineAssoziation, an der drei Assoziationsrollen beteiligt sind.

this ⇨self

type ⇨Typ

Typ (UML: *type*)

    Definition einer Menge von Operationen und Attributen. Andere Elemente sind typkonform, wenn sie über die durch den Typen definierten Eigenschaften verfügen. Wird in der Praxis häufig gleichgesetzt mit der Beschreibung von ⇨Schnittstellen.

Transition (UML: *transition*)

    Eine Transition ist ein Zustandsübergang (⇨Zustand), häufig ausgelöst durch ein ⇨Ereignis.

Ungerichtete Assoziation ⇨Bidirektionale Assoziation

Unidirektionale Assoziation ⇨Gerichtete Assoziation

Unterklasse, Subklasse (UML: *subclass*)

    Eine Unterklasse ist die Spezialisierung einer Oberklasse und erbt alle Eigenschaften der Oberklasse.

Untermengenzusicherung ⇨Zusicherung

    Eine Zusicherung/Abhängigkeit zwischen zwei Assoziationen. Die Elemente (⇨Objektverbindungen) der einen Assoziationen müssen Teil der Elemente der anderen Assoziation sein.

use case ⇨Anwendungsfall

utility ⇨Hilfsmittelklasse

Verantwortlichkeit

umfaßt die Attribute und die interpretierbaren Nachrichten eines Objektes.

Verantwortlichkeitsbereich (UML: *swimlane*)

Durch Linien getrennte Bereiche in ⇨Aktivitätsdiagrammen, die die Verantwortlichkeit der im Diagramm enthaltenen Elemente beschreiben.

Vererbung (UML: *inheritance*) ⇨Einfachvererbung, ⇨Multiple Vererbung, ⇨Multiple Klassifikation, ⇨Dynamische Klassifikation

Vererbung ist ein Programmiersprachenkonzept für die Umsetzung einer Relation zwischen einer Ober- und einer Unterklasse, wodurch Unterklassen die Eigenschaften ihrer Oberklassen mitbenutzen können. Vererbung implementiert normalerweise ⇨Generalisierungs- und Spezialisierungsbeziehungen. Alternativen: ⇨Delegation, ⇨Aggregation, ⇨generische Programmierung, ⇨generisches Design.

Verfeinerungsbeziehung (UML: *refinement*)

Verfeinerungsbeziehungen sind Beziehungen zwischen gleichartigen Elementen unterschiedlichen Detaillierungs- bzw. Spezifikationsgrades. Verfeinerungsbeziehungen sind Stereotypisierungen von ⇨Abhängigkeitsbeziehungen.

Verteilungsdiagramm (UML: *deployment diagram*)

Ein Diagramm, welches die Konfiguration der zur Laufzeit vorhandenen (eingesetzten) ⇨Knoten und ihrer ⇨Komponenten, Prozesse und Objekte zeigt.

Virtuelle Klasse ⇨Abstrakte Klasse

Virtuelle Operation ⇨Abstrakte Operation

Vorbedingung

Eine Vorbedingung beschreibt einen Zustand, der vor dem Ablauf einer Operation o.ä. gegeben sein muß.

Workflow ⇨Geschäftsprozeß

Ein Workflow ist die computergestützte Automatisierung und Unterstützung eines Geschäftsprozesses oder eines Teils davon.

Workflow-Engine

Die Workflow-Engine ist eine Software, die Workflows steuert. Sie erzeugt, aktiviert, suspendiert und terminiert Workflow-Instanzen (d.h. die computergestützte Manifestation eines Geschäftsvorfalles).

Workflow-Instanz

Eine Workflow-Instanz ist die computergestützte Manifestation eines Geschäftsvorfalles; sie wird durch eine Workflow-Engine gesteuert.

Zustand (UML: *state*)

ist eine Abstraktion der möglichen Attributwerte eines Objektes. Ein Zustand gehört zu genau einer Klasse und stellt eine Abstraktion bzw. Zusammenfassung einer Menge von möglichen Attributwerten dar, die die Objekte dieser Klasse einnehmen können. In der UML ist ein Zustand eine Bedingung bzw. Situation im Leben eines Objektes, während der eine bestimmte Bedingung erfüllt ist, Aktivitäten ausgeführt werden oder auf ein Ereignis gewartet wird.

Zustandsdiagramm (UML: *state diagram, state machine*)

Ein Zustandsdiagramm zeigt eine Folge von Zuständen, die ein Objekt im Laufe seines Lebens einnehmen kann und aufgrund welcher Stimuli Zustandsänderungen stattfinden. Ein Zustandsdiagramm beschreibt eine hypothetische Maschine (Endlicher Automat), die sich zu jedem Zeitpunkt in einer Menge endlicher Zustände befindet. Sie besteht aus:
- einer endlichen, nicht-leeren Menge von Zuständen;
- einer endlichen, nicht-leeren Menge von Eingabesymbolen (Ereignissen);
- Funktionen, die den Übergang von einem Zustand in den nächsten beschreiben;
- einen Anfangszustand und
- einer Menge von Endzuständen.

Zusicherung (UML: *constraint*)

Eine Zusicherung ist ein Ausdruck, der die möglichen Inhalte, Zustände oder die Semantik eines Modellelementes einschränkt und der stets erfüllt sein muß. Bei dem Ausdruck kann es sich um ein ⇨Stereotyp oder ⇨Eigenschaftswerte handeln, um eine freie Formulierung (⇨Notiz) oder um eine ⇨Abhängigkeitsbeziehung. Zusicherungen in Form reiner boolescher Ausdrücke werden auch ⇨*assertions* genannt.

Literatur

[Alexan77]
C. Alexander et al.: *A Pattern Language*, Oxford University Press, New York, 1977.

[Alexan79]
C. Alexander et al.: *The Timeless Way of Building*, Oxford University Press, New York, 1979.

[BalzertStein94]
H. Balzert, W. Stein: *Worin unterscheiden sich objektorientierte Methoden?*, in: Objekt Spektrum, 2/94.

[Beck97]
K. Beck: *Smalltalk best practice patterns*, Prentice Hall, Upper Saddle River 1997.

[BeckCunningham89]
K. Beck, H. Cunningham.: *A laboratory for teaching object-oriented thinking*. Proceedings of OOPSLA ´89, SIGPLAN notices (ACM) vol. 24, New Orleans, 10/1989.

[Beyer93]
M. Beyer: *BrainLand: Mind Mapping in Aktion*, Junfermannsche Verlagsbuchhandlung, Paderborn 1993.

[Bittner95]
U. Bittner, W. Hesse, J. Schnath: *Praxis der Software-Entwicklung, Methoden, Werkzeuge, Projektmanagement - eine Bestandsaufnahme*. Oldenbourg, München, 1995.

[Boehm86]
B. W. Boehm: *A spiral model of software development and enhancement*, Software Engineering Notes 11(4), 1986.

[Boehm81]
B. W. Boehm: *Software Engineering Economics*, Prentice Hall, Englewood Cliffs, 1981.

[Booch86]
G. Booch: *Software Engineering with Ada*, Benjamin/Cummings, Redwood City, 1986.

[Booch91]
G. Booch: *Object-oriented design with applications*, Benjamin/Cummings, Redwood City, 1991.

[Booch94]
G. Booch: *Object-oriented analysis and design with applications*, 2nd ed., Benjamin/Cummings, Redwood City, 1994. Deutsche Ausgabe: *Objektorientierte Analyse und Design; Mit praktischen Anwendungsbeispielen*. Addison-Wesley, Bonn, 1994.

[BoochOS94]
G. Booch: *Qualitätsmaße*, in: Objekt-Spektrum 4/1994, S. 53.

Literatur

[Booch96]
G. Booch: *Properties and Stereotypes*, ROAD, Feb. 1996, S. 2ff.

[Booch97]
G. Booch, J. Rumbaugh, I. Jacobson: *Unified Modeling Language User Guide*, Addison Wesley Longman, 1997.

[Brockhaus82]
Verlag F.A. Brockhaus: *Brockhaus Lexikon*, Deutscher Taschenbuch Verlag, München, 1982.

[Brooks75]
F. P.Brooks: *The Mythical Man-Month*, Addison-Wesley, Massachusetts, 1975. Deutsche Ausgabe: *Vom Mythos des Mann-Monats*, Addison-Wesley,Bonn 1987.

[Budde91]
R. Budde et al.: *Objektorientierter Entwurf benutzerorientierter Anwendungssysteme*; in Softwaretechnik-Trends, 3/1993, S. 184.

[Buschm96]
F. Buschmann, R. Meunier, H. Rohnert, P. Sommerlad, M. Stal: *Pattern-Oriented Software Architecture: A System of Patterns*, Wiley, New York, 1996.

[Bürkle92]
U. Bürkle, G. Gryczan, H. Züllighoven: *Erfahrung mit der objektorientierten Vorgehensweise in einem Bankenprojekt*, in: Softwaretechnik-Trends, 5/1992, S. 273.

[Chen76]
P. Chen: *The Entity-Relationship Model, Toward a Unified View of Data*, ACM Transactions on Database Systems, Vol. 1, 1976.

[Chotjewitz94]
D. Chotjewitz: *Das Abenteuer des Denkens*, Alibaba Verlag, Frankfurt a. M., 1994.

[CoadYourdon91a]
P. Coad, E. Yourdon: *Object-Oriented Analysis* (2nd ed.), Prentice-Hall, Englewood Cliffs, 1991.

[CoadYourdon91b]
P. Coad, E. Yourdon: *Object-Oriented Design*, Prentice-Hall, Englewood Cliffs, 1991.

[Coleman93]
D. Coleman, P. Arnold, S. Bodorff, C. Dollin, H. Gilchrist: *Object Oriented Development: The Fusion Method*, Prentice Hall, Englewood Cliffs, 1993.

[Dahl66]
O.-J. Dahl, K. Nygaard: *Simula, an Algol-based simulation language*, Communications of the ACM, 9(9), 1966.

[DIN66234-3]
Bildschirmarbeitsplätze. Gruppierung und Formatierung von Daten, 3/1981.

[DIN66234-5]
Bildschirmarbeitsplätze. Codierung von Informationen, 3/1983.

[DIN66234-8]
Bildschirmarbeitsplätze. Grundsätze ergonomischer Dialoggestaltung, 2/1988.

[Döbele-Martin]
C. Döbele-Martin, P. Martin: *Ergonomie-Prüfer, Handlungshilfen zur ergonomischen Arbeits- und Technikgestaltung*, Technologieberatungsstelle beim DGB Landesbezirk NRW, Reihe Technik und Gesellschaft, Heft 14, S. 93ff.

[Dörner89]
D. Dörner: *Die Logik des Mißlingens. Strategisches Denken in komplexen Situationen*, Rowohlt Verlag, Reinbek, 1989.

[Flor96]
T. Flor: *OOTIP-Workshop: Von Entwurfsmustern, Komponenten und Frameworks*, in: ObjektSpektrum 2/96, S. 93ff.

[Fowler97]
M. Fowler, K. Scott: *UML Distilled, Applying the Standard Object Modeling Language*, Addison-Wesley, 1997. Deutsche Ausgabe: *UML konzentriert*, Addison-Wesley, 1998.

[Frühauf88]
K. Frühauf, J. Ludewig, H. Sandmayr: *Software-Projektmanagement und -Qualitätssicherung*, Teubner, Stuttgart, 1988.

[Gamma95]
E. Gamma, R. Helm, R. Johnson, J. Vlissides: *Design Patterns: Elements of Reusable Object-Oriented Software*, Addison-Wesley, Reading, 1995. Deutsche Ausgabe: *Entwurfsmuster: Elemente wiederverwendbarer objektorientierter Software*, Addison-Wesley, Bonn, 1996.

[Goldberg82]
A. Goldberg: *The Smalltalk-80 System Release Process*, Xerox 1982.

[Goldberg83]
A. Goldberg, D. Robson: *Smalltalk-80: The Language and its Implementation*, Addison-Wesley, Reading, 1993.

[Goldberg95]
A Goldberg, K. S. Rubin: *Succeeding with Objects, Design Frameworks for Project Management*, Addison-Wesley, Reading, 1995

[Graham97]
I. Graham, J. Bischof, B. Henderson-Sellers: *Associations considered a bad thing*, in: JOOP 2/1997, S. 41ff.

[Open97]
I. Graham, B. Henderson-Sellers, H. Younessi: *The OPEN Process Specification*, Addison Wesley (ACM Press), Harlow, 1997.

[Gryczan92]
G. Gryczan, H. Züllighoven: *Objektorientierte Systementwicklung, Leitbild und Entwicklungsdokumente*, in: Softwaretechnik-Trends, 5/1992, S. 264.

363

[GUI-Guide]
Microsoft: *The GUI-Guide*

[Habermas87]
J. Habermas: *Theorie des kommunikativen Handelns*, 2 Bd., 4. Aufl., Suhr-kamp, Frankfurt, 1987.

[Halter96]
S. Halter: *Bedeutung von Delegation als Modellierungskonzept und seine Implementierung in Smalltalk*, Vortrag STIA-Tagung, Suhl, 1996.

[Harel87]
D. Harel: *Statecharts: A Visual Formalism for Complex Systems*, in: Science of Computer Programming 8, 1987, S. 231ff.

[Heisenberg42]
W. Heisenberg: *Ordnung der Wirklichkeit (1942)*, Piper, 1989.

[Henderson97]
B. Henderson-Sellers, I. G. Graham, D. G. Firesmith: *Methods unification: The OPEN methodology*, JOOP, May 1997, S. 41ff.

[Horn97]
G. Horn: *Danke! Der Meister plaudert aus dem Nähkästchen*. Econ Verlag, 1997.

[Irion95]
A. M. Irion: *Regelwerk und Qualitätscheckliste zur Bildung von Fachbegrif-fen bei der Entwicklung und Administration einer normierten Unterneh-mensfachsprache*, Diplomarbeit, Universität Konstanz, 1995.

[Jacobson92]
I. Jacobson, M. Christerson, P. Jonsson, G. Övergaard: *Object-Oriented Soft-ware Engineering, A Use Case Driven Approach*, Addison-Wesley, Wor-kingham, 1992.

[Jacobson97]
I. Jacobson, G. Booch, J. Rumbaugh: *The Objectory Software Development Process*, Addison Wesley Longman, 1997.

[Joos97]
S. Joos, S. Berner, M. Glinz, M. Arnold, S. Galli: *Stereotypen in objektorien-tierten Methoden - Einsatzgebiete und Risiken*. Vortrag im GROOM-UML-Workshop, Mannheim, 10.10.1997.

[Kilberth93]
K. Kilberth, G. Gryczan, H. Züllighoven: *Objektorientierte Anwendungsent-wicklung*, Vieweg, Braunschweig/Wiesbaden 1993.

[Kueng95]
P. Kueng, M. Schrefl: *Spezialisierung von Geschäftsprozessen am Beispiel der Bearbeitung von Kreditanträgen*. In: HMD, Heft 185, S. 78ff., Hüthig-Verlag, Heidelberg, 1995.

[Langer97]
P. Langer, C. Schneider, Wehler: *Prozeßmodellierung mit ereignisgesteuerten*

Prozeßketten (EPKs) und Petri-Netzen. In: Wirtschaftsinformatik, Heft 39, S. 479-489, 1997.

[Lübber87]
H. Lübber: *Politischer Moralismus, Der Triumph der Gesinnung über die Urteilskraft*, Berlin, 1987.

[Martin92]
J. Martin, J. Odell: *Object-Oriented Analysis & Design*, Prentice-Hall, Englewood Cliffs, 1992.

[McMenamin84]
S. M. McMenamin, J. F. Palmer: *Essential System Analysis*, Prentice Hall, Englewood Cliffs, 1984. Deutsche Ausgabe: *Strukturierte Systemanalyse*, Hanser, München, 1988.

[Meyer88]
B. Meyer: *Object-Oriented Software Construction*, Prentice Hall, Englewood Cliffs, 1988. Deutsche Ausgabe: *Objektorientierte Softwareentwicklung*, Hanser, München, 1988.

[Middendorf96]
S. Middendorf, R. Singer, S. Strobel: *Java: Programmierhandbuch und Referenz*, d-punkt-Verlag, Heidelberg 1996.

[Miller56]
G. Miller: *The Magical Number Seven, Plus Minus Two: Some Limits on Our Capacity for Processing Information*, The Psychological Review vol. 63.

[Miller75]
G. Miller: *The Magical Number Seven after Fifteen Years*, Wiley, New York, 1975.

[Molzberger84]
P. Molzberger: *Transcending the Basic Paradigm of Software Engineering*, Hochschule der Bundeswehr München, Bericht Nr. 8405, 1984.

[Oestereich88]
B. Oestereich: *Softwaremachen mit System - praktische Entwicklungshilfe für anspruchsvolle Programmierer.* In: c't-Magazin 8/1988, S. 88ff. und 9/1988, S. 190ff.

[Oestereich89]
B. Oestereich: *Babylonische Sprachenvielfalt - Kleiner Streifzug durch die Welt der Programmiersprachen.* In: c't-Magazin 1/1989, S. 50ff.

[Oestereich94]
B. Oestereich: *Den Kinderschuhen entwachsen - Methoden für Analyse und Design der oo Software-Entwicklung sind praxisreif.* In: Computerwoche-Focus, 1.7.1994, S. 10ff.

[Oestereich95]
B. Oestereich: *Objektorientierte Softwareentwicklung - von der Analyse bis zur Spezifikation*, Oldenbourg, München, 1995.

Literatur

[Oestereich96]
B. Oestereich: *Objektorientierung braucht ein evolutionäres Vorgehensmodell*, in: Computerwoche 12, 22.3.1996, S. 22.

[Oestereich97]
B. Oestereich: *Objektorientierte Softwareentwicklung: Analyse und Design mit der UML*, 2. Auflage, Oldenbourg, München, 1997.

[Oestereich97b]
B. Oestereich: *Objektorientierte Softwareentwicklung mit der UML*, 3. Auflage, Oldenbourg, München, 1997.

[Oestereich98]
B. Oestereich: *Objektorientierte Geschäftsprozeßmodellierung mit der UML*. in: Objekt-Spektrum, 2/1998, S. 48.

[Pasch89]
J. Pasch: *Mehr Selbstorganisation in Softwareentwicklungsprojekten*, in: Softwaretechnik-Trends 2/1989, S. 42ff.

[Pistor93]
P. Pistor: *Objektorientierung in SQL3: Stand und Entwicklungstendenzen*, in: Informatik Spektrum, Band 16, 1993, S. 86ff.

[PPVM92]
Putz & Partner Unternehmensberatung: *PPVM - Putz & Partner-Vorgehensmodell*, Hamburg, 1992.

[Quibeldey-Cirkel94]
K. Quibeldey-Cirkel: *Paradigmenwechsel im Software-Engineering: Auf dem Weg zu objektorientierten Weltmodellen*, in: Softwaretechnik-Trends 2/1994, S. 47ff.

[Raasch93]
J. Raasch: *Systementwicklung mit Strukturierten Methoden*, 3. Auflage, Hanser, München, 1993.

[Railton]
A. Railton: *Der Käfer - Der ungewöhnliche Weg eines ungewöhnlichen Automobils*, eurotax.

[Rumbaugh91]
Rumbaugh, J., Blaha, M., Premerlani, W., Eddy, F., Lorenson, W.: *Object-Oriented Modelling and Design*, Prentice-Hall, Englewood Cliffs, 1991.

[Rumbaugh93]
Rumbaugh, J., Blaha, M., Premerlani, W., Eddy, F., Lorenson, W.: *Objektorientiertes Modellieren und Entwerfen*, Hanser, München, 1993.

[Rumbaugh96a]
J. Rumbaugh: *A state of mind: Modeling behavior*, in: JOOP July 1996, S. 6ff.

[Rumbaugh96b]
J. Rumbaugh: *A search for values: Attributes and associations*, in: JOOP June 1996, S. 6ff.

[Rumbaugh96b]
J. Rumbaugh: *A matter of intent: How to define subclasses*, in: JOOP Sept. 1996, S. 5ff.

[Rumbaugh96b]
J. Rumbaugh: *Packaging a system: Showing architectural dependencies*, in: JOOP Nov. 1996, S. 11ff.

[Rumbaugh97]
J. Rumbaugh, I. Jacobson, G. Booch: *Unified Modeling Language Reference Manual*, Addison Wesley Longman, 1997.

[Rumbaugh97b]
J. Rumbaugh: *OO Myths: Assumptions from a language view*, in: JOOP, Febr. 1997, S. 5ff.

[Rumbaugh97c]
J. Rumbaugh: *Modeling througt the development process*, in: JOOP May 1997, S. 5ff.

[Scharf95]
T. Scharf: Architekturen und Technologien verteilter Objektsysteme, in HMD 186, 1995, S. 10ff.

[Schäfer95]
S. Schäfer: *Analyse und Design: Elefantenhochzeit*, in: Objekt Spektrum, 6/95.

[Scheer94]
A.-W. Scheer: *Business Process Engineering -Reference Models for Industrial Enterprise-Modeling*, Springer, Berlin 1994.

[Scheer97]
A.-W. Scheer, M. Nüttgens, V. Zimmermann: *Objektorientierte Ereignisgesteuerte Prozeßkette (oEPK) - Methode und Anwendung*, Veröffentlichungen des Instituts für Wirtschaftsinformatik, Heft 141, Saarbrücken 1997, URL: http://www.iwi.uni-sb.de/public/iwi-hefte.

[Schönth90]
F. Schönthaler, T. Németh: *Software-Entwicklungswerkzeuge: Methodische Grundlagen*, Teubner, Stuttgart 1990.

[Schuldt]
R. Kelly, J. Roubaud, Schuldt: *Abziehbilder, heimgeholt. Essay 27.* Literaturverlag Droschl, Graz, 1995.

[ShlaerMellor91]
S. Shlaer, S. J. Mellor: *Object Lifecycles - Modelling the World in States*, Prentice-Hall, Englewood Cliffs, 1991.

[Sims94]
O. Sims: *Business Objects: Delivering Cooperative Objects for Client-Server*. McGraw-Hill, new York, 1994.

[Skublics96]
S. Skublics, E. Klimas, D. Thomas: *Smalltalk with style*, Prentice Hall, Upper Saddle River, 1996.

Literatur

[Stein93]
W. Stein: *Objektorientierte Analysemethoden - ein Vergleich*, in: Informatik Spektrum, Band 16, 1993, Seite 317 ff.

[Szyperski97]
C. Szyperski: *Component Software, Beyond Object-Oriented Programming*, Addison Wesley (ACM Press), Harlow, 1997.

[UM0.8]
J. Rumbaugh, G. Booch: *Unified Method for Object-Oriented Development, Documentation Set 0.8*, Rational Software Corporation, Santa Clara, 1995.

[UML0.9]
J. Rumbaugh, I. Jacobson, G. Booch: *The Unified Modeling Language for Object-Oriented Development, Documentation Set 0.9 Addendum*, Rational Software Corporation, Santa Clara, 1996.

[UML1.0]
J. Rumbaugh, I. Jacobson, G. Booch: *The Unified Modeling Language, Documentation Set 1.0*, Rational Software Corporation, Santa Clara, 1997.

[UML1.1]
J. Rumbaugh, I. Jacobson, G. Booch: *The Unified Modeling Language, Documentation Set 1.1a6*, Rational Software Corporation, Santa Clara, 1997.

[UML1.2]
OMG UML Revision Task Force: *OMG UML 1.2*, 1998.

[Valk87]
R. Valk: *Der Computer als Herausforderung an die menschliche Rationalität*, in: Informatik Spektrum, Band 10/1987, S. 57ff.

[Waldén95]
K. Waldén, J.-M. Nerson: *Seamless Object-Oriented Software Architecture, Analysis and Design of Reliable Systems*, Prentice Hall, London, 1995.

[Wallrabe97]
A. Wallrabe, B. Oestereich: *Smalltalk für Ein- und Umsteiger*, Oldenbourg, München, 1997.

[Wirfs-Brock90]
R. Wirfs-Brock, B. Wilkerson, L. Wiener: *Designing Object-Oriented Software*, Prentice Hall, Englewood Cliffs, 1990. Deutsche Ausgabe: *Objektorientiertes Software-Design*, Hanser, München, 1993.

[Wirfs-Brock90]
R. Wirfs-Brock, R. E. Johnson: *Surveying current research in Object-Oriented Design*, in: Commun. ACM 33, No. 9, 1990.

[Yourdon89]
E. Yourdon: *Structured Walkthroughs*, Prentice Hall, Englewood Cliffs, 1989.

Index

Anhang

Harri Deutsch 60486 Ffm www.harri-deutsch.d

DM
78.00

3-486-24787-5
E 7492051   0/1   GEI¹
  Oestereich B: Objektorientierte
  Softwareentwicklung
Oldenbourg Verlag GmbH, M.
Oldenbourg Verlag GmbH, M.

29.05.01
9310   1

Seminare und Workshops

von Bernd Oestereich

Management objektorientierter Projekte

Dieses Seminar vermittelt Ihnen die Grundlagen zur Vorgehensweise, Planung, Organisation und Leitung speziell objektorientierter Projekte. Berücksichtigt werden praxistypische Rahmenbedingungen wie heterogene Anwendungs- und Systemlandschaft, Komponentenorientierung, Workflow-/Vorgangssteuerung, Prototyping, Kommunikation mit Anwendern und Fachabteilungen, evolutionäre Systementwicklung, Risikominimierung, Projektkontrolle, Qualitätssicherung, Mitarbeiterqualifikation etc.

Das Seminar richtet sich an Projektleiter und erfahrene OO-Entwickler. Grundkenntnisse objektorientierter Softwareentwicklung werden vorausgesetzt. (3 Tage)

Objektorientierte Analyse & Design

Dieses Seminar führt Sie in die Grundlagen und Möglichkeiten moderner objektorientierter Analyse- und Designmethodik ein. Basis ist die Unified Modeling Language (UML), der aktuelle Standard für objektorientiertes Modellieren. Das Seminar enthält Workshop- Bestandteile und ist sehr praxisbezogen. Grundkenntnisse der Objektorientierung werden vorausgesetzt. (3 Tage)

Grundlagen der Objektorientierung

Dieses Ein- und Umsteiger-Seminar ist speziell für erfahrene "herkömmliche" Softwareentwickler gedacht. Es vermittelt Ihnen praxisorientiert alle wichtigen Grundlagen der objektorientierten Softwareentwicklung anhand zahlreicher Beispiele und berücksichtigt typische Umsteiger-Probleme. (4 Tage)

Beratungsdienstleistungen

- Beratung bei der Einführung von Objekttechnologie
- Anschub objektorientierter Projekte
- Systematische Mitarbeiterqualifizierung
- Unterstützung und Coaching der Projektleitung in Fragen der Projektplanung, Projektorganisation, Aufwandsschätzung, operativen Projektleitung, Personalbeschaffung, Methodik, Werkzeugauswahl, Modellierung, Konzeption der Anwendungsarchitektur etc.

oose.de
Dienstleistungen für innovative Informatik GmbH

E-Mail kontakt@oose.de
Netzseiten www.oose.de
Fax (040) 422 52 12, Fon (040) 422 09 30
Kottwitzstraße 28, 20253 Hamburg

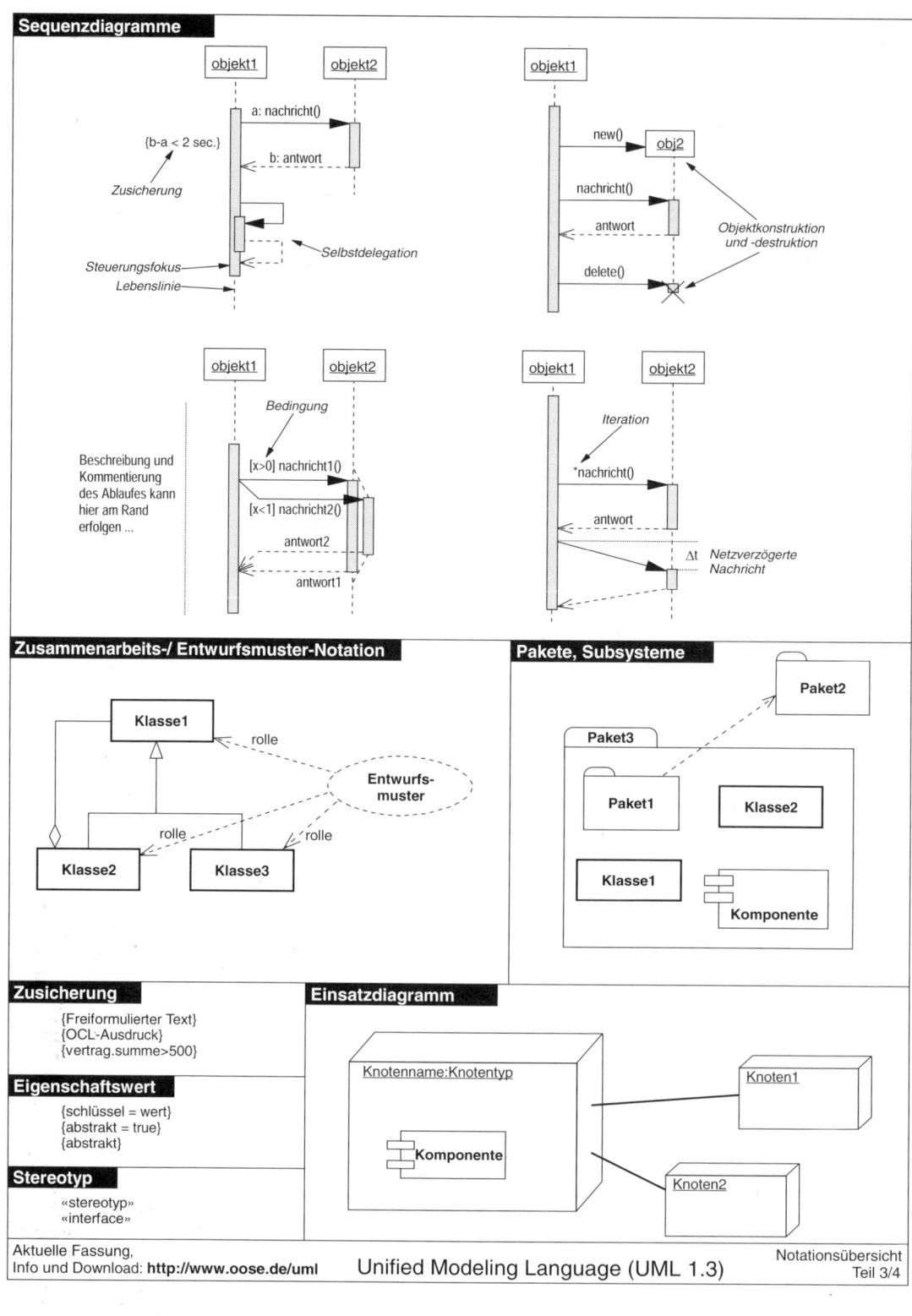

Sequenzdiagramme

Zusammenarbeits-/ Entwurfsmuster-Notation

Pakete, Subsysteme

Zusicherung

{Freiformulierter Text}
{OCL-Ausdruck}
{vertrag.summe>500}

Eigenschaftswert

{schlüssel = wert}
{abstrakt = true}
{abstrakt}

Stereotyp

«stereotyp»
«interface»

Einsatzdiagramm